弘扬中山先生革命精神
致力中华民族伟大复兴

二零零六年十月

何鲁丽

时任全国人大副委员长何鲁丽题字

弘扬中山精神

构建和谐社会

纪念孙中山先生诞辰
一百四十周年

周铁农

时任全国政协副主席周铁农题字

孙中山思想是中华民族的宝贵财富也是世界人民的共同财富

九三夏 尚明轩

丙申七月

中国社会科学院近代史研究所研究员，
民革中央孙中山研究会顾问尚明轩题字

1883年17岁的孙中山

1915年10月25日，孙中山与宋庆龄
在流亡日本时结婚

1917年8月，孙中山发动第一次护
法运动，在广州成立了中华民国军政府

1924年12月4日下午，孙中山访
张作霖前在天津张园行馆门前留影

孙中山思想概论

主　编：胡　钢

执行主编：王燕珺

编写者（以姓氏笔划为序）：

王燕珺　刘卫国

胡　钢　葛培林

天津出版传媒集团

天津人民出版社

图书在版编目(CIP)数据

孙中山思想概论 / 胡钢主编. -- 3 版. -- 天津：
天津人民出版社, 2016.10
ISBN 978-7-201-11016-5

Ⅰ. ①孙… Ⅱ. ①胡… Ⅲ. ①孙中山(1866-1925)
-思想评论 Ⅳ. ①D693.0

中国版本图书馆 CIP 数据核字(2016)第 243152 号

孙中山思想概论
SUNZHONGSHANSIXIANGGAILUN

胡钢 主编

出　　版	天津人民出版社	
出版人	黄　沛	
地　　址	天津市和平区西康路 35 号康岳大厦	
邮政编码	300051	
邮购电话	(022)23332469	
网　　址	http://www.tjrmcbs.com	
电子信箱	tjrmcbs@126.com	

责任编辑	刘锦泉　吴锻霞
装帧设计	卢炀炀

印　　刷	天津新华二印刷有限公司
经　　销	新华书店
开　　本	787×1092 毫米　1/16
印　　张	16.25
插　　页	2 插页
字　　数	310 千字
印　　数	1—5,000
版次印次	2016 年 10 月第 3 版　2016 年 10 月第 1 次印刷
定　　价	35.00 元

三版序

孙中山是一位伟大的爱国主义者和民族英雄,是中国近代民主革命的伟大先行者,又是一位伟大的社会主义向往者。孙中山生活的时代,19世纪末20世纪初,是中国处在历史转型的特别时代。孙中山的伟大崇高,不仅在于他的爱国思想和创造的事业,对当时中国的社会进步、革命发展所建立的历史功勋,还在于他给后人留下了珍贵的精神遗产,在于他人品上品格上为后人树立了光辉的楷模。孙中山的思想学说直到今天仍具有重要的现实意义,特别是对青年的成长起着重大的启示推动作用,促使一代一代的青年以先贤为榜样,关注国家民族的发展之路,成为对国家、对社会的有用之材。

《孙中山思想概论》是天津广播电视大学开放教育本、专科教材,于2006年为纪念孙中山先生诞辰140周年出版,同时开设了这门课程,教材的出版和课程的设置,开创了国内高等教育中正式开设关于孙中山思想教育课程的先例。2010年,该课程已被评选为全国广播电视大学系统的网络精品课程,选修学习者已达到4.3万余人。

孙中山先生是世纪伟人,他的事业和思想有极其丰富的内容,有广阔的研究领域,有众多的课题,有待进一步深入探索开发。本书编者在这方面的努力是好的,应予肯定。本书编写立意在于弘扬中山精神,传承中山思想,使青年学生和广大读者了解孙中山的革命生涯、历史功绩和伟大人格,熟悉孙中山的理论学说、博大思想,加深对中国近代史和民主革命史的认识,以激励其爱国主义情感,树立为中华民族伟大复兴而奋斗的思想理念。本书内容拓展开发思路明显。初版10讲,在简要介绍孙中山革命活动和伟大贡献之外,着重展示了他的政治思想、哲学思想、教育思想、科学技术思想、经济建设思想。再版时,增补了外交思想、军事思想两讲。此次三版增添了"孙中山的廉政思想"的内容。10年来,在修订重版的过程中,能从时代发展、社会进步高度,注重深入研究、吸纳展示孙中山研究领域的新成果,不断拓展、开拓的涵盖空间,体现了在教材建设、学术研究方面与时俱进的创新思维和进取意识。

在纪念孙中山先生诞辰 150 周年之际,《孙中山思想概论》修订三版问世,这是为缅怀孙中山先生奉献的一份厚礼。期待着本书在学习、继承和发扬孙中山先生的爱国思想、革命意识和进取精神方面发挥更大的作用,期待着弘扬孙中山精神在提高教育质量,培养热爱祖国、热爱党、热爱人民、忠实于祖国建设事业的人才方面发挥更大的启示和教育作用,期待着在宏扬孙中山思想精神和高尚品德诸方面,为祖国的和平统一、在完成民族复兴"中国梦"的伟大征程中发挥更大的激励作用。

是为序。

2016 年 4 月

弘扬辛亥精神　奋力振兴中华

　　值此辛亥革命百周年纪念之际,得知天津广播电视大学将《孙中山思想概论》修订再版,甚感欣慰。2006 年,该校以"介绍孙中山先生的革命业绩与思想学说,指导学生深入了解中国民主革命历史"为教学目标,在全国高校率先开设了"孙中山思想概论"的课程。五年内,该课程选修人数已逾四万。2010 年,该课程又被评选为全国电大系统网络精品课程。

　　对青年学生来说,中山思想的当代意义是什么呢?重温包括辛亥革命在内的孙中山先生的革命史,有助于我们更好地理解这一问题。

　　一百多年前,西方列强的侵凌瓜分使中国逐步堕入半殖民地、半封建的深渊。18 世纪还称雄世界的大清帝国已主权沦丧,社会解体,经济崩溃,民不聊生。中华民族遭遇到五千年所未有的生存危机。

　　为拯救国家与民族的濒危, 伟大的革命先行者孙中山先生基于强烈的爱国精神和使命感,洞察世界大势,把握时代潮流,果断抛弃改良幻想,于 1895 年 10 月发动了乙未广州起义,点燃了武装推翻清王朝统治的第一支火炬。中华民族的悲惨命运因此出现了转机,中国的民族民主革命从此主宰了近代历史的舞台。

　　从乙未到辛亥,在十六年的海外流亡中,中山先生为推动革命事业的发展四处奔走,百折不挠。他高张"驱除鞑虏,恢复中华,创立民国,平均地权"的革命旗帜,提出三民主义、五权宪法、权能分治等一系列思想学说,形成了较为完整的革命理论体系与政治实践纲领。他创建了第一个革命政党同盟会,策动了镇南关、黄花岗等十次武装起义,终于将各种反抗动能汇聚成此起彼伏的革命浪潮,促成了辛亥革命的爆发。

辛亥革命之所以开创了中国历史的新纪元,是因为它宣告了中国最后一个封建王朝及延续两千多年的君主专制制度的终结,以民主宪政为理想目标的中华民国得以建立,中国社会实现现代化转型的机遇第一次隐约浮现。孙中山先生所领导的民主革命运动也因此形成了第一波高潮。

辛亥之后,中山先生捍卫共和成果,搏击反动逆流,通过二次革命、护国战争、护法运动,不屈不挠地推动革命事业东山再起。在十月革命的引导下,他毅然提出"以俄为师"的方针,实行"联俄、联共、扶助农工"的政策,倡导国民革命,促进和平统一,改组国民党,实现国共合作,为两党联合发动驱逐帝国主义势力、推翻封建军阀统治的北伐战争奠定了胜利的基础。

1925年3月,中山先生留下了"革命尚未成功,同志仍需努力"的嘱托离世而去。作为中山事业的合作者与继承者,中国共产党凝聚了各种民主力量,领导中国人民,历经二十二年浴血奋战,终于推翻帝国主义、封建主义和国民党反动派的统治,创建了中华人民共和国。辛亥革命未竟的历史使命至此大功告成。

此后,中国人民又通过三十年的探索与努力,确立了社会主义制度,建立起独立的比较完整的工业体系和国民经济体系,取得了祖国建设的巨大成就。

党的十一届三中全会以来,中国人民在改革开放总方针的指引下,坚持以经济建设为中心,坚持全方位对外开放,建立和完善了社会主义市场经济体制,推动社会生产力的迅猛发展;经济建设、社会进步、人民生活与综合国力快速提升,社会主义现代化事业取得了举世瞩目的伟大成就。经过三十年的改革开放,中国一跃成为世界上最强大的国家之一。中山先生百年前梦寐以求、不断描绘的现代化中国已经"与欧美并驾齐驱",恢复了五千年文明古国应有的国家尊严与国际地位。

1894年11月,在历史上第一个革命团体兴中会组建时,中山先生就以"振兴中华"的口号揭示其宗旨。在当时的语境中,"振兴中华"不仅显示了颠覆封建王朝的决心,也蕴含着民族复兴的理想。它与中山先生在弥留之际叨念的"和平,奋斗,救中国",表达了同一种感情诉求与精神向往:爱中国,救中国,创建新中国!

　　正是这种伟大的爱国主义精神，鼓舞着中国人民在百年征途中艰苦奋斗、流血牺牲、前仆后继，一举逆转了近代中国内忧外患交织、积贫积弱难返的悲惨命运，赢得了今日中国的自由、独立、解放和振兴、繁荣、富强。

　　总之，近代中国的百年历史就是中华民族复兴运动的奋斗史。一百年来，"振兴中华"、"实现伟大的民族复兴"，早已成为全世界炎黄子孙高度认同、矢志不渝的民族情结和世纪理想。孙中山先生的精神感召力量和中山思想的历史启示意义也因此而生。天津电大开设"孙中山思想概论"课程的目的正由此而来。

　　是为序。

周执农

2011 年 9 月

前言

今年是辛亥革命100周年，天津广播电视大学将《孙中山思想概论》修订再版，作为青年学生的课程教材，这既是对辛亥革命的很好纪念，也是对中国革命思想史的很好传承。

辛亥革命是中国近代史上一次比较完全意义上的反帝反封建的民族民主革命。它进一步拓宽了中国先进分子探索救国救民道路的视野，开启了中国进步潮流的闸门，有力地促进了中华民族的觉醒。孙中山先生作为一位伟大的爱国主义者和中国民主革命的伟大先行者，为辛亥革命的成功建立了不朽的功绩，为追求民族独立、民主自由和民生幸福贡献了毕生精力。孙中山先生一生对中国的民主建设、经济发展、科学教育、社会进步、军事外交等进行了深入思考和艰辛探索，留下了许多真知灼见。认真学习研究孙中山先生的革命思想，对于教育引导广大青年学生更好地把握辛亥革命的历史地位，正确总结中国民主革命的经验教训，深刻认识坚持中国共产党的领导是历史和人民的必然选择，更加坚定地走中国特色社会主义道路，具有重要意义。

《孙中山思想概论》结构清晰，内容丰富，涵盖了孙中山先生早期的民主革命思想、政治思想、经济思想、教育思想、军事思想、外交思想等，充分体现了孙中山先生的思想建树。这是编写组同志们辛勤研究的结晶，是各高校深入开展历史教育和爱国主义教育的一部很好的教科书。希望天津广播电视大学以新书再版为契机，深入贯彻落实科学发展观，在市委、市政府的领导下，进一步加强学科建设和教学改革，不断提高教育水平，努力培养更多热爱党、热爱祖国、热爱人民、德才兼备的优秀人才，为加快天津发展、为国家富强和民族振兴作出新的贡献。

邢元敏

2011 年 9 月 21 日

序

2006 年 11 月 12 日是孙中山先生诞辰 140 周年纪念日。今天,包括港澳台同胞、海外侨胞在内的全体中国人民,深切怀念这位推翻封建君主制度,建立共和政体,开创中国近代化历史的时代伟人。

孙中山先生是中国民主革命的伟大先行者。他的革命生涯和历史功绩已经铭刻在中国人民的心中。

140 年前,古老的中国正面临着"五千年未有之大变局"。西方列强利用野蛮的炮舰政策和不平等条约将中国推至半封建、半殖民地的深渊。在中华民族陷入空前危机的历史关头,孙中山坚定地摆脱了改良主义思潮的束缚,毅然选择了推翻封建君主统治,建立共和政体的革命道路。

1894 年 11 月,孙中山在檀香山创建了我国第一个资产阶级革命团体兴中会。1895 年 10 月,他发动的广州起义揭开了中国民主革命的序幕。1905 年 8 月,他在日本东京组建了中国同盟会,使革命者拥有了第一个全国性的政党。"驱除鞑虏,恢复中华,创立民国,平均地权"的誓词标志着三民主义的诞生,使中国革命拥有了第一个较完整的政治纲领。1911 年 10 月 10 日爆发的武昌起义导致了清王朝的覆灭和中华民国的诞生。孙中山主持组建了我国第一个资产阶级共和政府,颁布了具有宪法意义的《中华民国临时约法》,确定了民国的政治制度和政权形式,以法律的名义宣判已延续两千多年的封建君主制的终结。1913 年 3 月"宋教仁遇刺"之后,孙中山相继发动了二次革命、护国战争、护法运动,以拯救名存实亡的中华民国。然而,10 年的艰苦奋斗带给他的只是一次比一次更加惨痛的失败。

中国共产党提出的关于创立国共统一战线的建议使孙中山和他的事业发生了转折。宋庆龄曾经指出:"孙中山为中华民族和中国人民进行的四十年的政治斗争,在他的晚年达到了最高峰。这一发展的顶点是他决定同中国共产党合作,一道进行中国的革命。"

1924 年 1 月,中国国民党第一次全国代表大会召开。孙中山重新解释了三民主义,确定了联俄、联共、扶助农工的三大政策,形成了正确的政治纲领和实践路线,开创了国民革命的新时代。

中国共产党对孙中山的伟大业绩从来都持有历史主义的客观评价。毛泽东同志曾经指出:"中国反帝反封建的资产阶级民主革命,正规地说起来,是从孙中山先生开始的";"孙先生的三民主义纲领与统一战线政策,实为处在半殖民地国家的大革命家对于中华民族最伟大的贡献"。

孙中山先生是伟大的爱国者和民族英雄。他崇高的爱国精神和博大的民族情怀是激励我们前进的动力之一。

孙中山之所以无愧"伟大爱国者"的盛誉,首先在于他将推翻清王朝、消灭君主制、摆脱列强威胁、解救民生苦难等目标统一为"革命救国"的历史使命,为爱国主义这一最崇高的民族情感注入崭新的时代内涵,形成了中国近代爱国主义的光辉传统。

孙中山爱国主义的出发点是为人民谋幸福。他出身贫寒,童年的苦难给他留下了终生的记忆,也孕育了他的博爱襟怀,启发了他的爱民意识。宋庆龄曾经回忆:孙中山革命的初衷是为了"中国的儿童应该有鞋穿,有米饭吃。就为这个理想,他献出了四十年的生命"。后来,孙中山将对人民的挚爱情感升华为民生主义的理论。从早期的"平均地权",到后期的"节制资本"和"耕者有其田",民生主义虽始终未排除空想成分,但从未偏离为人民谋幸福的轴心。

孙中山的爱国主义还体现在他博大的民族情怀。他较早地超越了狭隘的种族意识和"华夷之辨"的封建传统,将民族、民主革命的对象确定为清朝统治集团。《中华民国临时约法》庄严宣布:"中华民国人民一律平等,无种族、阶级、宗教之区别。"这是民族平等思想在我国历史上的第一次出现,具有重要的历史意义。

江泽民同志曾经高度评价过孙中山"统一是中国全体国民的希望"的思想,称他是"杰出的爱国主义者和民族英雄";并指出"孙中山先生这种伟大的爱国主义精神和思想,对正在为建设社会主义现代化国家而奋斗的中国人民,对一切有志于实现祖国富强、完成祖国统一的海内外同胞,仍然有着巨大的启迪、教育和鼓舞作用"。

孙中山先生是杰出的思想家和我国近代化的拓荒者。他毕生探寻真理的开拓勇气和追求理想的历史视野,仍具有很强的现实意义。

政治思想是孙中山思想体系的核心理论。孙中山的政治思想以三民主义为基础,由此生发出革命战略策略的制定、国家政权的建设以及社会结构、社会形态的改造等一系列的理论原理与实践课题,成为资产阶级民主革命的政治学说与运动纲领。

三民主义是特定历史环境的产物,难免有时代的局限性。但是,孙中山从不迷信某一种理论学说或实践道路,不断地接受实践的考核,不断地反思经验与教训,不断地追求新的时代潮流,显示出孙中山的三民主义与时俱进的实践特性。

经济思想是孙中山思想体系的重要部分。孙中山先生是我国近代化理想的首倡者和近代化事业的拓荒者。他为中国社会的工业化转型规划了一个宏观的方案。他的一些具体设想,对中国经济的发展战略产生了重要的启示作用。他提出了"使外国之资本主义,以造成中国之社会主义"的发展战略,并辅之以"利用外资"、"利用外国人才"、"利用外人方法"等基本策略,显示出孙中山的远见卓识。

哲学思想是孙中山思想体系的基础与指南。孙中山的进化论是其世界本体论的核心。他以达尔文学说为依归,汲取西方自然科学的成果,形成了独具特色的世界观。他认为,进化是宇宙万物的普遍规律;世界的形成也经历了物质进化、物种进化、人类进化三个阶段。这就明确地肯定了世界物质性和运动性的原理,也为社会革命提供了本体论层面的依据。

孙中山的认识论也独具成就。他提出了"知难行易"、"行先知后"等一系列观点。其中,"以行而求知,因知以进行"是孙中山概括知行关系的结论。在他看来,行是知的产生源泉、发展动力和检验标准,知是行的经验总结、思想成果和实践指南。

孙中山先生离开他所挚爱的中国人民已经八十一年了。一个独立、民主、强盛的新中国,早已变成了生机勃勃的现实。然而,祖国统一、民族复兴的宏图大业依旧任重而道远。我们需要远大理想的感召,也需要爱国精神的激励,更需要历史智慧的指点。天津广播电视大学为"孙中山思想概论"课编著的教科书,对此作出了有益的尝试。愿这门兼具历史意识和教育责任感的课程取得预期的成功。

是为序。

逄锦聚

2006 年 11 月

目　　录

第一讲　孙中山早期的革命活动

内容提要

　　本书一至三讲主要介绍孙中山的革命实践活动。1894 年创办檀香山兴中会、1911 年辛亥革命和 1924 年中国国民党第一次全国代表大会召开是孙中山一生革命实践活动的三个重要节点。

　　本讲讲述孙中山自 1866 年出生至 1911 年辛亥革命前的经历,主要内容包含孙中山早年求学经历、兴中会成立、创立同盟会和辛亥革命前领导的武装起义几个部分。孙中山生于贫困农家,1879 年随母亲前往檀香山投奔其兄孙眉,开始了海外求学的经历,受到资产阶级文化浸润,后毕业于香港西医书院,取得开业行医的资格。为开创革命事业,孙中山放弃收入颇丰的医生职业,走上职业革命家的艰辛道路。1894 年,孙中山上书李鸿章无果而终之后,在檀香山发动爱国华侨,成立了第一个资产阶级革命团体——兴中会。从此,孙中山开始了以武装斗争推翻清政府的历程。广州起义失败,孙中山受到清政府的通缉,流亡海外,伦敦蒙难使孙中山成为蜚声海外的中国革命家。1905 年,孙中山在日本东京创立第一个资产阶级政党——同盟会,有力地推动了革命形势的发展。以同盟会成立为契机,孙中山在辛亥革命前发动了一系列武装起义,虽因各种原因均以失败告终,但振奋了人心,撼动了封建统治的根基,为辛亥革命积累了宝贵的武装斗争的经验。

学习思路与目标

　　1.学习时要认真阅读教材有关内容,参阅课程多媒体资源。
　　2.以时间为线索,了解孙中山的求学经历和早年的革命活动,主要内容包括孙中山的学经历、短暂的行医生涯和早期革命活动三部分。
　　3.就本讲所述内容,了解辛亥革命前孙中山领导的多次武装起义概况。
　　4.深入思考孙中山早期革命活动中具有重要影响和转机的事件,挖掘其思想根源与动因,理解孙中山习医救国转变的动因,上书李鸿章失败对于孙中山产生的影响。

1

5.就本讲所述内容并参阅相关资料,理清孙中山早期革命活动中具有里程碑意义的事件;掌握兴中会和同盟会的创立时间、经过、纲领及其历史意义。

思考与练习

1.讨论:
(1)试举一两例,讨论孙中山早年求学经历对以后革命生涯的影响。
(2)讨论孙中山从"医人"到"医国"转变的动因。
(3)比较檀香山兴中会和香港兴中会的异同。
(4)为什么说1908年至1910年是孙中山这一时期革命事业最为艰难的时期?
2.写作:
分析同盟会成立的历史背景及其意义。

孙中山是我国民主革命的先行者、伟大的爱国主义者和民族英雄。孙中山生于贫寒农家,长于苦难岁月,早有救民救国之志。为开创革命事业,他放弃收入颇丰的医生职业,毅然踏上"致力于国民革命"的艰辛历程,成为我国民主革命的开拓者。孙中山革命事业可以1894年檀香山兴中会的创办为实际起点,并以1911年的辛亥革命和1924年的中国国民党第一次全国代表大会为界划分为3个阶段。其早期活动的重点包括组织革命团体、凝聚革命力量、传播革命思想、建设革命理论及策划发动反清武装起义。尽管在辛亥革命之前的历次起义均遭失败,但孙中山的早期活动已经造成了革命浪潮在全国及海外华人社会奔涌迭起的态势,从根本上动摇了清王朝的生存基础。诚如毛泽东同志所论,中国反帝反封建的资产阶级民主革命是从孙中山开始的。

一、早年的求学经历

孙中山身为贫困农家子,对于中国封建社会农民的生活现状有着真切的感受。他幼年就表现出不同于平常孩子的性格:聪慧、好奇,富于叛逆精神,忧国忧民,志存高远。海外的求学经历开阔了孙中山的眼界和胸襟,酝酿、成就了他追求科学和民主的现代思想。对照清朝腐朽衰败的现实,孙中山萌生了改造中国、造福人民的人生志向。

(一)童年生活

1866年11月12日,孙中山诞生在广东省香山县(现中山市)翠亨村。翠亨村位于珠江三角洲南部,距澳门37公里,距广州116公里,东南方向隔海与香港遥遥相对,背山临海,树木苍郁,风景优美。孙中山谱名德明,幼名帝象,稍长读书时取名文。孙文是孙中山本人最常使用的名字。1886年,孙中山在香港求学时改号逸仙,在习医、行医及游历欧美各国时常用此名。1897年在日本进行革命活动时,曾经化名中山樵,孙中山的名字由此得来。此外,孙中山还曾经化名陈文、高野长雄、高达生、杜嘉诺等。辛亥革命后中国人习惯地称他孙中山。

孙中山的祖父名敬贤,生有三子:长子达成、次子学成和三子观成。孙中山的父亲孙达成为谋生计,16岁到澳门,先是学裁缝,后在一家鞋铺做鞋匠,每月只有四元工钱。后来返乡租种两亩半田地,以维持全家人的生计。1846年,32岁的孙达成与隔田村杨氏结婚,育有三子三女。子德佑、女金星早年夭折,长大成人者只有先生之兄孙眉、姐妙茜和妹秋绮及先生四人。由于生活贫困,孙达成曾充任村中的更夫以补贴家用,全家六七口人居住在村边一简陋的泥砖屋中,处境极为艰难。一家人终年辛勤劳动,也只能勉强维持着半饥半寒的生活。

孙中山是贫苦农民的儿子,从小饱尝艰辛劳作之苦。孙中山从6岁起就帮家中砍柴、打猪草,还曾替别人放过牛。因为生活困难,孙中山年幼时以番薯为主要食物,勉强果腹。在孙中山看来,"中国农民的生活不该长此这样艰苦下去,中国的儿童应该有鞋穿,有米饭吃"。

因家中难为生计,1871年孙中山的兄长孙眉背井离乡,远赴檀香山谋生,先后在几处菜园、农场当雇工。后来,孙眉前往茂宜岛开垦荒地,经营畜牧业。到1877年左右,孙眉已经拥有6000英亩的山地大牧场,雇工数百人,逐渐发展为华侨农场主。到1885年,孙眉的牧场面积增加至20000亩,雇工1000多人,成为茂宜岛的首富。孙眉富裕后,寄回家的侨汇成为家庭主要经济来源,改变了孙家的经济状况。

在中国近代史上,香山县所在的珠江三角洲有着光荣的革命传统,流传着许多反抗外侮、反抗清朝的革命故事。根植于劳动人民中的反侵略、反压迫的精神哺育了孙中山。孙中山曾深情地赞美故乡:"不在地形之便利,而在人民进取性之坚强;不在物质之进步,而在人民爱国心之勇猛。"[①]翠亨村中有一位曾经参加过太平军的老农冯爽观,经常在大榕树下给孩子们讲述太平天国反清的故事。年幼的孙中山被太平天国同清王朝浴血奋战十余年的悲壮历史所感动,极其崇拜洪秀全,称其为"反清第一英雄",他本人也曾以"洪秀全第二"自居。农民革命的英雄业绩和流传于人民心中的反抗精神,在少年孙中山的心灵深处播撒下革命的种子。

童年的境遇使孙中山过早地饱尝到生活的苦难,他对地主的残暴和农民的痛苦有着深切的体验和感受。这样的人生经历,一方面磨炼了意志品质,养成了孙中山勤劳俭朴、刚强勇敢的品德;另一方面也使他对于贫苦农民抱有真挚的同情态度。农民终年辛勤劳作,生活却艰难困苦,这种状况令他深感不平,逐渐萌生了改变农民贫苦状况的思想。从一定意义上说,孙中山后来选择革命道路,提出并坚持民生主义理想,是与其个人的生活经历和生命体验有重要关系的。

(二)早年的求学经历

孙中山10岁时进入翠亨村冯氏宗祠私塾读书。旧式的私塾教学的起点是要求学生死记硬背儒家经典。孙中山对终日背诵根本不知所云的文章非常不满,他曾经请求老师讲解所背诵文章的内容,却遭到老师的训斥。孙中山的求知欲望强烈,但在私塾中却得不到起码的满足,因此他十分厌恶这种传统的教育方式。此外,中国农村流传几千年的封建陋习也引起孙中山的极度反感:他厌恶赌博,因劝阻他人参赌而遭毒打;他反对妇女缠足,为被迫缠足的姐姐大鸣不平;他目睹了胥吏掠夺乡民的穷凶极恶,挺身抗争险遭不测;他同情受虐待的奴婢,对那些冷酷的富家大户义愤填膺。总之,愚昧落后的封建社会生活氛围常常使孙中山感到困惑、压抑,异常痛苦,这是他对于封建制度的专制性和腐朽性所产生的最初感受,也是他萌生怀疑与抗争意识的最初原因。

另一方面,孙中山的家乡因毗邻港澳、华侨众多,风气也较为开化。孙中山对于兄长寄居的海外早有强烈的好奇心理。1879 年 6 月,孙中山终于有机会随母亲赴檀香山,投靠兄长孙眉,这是孙中山迈出山村走向世界的第一步,也是他一生中第一个重大转折。第一次的远行使孙中山眼界大开、心境剧变。后来,他在给英国著名汉学家翟里斯的信中描述了当时的感受:"始见轮舟之奇、沧海之阔,自是有慕西学之心,穷天地之想。"孙中山的第一次海外远行,是他早年生活经历的一个重要转折点。他怀着无比欣喜和激动的心情,惊奇地观察着一切。浩瀚的海洋,壮观的景象,巨大的轮船,在少年孙中山的心中激起了理想的浪花。②那时他还不曾料想,一个更加新奇的世界、一种完全不同的文化和教育,还在大洋远处的岛国等待着他的到来。

1879 年 9 月,孙中山进入檀香山英国基督教监理会办的意奥兰尼学校就读,这是他学习西方文化的开始。意奥兰尼学校是一所英伦色彩十分浓烈的学校,教科书全部为英文版,教师用英语授课。孙中山刚入学时一点也听不懂。于是,他利用课余时间刻苦补习英文,很快熟练掌握英语,为他日后游历欧美、博览群书,在世界范围从事革命活动奠定了坚实的语言文化基础。1882 年 7 月,这个 3 年前根本不懂 ABC 的中国学生凭借自己的勤奋和努力,以第二名的成绩毕业,并在毕业典礼上获得了嘉奖。同年秋天,孙中山进入当地奥阿厚书院(高级中学)继续求学。奥阿厚书院是檀香山的最高学府,由当地的美国基督教公理会于 1841 年创办。

孙中山就读的两所学校分属于英美教会,自然会受到宗教思想的影响。1883 年,孙中山打算接受基督教洗礼,但受到兄长孙眉的强烈反对。为此,不改初衷的孙中山被迫中断了学业,被兄长送回国内。檀香山四年多的生活和学习经历,使孙中山开阔了胸襟和眼界,丰富了他的科学知识,增强了他的民主思想,促使他的生活情趣、价值观念、思维方法等发生明显变化。1883 年 7 月,孙中山作为一位初步具有资产阶级政治观念和近代科学文化知识的 17 岁的青年知识分子起程从檀香山乘船回国。在到达香山县金星港时,孙中山乘坐的沙船 4 次被清朝海关官吏截留、敲诈。他们以征收关税、收取厘捐、缉鸦片和查火油为名,对船上的乘客横加刁难、肆意勒索。乘客们虽然十分愤怒,却敢怒不敢言。性情刚烈又疾恶如仇的孙中山挺身而出,据理力争,声称要到官府去告发这些鱼肉百姓的官吏。最终还是由船主交纳了一笔"罚款"之后才被放行。孙中山当时就在船上大呼:中国被这些腐败万恶的官吏掌握手中,怎能坐视不救?中国必须改造!这一遭遇使孙中山对清政府的腐败有了更强烈的亲身感受和更加清楚的认识。

回乡后,孙中山看到家乡翠亨村和四年前一样,陈旧依然,与进步文明的檀香山有天壤之别。孙中山一边从事农业劳动,一边仿效外国,从事改良乡政的实践。他热心筹办打更防盗、设置街灯、清洁道路、卫生防病等公共事务。同时,孙中山也痛感乡民的愚昧麻木,而有意识地向封建迷信和神权传统挑战。在翠亨村,至今人们还记得这样一段故事:翠亨村边有一座叫"北极殿"的村庙,里边供奉着多位神祇,孙中山看到乡亲常到庙中顶礼膜拜,虔诚至极,就极力劝说乡亲破除迷信。为了表示对神灵的挑战,孙中山与同村青年陆皓东将"北极帝君"的手指折断,把"金花娘娘"的脸刮破。孙中山的举动引起了乡民的恐慌与气愤,他们不能容忍这种亵渎神灵、大逆不道的行为,纷纷向孙达成兴师问罪。孙达成答应出资修复神像,才算平息了众怒。此后,孙中山无法安身乡里,遂赴香港继续求学。

封建迷信是封建神权、礼教乃至全部封建意识形态的重要基础,也是统治阶级实行愚民政策的重要手段。孙中山破坏神像的勇敢行为或许含有青年人难免情绪冲动的成分,但其意义绝不仅限于对封建迷信的打击。或许,孙中山本人也没有发现这种叛逆行为的深层内涵与象征意义在于向封建社会的权威提出了挑战。

(三)习医救国的理想

1883年11月,孙中山离开家乡到达香港,就读于拔萃书屋。1884年4月,转入香港中央书院(现皇仁书院)继续求学;同年5月,回乡与本县卢慕贞女士结婚,生子孙科和女儿孙金琰、孙金婉。

1884年中法战争爆发。法军进犯台湾基隆,台湾事务大臣刘铭传指挥台湾守军英勇反击。由于清政府的妥协懦弱,导致驻守在福建马尾的福建水师全军覆没。9月中旬,法军再次进犯台湾,李鸿章却按兵不动。广大人民痛恨李鸿章见死不救的恶劣行径,冲破法军的封锁,冒着生命危险向台湾运送物资。香港的中国商人拒绝卖给法国人食物,码头工人拒绝搬运法国货物,船坞工人拒绝修理法国战舰。香港的工人、爱国商人和各阶层人民,纷纷举行罢工、罢市,用各种形式抗争。中法战争,清政府不败而败,卑躬屈膝地与法国签订了《中法新约》,使法国势力入侵中国西南。广大人民的爱国主义行动和清政府的腐败无能形成的鲜明对照,深深地教育了孙中山,使他更深层次地思考清政府腐败的原因和挽救中国的出路。后来,孙中山曾多次强调:"余自乙酉中法战败之年,始决倾覆清廷,创建民国之志。"③

1886年,孙中山从香港中央书院毕业。孙中山原本打算学习军事或法律,但是考虑到医学能够治病救人,最终还是考了广州博济医院附属南华医学堂学医。孙中山除了认真学习各门专业课程,还广泛涉猎了西方的政治、经济、历史、科学、文化等各种书籍,进一步加深了对西方文明的全面了解,尤其是对西方社会制度以及政治制度的认识与研究。此外,为了弥补中国文化学养的不足,孙中山还聘请了一位国文教师给自己讲授国学知识。

1887年,孙中山转入香港西医书院学习。孙中山在香港西医书院历年的考试成绩,均名列前茅。在全部12门课程中,计有"H"10门("H"为80分以上的荣誉成绩),"P"两门("P"为合格成绩),总成绩是"最优异"。④1892年7月,孙中山以第一名的成绩毕业于香港西医书院,取得开业行医的资格(是届毕业仅二人,第二名为江英华。)孙中山除了勤奋习医外,在课外时间继续深入研究西方国家的政治学、军事学、历史学、农学、财政学、海军建设等书籍,尤其喜欢阅读《法国革命史》和达尔文的《物种起源》。后来,孙中山对自己的学生经历,曾作过如下回顾:"幼尝游学外洋,于泰西之语言文学,政治礼俗,与夫天算地舆之学,格物化学之理,皆略有所窥;而尤留心于其富国强兵之道,化民成俗之规;至于时局变迁之故,睦邻交际之宜,辄能洞其阃奥。"⑤由此可见,孙中山早已将发动革命事业确定为自己的人生目标:他发奋学习多种科学知识,注重研究富国强兵之道和时局变迁之故,显然是在为一个职业革命家的生涯奠定学识基础。

孙中山学生时代的另一个值得关注的举动是他的社会交往,特别是与一些声气相通、志向相投的青年朋友过从甚密。那时,香港西医书院风气远比内地开化、自由,但公开传播离经叛道的理论甚至鼓吹革命,还是令人惊悚侧目的。孙中山与陈少白、杨鹤龄、尤列等人就是因交往甚密且议论革命而被周围亲友视为异端、狂悖之徒。孙中山后来回忆,"数年之间,每于学课馀暇,皆致力于革命之鼓吹,常往来于香港、澳门之间,大放厥词,无所顾忌。时闻而附和者,在香港只陈少白、尤少纨(尤列)、杨鹤龄三人,而上海归客陆皓东而已。若其他之交游,闻吾言者,不以为大逆不道而避之,则以为中风病狂相视也。予与陈、尤、杨三人常住香港,昕夕往还,所谈者莫不为革命之言论,所怀者莫不为革命之思想,所研究者莫不为革命之问题。四人相依甚密,非谈革命则无以为欢,数年如一日。故港澳间之戚友交游,皆呼予等为'四大寇'"。⑥

从孙中山这段话中,可以体味出他对"大寇"之恶名并无反感。值得注意的是,除了年龄相近、志趣相投,这"四大寇"在教育背景方面也颇为接近。陈少白,广东新会人,自幼从叔父处获得"西学译本多种",因而"知世界大势,发生国家观念"。与孙中山相识后,二人一见如故,相谈投机。陈少白在先生的引荐下,进入香港西医书院就读,二人关系更加亲近。后来,陈少白成为孙中山的重要助手。尤列,字少纨,广东顺德人,其祖、父均为学者,是当地有影响的知识分子。尤列是一个见多识广而又有爱国反清思想的青年,1886年与孙中山结识。他后来到香港考取了华民政务司署书记的职务,与孙中山来往密切。杨鹤龄是孙中山的同乡,自幼相熟。杨父在香港开办的杨耀记商店是"四大寇"经常聚谈之所。在大学时代,与孙中山来往密切的还有陆皓东和郑士良。陆皓东也是孙中山的同村乡里,自幼同伴、同学。后来陆皓东英勇捐躯于广州起义,成为"中华民国第一烈士"。郑士良,广东归善人,因父辈原与会党绿林交往密切,颇受反清复明思想的影响。郑士良赞成孙中山的革命主张,他表示,若举大事,可以联络会党听从先生指挥。辛亥革命前,孙中山多次举行武装起义,都得到了郑士良的大力协助。⑦

陈少白等人大都是接受过西方教育的、具有爱国反清倾向的知识分子。他们之间的交往不可视为一般的青年习性。孙中山一方面以自己激进的革命思想影响周围的青年朋友,另一方面,这些青年朋友在不同方面也给孙中山以鼓励和帮助,使孙中山增强了勇气和信心。孙中山曾把这一时期称为"革命言论的时代"。但是,与这些怀有革命抱负的青年"昕夕往还""非谈革命则无以为欢",其意义不限于言论、思想的发展成长。实际上,他们的交往可以视为革命活动的准备与实习。孙中山早期革命都以这几个人为骨干,如陆皓东 1895 年在广州起义,郑士良 1900 年在惠州起义,陈少白创立光汉会等,他们都起过十分重要的作用。

(四)上书李鸿章

孙中山学医的目的是治病救人,但是中国积贫积弱的残酷现实使他改变了初衷,终于放弃了收入丰厚的医生职业,走上职业革命家的艰辛道路。

1.从“医人”到“医国”的转变

1892 年 7 月,孙中山以优异成绩从香港西医书院毕业。毕业后,孙中山应邀到澳门镜湖医院任西医大夫。孙中山曾经医治好澳门绅士曹子基、何穗田家人的疾病,后在曹、何和香港绅士陈赓虞的资助下开设了中西药局,独立行医。孙中山医术高明、医德高尚,当年称赞孙中山的文章屡见于澳门本地报端。但是,孙中山的声誉日隆也引起了一些葡萄牙医生的妒忌和排挤。他们或毁谤孙中山,诸如说他没有葡萄牙文凭、不能行医治病,或要挟各家药房不得为中国医生配方。由于受到葡籍医生排挤,孙中山愤然离开澳门,转赴广州行医。在广州,孙中山一面热情为患者治病,施医赠药,拯救同胞肉体痛苦;一面“借医术为入世之媒”,多方联络,广交朋友;特别注意结交对清政府不满、富于爱国主义先进思想的青年和会党人士,共同寻找救国救民的出路。他从来不满足于“医人”,更关心的是“医国”,医治积贫积弱的国家痼疾。他认为:“医术救人所济有限,其他慈善事业也是这样,没有什么事情是比政治权力还人的。政治势力,可为大善,也可能为大恶。中国人民之艰苦,都是因为不良政治所致。若想要救国救人,非除去恶劣政府不可。”不久,孙中山就从“医人”转向“医国”,开始了挽救民族危亡的政治活动。

这一时期的孙中山已经把医务工作放到了次要的地位,将主要精力投入到革命准备活动之中。孙中山除了和大学时代一起宣扬反清革命的陆皓东、郑士良、陈少白、尤列等人往来密切外,还结识了一些具有爱国反清思想的新朋友,如书店经理左斗山、基督教牧师王质甫、教师魏友琴、海军军官程璧光等人。孙中山经常和这些新老朋友,聚集在广州圣教书楼后的礼拜堂和广雅书局的抗风轩,谈论时事和政治,谋求治国良策。

1893 年冬,孙中山邀陆皓东、郑士良、魏友琴、尤列、程璧光等人,聚会于抗风轩,秘密酝酿成立一个团体,以从事“医国”活动。孙中山提议所成立的团体名之以“兴中会”,以“驱除鞑虏,恢复华夏”为宗旨。他的倡议得到了大家的赞成。但是,由于参加人数很少,团体最终没有形成。尽管如此,抗风轩议盟表明了孙中山的民族革命思想已趋于成熟,进入到一个集结同志、团聚力量、组织革命政团以发动实际运动的阶段。可以这样认为,抗风轩议盟为后来兴中会的成立作了思想上和组织上的准备。⑧

2.上书李鸿章

19 世纪 90 年代,改良主义思潮盛行。孙中山结交了何启、郑观应等改良主义者,思想也受到改良主义的影响,寄希望于统治阶级上层官僚,对清政府抱有一定幻想。

早在 1890 年,还在香港西医书院读书时,孙中山就曾经写信给退职居乡的香山籍洋务派官僚郑藻如,提出了发展农业、禁吸鸦片、兴办教育的改良主张,希望郑藻如能够利用自己的声望支持这些改良试验。改良主义的基本特点是在不触动封建制度前提下,在一定范围兴利除弊、变革现实。孙中山《致郑藻如书》就体现了改良主义的愿望。

1894年1月,正在广州开办中西药局诊所的孙中山丢下生意回到翠亨村家中,闭门起草了《上李鸿章书》,准备上书言事。孙中山指出,富强国家的关键"不尽在于船坚炮利、垒固兵强,而在于人能尽其才,地能尽其利,物能尽其用,货能畅其流——此四事者,富强之大经,治国之大本也"⑨。同年春天,孙中山同陆皓东北上,携带原澳门海防同知魏恒的书信,找到洋务派官僚盛宙怀,请他致函给其堂兄盛宣怀予以推荐。郑观应也致函盛宣怀,请他帮忙将孙中山推荐给李鸿章。1894年6月,孙中山和陆皓东抵达天津,通过盛宣怀等人将自己的上书转呈李鸿章。然而,李鸿章并未接见孙中山,只同意发给他农桑学会出国筹款的护照。

上书李鸿章是孙中山第一次施展其经世报国的抱负,承载富民强国美好愿望的救国行动。在孙中山看来,李鸿章在当时为一识时务之大员,如果能采纳他的主张,也未必不能挽救当时的中国。上书李鸿章的失败,使孙中山意识到依靠某个封建官僚,走上书请愿的和平改良道路是行不通的。希望的破灭促使孙中山思考以暴力手段推翻腐朽清王朝的问题,并开始着手组织革命团体和发动武装斗争。

二、早期的革命活动

1894年中日甲午战争爆发,战争的失利激起中国人民的反抗情绪。同年11月,孙中山发起成立了第一个资产阶级民主革命团体——兴中会,从事宣传革命、筹集资金的活动,并组织了两次武装起义。

(一)创立兴中会

1894年6月,上书明志的失败给当时只有28岁的孙中山很大的刺激。严峻的现实促使他抛弃了对清政府尚存的一丝幻想,改良救国的梦想破灭促使他坚定地走上反抗清王朝的革命道路。

1.檀香山兴中会

1894年7月25日中日甲午战争爆发。浩瀚的黄海海面上,一时间炮声隆隆、硝烟弥漫。伴随着北洋舰队的全军覆没,30年洋务运动的强国梦想和王朝天子的神圣、尊严也灰飞烟灭。孙中山敏锐地觉察到中国在民族危机中的沉沦陡然加剧,亡国灭种的灾难已迫在眉睫。要救国,要革命,第一个步骤就是联络革命同志,组织革命团体。

1894年秋天,孙中山离开上海,再次远赴檀香山。孙中山到达檀香山后,向胞兄孙眉讲述了其在国内行医的遭遇、上书李鸿章的失败和清政府的腐败无能,打算联络海外的华侨,募集资金,发动反清武装起义。

孙中山的主张得到了孙眉的支持,他积极地帮助弟弟联络当地熟识的华侨朋友。当时,檀香山的华侨有2万人左右,这些人绝大多数是在家乡生活不下去,背井离乡飘洋过海的,他们大多靠耕种田地为生;一些人经营甘蔗园、经商致富,发展成为资本家。由于风气极为闭塞,人们听到孙中山的革命宣传十分惊恐,绝大多数华侨对孙中山避而远之。经过一个多月的奔走和宣传,孙中山联络到二十多名关心祖国命运、有志于革命事业的侨胞,组织革命团体的条件也趋于成熟。1894 年 11 月 24 日,孙中山在檀香山卑涉银行经理何宽的家里召开了团体成立会议,与会者有何宽、李昌、刘祥、黄华恢、程蔚南、郑金、邓荫南等二十余人。在会上,孙中山提议,新团体以“兴中会”命名。会议通过了孙中山起草的《檀香山兴中会章程》。在这份文件中,孙中山饱含爱国激情地写道,“近之辱国丧师,剪藩压境,堂堂华夏不齿于邻邦,文物冠裳被轻于异族。有志之士,能无抚膺”;接着,又指出了中国面临的严重民族危机,“方今强邻环列,虎视鹰瞵,久垂涎于中华五金之富、物产之饶。蚕食鲸吞,已效尤于接踵;瓜分豆剖,实堪虑于目前。有心人不禁大声疾呼,亟拯斯民于水火,切扶大厦之将倾”;关于兴中会成立的目的与宗旨,孙中山指出:“是会之设,专为振兴中华、维持国体起见……联络中外华人,创兴是会,以申民志而扶国宗。”⑩这里的“振兴中华”道出了孙中山的志向与兴中会的宗旨。后来,它演变为一个令人热血沸腾的口号,激励着一代又一代中国人的爱国热情。

依照兴中会章程,会议投票选举刘祥、何宽二人为正副主席;黄华恢为管库;程蔚南、许直臣为正副文案。陆续入会者还有孙眉、杨文纳、杨德初等 90 余人,会员总数可考者达 126人。华侨资产阶级(工商业者、小农畜牧场主、银行家)占 62.5%;自由职业者(公务员、教员、新闻记者、技师等)占 11.7%;工人占 25.8%;祖籍香山县的占 56.3%。⑪其中,邓荫南、钟木贤等是会党分子。

檀香山兴中会是我国第一个资产阶级革命团体,带有狭隘的地域色彩,参加者主要是华侨资本家和小资产阶级分子。兴中会并没有公开揭示反清革命的主旨,而是宣扬了“振兴中华,维持国体”的主张。宣言从爱国主义出发,胪陈了中国面临的危亡处境,饱含孙中山对于腐朽清政府的严正批判和对于民族危亡的深深忧虑以及他拯救苍生于水火,扶大厦之将倾的雄心壮志。兴中会的成立,标志着孙中山资产阶级民主革命活动的正式开端。

值得注意的是兴中会的组织管理方式:会员自愿入会,民主选举领导者,按需要设置管理岗位并确认其职责。这种组织模式完全不同于民间的会党。可以说,共和国的民主原则和机制在此得到一定程度的体现。

2.香港兴中会

檀香山兴中会成立后,孙中山原计划赴美洲发展组织,募集经费,但突然接到同志宋耀如自上海的来信。宋先生说,由于甲午战争的惨败,“清廷之腐败尽露,人心愤激”,所以函促孙中山利用这一良机发动起义。孙中山回忆道:“不图风气未开,人心锢塞,在檀鼓吹数月,应者寥寥,仅得邓荫南与胞兄德彰二人愿倾家相助,及其他亲友数十人之赞同而已。时适清兵屡败,高丽既失,旅、威既陷,京津亦岌岌可危,清廷之腐败尽露,人心愤激。上海同志宋耀如乃函促归国,美洲之行因而中止。遂与邓荫南及三五同志返国,以策进行,欲袭取广州以为根据。”⑫

1895 年 1 月,孙中山率邓荫南、宋居仁等经日本抵达香港。到港后,孙中山一方面与辅仁文社社长杨衢云会晤,商讨成立组织,发动反清起义;另一方面,孙中山联络志向相投的朋友郑士良、陆皓东、陈少白等人,准备起义。由于兴中会和辅仁文社在反清起义上有共同的思想基础,合作很快成功。1895年2月21日,兴中会与辅仁文社"合并为一",仍定名为兴中会,设机关于香港中环士丹顿街13号,对外以"乾亨行"作为掩护。孙中山修订了《兴中会章程》,更加尖锐地揭露了清朝的反动统治:"中国积弱,至今极矣!上则因循苟且,粉饰虚张;下则蒙昧无知,鲜能远虑"⑬,并以誓词的形式表达了办会宗旨:"驱除鞑虏,恢复中华,创立合众政府。"正式揭示了民主革命的最终目标。

孙中山从来不是一个坐而论道的理论家,而是勇于实践的革命先行者。如果说,檀香山的兴中会只是少数华侨资产阶级的革命团体,孙中山主要从事宣传革命,筹集资金的活动,那么,香港兴中会总机关的成立,标志着武装起义的准备活动已经开始,孙中山资产阶级共和国的理想将由此转变为现实运动。

(二)孙中山领导的广州起义

香港兴中会成立后,孙中山将革命的重心由海外转移到国内,准备首先在广州发动起义。此时,由于清政府的卖国政策,李鸿章与日本政府签订了丧权辱国的《马关条约》。条约规定:中国割让辽东半岛、台湾岛及其附属岛屿和澎湖列岛给日本;中国支付战争赔款白银二万万两;允许日本在华设立工厂等。《马关条约》适应了资本主义国家资本输出的需要,对中国加大了商品的倾销,条约的签订加剧了列强瓜分中国的民族危机,中国殖民地化程度进一步加深。清政府的腐败无能,战争的惨痛失败,引起全国震动,群情激愤。孙中山抓住时机,积极筹备以推翻清政府腐朽统治为目标的武装起义。

1895年3月,孙中山和陆皓东、郑士良等到广州筹划起义。他们在广州双门垁王家祠云岗别墅成立"农学会",以研究农学为名行掩护革命进行之实,实际是广州起义省内总机关。同时,孙中山依靠郑士良、程璧光、邓荫南等兴中会骨干联络香港、顺德等地会党,北江、西江、汕头等地绿林及清军防营和水师等。接着,孙中山等人确定了起义发动的日期为农历九月初九重阳节,并商定由孙中山担任中华民国的首任大总统。令人遗憾的是,起义发动之前,风声已经泄露,杨衢云的活动被清朝驻港密探发现,起义所用枪械也被海关查封。清政府加紧了对广州的防范,封闭革命机关,搜捕起义人员。10月26日黎明,绿林、会党等各路首领集中于起义总机关,讨取命令、口号;但作为起义主力的香港一路人马却未能在预定的时间到达广州,另一路主力也未能从汕头赶来。在这种情况下,孙中山解散了队伍,令众人返回待命,避免了无谓的牺牲。孙中山和起义骨干也分散撤离。他和郑士良一起换装潜至澳门,转赴香港。但兴中会总部的陆皓东、程耀臣等人和从香港赶来的朱贵全、丘四等人却遭逮捕,英勇就义。他们成为中国资产阶级革命进程中第一批死难的烈士。孙中山痛失好友陆皓东,称他是"中国有史以来为共和革命而牺牲者之第一人也"。⑭

广州起义还没有正式投入战斗就因清政府的镇压破坏和革命党组织工作的失误而中途流产。这次起义本来就带有军事冒险性质,也缺乏群众支持的基础,其失败有着显而易见的必然性。但是,广州起义毕竟是资产阶级民主革命的第一声战斗的呐喊,是对清朝政府和封建君主制度的正式宣战。它所开辟的武装起义道路可以通向何处,当时的革命者还无法预见。但历史已经将广州起义和辛亥武昌起义连接成一条曲折但是贯通的胜利征途。没有失败了的广州起义,就不会有成功了的武昌起义。

(三)孙中山伦敦蒙难

广州起义后,清政府通缉孙中山、杨衢云、郑士良等逃亡者,并要求英国政府引渡在香港的孙中山。港英当局也宣布5年内禁止孙中山入境。为躲避追捕,孙中山与陈少白、郑士良等人于11月2日离开香港,搭乘货船"广岛丸"远避日本。由此时到辛亥革命成功的16年间,孙中山一直居无定所,过着充满艰难险阻的海外流亡生活。

1895年11月10日,孙中山一行抵达神户。刚到日本,孙中山就马上开始了革命宣传活动,约半个月后,兴中会横滨分会即告成立。此时,中日议和完成。社会上盛传政府将把革命党引渡给清政府的流言,革命活动很难开展,孙中山决定与郑士良、陈少白分头活动。他命郑士良回国收拾余众,静待时机,以积蓄力量,再谋起义。陈少白则暂留日本,考察日本国情,结交日本朝野友人。孙中山断发改装,再返檀香山,继续在当地华侨中开展革命活动。孙中山到达檀香山多方活动,重新集合同志推广兴中会,但是有很多人因为起义失败而灰心丧气,收效甚微,进展迟缓。于是,孙中山决定去华侨人数更多的美国开展宣传工作。

1896年6月18日,孙中山到达美国旧金山。旧金山虽然华侨人数较多,但革命风气不盛,孙中山的革命活动被视为大逆不道,愿意赞助的人很少。孙中山后来回忆说:"美洲华侨之风气蔽塞,较檀岛尤甚。故予由太平洋东岸之三藩市登陆,横过美洲大陆,至大西洋西岸之纽约市,沿途所过多处,或留数日,或十数日。所至皆说以祖国危亡,清政腐败,非从民族根本改革无以救亡,而改革之任人人有责。然而劝者谆谆,听者终归貌貌,其欢迎革命主义者,每埠不过数人或十馀人而已。"[15]孙中山美洲之行历时3个月,由于华侨风气不开,政治意识淡漠,同年9月,孙中山决定离开美国,前往英国。

由于清政府的严密侦缉,孙中山刚从利物浦登岸,清政府驻英国公使就已经接到密报。于是,他便派人跟踪监视孙中山在英国的活动,伺机缉拿。

孙中山到达伦敦后,便前往母校香港西医书院的老师康德黎家拜访。康德黎夫妇热情接待了孙中山。康德黎夫人告诫孙中山,不要到中国使馆附近去。如果使馆的人发现,一定会逮捕他,并把他押送回国。孙中山住在伦敦,除了拜访康德黎和另一位母校老师孟生博士外,主要是游览博物馆,访问名胜古迹,观察英国的社会状况。孙中山看到英国经济贸易繁荣、社会生活井然有序,向往不已,更激起了改造落后中国的决心。

1896年10月11日,孙中山前往拜访康德黎老师。在路上,孙中山遇见清使馆翻译邓廷铿。邓自称是先生同乡,两人一起边谈边走。走到钵兰大街49号清使馆门口,邓廷铿便将孙中山挟入使馆中拘禁。孙中山在囚禁室内千方百计想与外界沟通消息,最终得到了使馆的英籍女管家霍维夫人的帮助。霍维夫人写了一封匿名信给康德黎,告诉他孙中山已被囚禁于中国公使馆内。

康德黎去了孙中山居住的寓所,确认他已被拘禁在公使馆后,马上报警寻求援助。公使馆的清洁工人柯尔也拿着孙中山亲笔书写的名片向康德黎求救。此时,清政府驻英公使龚照瑷已经用 7000 英镑的高价租了一条船,打算以疯子的名义将孙中山装在一只木箱内,秘密押解回国内杀害。康德黎和孟生博士一方面奔赴苏格兰场总警署请求出面干涉,另一方面两度赴英国外交部寻求帮助,但毫无结果。情急之中,康德黎想到报界曝光的解救方式,于是和一家报社取得联系。

10 月 22 日,英国媒体《地球报》首先报道了清政府绑架本国革命党领袖的消息。此后,其他报纸纷纷转载,引起了英国人民对于清使馆的极大不满和英国朝野的极大关注。英国政府照会清公使馆,要求迅速释放孙中山。10 月 23 日,在巨大的舆论压力下,被囚禁了 12 天的孙中山终于获释。除了英国报刊外,美国、澳大利亚、香港、日本、新加坡等地多家报刊及上海的《万国公报》《时务报》也转载了有关报道和评论。为了使英国民众更加清楚地了解事情的真相,揭露清政府的丑恶嘴脸,孙中山用英文写成《伦敦被难记》,1897 年在英国出版。后来,这本小册子又被翻译成日、俄、汉等多种文字,产生了极为广泛的影响。

孙中山的伦敦被难,成为了他和中国革命的一个契机。此次,世界各国同情、支持中国革命的人们都知道了孙中山的名字,了解到一些有关正在艰难进行的中国革命的信息。随着孙中山革命事业的发展,他很快成为国际知名的中国革命家。

孙中山脱险后,常常到大英博物馆去博览群书,潜心研读西方国家政治、经济、军事、外交以及农业、畜牧业、矿业、工程机械等方面书籍。当时,西方主要国家正处于从自由资本主义向垄断资本主义转化的过程中。作为老牌资本主义国家的英国也暴露出大量社会矛盾,贫富分化加剧,工人运动持续不断。这种情况当然引起了思想界的关注,各种社会思潮纷纷涌现。美国学者亨里·乔治的“单税社会主义”学说就十分流行。这种学说把社会贫富分化的原因归结为地租不断高涨的结果,因此主张废除其他一切租税,单独征收地价税,而土地涨价归代表全体人民的国家所有。孙中山对亨里·乔治的“单税社会主义”学说就产生了浓厚的兴趣。旅居英国期间,孙中山还接触了欧洲的各种社会学说和英国的社会现实,对社会主义尤其认真研究。孙中山对民主问题的认真思考正是在这段旅欧时期开始的。孙中山后来回顾这段旅欧经历时说:“两年之中,所见所闻,殊多心得。始知徒致国家富强、民权发达如欧洲列强者,犹未能登斯民于极乐之乡也;是以欧洲志士,犹有社会革命之运动也。予欲为一劳永逸之计,乃采取民生主义,以与民族、民权问题同时解决。此民生主义之主张所由完成也。”⑯这段话反映出孙中山为寻求救国救民的真理而努力思考、进行理论建设的实际情况。

(四)孙中山领导的惠州起义

19 世纪末,欧洲还没有中国留学生,华侨也比较少,孙中山宣扬革命几近没有对象。但孙中山“生平所志,以革命为唯一之天职,故不欲久处欧洲,旷废革命之时日,遂往日本,以其地与中国相近,消息易通,便于筹划也”⑰。因此,孙中山决意前往日本宣传革命。

1897 年 8 月,孙中山到达日本横滨。到达日本后,孙中山广交日本各界友人。孙中山与日本民党领袖犬养毅一见如故,经由犬养介绍,孙中山开始与日本政界人物交往,结识了大隈重信(时任日本外相)、大石正已、尾崎行雄等人。宫崎弥藏、宫崎寅藏兄弟及日本退职军人山田良正、萱野长知等一些民间人士出于对孙中山本人的崇敬、对中国革命的同情,也长期参与、支持孙中山的各种活动。

当时日本有华侨万余人,政治觉悟普遍较低。孙中山和革命同志往返于横滨、神户之间宣扬革命,几年之后,信奉孙中山革命理论者,也只有百数十人。当时党内同志对革命前途也多持悲观态度。为振奋人心、鼓动士气,孙中山决定再次发动武装起义。

1899 年,为了策划新的革命行动,孙中山命令陈少白回到香港创办《中国日报》,宣传革命;派遣史坚如在长江联络会党;派遣郑士良在香港设立机关,接待会党和各方同志。经过兴中会骨干的积极联络,长江会党及两广、福建会党很快与兴中会合并。

1900 年,义和团运动爆发,八国联军侵华。孙中山认为这是举行起义的良好时机。于是命郑士良入惠州,招集人马谋划起义;命史坚如到广州,招集同志策划响应革命。孙中山与外国军官数人绕道至香港,计划从香港潜入内地,亲自率领起义军行动。不料,因为奸细告密,孙中山所乘船只刚一抵达香港就被港英当局监控,并禁止孙中山登岸,致使原定计划不得施行。孙中山只得将惠州起义的发动、指挥责任委托给郑士良执掌;命杨衢云、李纪堂、陈少白等人在香港接应。孙中山本人则返回日本,转道台湾,再设法从台湾潜渡回内地。

孙中山一面扩充原有计划,加聘军官;一面命令郑士良即日发动起义,并改变原定计划,不直接逼近省城,而是先占领沿海一带,多集中革命力量,然后再向内地发展。1900 年10 月 8 日,惠州三洲田起义爆发。孙中山命郑士良率军东进福建南部。郑士良沿途屡次击败清军,击毙、俘虏清军数百人,缴获很多枪支。起义军得到了当地百姓的拥护,声势浩大。正当此时,出现了无法预料的变局:日本政府突然改组了内阁,新总理伊藤博文摒弃了前任内阁暗中支持、利用中国革命者的政策,禁止台湾总督与中国革命党人接触,禁止武器出口,禁止同情中国革命的日本军官帮助孙中山的起义军。孙中山从台湾潜渡回国的计划自然遭到破坏。孙中山只得派遣山田良正等人赶赴郑士良军中,转达这一重要情报,命郑士良见机行事。郑士良部连续战斗了一个多月,可以掌握的部队尚有 2 万人之众,只是弹药已尽。得到孙中山的指示后,郑士良解散了队伍,带领数百人逃往香港。当郑士良在惠州苦战的时候,史坚如在广州自行决定暗杀两广总督德寿。他先租赁总督衙署旁的民房,掘地道通向官署内,企图放炸药爆破。最终行动失败,史坚如被捕遇害,年仅 22 岁。孙中山痛失良将,顿足流涕,称赞其为"为共和殉难之第二健将"。

惠州起义是孙中山策划的一次较大规模的武装起义。与广州起义相比,惠州起义的准备更加充分,有了一定的群众基础,得到了当地农民的支持。但是起义的指导思想和实际策略过多地依赖日本方面支持的承诺。当日本政府的对华政策发生变化之后,起义随之宣告失败。惠州起义虽然失败,但其在国内产生了广泛的政治影响,民众逐渐觉醒,同情支持革命者大大增多。由此,孙中山受到极大鼓舞,增强了继续奋斗的决心。

三、同盟会的成立及孙中山领导的武装起义

随着国内革命形势的高涨,孙中山将分散的爱国团体组织起来,在日本东京成立了资

产阶级的革命政党——中国同盟会,使革命的面貌焕然一新。孙中山阐释了"民族、民权、民生"的三民主义纲领,为资产阶级革命指明了奋斗方向。孙中山组织领导了与保皇派的论战,澄清了改良与革命的区别,夺回了思想舆论阵地的主导权。辛亥革命前,孙中山领导同盟会连续发动了一系列的武装起义,为辛亥革命的最终成功奠定了基础。

(一)创立同盟会

1900年,八国联军侵华,声势浩大的义和团反帝爱国运动爆发,清政府和帝国主义列强一起绞杀了义和团运动。在帝国主义胁迫下,1901年,清政府和俄、英、美、日、德、法、意等十一国签订了《辛丑条约》,中国完全沦为半殖民地半封建社会,清政府也成为"洋人的朝廷"。

面对腐朽的清王朝,民主革命的思想日益传播开来。在上海,章太炎、吴稚晖、邹容以《苏报》为阵地鼓吹革命。邹容著《革命军》一书,排满反清言辞激烈,热情讴歌革命,充满爱国主义激情,在全国范围内引起强烈震撼。同时,影响较大的还有章炳麟的《驳康有为论革命书》和陈天华的《猛回头》《警世钟》。清政府勾结上海租界工部局查封了刊登《革命军》的《苏报》,将宣扬革命的章太炎、邹容逮捕囚禁,造成震动一时的"苏报案"。经过各界人士努力营救,章太炎获释出狱,而邹容病死狱中。邹容之死引起知识界人士的强烈愤慨,转而同情支持革命。孙中山积极支持民主革命思想的传播。1904年,孙中山一次就刊印《革命军》1万多册,分别寄往美洲、南洋各地;他还大量翻印《猛回头》和《警世钟》等书籍,在知识分子中引起很大反响。

1902年底,孙中山离开日本,前往越南河内参观河内博览会。随后,孙中山离开河内经日本前往檀香山,再赴美洲、欧洲大陆宣传革命,募集资金。孙中山所到之处,受到当地留学生和华侨的热烈欢迎,再无从前屡遭冷遇的困境,孙中山备受鼓舞。

随着中国资本主义的发展,一批知识分子开始觉醒,走上资产阶级民主革命的道路。许多青年学生走出国门,寻求救国真理。中国留学生在国外大都乐于接受新鲜事物,不满于祖国的落后现状,要求实行革命。孙中山注意到了这一新情况,非常注意联络留学生,宣传革命理论,从中物色优秀人才。为了给中国革命培养军事人才,孙中山在东京练兵场附近秘密创办了青山革命军事学校,聘请日本军事家日野熊藏为校长,退役军官小室健次郎为助教。军校传授军事知识及枪炮火药制造方法,尤其注重游击战术和以寡敌众的夜袭法的讲授。孙中山要求学生填写入学盟书,表示革命决心。其誓词是:"驱除鞑虏,恢复中华,创立民国,平均地权。"这是孙中山第一次提出"平均地权"的口号。后来,军校誓词成为同盟会的革命宗旨。

1903年至1905年,中国涌现出许多反清革命团体,其中影响较大的有:黄兴、宋教仁、刘揆一等领导的"华兴会";曹亚伯、吕大森、刘静庵等人在武昌成立的"科学补习所";蔡元培、章炳麟等人领导的"光复会";湖北的"日知会"等等。这些革命团体集结着社会上的部分反清力量,但它们各自在一定范围内分散活动,彼此缺乏联系,无法采取一致行动。孙中山感到,要适应新的形势,推动革命事业的发展,建立统一的革命政党已势在必行。

1905年7月,孙中山由法国抵达日本,开始联络各团体,筹备建立统一的革命党。他邀集兴中会、华兴会、光复会等革命团体负责人在东京开会,商讨组合新党之事。经过讨论,新组织定名为"中国同盟会"。孙中山提出了"驱除鞑虏,恢复中华,创立民国,平均地权"的入会誓词。8月20日,在东京赤坂区日本友人阪本金弥的家中举行中国同盟会成立大会。据宋教仁记载,出席会议的有100多人,孙中山被会议推举为总理。在孙中山的主持下,大会讨论通过了黄兴、陈天华等人起草的同盟会章程。章程中明确规定了以孙中山的十六字誓词为同盟会的革命宗旨与政治纲领。

为了促使更多的人觉醒和投身革命,11月26日,同盟会机关刊物《民报》在日本东京创刊。孙中山在为《民报》撰写的发刊词中,把同盟会的十六字纲领概括为"民族、民权、民生"三大主义,并进行了初步的阐释,后来,"三大主义"又改称"三民主义"。三民主义是中国近代史上第一个比较完整的资产阶级民主革命的政治纲领,它顺应了时代的要求,反映出人民对于民族独立、民主政治和民生改善的愿望,表明了孙中山是代表了"真正伟大的人民的真正伟大的思想"。但是,三民主义又是一个不彻底的民主主义革命纲领。它主张民族主义,但没有明确提出反帝的口号;它主张民权主义,但又不敢依靠广大工农群众;它主张民生主义,但又不敢发动广大贫困农民,通过自下而上的斗争,废除封建土地制度。同盟会纲领中的这些弱点,反映了中国民族资产阶级的软弱性和妥协性。[18]

同盟会是中国近代第一个资产阶级革命政党,它已经不同于以往以地域为纽带的革命小团体。它有明确的党章、党纲和其他条例规定,有公举的领袖,它的成员以资产阶级和小资产阶级知识分子为主。这种成分的特点也表明了同盟会只能是一个资产阶级的政党。同盟会的成员遍及全国17个省,据统计,在1905—1907年间加入同盟会的成员中,有据可考的留学生占到了93%以上。[19]

同盟会的成立开创了孙中山革命历程的新起点,也是民主革命发展过程中一个重要的里程碑。它将分散的革命团体统一起来,有力地推动了中国民主革命的发展。孙中山在《建国方略》中曾经这样评价同盟会成立的历史意义:"自革命同盟会成立之后,予之希望则为之开一新纪元。盖前此虽身当百难之冲,为举世所非笑唾骂,一败再败,而犹冒险猛进者,仍未敢望革命排满事业能及吾身而成者也;其所以百折不回者,不过欲有以振起既死之人心,昭苏将尽之国魂,期有继我而起者成之耳。及乙巳之秋,集合全国之英俊而成立革命同盟会于东京之日,吾始信革命大业可及身而成矣。于是乃敢定立'中华民国'之名称而公布于党员,使之各回本省,鼓吹革命主义,而传布中华民国之思想焉。"[20]

(二)革命派与保皇派的论战

自中国资产阶级登上历史舞台,内部就存在两种政治力量的分歧与斗争:其一是以孙中山为代表的革命派,主张用暴力革命的手段推翻清王朝的封建统治,建立资产阶级共和国;其二是以康有为、梁启超为代表的改良派,他们主张以请愿、上书等办法说服清廷变法维新,自上而下地推动社会改良。

1898年6月至9月,以康有为、梁启超等人为代表的资产阶级维新派在光绪皇帝的支持下进行变法,实行新政。尽管变法根本没有涉及封建政体,更没有破坏封建制度,但还是被慈禧太后等顽固派残酷镇压,谭嗣同等6位新政人物遇害。戊戌变法失败后,康、梁流亡海外,蜕变成为保皇派。他们在华侨和留学生中组织"保救大清皇帝会",简称"保皇会",以拥戴光绪皇帝反对慈禧太后、鼓吹君主立宪为宗旨。梁启超以"借名保皇,实则革命"的幌子骗取了孙中山的信任,前往檀香山进行活动。兴中会许多会员被迷惑,纷纷加入保皇派。到1903年,保皇会在海外势力极度膨胀,仅在美洲就设立了11个总部和86个支会[21],使兴中会的组织惨遭破坏,损失殆尽。

为了争夺群众,澄清革命与改良的界限,戳穿保皇派的伪善面目,孙中山决心和保皇派进行坚决的斗争。1903年12月至1904年1月,孙中山在檀香山《檀山新报》上先后撰写《敬告同乡书》和《驳保皇报》两篇文章,针对保皇派机关报《新中国报》的宣传进行了猛烈抨击。这是同盟会成立前孙中山第一次公开对保皇派的批判。这次论战的主要问题,成了日后革命派和保皇派大论战的基本内容;这场论战的结果,使深受保皇派影响的檀香山华侨从"保皇即革命"的谬论中解脱出来,振奋了革命精神。

1905年至1907年,革命派和保皇派分别以《民报》和《新民丛报》为宣传阵地,展开了近三年的思想论战。孙中山在《民报》发刊词中对三大主义的阐释起到了纲领的作用;一些留学生精英,如朱执信、胡汉民、汪精卫、陈天华、冯自由等人锐气十足、锋芒凌厉,成为革命派的论战干将,为同盟会的舆论宣传工作增添了勃勃生机。而保皇派方面实际上只有梁启超在苦撑局面,十分孤立。论战双方围绕保皇还是革命"借名保皇,实则革命"的口号、革命是否会招致列强瓜分中国、要不要以革命手段推翻清王朝、要不要建立资产阶级共和国、要不要改变封建土地制度等问题展开了激烈论辩。两派的论战经过1906年的高潮后,逐渐减弱,到了1907年,论战的胜负大局已定。保皇派的观点已经被彻底驳斥,梁启超孤掌难鸣,很难写出有分量的文章。同年8月,《新民丛报》停刊,标志着双方论战的结束。1907年后,留学生界已经不再是保皇派的天下了。

革命派与保皇派的论战是资产阶级内部两个不同政治派别的斗争。孙中山通过发表演讲和文章,揭示了改良派的真实面目,有力地澄清了改良和革命的区别,争夺革命阵地和群众,使许多海外华侨重新回到革命的立场上来,夺取了思想战线上的领导权。孙中山与改良派的论战,打击了改良派的气焰,扩大了革命派的影响,为民主革命思想的传播创造了良好的条件,为辛亥革命作了重要的思想舆论准备。[22]毛泽东高度赞扬了孙中山在论战中的作用,"在中国民主革命准备时期,以鲜明的中国革命民主派立场,同中国改良派作了尖锐的斗争。他在这一场斗争中是中国革命民主派的旗帜"。[23]

在这场论战中,以孙中山为首的资产阶级革命派也明显地暴露出自己的弱点:他们不能提出一个彻底的反帝、反封建的民主革命纲领。这既是资产阶级软弱性的反映,又是其阶级局限性的表现。

(三)辛亥革命前的武装起义

从义和团运动失败到辛亥革命发动的10年间,中国人民反抗清政府的斗争汹涌澎湃。1902年,因清政府摊派赔款,直隶广宗、四川巴县、湖南邵阳等地农民发动了武装起义,后蔓延到广西、广东、湖南、贵州和云南等省。清政府用兵十万,历时三年,直到1905年才将起义镇压下去。1906年江苏、浙江、安徽、江西等地又爆发了抢米风潮。1907年陕西爆发了抗捐斗争。此起彼伏的农民反抗斗争,有力地打击了清政府的反动统治。与此同时,城市中的工人也不断举行罢工,以反抗帝国主义和资本家的压迫和剥削。

1903年,盘踞在中国东北的沙俄军队拒绝按期撤退,引发了中国知识分子领导的拒俄运动。1903年起,各阶层人民反对帝国主义控制我国铁路(主要是粤汉铁路、川汉铁路)、矿山的收回利权运动,在全国许多省开展起来。1905年,为抗拒美帝国主义虐待华工、迫害华侨、拒绝废除限制华工条约,爆发了抵制美货运动。此起彼伏的爱国运动均遭到清政府无情镇压,这使越来越多的人认识到,只有推翻清政府的反动统治才能救亡图存。

资产阶级的力量伴随着民族资本主义产业的发展日益壮大,孙中山领导的资产阶级民主革命,得到各阶层人士更多的同情和支持。据不完全统计,从1869年发昌机器厂开办以来,到1900年,民族资本经营的近代工矿企业大约有156家,资本5000余万元;1901—1911年间,全国新设立的厂矿有340家,资本达10100万元。这10年新设的厂矿和增加的资本,都超过了以前20年的两倍以上。㉑民族资本主义工业的发展,主要集中在轻工业方面,特别是纺织、食品等行业。由于受到封建主义和帝国主义的压迫和束缚,民族资产阶级迫切要求在政治上获得一定权力,以孙中山为首的资产阶级革命派就成为他们的政治代表,孙中山也从他们反抗清政府的斗争中看到了革命的希望,积极筹备起义。

同盟会成立之后,有力地促进了资产阶级革命运动的蓬勃发展。孙中山在日本和黄兴、章炳麟等人一起制定了《革命方略》,显示了同盟会和孙中山在全国范围发动武装起义,推翻清政府的巨大决心。辛亥革命爆发前,包括广州起义和惠州起义在内,孙中山先后组织策划了10次武装起义。

1906年12月,在同盟会会员蔡绍南、魏宗铨和会党的策划下,湖南、江西爆发了同盟会领导的萍乡、浏阳、醴陵农民矿工、会党大起义。革命军在10天内迅速发展到3万人左右,震动了长江中下游各省。孙中山派了一些同盟会会员回国参战。由于起义仓促,各自为战,在数万清兵围剿下,坚持20多天后,起义军被迫解散。

萍、浏、醴起义失败后,孙中山离开日本赴越南,在河内成立了领导机关,准备在两广和云南发动起义。1907年5月,孙中山派陈涌波、余既成等人在潮州黄冈起义。在清军的进攻下,起义者只坚持了5天就因粮食和枪械短缺而失败。

1907年6月,孙中山派同盟会会员邓子瑜在惠州七女湖起义,响应黄冈起义。起义军和清军战斗10多天,多次击败清军,终因寡不敌众,缺乏武器弹药而失败、解散。

1907年9月,孙中山命王和顺发动了钦州、防城起义。起义军因背腹受敌,军需给养供应发生困难而失败。

1907年12月,孙中山派黄明堂等在镇南关发动起义。起义后,孙中山亲自从越南赶到镇南关参加战斗。他登上起义军据守的炮台,亲自开炮轰击敌人。同样由于弹药匮乏,虽然经过浴血奋战,仍无法战胜清军,只能撤离镇南关。

1908年3月,孙中山派黄兴再次在钦廉地区发动起义。黄兴等人在钦州、廉州、上思等地区转战 40 多天,屡败清军,终因弹尽援绝,只好率部退回越南。

1908 年 4 月,黄明堂、王和顺按照孙中山的安排,发动了河口起义。起义军坚持战斗了一个多月后失败。黄明堂率部 600 余人撤回越南,被法国当局解除武装,强行遣散。

接连遭受失败并没有动摇孙中山的战斗意志。他从失败中总结了深刻的教训:参加起义的主力都是当地的会党武装,而会党没有政治觉悟,战斗力不强。于是,孙中山改变策略,转向力量强大、训练有素的新军开展策反工作,准备利用新军组织起义。

1910 年 2 月,经过同盟会会员倪映典的艰苦工作,广州新军起义时机趋于成熟。2 月 11 日,广州新军正式发动起义,与前来镇压的广东水师 2000 多人展开了激烈的战斗。战斗开始不久,倪映典就中弹牺牲。起义军奋战了一个多小时就开始退却。3 天后,新军起义即告失败,起义者牺牲、被捕达 300 多人。

此时,孙中山已远赴美洲。他一面不辞辛苦地积极筹款,使起义获得经费上的支援;一面鼓舞斗志,鼓励同盟会会员不要气馁。1911 年 1 月,黄兴、赵声在香港成立了起义的领导机关,策划广州起义。4 月 27 日,广州黄花岗起义爆发。黄兴率领起义队伍直扑两广总督署,总督张鸣岐已经逃跑,起义军放火烧了总督衙门。起义军与清水师提督李准部遭遇,展开了激烈的巷战。起义军英勇杀敌,前仆后继,顽强坚持厮杀了一夜,杀死杀伤清军不计其数。在战斗中,黄兴右手被打断两指,朱执信也负伤。已经断了一臂的俞培伦胸前挂着一筐炸弹,奋勇战斗,清军看见,莫不闻风丧胆。经过激烈战斗,终因寡不敌众而失败。此役在战斗中牺牲的有林时塽、方声洞等 57 人,被捕后遇害的有俞培伦、林觉民等 29 人,共计 86 人。事后,革命党人潘达微收殓了 72 具烈士遗体,安葬在广州城外白云山麓的黄花岗。这就是中国近代史上著名的"黄花岗七十二烈士"。孙中山高度评价了广州起义和黄花岗烈士:"是役也,集各省革命党之精英,与彼虏为最后之一搏。事虽不成,而黄花岗七十二烈士轰轰烈烈之概已震动全球,而国内革命之时势实以之造成矣。"⑤

辛亥革命前,包括广州起义和惠州起义在内的 10 次武装起义都遭到失败。但是,这些起义锻炼了革命党人的战斗意志和牺牲精神,坚定了他们前仆后继、决不屈服的必胜信念,动员了广大群众参与革命,动摇了清政府的反动统治,为辛亥革命的最终成功积累了宝贵经验。孙中山组织领导的起义,或者依靠会党进行军事冒险,或者依靠少数新军的军事暴动,没有充分发动当地群众,没有建立一支群众基础雄厚的革命武装。因此,每次起义都因势单力孤,寡不敌众而失败。

在同盟会领导和影响下连续不断的武装起义,大大振奋了人心,促进了全国革命形势的发展。但接连不断的失败,也使同盟会的力量大受挫伤,革命党内部的分歧和涣散状况也随之而加深了。

同盟会成立后,孙中山全力在华南发动起义,引起了以长江流域为基地的原华兴会、光复会成员的不满。1907 年,在东京的宋教仁、谭人凤等开会反对孙中山主持同盟会大计,要求改选黄兴任总理。同年 8 月,四川张百祥,江西邓文翚,湖南焦达峰,湖北刘公、孙武等一部分同盟会会员,在宋教仁和谭人凤的支持下,成立了共进会,随后推派会员回国活动。共进会对于推动长江中上游流域革命运动的发展,起过一定积极作用。但是,它从同盟会中分离出来,自称是同盟会的外围,分裂了革命队伍,又产生了一定的消极影响。这些情况反映了同盟会内部意见分歧、组织松懈等严重缺点,对同盟会的发展和后来的革命进程都产生了不利的影响。

1908 年至 1910 年是孙中山的革命事业最为艰难的时期。一方面,孙中山组织领导的西南诸省起义接连遭到失败;另一方面,同盟会内部对孙中山的怀疑、反对的声浪也迅速增强。如果说,这种怀疑或反对是因为起义屡遭败绩而来,那应该是情有可原的;令人难以容忍的是,一些同盟会的领导人士竟然出于私利或小团体利益,借所谓经费问题无端怀疑孙中山的人格品行,公开诋毁孙中山的声誉,以致发展到大搞分裂活动的危险地步。一时间,同盟会内谣言四起,矛盾重重。孙中山顾全大局,保持了高度的克制,显示了一个伟大革命领袖博大、坦荡的胸怀。后来,南洋的革命党人派专员前往香港调查孙中山的经济状况。他们发现,孙中山在儿龙的家只是几间茅草屋,而曾经拥有 2 万多亩土地的孙眉,已经沦为租种他人土地的佃农,他的庞大家产都已经变卖用作革命经费。孙中山在最艰难的时期,仍然保持顽强的革命意志和斗志,不辞辛苦地来往于欧美,宣传革命,积极筹款,为再次起义作准备。

孙中山克己奉公,严谨自律,面对同志的不理解和不信任,不沮丧不退缩。自创建檀香山兴中会、发动中国革命运动之后,他历经磨难,百折不回,愈战愈勇。辛亥革命前,他积极募集资金,亲自组织领导了 10 次起义,扩大了革命的影响,动摇了清政府的反动统治,教育了人民群众,为辛亥革命的最终成功奠定了基础。

注释:

①孙中山.留别粤中父老昆弟书.孙中山全集.第四卷.北京:中华书局,1985.478 页.

②孙中山.复翟里斯函.孙中山全集.第一卷.北京:中华书局,1981.47 页.

③孙中山.建国方略.孙中山全集.第六卷.北京:中华书局,1985.229 页.

④尚明轩.孙中山的历程.北京:解放军文艺出版社,2004.50 页.

⑤孙中山.上李鸿章书.孙中山全集.第一卷.北京:中华书局,1981.8 页.

⑥孙中山.建国方略.孙中山全集.第六卷.北京:中华书局,1985.229 页.

⑦尚明轩.孙中山的历程.北京:解放军文艺出版社,2004.53~55 页.

⑧尚明轩.孙中山的历程.北京:解放军文艺出版社,2004.77 页.

⑨孙中山.上李鸿章书.孙中山全集.第一卷.北京:中华书局,1981.8 页.

⑩孙中山.檀香山兴中会章程.孙中山全集.第一卷.北京:中华书局,1981.19 页.

⑪尚明轩.孙中山传.北京:北京出版社,1981.35 页.

⑫孙中山.建国方略.孙中山全集.第六卷.北京:中华书局,1985.229~230 页.

⑬孙中山.香港兴中会章程.孙中山全集.第一卷.北京:中华书局,1981.21 页.

⑭孙中山.建国方略.孙中山全集.第六卷.北京:中华书局,1985.230 页.

⑮孙中山.建国方略.孙中山全集.第六卷.北京:中华书局,1985.231 页.

⑯孙中山.建国方略.孙中山全集.第六卷.北京:中华书局,1985.232 页.

⑰孙中山.建国方略.孙中山全集.第六卷.北京:中华书局,1985.232 页.

⑱《中国近代史》编写组.中国近代史.北京：中华书局,1983.369 页.

⑲尚明轩.孙中山传.北京：北京出版社,1981.82 页.

⑳孙中山.建国方略.孙中山全集.第六卷.北京：中华书局,1985.237 页.

㉑尚明轩.孙中山传.北京：北京出版社,1981.92~93 页.

㉒尚明轩.孙中山传.北京：北京出版社,1981.112~113 页.

㉓毛泽东.纪念孙中山先生.毛泽东选集.第五卷.北京：人民出版社,1977.311 页.

㉔《中国近代史》编写组.中国近代史.北京：中华书局,1983.334 页.

㉕孙中山.建国方略.孙中山全集.第六卷.北京：中华书局,1985.242 页.

第二讲　辛亥革命和辛亥革命后的继续斗争

内容提要

　　本讲讲述 1911 年辛亥革命、第一个资产阶级政府的成立和颁布的一系列革命措施以及孙中山为捍卫资产阶级革命成果进行的不懈斗争，主要内容涉及辛亥革命、二次革命、护国战争、护法运动等重大历史事件。

　　在同盟会会员的不懈努力下，1911 年辛亥革命在武昌爆发，革命形势迅猛发展，孙中山重返阔别多年的祖国。1912 年元旦，孙中山众望所归，在南京就任中华民国临时大总统，建立了资产阶级共和国，推翻了清王朝的统治，结束了延续 2000 多年的封建君主专制制度。孙中山领导的南京临时政府颁布了一系列有利于发展资本主义经济、民主政治、文化教育等方面的法令，为中国资本主义的发展奠定了基础。以袁世凯为首的封建军阀集团与帝国主义势力相互勾结，不断给革命政府施加压力，通过南北和谈窃取革命成果，袁世凯登上了中华民国临时大总统的宝座，资产阶级革命遭到重创。孙中山卸任后，致力于实现其实业救国计划和民生主义理想。然而宋教仁的遇刺，使孙中山警醒，认清了袁世凯的真面目，领导了二次革命进行抗争。对于袁世凯复辟封建专制制度的行径，孙中山策划并领导了护国战争。为捍卫共和制度与革命成果，孙中山与北洋军阀进行不懈斗争，领导了两次护法运动，但均遭挫折，以致失败。

学习思路与目标

　　1.学习时要认真阅读教材有关内容，参阅课程多媒体资源。

　　2.就本讲所述武昌起义和中华民国临时政府成立后孙中山颁布的一系列法律、法令和政策，了解武昌起义的经过和中华民国临时政府的性质。

　　3.就本讲所述内容并参阅相关资料，了解辛亥革命成功后孙中山建立资产阶级共和国和为了捍卫资产阶级共和国而进行的一系列不懈斗争，包括二次革命、护国战争、护法运动的经过和影响。

4.本讲讲述孙中山革命征程中经历的重大历史事件较多,要深入挖掘和思考并掌握两次护法运动失败的原因、辛亥革命的胜利原因与失败教训等几个问题。

思考与练习

1.讨论:

(1)武昌起义能够成功的原因。

(2)辛亥革命失败后,孙中山进行二次革命、护国战争和护法运动的思想根源。

(3)孙中山从陈炯明叛变中获取的教训。

2.写作:

分析辛亥革命的胜利与失败。

孙中山始终不渝地追求革命理想,为革命事业艰苦奋斗了近20年,终于迎来了胜利的时刻。1911年10月10日,武昌起义的成功标志着中国资产阶级民主革命的第一次巨大胜利。孙中山也重返阔别多年的祖国,就任中华民国临时大总统。他主持建立了参议院和政府机构,颁布了临时约法和其他一系列法规政令,建立了资产阶级共和国。以袁世凯为首的封建军阀集团与帝国主义势力相互勾结,窃取革命成果,妄图维护、复辟封建专制制度。孙中山再次挺身而出,继续斗争,策划并领导了二次革命、护国运动和护法运动,以期捍卫共和制度与革命成果。

一、孙中山领导的辛亥革命

1911年10月10日,武昌起义爆发。辛亥革命后,孙中山回国就任中华民国临时大总统,创建共和政体,颁布临时约法,改良政治。南北和谈后,袁世凯登上了总统的宝座,继续维护帝国主义和封建势力在中国的统治。

(一)武昌起义

在孙中山领导的武装起义持续爆发的同时, 广大人民群众不堪清政府的残酷压迫,纷纷组织起自发的反抗斗争,全国的革命形势不断高涨。1907年至1910年间,长江中下游的湖南、湖北、江西、安徽和江苏等地的许多州县,先后发生了饥民的暴动。1910年,湖南粮食歉收,官绅富商和洋行却乘机哄抬米价。饥民聚集起来,抢光了长沙市所有的米店,烧毁清朝巡抚衙门、教堂和洋行。长沙的抢米风潮震惊了全国,产生了巨大的影响。1909年至1910

年间,反剥削、反压迫、反对清政府统治的抗议运动遍及全国,此起彼伏。

面对日益高涨的民主革命浪潮,清政府一方面操练新军,镇压革命;另一方面又导演了"预备立宪"的丑剧,欺骗人民,抵制革命。1911 年 5 月,"皇族内阁"成立,"立宪"的骗局不攻自破。为了镇压革命,清政府把已经批准官督商办的川汉、粤汉铁路干线收回"国有",然后出卖给外国人。这种赤裸裸的卖国行径严重损害了民族资产阶级和地方绅士的利益,践踏了中国人民的民族尊严,遭到了湖南、湖北、广东和四川等各省民众的强烈反对。资产阶级立宪派为了请求清政府"收回成命",组织了较大规模的请愿活动,并最终演变成激烈的反抗运动。其中,四川的保路运动声势最为浩大。

1911 年 5 月以后,在川汉铁路、粤汉铁路的保路风潮不断扩大的形势下,两湖的革命党人积极准备武装起义。当时,湖北有两个规模较大的革命团体即文学社和共进会,其主要领导大都是同盟会会员。文学社和共进会一直在新军中进行革命的宣传和组织活动,吸收了大量的进步官兵参加革命;同时也将大批青年学生、会党群众输送到部队,形成了一股强大的革命力量。在湖北新军的各标(团)、营、队(连)等基层单位,革命党都建立了自己的组织,其成员总数大约达到五六千人,占湖北新军总数的三分之一左右。由于宣传鼓动工作卓有成效,已加入革命党的官兵普遍具有较高的政治觉悟,一般群众中也不乏对革命持同情态度者。如此成熟的革命力量为武昌起义的发动奠定了坚实的基础。

1911 年的广州新军起义和声势浩大的四川保路风潮,大大鼓舞了革命党人的信心,湖北的革命党人也认为起义的时机已经成熟。在同盟会的推动下,湖北新军成立了起义的领导机构,文学社领导人蒋翊武被推举为革命军总指挥,共进会领导人孙武担任参谋长,刘复基、彭楚藩等人为军事筹备员。他们拟定了起义的详细计划,确定了起义后军政府的负责人,草拟了各种公告文件,联系邻近各省的革命党人准备好策动响应。8 月,清政府决定从湖北抽调大批新军前往四川镇压保路运动。新军中的革命骨干也将随军离开武汉,湖北革命力量将被大大削弱,筹备中的起义面临流产危险。由于准备工作不充分,原定于农历八月十五中秋节(10 月 6 日)举行起义不得不推迟发动。10 月 9 日上午,孙武等人在汉口俄租界配置炸药时不慎引起爆炸,引来沙俄租界巡捕,将准备起义的旗帜、文告、印信等搜去。第二天,设在武昌的指挥起义的秘密机关又遭到破坏,清政府在武汉开始大肆搜捕革命党人,刘复基、彭楚藩、杨洪胜等人被捕遇害。湖广总督瑞澂下令全城戒严,封锁新军各个营队。此时,起义已到了最危机的关头。然而,新军的革命党人和革命士兵没有畏缩,在失去起义指挥机关的紧急情况下,他们当机立断毅然开始了行动。

10 日晚 7 时左右,武昌城内新军工程第八营士兵熊秉坤、金兆龙打响了武昌起义的第一枪。他们打死了对抗起义的反动军官,冲到楚望台军械库去夺取枪械弹药。楚望台守军中的革命士兵闻风响应,一举占领军械库。武昌城内步兵、炮兵、辎重各营士兵和军事学堂学生纷纷响应,奔向楚望台。11 时左右,各路起义士兵 3000 多人联合起来,兵分三路进攻湖广总督衙门。起义士兵组织了敢死队,猛烈攻击总督衙门的东辕门。炮队在蛇山连续发炮,配合士兵的进攻。士兵英勇战斗,奋勇杀敌,喊杀声震天动地。湖广总督瑞澂等清朝官吏仓皇逃到停靠在长江的军舰上。经过一昼夜的激烈战斗,11 日清晨,起义士兵攻克了湖广总督衙门,占领了武昌城。第二天占领了汉阳之后,起义者宣布湖北军政府成立。10月12日,攻占汉口,至此武汉三镇全部被攻克。起义胜利后,革命党首要的任务是建立新秩序,扩大革命成果,推进革命发展。但是,革命党人的政治斗争水平还不足以把握住革命的领导权。由下层军官和士兵构成的起义骨干也缺乏组织领导新政府的能力。他们错误地指望上层军官、旧官僚和所谓社会名流来组织政府。于是,湖北新军协统黎元洪、湖北立宪派首领汤化龙担任了军政府要职。一批官僚政客和立宪派分子也趁机混入了军政府内。革命刚刚取得初步成功,革命者便丧失了领导权。

武昌起义成功的消息很快传遍了中华大地,革命的高潮迅猛发展。分布在各地区的革命党人纷纷发动起义,广大人民群众也掀起自发的反抗斗争。到11月下旬,全国24个省中已经有14个省宣布独立,清政府的反动统治已经山穷水尽,朝不保夕。

武昌起义爆发之时,孙中山正在美国科罗拉多州募集革命资金。10月11日,孙中山到达丹佛时才从当地报纸上获悉"武昌为革命党占领"的消息。孙中山在欣喜之余,马上开始筹划下一步的行动。他认为,新生革命政权面对清军的强大压力和随之而来的反扑,危险的境况非常值得忧虑。如果要巩固、发展革命成果,寻求国际上的支持是十分重要的。至少,应该使某些国家保持中立态度,不干预中国的革命。为此,孙中山决定暂时不急于回国,要利用一段时间游说西方列强,以使革命政权获得外交上的承认和财政上的支持。对列强的态度,孙中山有着自己的评估,他说:"美、法二国,则当表同情革命者也;德、俄二国,则当反对革命者也;日本则民间表同情,而政府反对者也;英国则民间同情,而政府未定者也。是故吾之外交关键,可以举足轻重为我成败存亡所系者,厥为英国。"[1]孙中山这一判断表明他对西方列强既有警惕,又抱有不切实际的幻想。

在美国,孙中山向政界和财界一些人士介绍了中国革命的宗旨,希望征得他们的同情和帮助。11月11日,孙中山抵达伦敦,以革命政府的名义积极展开外交活动,希望获得英国政府的外交和财政支持。11月21日,孙中山到达法国巴黎,拜访了法国一些参议员和众议员,表达了希望法国政府承认革命政府的愿望。此外,孙中山还与法国东方汇理银行总裁举行会谈,提出重掌中国海关税收、取消厘金和贷款给革命政府等事宜。在那一段时间里,孙中山奔走各国,多方游说,尽了最大的努力以争取得到外交和经济支持。但是,他所有的要求毫无例外地被各国拒绝。帝国主义国家对华政策的实质是千方百计地加强控制、加重剥削,绝不希望中国摆脱他们的压迫而独立,更不希望看到中国的强大。

辛亥革命后,国内形势复杂,变化急遽。革命党人都在急切地盼望孙中山回国主持大计。于是,孙中山踏上了归国的旅途。

1911年12月25日,孙中山流亡海外16年后,终于回到了阔别已久的祖国。到达上海之前,中外各报都传言孙中山携带巨款归来。革命党人也盼望着孙中山带回巨额的经费以解燃眉之急。孙中山则回答说"予不名一钱也,所带回者,革命之精神耳"[2]!

由于孙中山在革命党人和人民群众中的崇高威望,他的归来受到了各界人士的热烈欢迎。当时,正值中华民国临时政府成立前夕,关于首任大总统的人选问题,也流行着各种议论。孙中山是众望所归的革命领袖,他的归来使大总统人选的争论悄然停止。

(二)孙中山就任中华民国临时大总统

1911 年 12 月 29 日,各省代表会议在南京召开。已经独立的 17 个省派代表 45 人到会。中华民国临时大总统的选举采取每省一票的方式。孙中山以 16 票的绝对优势当选。

1912 年元旦,孙中山在南京宣誓就任中华民国第一任临时大总统,发表《临时大总统就职宣言》,宣告中华民国成立。在宣言中,孙中山表示要"尽扫专制之流毒,确定共和,以达革命之宗旨,完国民之志愿"③。

孙中山对临时政府的施政方针作出了如下规定和解说:在对内政策方面,第一,要实现民族统一,"国家之本,在于人民。合汉、满、蒙、回、藏诸地为一国,即合汉、满、蒙、回、藏诸族为一人";第二,要实现领土统一,"武昌首义,十数行省先后独立。所谓独立,对于清廷为脱离,对于各省为联合";第三,实现军政统一,"血钟一鸣,义旗四起,拥甲带戈之士遍于十余行省。虽编制或不一,号令或不齐,而目的所在则无不同。由共同之目的,以为共同之行动,整齐划一,夫岂其难"? 第四,要实现内治统一,"国家幅员辽阔,各省自有其风气所宜……今者各省联合,互谋自治,此后行政期于中央政府与各省之关系,调剂得宜";第五,要实现财政统一,"此后国家经费,取给于民,必期合于理财学理,而尤在改良社会经济组织,使人民知有生之乐"。在对外政策方面,"满清时代辱国之举措与排外之心理,务一洗而去之;与我友邦益增睦谊,持和平主义,将使中国重于国际社会,且将使世界渐趋于大同"④。

中华民国临时政府是中国历史上第一个资产阶级的国家政权,它的成立具有划时代的伟大意义。孙中山发动反清革命近 20 年,终于推翻了清王朝的统治,也结束了延续 2000 多年的封建君主专制制度,建立了资产阶级共和国,唤醒广大民众的民主觉悟,不仅为中国民族资本主义的发展创造了条件,而且具有深远的世界意义。毛泽东和列宁对孙中山及其领导的辛亥革命都曾作出了高度评价。毛泽东在《纪念孙中山先生》一文中提出:"纪念他在辛亥革命时期,领导人民推翻帝制、建立共和国的丰功伟绩。"⑤列宁也高度赞扬孙中山说:"这位亚洲的共和国临时大总统则是充满着崇高精神的英雄气概的革命的民主主义者……代表真诚的、战斗的、彻底的民主派的资产阶级……不愧为法国 18 世纪末叶的伟大宣传家和伟大活动家的同志"⑥。"尽管中国革命民主派的领袖孙中山有很大缺点(由于缺少无产阶级这个支柱而耽于幻想和优柔寡断),中国革命民主派在唤醒人民,争取自由和建立彻底的民主制度方面还是作出了许多贡献"⑦。"中国人民的革命斗争具有世界意义,因为它将给亚洲带来解放并将破坏欧洲资产阶级的统治"⑧。

1912 年 1 月,南京临时政府制定了《修正中华民国政府组织大纲》和《中华民国临时政府中央行政各部及其权限》,规定了南京临时政府组成形式,确立了临时政府的资产阶级共和国性质。

孙中山就任临时大总统后,为了捍卫革命的胜利果实,日夜操劳,在短短的 3 个月时间里,领导南京临时政府拟定和颁布了一系列政策法令,努力清除封建专制余毒,保障民主政治,维护人民权利,促进社会生产和发展资本主义。据尚明轩先生主编之《孙中山的历程》一书中,"临时政府的立法建制和除旧布新"所述,其主要措施概括如下:

第一,关于整饬武装力量。成立直隶于临时大总统的南京卫戍总督,颁布《南京卫戍条例》,有利于维护南京革命秩序。

第二,关于建立参议院。由每省都督派遣议员3人组成,行南京临时政府立法权。

第三,关于司法制度。废止刑讯,改革司法官制。

第四,关于保护人民权利和革除社会恶习。所有人民享有国家社会的一切权利,人民享有选举权、参政权和私人财产所有权,居住、言论、出版、集会、结社、信教的自由等;严禁鸦片,禁止蓄辫、缠足、赌博,废止跪拜等。

第五,关于财政制度。坚持理财学理,改良社会经济组织,使人民知有生之乐。杜绝弊混,坚持货币制度的统一,建立健全的金库制度,实行财政预算制度等。

第六,关于发展实业。颁布一系列保护工商业发展的规章,废除苛捐杂税,鼓励华侨在国内投资。

第七,关于文化教育。废止清朝教科书,废止"有碍民国精神及非各学校应授之科目",小学禁止读经学等;要求人们具备共和思想要素,提倡以人道主义及科学知识为标准改良现今社会。

第八,关于国家的根本大法。颁布《中华民国临时约法》,确立了资产阶级共和国的国家政治制度和政权组织形式,以及人民的民主权利。

担任临时大总统后,孙中山的生活起居、言行举止自然受到包括政界、新闻界在内的各界人士的高度关注,其中不少人在观察民国和民国总统的新风貌。在万众瞩目中,孙中山显示出他一贯的崇高品质和人格,为中国第一次出现的共和国增添了光彩。他平易近人,廉洁奉公,一心为民,精忠谋国,表现出全然不同于封建统治者的革命领袖风范。当时,孙中山的兄长孙眉曾经为革命捐献出全部家产,堪称革命功臣。有人积极推举他出任广东都督。孙眉本人也要求担任公职。孙中山的姐姐因家庭贫困,请求弟弟为自己的儿子安排一份工作。孙中山历来任人唯贤,不谋求私利。他宁可得罪亲人,毫不犹豫地拒绝了这样的推举和请求。孙中山在总统任内不领薪俸,更无法置家产。唯一的财产就是海外华侨赠与的一栋小楼。后来,为了筹集革命经费,他曾经三次将小楼抵押出去,还是华侨捐资为其赎回的。孙中山一生清贫、大公无私,其品性之高洁,其人格之完美,堪称时代楷模。

(三)南北议和

武昌起义不久,对峙的南北双方就开始议和。原来,英帝国主义在华利益主要集中于长江流域,他们担心革命的发展会伤及英国的利益,于是便在"中立"的幌子下大力扶植甘为帝国主义代理人的袁世凯,利用袁取代清王朝作为他们统治中国的工具。为此,英国对革命派不断施加压力,引诱和胁迫革命党人与袁世凯进行"和谈"。1911年11月26日,经过英国公使朱尔典和袁世凯的密谋,由英国政府驻汉口领事出面,向湖北军政府提出南北停战的建议。钻进革命队伍并取得湖北军政府领导权的立宪派和旧官僚竭力主张与袁世凯妥协。12月初,双方达成停战协议。接着,袁世凯派唐绍仪作为议和全权大臣,到上海与各省军政府议和代表伍廷芳举行和平谈判。

　　孙中山一方面想利用袁世凯推翻帝制,避免流血,建立共和;另一方面,对袁世凯心存幻想,认为袁世凯毕竟是汉人,应当反对异族统治,支持共和。所以,孙中山曾致电袁世凯,表示在清帝退位、实现共和的条件下,可以进行谈判并同意将临时大总统的职位让给袁世凯。

　　一方面,在宫廷中,袁世凯利用革命势力的日益壮大来胁迫清政府满足他的要求,当上了内阁总理,控制了清廷的军政大权;另一方面,在战场上,他又命令北洋将领冯国璋、段祺瑞向革命党发动猛攻,以武力相威胁;同时,在谈判桌前,他撤销了唐绍仪的议和代表资格,制造"决裂"姿态,使议和陷入危机。总之,袁世凯利用其特殊地位,周旋于清政府和南方革命政府之间,流露出一个乱世枭雄的权术和用心。

　　面对复杂的政治局势,孙中山坚定地维护革命成果与共和政体。他亲自担任北伐军总指挥,制定了兵分六路北进的军事计划,在安徽、河南、湖北等地战场上取得了一些胜利。但是,临时政府也面临严重危机。特别是同盟会内部人心涣散、矛盾丛生,黄兴、汪精卫等多数人赞成南北议和,希望实现廉价的共和。在经济上,由于海关税收由外国人把持,各省税收被当地军政府私自截留、拒绝上缴,临时政府陷入财政危机。临时政府内部的立宪派和一些官僚政客根本无心革命,他们与袁世凯里应外合,大肆宣扬南北议和、南北统一。革命党内的妥协退让的声浪日益高涨,争权夺势的风气愈演愈烈。汪精卫等人甚至诬蔑孙中山贪恋总统的权位,给孙中山造成巨大的心理压力。与此同时,帝国主义国家在外交上不承认革命政府,在经济上不给予任何援助;他们与袁世凯勾结起来,迫使孙中山接受议和条件。最终,南北双方达成协议:孙中山同意辞去临时大总统职务,袁世凯宣布赞成"共和"并且逼迫清帝退位。

　　在国内外反革命势力的共同夹击下,孙中山回天乏术、一筹莫展,只有步步退让。1912年2月12日末代皇帝溥仪宣布退位。第二天,袁世凯声明赞成"共和"。按照南北双方议和的条件,2月14日,孙中山向临时参议院提出辞呈,并提出三个条件:第一,中央政府设立于南京;第二,新总统必须到南京来任职;第三,遵守临时约法。孙中山的目的十分明确,要利用这三个条件遏制袁世凯可能存在的野心,逼迫他遵守承诺,不得背叛共和事业。袁世凯丝毫不在意,一口答应了孙中山的条件。临时参议院选举袁世凯为中华民国第二任临时大总统。

　　为了保卫资产阶级革命的成果,在孙中山的主持和推动下,临时参议院通过了一部具有资产阶级共和国宪法性质的《中华民国临时约法》,于1912年3月11日正式公布。《中华民国临时约法》共七章,五十六条。它以孙中山的民权主义理论为基础,吸收西方资产阶级国家"三权分立""私有财产不可侵犯""平等自由"等宪法原则,集中反映了中国资产阶级的民主革命精神。《临时约法·总纲》规定,中华民国由中华人民组织之;中华民国之主权,属于国民全体。《总纲》还规定了临时政府的政治制度:中华民国以参议院、临时大总统、国务员、法院行使其统治权。《临时约法》第三章至第六章规定:参议院行使立法权;临时大总统行使行政权,国务员辅佐大总统行使权力;法院行使司法权;三权分立,互相制衡,彻底否定了君主专制制度。《临时约法》还具体规定了人民民主权利义务和保有财产及营业的自由等等内容。《临时约法》以宪法的形式废除了封建帝制的等级特权,确立了资产阶级共和国的国家制度,将人民自由、民主、平等的愿望赋予法律效力,使资产阶级民主共和的思想开始深入人心,为反帝反复辟奠定了思想基础。

袁世凯对定都南京和南下就职的承诺根本不想遵守。他密令其嫡系部队在北京制造了2月29日的"兵变",作为其不能南下的借口。孙中山察觉到"兵变"的阴谋气息,宣布要出兵北上平乱。这一意图立刻遭到帝国主义的干涉,他们纷纷调兵入京,制造紧张气氛。一些革命党人、立宪派和旧官僚也主张袁世凯在北京就职。孙中山孤立无助,只得再次妥协。1912年4月1日,孙中山正式解除临时大总统的职务,把政权交给了袁世凯。次日,临时参议院通过决议,中华民国临时政府从南京迁往北京。

孙中山辞职交出革命政权,使资产阶级民主革命遭到了严重的挫折,给革命的发展带来了极大的危害。开始,孙中山并未意识到革命已遭到失败,相反,还认为他所领导的革命已经取得了很大的胜利。他在《南京参议院解职辞》中说:"三月以来,南北统一,战事告终,造成完全无缺之中华民国,此皆中国国民与全国军人之力所致。在本大总统受职之初,亦不料二此种之好结果。亦不料以极短之时期,而能建立如此大业。"后来,孙中山在《复苏俄外交人民委员齐契林函》中,谈到了辞职这一错误的严重性:"我的辞职是一个巨大的政治错误,它的政治后果正像在俄国如果让高尔察克、尤登尼奇或弗兰格尔跑到莫斯科去代替列宁而就会发生的一样。"⑨孙中山还总结了辛亥革命失败的根源,"曾几何时,已为情势所迫,不得已而与反革命的专制阶级谋妥协。此种妥协,实间接与帝国主义相调和,遂为革命第一次失败之根源"⑩。

辛亥革命的失败,主要是由于中国民族资产阶级的软弱性和妥协性。孙中山和同盟会没有提出一个彻底的反帝反封建纲领,对于帝国主义长期持有不切实际的幻想,指望通过妥协获得帝国主义的支持。更深层的原因在于:中国的资产阶级和封建地主阶级有着千丝万缕的联系;资产阶级的局限性使他们无法认识革命的动力、对象等基本的战略和策略问题,因而无法认识到中国社会最强大的力量潜存于农民大众之中。所以,在国内外反动势力面前,他们永远不能拥有力量对比的优势。

二、孙中山领导的二次革命

孙中山辞去临时大总统职务后,积极投身于修筑铁路、兴办实业的社会活动,努力实践建设国家的理想。"宋教仁遇刺"后,袁世凯公开撕下拥护共和的伪装,加快了镇压革命势力、复辟封建专制王朝的反动逆行。孙中山挺身而出,以英勇无畏的气概力挽狂澜、拯救共和,先后发动、领导了二次革命、护国运动和护法运动,同反动军阀的独裁统治进行坚决斗争。

(一)实业救国

辛亥革命后,孙中山认为民族、民权两大问题已经解决,踌躇满志地四处考察、演讲,推行他的实业救国计划,实现其民生主义理想。

　　1912年4月1日,孙中山在南京饯别同盟会会员时发表演说,阐述了自己将要致力于解决中国民生主义的主张。孙中山认为,"今日满清退位、中华民国成立,民族、民权两主义俱达到,惟有民生主义尚未着手,今后吾人所当致力的即在此事"。由于在海外生活多年,孙中山对于资本主义国家贫富对立的现实和由此引发的社会矛盾,有着深刻的体会和认识。他认为,欧美国家的"政体已是极美的了",但是社会贫富差距极大,所以社会党人主张发动解决这一社会问题的革命。现在,中国已经建立了共和国,解决了政体问题,但民生问题还远未解决,"盖未经社会革命一层,人民不能全数享乐,享幸福的只有少数资本家,受苦痛尚有多数工人,自然不能相安无事"。孙中山认为,中国必须"思患预防","采取国家社会政策,使社会不受经济阶级压迫之痛苦",趁目前资本主义工商业不发达,实行"社会革命";否则,"后来资本家出现,其压制手段恐怕比专制君主还要甚些"。孙中山在演讲中重申了社会革命的主要内容是"平均地权","若能将平均地权做到,那么社会革命已成七八分了"。此外,孙中山还提出修筑铁路、筹措资本和举借外债、发展实业等问题。他对兴办实业充满信心,认为"从前为清政府所制,欲开发而不能。今日共和告成,措施自由,产业勃兴,盖可预卜"。因此,孙中山声明将以民国国民的身份,一心从事社会实业建设。⑪

　　孙中山认为振兴中华的唯一出路是发展实业,而修筑铁路是发展中国经济的第一要策。1912年至1913年间,孙中山为兴办实业到处奔走宣传,决定从修筑铁路开始实践其实业理想。孙中山为发展铁路事业精心绘制了一幅雄伟的蓝图,修筑贯通全国的三条主要干线:第一条从南海至天山之南;第二条从扬子江至新疆伊犁;第三条从秦皇岛到蒙古乌梁素海。

　　为了获得民国政府的支持,1912年8月,孙中山到达北京。袁世凯为了巩固政权,麻痹革命党,对孙中山给予国家元首的礼遇,百般曲意奉承,极尽拉拢之能事。孙中山在北京逗留了近一个月,同袁世凯晤谈13次,涉及的国家大事包括铁路、军事、实业、外交等方面,"相谈甚欢"。孙中山被袁世凯虚情假意所蒙骗,天真地表示支持袁世凯当大总统10年,自己10年不干预政事,专心致力于建筑铁路的事业。9月,孙中山接受袁世凯的任命,担任全国铁路督办,立志在10年内修筑20万里铁路,使中国的铁路四通八达。由于在国内遇到资金、技术等难题,1913年2月,孙中山赴日本考察实业、铁路和进行借款活动。

　　孙中山实业救国的活动,反映了他一心一意为祖国富强和人民幸福而斗争的愿望,充分表现出他不贪恋权位、不谋求一己私利的高贵品格。但是,由于中国政权掌握在封建军阀和帝国主义的政治代表袁世凯手中,孙中山舍弃政事、专心致力于铁路建设的美好愿望只能是愿望而已。

(二)二次革命

　　在孙中山致力于铁路事业的同时,宋教仁为了实现"政党政治"的理想,积极开展活动,认为只要通过政党的合法活动,在国会中争取多数,就可以组织政党内阁,掌握实际权力,实现资产阶级共和国的政治模式。1912年8月25日,宋教仁将同盟会改组为国民党,在北京召开了成立大会,发布了《国民党政见宣言》。孙中山出席了大会,被推举为理事长,不久便委托宋教仁代理理事长。

1912年12月至1913年2月,第一次国会选举举行。宋教仁全力投入竞选,在长江流域各省宣传政见,为国民党组阁扩大舆论影响,结果国民党在参、众两院获得了压倒多数的席位。1913年3月,宋教仁准备北上组阁。

袁世凯担任临时大总统后,投靠帝国主义,排挤镇压革命党人。在袁世凯授意下,1913年3月20日,赵秉钧、洪述祖派遣特务武士英在上海沪宁车站枪击了正要北返的宋教仁,22日凌晨,宋教仁不治身亡,"宋案"震动全国。4月26日,袁世凯指派赵秉钧不惜以盐税和海关税担保,同英、法、德、日、俄五国签订了2500万英镑的善后大借款合同,为镇压革命,扩充反动军队进行经济准备。

以"宋案"为契机,大多数国民党从"政党内阁"和"议会政治"的梦幻中震醒。"宋案"的发生也引起了孙中山的警醒,他立即结束了在日本的考察和筹款活动回国。孙中山对于袁世凯的卑劣行径感到极其愤怒,主张武力讨伐袁世凯,但是国民党内部意见并不统一。袁世凯以国民党人江西都督李烈钧、广东都督胡汉民、安徽都督柏文蔚曾经通电反对善后借款为借口,下令免除国民党三都督的职务,并派三路大军南下进攻革命党人。

在北洋军阀进攻的威胁面前,革命党人不得不仓促应战。1913年7月12日,李烈钧在江西湖口誓师,宣布独立,发布《讨袁檄文》,举兵讨袁,二次革命爆发。孙中山在上海立即敦促南京、上海等地响应。黄兴前往南京,逼使江苏都督程德全宣布讨袁。15日,江苏宣布独立。随后,上海、安徽、湖南、广东、福建、重庆等省市也先后宣布独立。孙中山一再发表宣言和通电,声讨袁世凯杀害宋教仁、违法借款和挑动内战等罪行。孙中山在给老师康德黎的信中写道:"国民党领袖宋教仁最近在上海惨遭谋杀一案,经政府所派人员认真调查,已明确证实北京政府与此有重大牵涉。……(袁世凯)不顾现正集会于北京的国民代表之强烈反对而与五国银行团达成贷款两千五百万英镑之协议。政府此种专横、非法行动,立即加剧了由于宋教仁被阴谋杀害所激起之强烈义愤……"[⑫]孙中山南下,准备去广东直接领导讨袁战争。

由于国民党内部人员复杂,异常涣散,严重脱离群众,加上,被迫应战,因此从一开始就不能统一行动,处于被动的局面。江西湖口讨袁军,遭到了北洋军的水陆夹攻。8月18日,北洋军攻陷南昌,占领江西。南京的部分讨袁军被袁世凯用金钱收买,发生内讧。黄兴一离开南京,江苏都督程德全就宣布取消讨袁。上海陈其美、安徽柏文蔚也相继失利。接着,各地宣布取消独立。不到两个月,南方各省的革命军队全部被袁世凯击溃,"二次革命"失败。资产阶级革命派掌握的地方政权全部丧失,北洋军阀势力则扩张到整个长江流域。孙中山和黄兴等人被加以"乱党"名目,严令通缉。孙中山被迫再次流亡日本。

二次革命是以孙中山为代表的国民党人维护民主共和国的第一次武装反袁斗争,也是从袁世凯手中夺回辛亥革命成果所进行的最后一役,在一定意义上是辛亥革命的继续,它的失利标志着辛亥革命的最终失败。

三、孙中山领导的护国战争和护法运动

二次革命失败后,孙中山流亡日本,但是他毫不气馁,依旧充满革命斗志。他通过耐心细致的宣传工作,将革命意志消沉的同志重新鼓动起来,成立了中华革命党。北洋军阀倒行逆施,撕毁临时约法,接受丧权辱国的"二十一条",激起了全国人民的强烈反对。孙中山高举护国战争和护法运动的大旗,奋起捍卫了危难中的中华民国。

(一)成立中华革命党

1913 年,二次革命失败后,孙中山再次流亡日本,面临着极为严峻的形势。在日本的许多革命党人处境艰难,几乎一蹶不振。孙中山却没有因为失败而灰心,因为困难而退缩。他鼓励革命意志消沉的同志振作起来,积极投入捍卫共和的斗争。在二次革命中,鉴于国民党组织的涣散、缺乏战斗力,孙中山召集流亡日本的国民党人,总结经验,检讨得失,决定改组国民党为中华革命党,策划"三次革命"。

1913 年 9 月,孙中山在日本开始筹备组织政党的工作。1914 年 7 月 8 日,中华革命党在东京举行了成立大会,与会者约 300 余人。孙中山在会上宣誓加盟,被推举为总理。在孙中山手书的《中华革命党总章》中,规定中华革命党的宗旨为"实现民权、民生两主义",任务是"扫除专制政治""建设完全民国"。《总章》第十一条规定,按照入党时间的先后,将党员划分为首义党员、协助党员和普通党员三个等级,分别享有不同的权利义务。[13] 入党者都要按指印,立誓约,绝对服从孙中山个人,许多革命党人因为反对这一规定而拒绝加入。

之所以采取这种个人集权的组织原则,孙中山有着独特的见解。他以为,辛亥革命、二次革命失败的主要原因在于党的涣散和堕落。特别是民国组建之际,大批的立宪党人和清王朝的官僚混进政府,窃取权力,与袁世凯里应外合。同时,党内许多老同志和骨干成员与孙中山离心离德,不能形成一致的政见和行动。接受这些教训,孙中山才要求中华革命党党员必须认同他的理论,服从他的领导,效忠于他本人。将党员划分为三个等级并享有不同的权利义务,只是为了防止投机分子在革命成功之后窃取权力。应该说,孙中山总结的失败教训不无道理,但采取打指印、立誓约和宣誓对个人尽忠的做法,的确带有封建专制色彩,导致了一些主要骨干的离去,阻碍了革命力量的壮大。而更根本也更重要的教训,孙中山并没有看到——正是封建主义勾结帝国主义一起窃取了革命的成果,因而必须要提出一个彻底的反帝反封建的革命纲领。

中华革命党成立后,孙中山以东京《民国》杂志和上海《民国日报》为主要宣传阵地,猛烈抨击袁世凯集权、独裁和复辟帝制的窃国行径,倡导"三次革命",呼吁民众奋起捍卫共和政体。同时,中华革命党坚持武装斗争的方针,在湖南、江苏、浙江、广东等省组织了一些小规模的反袁起义和暴动,由于采取的主要是局部暴动的形式,并没有真正组织起革命的武装,更没有争取人民群众的支持,因而流于军事冒险,相继遭遇失败,其影响也不如同盟会时期的起义。

在日本流亡的艰难岁月中,与宋耀如之女宋庆龄的爱情与婚姻可谓孙中山生活中的重要事件。宋耀如曾经在美国接受教育,思想开放,与孙中山相识后便成为一位坚定的革命者。宋家三位女儿,均为中国近代史上具有巨大影响力的女性。宋庆龄是宋耀如的次女,1893 年 1 月 27 日出生于上海,曾就读于上海中西女子学校,1908 年和妹妹宋美龄一起飘洋过海到美国留学。早在童年时代,宋庆龄就经常见到前来拜访父亲的孙中山,也听到许多有关孙中山革命生涯的故事,在幼小的心灵中留下了深刻的印象。

1913 年夏,宋庆龄毕业于美国威斯里安女子学院,获得文学学士学位。毕业后,宋庆龄来到日本探望流亡中的父母。大姐宋霭龄原为孙中山的秘书,因为结婚,就推荐妹妹庆龄代替自己担任孙中山的秘书。宋庆龄是一个坚定的爱国者和追求完美的理想主义者。她性格文静娴雅,天资聪慧,为人谦和。宋庆龄出色地完成处理来往信函、整理文件、翻译资料、对外联络等繁重的日常工作,成为深受孙中山信赖和倚重的助手。在共同的革命工作中,宋庆龄为孙中山一心为国的高尚品格和不屈不挠的革命精神所感召;孙中山也因宋庆龄的到来令备感孤寂的心灵感到极大的慰藉。两颗心在共同理想的追求中渐渐靠拢,彼此相爱。此时,孙中山因长年奔波在外,和原配卢慕贞夫人已经分居多年。于是,两人冲破了家庭的阻挠、年龄的差距和世俗的观念,坚定地走到了一起。1915 年 10 月 25 日,孙中山和宋庆龄到日本著名律师和田瑞家中办理了结婚手续,在老朋友梅屋庄吉的住宅举行了简朴的婚礼。从此他们并肩战斗,共同走过了十年的风雨历程。

宋庆龄不仅是孙中山的生活伴侣,更是他革命事业的忠诚战友。在此后的岁月里,宋庆龄始终不渝地忠实孙中山的思想路线,坚定不移地与他共同面对磨难和挫折,成为他事业与精神生活的重要支柱。在孙中山辞世之后,宋庆龄继续坚守新三民主义思想和三大政策,勇敢地同背叛孙中山的反动势力展开了毫不妥协的斗争,为中国革命事业作出了巨大的贡献。

(二)护国战争

正当孙中山在日本积极策划反袁斗争时,袁世凯也加快了建立独裁统治、复辟封建王朝的步伐。1913 年 10 月,袁世凯胁迫国会选举其为正式大总统。1914 年 5 月,废除了孙中山主持制定的《中华民国临时约法》,颁布了所谓的《中华民国约法》,并自封为终身大总统,完成了恢复帝制、登基称帝的重要铺垫。1915 年,日本洞悉了袁世凯复辟帝制的野心,提出若袁世凯接受"二十一条",日本将支持袁世凯的复辟活动。袁世凯为了获取日本帝国主义的支持,换取一姓尊荣,不惜出卖国家主权、民族利益,满足日本的要求,签订了"二十一条"。消息传出,全国哗然。与此同时,袁世凯为他的复辟阴谋大造舆论:他大力鼓吹尊孔读经,跑到曲阜祭拜孔林,导演了一出尊孔复古的丑剧。他指使其党羽捏造拥护帝制的所谓"民意",组织筹安会和各种"请愿团",又导演了一出所谓国体投票的丑剧;他指使其走狗接连上奏所谓"推戴书","恭戴今大总统袁世凯为中华帝国皇帝"。经过几次假意推托之后,袁世凯"黄袍加身",正式宣布称帝。1915 年 12 月 31 日,袁世凯下令 1916 年改为"中华帝国洪宪元年",并于元旦日正式登上皇帝宝座。至此,袁世凯复辟帝制的丑剧,达到了高潮。3 月 22 日,在全国人民的一片讨伐唾弃声中,袁世凯下令取消帝制,83 天的皇帝梦破灭。6 月 6 日,袁世凯在全国人民的唾骂声与反抗声中死去。

必须指出,袁世凯的复辟不仅仅是出于他的个人野心,更深层的原因是帝国主义列强为扩展在华权益而采取的侵略行动。特别是日本帝国主义洞悉了袁世凯复辟帝制的野心,在这出复辟闹剧中充当了极其卑劣的角色。袁世凯为取得日本政府的支持,接受了旨在灭亡中国的"二十一条",公然以出卖国家主权和中华民族的全民利益为代价,换取帝国主义对他皇帝梦的保护。这种历史上罕见的丑恶行径,理所当然地激起全国人民的反抗。

孙中山领导中华革命党一方面声讨袁世凯,揭露其反动嘴脸:"欧战既起,袁氏以为有隙可乘,不惜暴其逆谋,托始于筹安会,伪造民意,强迫劝进。一人称帝,天下骚然。志士仁人汗喘相告,而吾同志益愈奋励,冒死以进。"⑭另一方面派出一批骨干分子,四处联络各地军队,发动讨袁护国的武装起义。然而,由于中华革命党的策略失误,没有广泛聚集革命力量,形成强大的军事集团,反袁护国战争的军事领导权落到了西南军阀和资产阶级立宪派手中。以唐继尧、岑春煊、梁启超为首的军务院,完全排斥了孙中山及中华革命党,孙中山领导的中华革命党在广东、山东、上海等地坚决开展反袁武装斗争,继续为中国的独立民主而奋斗,但因严重脱离群众,而未能肩负起反袁斗争的领导责任,只充当了配角。

但是,由于孙中山在全国人民心目中的崇高威望和他多年革命斗争的深远影响,民主共和的观念、主权在民的观念已经深入人心,成为人民群众心目中最起码的政治标准。袁世凯的复辟活动违背了世界历史潮流,受到全国人民的一致唾弃。其失败和最后垮台,既是讨袁武装斗争的战果,也是自辛亥革命后孙中山不断揭露袁世凯复辟阴谋所积累的反袁思想爆发、高涨的结果。与辛亥革命时的情形一样,孙中山虽然没有在国内亲冒弓矢、上阵杀敌,但是他仍旧是反袁护国战争的领袖和胜利信心的源泉。这场斗争顺应了民意,得到了广大人民群众的支持,粉碎了袁世凯的复辟美梦,捍卫了共和政体。

(二)护法运动

北洋军阀的黑暗统治没有因袁世凯之死而结束,帝国主义更没有因此放弃他们通过代理人控制中国的政策。孙中山为了捍卫民国和临时宪法,继续同以封建军阀为代表的各种反动势力进行坚决的斗争。

1.第一次护法运动

袁世凯死后,帝国主义列强失去了统治中国的共同工具,都各自寻找和扶植新的代理人,扩张侵略势力。在列强的激烈争夺下,中国出现了各派军阀割据角逐的局面。代表英美国家利益的直系军阀拥护黎元洪继任民国大总统,日本帝国主义的代表皖系军阀段祺瑞出任国务总理,掌握北京政府实权。

1917年,由于各自代表的帝国主义国家利益的冲突,民国政府发生了黎元洪、段祺瑞两人出面主演的"府(总统府)院(国务院)之争"。"府院之争"的导火索是中国的"参战"问题。1914年第一次世界大战爆发后,帝国主义列强无暇东顾,暂时放松了对中国的控制。但为了避免中国国际地位的提升,他们都反对中国参战。1917年春季,日本为了谋取德国在中国山东半岛的势力范围,鼓动段祺瑞对德宣战;段祺瑞为了从日本获得援助,扩张皖系军阀的实力,坚决主张参战。但是,美国不愿看到日本因得到德国在华利益而强大起来,就指使黎元洪反对参战,并罢免了段祺瑞的总理职务。段祺瑞在日本的支持下积极反扑,于7月1日导演了张勋复辟的丑剧。

原来,段祺瑞被免职后,指使皖系军阀控制的各省纷纷宣布独立,脱离中央,声称要以武力推翻黎元洪。别有用心的安徽督军张勋乘机向黎元洪提出进京调停黎、段纷争,黎元洪欣然同意。段祺瑞企图利用张勋之力打倒黎元洪和解散国会,因此对张勋进京表示支持。张勋进京后赶跑了黎元洪,解散了国会,却宣布拥立宣统皇帝复辟。此时的段祺瑞也没有兑现对张勋的支持,而是组织“讨逆军”,在天津附近的马厂誓师讨伐张勋,摇身一变成为“再造共和”的英雄。张勋复辟失败后,副总统、直系军阀冯国璋成了代理大总统,段祺瑞再次当上国务总理,重新执掌北京政府。段祺瑞上台后,继承了袁世凯的反动政策,大肆出卖国家主权,无视《中华民国临时约法》,拒绝召开国会,目的在于换取日本帝国主义的支持,实现其“武力统一”中国的野心。

孙中山对参战问题始终持有正确的立场。他坚决主张中国保持中立立场,反对卷入帝国主义之间的无义战争。为此,他口授内容要点,由朱执信起草了《中国存亡问题》一书,论证了自己的反参战立场。对北洋军阀集团为了争权夺利,不惜兵戎相见、祸国殃民的恶行,孙中山深恶痛绝。他深受欧美三权分立思想的影响,将总统、宪法、国会视为资产阶级共和国的象征。《临时约法》是孙中山亲自主持制定的中华民国宪法,是他心目中民主共和得以生存的根基所在,也是他一生革命事业的成功标志。对段祺瑞撕毁宪法、解散国会的反动行为,孙中山当然要奋起抗争。

1917年7月,孙中山南下广州建立革命根据地,发起“护法运动”。21日,海军总长程璧光脱离北京政府,率第一舰队从上海开赴广州,宣言拥护“护法”。8月,到达广州的护法派国会议员已有130余人。孙中山提议,由于不足法定人数,现有议员以“国会非常会议”的名义召开大会,共商国是。会议决定成立中华民国军政府,通过了军政府组织大纲。《中华民国军政府组织大纲》宣布:“《临时约法》之效力未完全恢复以前,中华民国之军政权,由大元帅行之。”9月1日,“非常国会”选举孙中山为大元帅,西南军阀唐继尧、陆荣廷为元帅。9月10日,孙中山在广州就任中华民国陆海军大元帅职,以维护《临时约法》和恢复国会为号召,建立起与北方段祺瑞政府相对峙的革命政权。护法军政府成立后,孙中山宣布段祺瑞为民国叛逆,出兵北伐,开始了护法战争。

此时,孙中山没有自己可以掌握的军队,只得借助西南军阀的武力同北洋军阀作战。但是,西南军阀绝无爱国护法的要求,他们只是害怕被段祺瑞吞并,想借“护法”大旗以图自保,伺机还要扩大地盘,并不真心拥护孙中山“护法”的主张。他们从一开始就对孙中山阳奉阴违,多方掣肘。唐继尧、陆荣廷为了不和北洋政府完全决裂,便于日后相互勾结,不肯就任军政府元帅。军政府任命的6个部长,也只有一人就任。实际上,中华民国军政府只有孙中山一人在苦苦支撑。孙中山名为军政府陆海军大元帅,但却不掌握任何实际权力,他的政治、军事主张也就大都流于一纸空文了。

1918年1月,两广、滇、黔等省军阀在广州组成“西南自主各省护法联合会”,公然与孙中山主持的护法军政府对抗。4月,在西南军阀的策划下,非常国会通过了改组军政府的《中华民国军政府组织大纲修正案》,决定改组军政府,取消大元帅一长制,改为七总裁合议制,进一步剥夺了孙中山的职权,使他无法立足。孙中山愤恨西南军阀的跋扈,本身又无力反击,无奈提出辞职,怀着沉重心情,黯然离开广州。第一次护法运动至此宣告失败。

孙中山发动的护法运动旨在维护共和政体,反对军阀独裁专政,拯救中华民国。他将护法的目标仅仅设定为恢复《临时约法》和国会,没有提出能够击中反动军阀要害的反帝反封建的革命纲领,没有得到广大人民群众的拥护。北洋军阀任意践踏《临时约法》,将国会变成他们任意操纵的工具。这一事实并没有使孙中山看清所谓宪法、国会的真实价值。他没有听从自己指挥的革命军队,企图利用南北军阀间的矛盾,指望借助军阀打倒军阀,最终却在南北军阀的夹击下遭到惨败。

护法运动失败后,孙中山回到上海。回顾辛亥革命以来的国内局势的演变,有感于革命斗争的屡屡失败,他的心情极其苦闷:"夫去一满洲之专制,转生出无数强盗之专制,其为毒之烈,较前尤甚。于是而民愈不聊生矣!溯夫吾党革命之初心,本以救国救种为志,欲出斯民于水火之中,而登衽席之上也,今乃反令之陷水益深,蹈火益热,与革命初衷大相违背者。……午夜思维,不胜痛心疾首!"[13]从这段深刻的反思中可以体会到:使孙中山最为痛心疾首的不是"转生出无数强盗之专制"——孙中山历来不惧怕恶势力的强大——而是长年的战乱和动荡使人民"陷水益深,蹈火益热,与革命初衷大相违背"。而造成这一结果的原因显然与革命党的战略、策略失误有关。护法运动失利的最大教训就是不能对军阀抱有幻想。孙中山终于认识到南北军阀并无本质上的不同,都是他拯救共和的障碍,因此他得出结论:"吾国之大患,莫大于武人之争雄。南与北如一丘之貉。"对孙中山来说,这一教训非常重要。但是,对"武人之争雄"背后的帝国主义在争夺势力范围的事实,孙中山还是没有清醒的认识。

1918 年至 1919 年,孙中山在上海莫里哀路住所深居简出,发奋闭门著书。他完成了《知难行易的学说》(又名《孙文学说》)、《实业计划》两本书,和 1917 年写成的《民权初步》合起来,构成了《建国方略》这部重要著作。孙中山在这些著述中总结了他革命多年以来成功的经验和失败的教训,规划了建设独立、民主、富强的新中国的宏伟蓝图,满怀信心地憧憬中国必然会随时代潮流而发展进步,走上国富民强的道路。这表明,孙中山在护法运动失败后,仍然没有放弃探索拯救中国的新出路。由于时代和阶级的局限,孙中山的思想中也存在一些不正确的观点,但是,他始终追求革命真理和远大理想的精神,热爱祖国的强烈情感洋溢在这些著作的字里行间。

2.第二次护法运动

第一次护法运动失败,孙中山心情十分沉重,但是并没有动摇孙中山继续其救国救民事业的决心。1917 年末,十月革命胜利的消息传来,给孙中山带来了极大的鼓舞,从中看到了"人类中的大希望"。孙中山真诚欢迎十月革命,高度关注它的发展态势。孙中山通过美洲华侨致电列宁,祝贺十月革命的伟大胜利和苏俄政府的成立。在十月革命的影响下,1919 年中国爆发了五四运动。孙中山在上海热情接见全国学生联合会的代表,支持和鼓励学生的斗争。他参加学生在上海的集会,还写信对学生的正义行动表示赞扬;通电广东政府要求释放被捕的工人和学生代表。从五四运动中,孙中山看到了广大人民群众的力量,对人民群众有了新的认识,决定改变斗争方式以适应新形势的需要。

1919 年 10 月,孙中山将中华革命党改组为中国国民党(加上"中国"二字,以区别于1912 年的国民党),以"巩固共和,实行三民主义"为政治纲领,改变了中华革命党"实行民权、民生两大主义"的政纲,在反对帝国主义侵略的意义上恢复了民族主义。五四运动后,孙中山认为要拯救中国,一方面,要继续坚持"护法"事业,维护合法国会;另一方面,要重新开始革命事业,将腐败官僚、跋扈武人和政客从国会中清扫出去,重新创造一个"国民所有的新国家"。为了完成未竟的护法事业,孙中山决定先打倒盘踞在广东的桂系军阀,将广东作为革命的根据地,统一南方。

孙中山将驱逐桂系、收复广东的希望寄托在陈炯明的身上。陈炯明是追随孙中山多年的"革命将领"。早在1917年底,孙中山迫于桂系军阀的威逼,深感建立一支听从指挥的革命军队关系着护法大业的成败。他从粤都督陈炳盘手中争取到了省长公署的20营警卫军,大约八千人,任命陈炯明为总司令,抽调一些中华革命党的骨干担任各级指挥员,决心把这支部队改造培养成第一支革命的军队。现在,孙中山要发动第二次护法战争,陈炯明指挥的这支军队自然成为胜利的希望所在。

1920年7月,孙中山派廖仲恺、朱执信等人前往福建漳州敦促陈炯明回粤讨伐桂系军阀。不料,陈炯明却迟迟按兵不动。直到桂系军阀进犯福建,威胁到陈炯明,他才誓师回粤,兵分三路进攻桂军。在孙中山的领导下,在广东军民的响应下,经过两个多月的战斗,陈炯明驱除了陆荣廷等桂系军阀,攻克广东全境。

11月25日,孙中山从上海重返广州,重新组织军政府,宣布继续履行护法职务,正式发起第二次护法运动。1921年4月7日,国会非常会议参众两院联合会议召开,通过《中华民国政府组织大纲》,选举孙中山为中华民国非常大总统。5月5日,孙中山就任非常大总统职,成立了中华民国正式政府,撤销了军政府。孙中山在《就任大总统职宣言》中表示,要"竭志尽诚以救民国,破除障碍,促成统一,巩固共和基础"[16]。为巩固广东革命根据地,孙中山决定北伐。为此,首先要出师广西,彻底打垮桂系军阀,统一两广。孙中山任命陈炯明为"援桂"总司令,命令粤、赣、滇、黔各路军队讨伐桂系军阀,兵分三路进攻桂军。宋庆龄、何香凝为了支援讨伐桂系的战斗,在广州发动妇女组织"出征军人慰劳会",多方奔走,筹集资金,并亲赴广西前线慰问,鼓舞士气。仅用3个月时间,广州政府的军队平定了广西,统一了两广。10月18日,孙中山提请非常国会通过北伐案,乘胜北伐。12月,孙中山在桂林建立北伐大本营。1922年1月,孙中山将北伐军4万余人,编制成7个军团,整装待发。2月3日,孙中山以大元帅名义颁发动员令,出师北伐。此时,已经蜕变为军阀的陈炯明身兼陆军部长、粤军总司令、广东省长三个要职,把持广东军政大权,他以"保境息民"为名阻挠孙中山北伐。陈炯明和湖南督军赵恒惕结成反对孙中山的联盟,阻止北伐军取道湖北北伐。4月,孙中山回师广东,驻守韶关督军北伐。

陈炯明为了保全自己实力,将广东变为个人的地盘,与滇、湘军阀勾结,公然叛变革命。1922年6月16日清晨,陈炯明突然发动反革命叛乱。叛军在广州全城戒严,断绝交通,占领要害机关,围攻并炮击总统府所在的越秀楼。孙中山冒着枪林弹雨突围,但是许多珍贵的电文、手稿来不及转移,毁于战火。宋庆龄组织警卫团抵御陈炯明的进攻,后来冒险突围,在黄埔与孙中山会合。

17日,孙中山登上永丰舰(后改名中山舰),号召讨伐叛逆。孙中山率领各军舰由黄埔向广州进发,在白鹅潭射击叛军,叛军纷纷逃窜。由于旅长陈章甫被叛军收买,没有按照孙中山的命令策应海军,失去战机,孙中山只好率领军舰返回黄埔。陈炯明叛变后,悬赏20万元捉拿孙中山,又多次组织谋杀行动,决心置他于死地。阴谋失败后,陈炯明通电要孙中山下野,遭到孙中山的严辞拒绝。孙中山一面电令李烈钧、许崇智率北伐军队回师广东,镇压叛乱;一面派副官赴香港筹措粮食、军费和燃料,继续坚持战斗。陈炯明得到帝国主义国家的援助,收买孙中山所率的其中三艘军舰叛变,离开孙中山悄悄开走。回师的北伐军队与叛军激战于韶关一带。由于长途奔袭、疲惫不堪,粮食供给困难,在叛军和直系军阀的夹击下,北伐军队遭受重创。孙中山在海上坚持两个多月后,闻讯北伐军回师失利,离粤赴沪。第二次护法运动失败。

陈炯明叛乱是孙中山一生中所遭受的最惨痛的一次失败,"文率领同志为民国而奋斗垂三十年,中间出死人生,失败之数不可偻指,顾失败之惨酷未有甚于此役者!"孙中山总结道,历次失败的原因虽不一致,但是都是失败于敌人,完全没有想到"祸患生于肘腋,干戈起于肺腑",这次却是"十馀年卵翼之陈炯明",其阴毒凶狠,敌人做不出来的事,陈炯明却可以做出。孙中山认为是他用错人酿成大害。他检讨缺乏知人之智,没能及早察觉陈炯明的叛逆意图,最终造成如此祸患。"疾风然后知劲草,盘根错节然后辨利器"[17],两次护法运动的失败,特别是陈炯明的叛变,给了孙中山很大的教训。在第一次护法时,他依靠西南军阀来征讨北洋军阀,结果失败了。现在,他依靠自己一手培养的军队,却败得更惨,孙中山在屡受挫折的危难之中,继续寻求救国的真理。

注释:

①孙中山.建国方略.孙中山全集.第六卷.北京:中华书局,1985.245页.

②孙中山.建国方略.孙中山全集.第六卷.北京:中华书局,1985.246页.

③孙中山.临时大总统宣言书.孙中山全集.第二卷.北京:中华书局,1982.1~2页.

④孙中山.临时大总统宣言书.孙中山全集.第二卷.北京:中华书局,1982.2页.

⑤毛泽东.纪念孙中山先生.毛泽东选集.第五卷.北京:人民出版社,1977.311页.

⑥列宁.中国的民主主义和民粹主义.列宁全集.第21卷.北京:人民出版社.1990.428页.

⑦列宁.中国各党派的斗争.列宁全集.第23卷.北京:人民出版社,1990.129页.

⑧列宁.俄国社会民主工党第六次(布拉格)全国代表会议文献.列宁全集.第21卷.北京:人民出版社,1990.163页.

⑨孙中山.复苏俄外交人民委员齐契林函.孙中山全集.第五卷.北京:中华书局,1985.592页.

⑩孙中山.中国国民党第一次全国代表大会宣言.孙中山全集.第九卷.北京:中华书局,1986.114页.

⑪孙中山.在南京同盟会会员饯别会的演说.孙中山全集.第二卷.北京:中华书局,1982.319~320页.

⑫孙中山.致康德黎电.孙中山全集.第三卷.北京:中华书局,1984.58页.

⑬孙中山.中华革命党总章.孙中山全集.第三卷.北京:中华书局,1984.97页.

⑭孙中山.讨袁宣言.孙中山全集.第三卷.北京:中华书局,1984.284页.

⑮孙中山.建国方略.孙中山全集.第六卷.北京:中华书局,1985.158~159页.

⑯孙中山.就任大总统职宣言.孙中山全集.第五卷.北京:中华书局,1985.532页.

⑰孙中山.致海外同志书.孙中山全集.第六卷.北京:中华书局,1985.549~555页.

第三讲　国共合作与和平统一

内容提要

　　第一次国共合作的形成，标志着孙中山革命生涯的重大转变。本讲主要内容包括孙中山联俄联共活动、1924年国民党一大召开、创办黄埔军校、镇压广州商团叛乱、北上共商国是和孙中山的逝世等。

　　早在护法运动期间，孙中山就和苏俄代表进行接触，进行多次会谈增进了解，决心以苏俄为榜样，促进中国革命的发展。在孙中山与封建军阀斗争的艰难时刻，中国共产党积极肯定孙中山对中国革命的贡献，给予孙中山极大的支持与安慰。中国共产党三大的召开为国共合作、建立统一战线奠定了基础。在苏俄和中国共产党的真诚帮助下，孙中山排除阻力，改组国民党。1924年1月，国民党第一次全国代表大会在广州召开，大会通过了《国民党一大宣言》，确立了"联俄、联共、扶助农工"的三大政策，重新解释了三民主义，揭开了孙中山革命生涯绚烂的篇章。孙中山在苏俄和中国共产党帮助下，建立黄埔军校，着手培养军事人才。孙中山为巩固广东革命根据地镇压了商团叛乱，打击了帝国主义和反动军阀的势力。此时，直系军阀冯玉祥发动政变，控制了北京政权，电邀孙中山北上共商国是。孙中山不顾个人安危，毅然北上，为中国革命鞠躬尽瘁，1925年3月12日不幸病逝于北京。

学习思路与目标

　　1.学习时要认真阅读教材有关内容，参阅课程多媒体资源。

　　2.就本讲所述内容并结合前述孙中山对"三民主义"的阐释，对孙中山的革命理论和革命实践进行分析，了解从旧三民主义到三大政策转变的动因和价值取向；了解孙中山的联俄、联共活动概况。

　　3.就本讲所述内容并参阅相关资料，理清国民党"一大"召开的经过，掌握国民党"一大"召开和《国民党一大宣言》的历史意义。

　　4.黄埔军校是中国历史上第一个真正意义上的革命军事学校，孙中山在共产国际和中国共产党的帮助下,对黄埔军校的创立精心安排,在黄埔军校的开学典礼上发表演讲,阐述了建立陆军军官学校的意义,鼓励军校学生承担起救国救民的责任。掌握黄埔军校具有的历史意义。

5.认真阅读教材所载孙中山的三份遗嘱,掌握孙中山遗嘱的教育意义,及其体现出的一代伟人的崇高品格。

思考与练习

1.讨论:
(1)孙中山确立"联俄、联共、扶助农工"三大政策的动因。
(2)举例说明孙中山创建黄埔军校的重要意义。
(3)孙中山镇压广州商团叛乱的意义。
2.写作:
从孙中山的三份遗嘱中体现出一代伟人哪些崇高品格?

　　辛亥革命后,孙中山的革命斗争是以封建军阀、反动政客为主要对象的,其目的是揭露他们复辟君主专制和假借共和之名、行专制之实的真实面目,以武力讨伐这些封建势力,保卫资产阶级革命的成果。然而,孙中山的不懈努力和斗争,屡屡遭受失败,特别是陈炯明的叛变给了他更为严酷的打击和更加惨痛的教训。孙中山到了上海,陷入极度郁闷之中:革命的出路究竟在哪里?在彷徨求索之中,孙中山迎来了苏俄代表,得到了中国共产党的真诚帮助,重新看到了希望和光明。在苏俄和中国共产党的帮助下,孙中山毅然改组了国民党,召开国民党第一次全国代表大会,在宣言中重新解释了三民主义。第一次国共合作的形成,使中国新民主主义革命呈现出一个新的局面。此时,冯玉祥掌控了北京时局,电邀孙中山北上共商国是。1925年3月12日,为中国革命奋斗了一生的伟大先行者孙中山带着"革命尚未成功"的遗憾溘然长逝。

一、孙中山的联俄活动

　　孙中山在领导革命的过程中,曾经多次呼吁帝国主义国家支援其革命活动,长期对帝国主义国家抱有幻想。反清起义时代,孙中山总是将争取列强援助作为斗争的主要策略;辛亥革命时期,他发布对帝国主义妥协的《临时大总统告友邦书》,希望借此换取帝国主义国家的同情和支持;二次革命时,他幻想依靠日本的支持打倒袁世凯;护法斗争时,他希望日本政府不要支持破坏《临时约法》、毁弃国会的段祺瑞。但是,这些不切实的幻想无一例外地归于破灭,帝国主义总是支持他的敌人。

十月革命后,孙中山开始与共产国际和苏俄代表进行接触。1920 年秋天,经陈独秀介绍,孙中山在上海寓所会见了共产国际远东局派到中国来的第一个使者维金斯基。在会见时,孙中山迫切询问有关苏俄和苏俄革命的情况,维金斯基一一作了介绍。孙中山表达了希望得到苏俄帮助的愿望,并且询问如何使中国华南的广东根据地和遥远的苏俄建立联系,明确提出希望能够直接和苏俄建立电台通讯。孙中山分析、介绍了中国南方的军事胜利如何促进北方革命运动的发展等一系列问题。

1921 年 4 月,孙中山在"非常国会"被推举为中华民国非常大总统后,在广州接见了远东社驻广州记者斯达扬诺维奇和俄罗斯通讯社、远东社北京分社社长 A·霍多罗夫。孙中山在回答霍多罗夫的问题时表示,中国人民对于连绵不断的纷争和内战早已厌倦,并深恶痛绝。人民要求坚决停止纷争,将中国变成一个统一、完整的国家。因此,孙中山正尽力完成历史赋予的这一艰巨使命。孙中山还指出,中国人民不允许别人瓜分自己的国家,他们盼望统一,成为一个强大的不可动摇的民族。孙中山表示,他对于苏俄和发生在远东的事情很感兴趣,极为关注。①

1921 年 6 月,共产国际代表马林来到上海,考察中国的革命运动。马林在上海会见了国民党代表张继,同国民党总部建立了联系。同年底,马林由张太雷陪同到广西桂林(当时北伐大本营)会晤了孙中山。孙中山和马林进行了三次长谈,讨论了中国同苏俄联盟的可能性。马林向孙中山提出了关于中国革命的两条建议:第一,要建立一个能够联系工农群众的政党;第二,革命要有武装,要办军官学校,培养军事人才。由于孙中山长期反思革命实践历经的艰难挫折,对党的建设和党的武装问题早有切肤之痛,因而对于马林的两点建议十分认同。国民党的改组和黄埔军校的筹建就是以此为契机的。

1921 年 8 月,孙中山在答复俄罗斯苏维埃共和国人民委员齐契林的来信中,介绍了辛亥革命以来中国的政治情况和自己的艰难遭遇,认为辞去大总统职务,让位于袁世凯是个巨大错误。孙中山同时表示,"希望与您及莫斯科的其他友人获得私人的接触",了解苏维埃的组织、军队和教育的组织状况。②这封信,充分表达了孙中山与苏俄建立个人联系的迫切愿望。

1922 年 3 月,少共国际代表达林到达上海,随即被任命为苏俄政府全权代表同孙中山谈判。4 月,达林在瞿秋白、张太雷的陪同下,前往广州会见孙中山。孙中山同达林进行了较为密切的接触,向达林介绍了华南的革命形势,了解苏俄军队、组织和政治教育情况,表示了对苏俄的友好感情,并说明他打算与苏俄建立联系。

1922 年 8 月,苏俄政府与北京政府商谈外交、商务关系,特命副外长越飞以驻华全权代表身份来华。越飞一面在北京进行外交活动,一面派代表携带信函到上海与孙中山接洽。1922 年 8 月至 12 月,孙中山和越飞曾来往信函七次。越飞向孙中山介绍了苏俄和国际状况,介绍了他与北京当局就同中国建交进行谈判而遇到的困难。孙中山向越飞介绍了中国当时的政治形势,讲述了自己的政治、军事计划,尖锐地批评了北京政府。通过信函往来,孙中山同越飞增进了了解,关系进一步发展。为加强同苏俄的联系,孙中山曾派张继作为代表前往北京会见越飞,商谈与越飞亲自会晤的相关问题。

　　经过马林、张继等人的积极斡旋,1923 年 1 月 17 日,越飞南下上海,会见孙中山。经过了多次会谈,他们商讨改组国民党、建立军队,以及苏联与共产国际援助中国反对帝国主义等问题。孙中山与越飞求同存异,于 1 月 26 日发表了著名的《孙文越飞联合宣言》。宣言中申明:"中国最要最急之问题,乃在民国的统一之成功,与完全国家的独立之获得";越飞得到了孙中山关于同意维持中东铁路现状,同意苏军暂时驻扎外蒙古的承诺;而越飞则保证:"共产组织,甚至苏维埃制度,事实均不能引用于中国",孙中山认为"可以苏俄援助为依赖也"。[3]双方在上海就孙中山提出的"长远计划",包括组建尽可能集中的领导机构和加强国民党的思想政治工作,组织自己的军队;在西北建立军事基地等和"应急计划";迅速提供资金和运送武器到南方、帮助国民党夺回广东等一系列问题,达成了某种共识。越飞同意提请苏联政府考虑在一定限度之内提供这种援助的可能性。宣言的发表,标志着孙中山联俄政策的最终确立,体现了苏联对于中国革命的关心。宣言签订后,孙中山派廖仲恺陪同越飞前往日本热海进行秘密会谈,就学习苏联革命经验,改组国民党和建立革命军队等问题进一步交换了意见。

　　1924 年 10 月 9 日,孙中山在《致蒋中正函》中郑重提出"我党今后之革命,非以俄为师,断无成就"的主张。1925 年 3 月 11 日,在先生的《致苏俄遗书》中明确表示深信"你们政府亦必继续前此予我国之援助"。希望"两国在争世界被压迫民族自由之大战中,携手并进,以取得胜利"。

　　通过上述孙中山与苏俄的接触和联系,可以看出,孙中山对于苏俄的了解逐步加深。孙中山看到了前进的方向,决心以苏俄为榜样,接受苏俄的建议、援助,与苏俄携手并进,促进中国革命的深入发展。

二、孙中山的联共活动

　　陈炯明叛变后,中国共产党支持孙中山的正义斗争,立即声讨陈的叛变罪行,这使孙中山备感欣慰。1922 年 6 月,中国共产党发表了《第一次对于时局的主张》,指出中国祸乱的根本原因就是封建军阀和帝国主义,肯定了孙中山领导的国民党对于中国革命的贡献,同时对于国民党提出了中肯的批评。同年 7 月,中国共产党第二次全国代表大会在上海召开,提出了党在民主革命阶段的最低纲领:"消除内乱,打倒军阀,建设国内和平";"推翻国际帝国主义的压迫,达到中华民族完全独立";统一中国为"真正民主共和国"。会议通过了《关于"民主的联合战线"的议决案》,提出为实现党的纲领而必须采取联合战线的策略,"引导工人们帮助民主主义的革命运动,使工人和贫农与小资产阶级建立民主主义的联合战线"。

　　早在 1922 年初,马林就向中国共产党提出了同国民党联合的建议,主张共产党员和共青团员以个人身份加入国民党,同国民党建立党内联合的统一战线。在共产国际的指导下,8 月中国共产党在杭州西湖召开了特别会议,形成了部分共产党员以个人身份加入国民党的意向,即后来所说的"党内合作"的形式。

　　1923 年 5 月,马林带来了共产国际给中国共产党的指示,要求中国共产党进一步加强同国民党的合作。6月,中国共产党在广州召开了第三次全国代表大会,大会的主要议程是讨论共产党员加入国民党的问题。大会接受了共产国际关于国共合作的决议,决定在保持中国共产党政治上、组织上独立的前提下,全体共产党员以个人身份加入国民党。大会通过的《关于国民运动及国民党问题的决议案》指出,中国革命的任务是反帝反封建,应该以国民革命运动为中心工作。中国现有的政党,只有孙中山领导的国民党是一个国民革命的党,共产党员应加入国民党,并努力于全中国范围内扩大国民党组织。在实现国共合作和共产党员加入国民党后,共产党必须保持政治上和组织上的独立性,吸收有阶级觉悟的革命分子,扩大党的组织。中国共产党"三大"制定了建立革命统一战线,实行国共合作的方针政策,对第一次国共合作的建立,推动中国革命的发展具有重大意义。

8月25日,马林前往上海法租界孙中山的寓所再次会见了孙中山,介绍了共产国际关于中国共产党员加入国民党的决定。李大钊在上海多次和孙中山畅谈,讨论振兴国民党进而振兴中国的问题。孙中山对于中国共产党的真诚帮助感到兴奋。李大钊由张继介绍最先加入了国民党,接着陈独秀、蔡和森、张太雷、张国焘等一批共产党员以个人身份加入国民党。

1922年1月至1923年2月,在中国共产党的领导下,掀起了中国第一次工人运动高潮。孙中山看到了中国共产党和工人阶级的伟大力量,思想逐渐发生了转变,认识到革命必须联络工农群众,取得他们的支持。

三、中国国民党第一次全国代表大会的召开

在共产国际和中国共产党的真诚帮助下,孙中山着手改组国民党,召开第一次全国代表大会,在宣言中重新解释了三民主义,实现了他思想上的一次最重要的转变。

(一)改组国民党

"孙中山在绝望里,遇到了十月革命和中国共产党。孙中山欢迎十月革命,欢迎苏俄人对中国人的帮助,欢迎中国共产党同他合作"④。孙中山真诚地接受了苏俄代表和中国共产党所提出的建议,决心改组国民党,同中国共产党建立统一战线。

为了改善国民党存在的"组织未备、训练未周",党内分子过于复杂,党员的人格不整齐的现状,从1922年9月开始,孙中山着手研究改组国民党。9月6日,孙中山指派茅祖权、覃振、丁惟汾、陈独秀等9人为中国国民党改进案起草委员会委员,陈独秀为党务改进计划起草委员。不久,起草委员会起草的改进案完成。11月至12月,孙中山两次召开会议,审议、修订国民党改进案宣言和党纲党章等。1923年1月1日,孙中山发表了《中国国民党宣言》,强调中国革命必须依靠民众力量,提出:"今日革命则立于民众之地位,而为之向导,所关切者民众之利害,所发抒者民众之情感。"⑤革命事业应由民众发起,由民众建设。孙中山依照三民主义和五权宪法的原则,提出了国家建设的计划和应采取的措施。孙中山再次强调了民族、民权、民生三大主义的主张。

1923年2月,孙中山召开了中国国民党改进大会,公布了《中国国民党党纲》,阐述了三民主义和五权宪法的主张。发表了《实施新颁宣言党纲总章通告》,以总理名义任命了各部部长。1923年11月,孙中山发表了《国民党改组宣言》,再次强调了国民党改组的必要性。他回顾了国民党的奋斗历程,承认20余年革命是失败的,中国依然是"军阀横行,政客流毒,党人附逆,议员卖身",使大家对革命产生了怀疑。他强调,国民党"意志不明,运用不灵,虽有大军,无以取胜。吾党有见于此,本其自知之明,自决之勇,发为改组之宣言,以示其必要"⑥。

1923年1月,孙中山通电讨伐陈炯明,打垮了陈炯明的反动势力。2月,孙中山重返广州,第三次在广州建立革命政权。孙中山被推举为海陆军大元帅,重新成立了大元帅府。他任命廖仲恺、伍朝枢、谭延闿分任财政、外交、内务等部部长。

广东革命政权稳固后,8月,孙中山派出了由蒋介石、王登云和共产党人张太雷组成的"孙逸仙博士代表团"赴苏联考察军事、政治和党务,洽谈苏联援助问题,还邀请苏联军事顾问来广州帮助革命工作。10月,苏联政府派出的驻广州常设代表鲍罗廷到达广州。孙中山聘请鲍罗廷担任国民党组织教练员,指导帮助国民党进行改组。

在中国共产党和共产国际的无私帮助下,孙中山改组国民党的准备工作很快就绪。1923年10月,孙中山任命廖仲恺、李大钊、汪精卫、张继、戴季陶5人为国民党改组委员,协助自己进行改组工作。同时,孙中山委托廖仲恺、邓泽如召开了国民党特别会议,商讨改组问题。25日,国民党改组特别会议在广州举行,经过认真讨论,与会者一致同意进行改组,任命廖仲恺、谭平山、胡汉民等9人组成新的国民党临时中央执行委员会,聘请鲍罗廷为政治顾问。自1923年11月起,临时中央执行委员会召开多次会议,起草了改组宣言、党纲、章程草案,登记各地国民党分部,建立各级国民党组织,召开党员和党务大会,筹备改组有关事宜,并决定于翌年一月召开全国代表大会。

经历了不断的挫折和失败,在十月革命的影响和工农革命运动的推动下,得到中国共产党和苏联真诚帮助的孙中山终于找到了一条联合苏联与中国共产党、扶助支持工农群众的革命道路。

(二)国民党一大召开

在苏联和中国共产党的帮助下,孙中山完成了国民党的改组工作。1924年1月20日—30日,在广州国立高等师范学校(今中山大学)礼堂召开了中国国民党第一次全国代表大会。孙中山以总理身份担任大会主席,指定胡汉民、汪精卫、林森、谢持、李大钊5人组成主席团。来自海内外的195名代表,一部分代表由孙中山指派,一部分由各地党员推荐产生。李大钊、瞿秋白、毛泽东、林伯渠等共产党员出席,共产党员约占大会代表总数的14%。⑦

国民党一大最为重要的议程是通过了《中国国民党第一次全国代表大会宣言》。宣言是孙中山委托苏联顾问鲍罗廷起草,经过反复讨论而成。1月23日,宣言由全体代表表决通过。

宣言包括三个部分。第一部分是"中国之现状"。孙中山回顾了国民党奋斗的历程,总结了辛亥革命失败的根源和教训,分析了辛亥革命后中国的现状和改造中国的方向。孙中山还分析了当时中国的四个主要的政治派别,认为他们根本不能代表人民进行国民革命。孙中山指出,中国唯一生路是进行国民革命,实行三民主义。

第二部分"国民党之主义"是宣言的主要部分,它重新解释了三民主义:"国民党之主义维何?即孙中山所提倡之三民主义是也。"民族主义方面,"国民党之民族主义,有两方面之意义:一则中国民族自求解放;二则中国境内各民族一律平等"。民权主义方面,孙中山提出立法、司法、行政、考试、监察五权分立;主张直接的、普遍的、革命的民权,规定"为国民者不但有选举权,且兼有创制、复决、罢官诸权也";民权"为一般平民所共有,非少数者所得而私也";"效忠帝国主义及军阀者",不得享受自由及权利。民生主义方面,孙中山认为,最主要的原则有二:"一曰平均地权;二曰节制资本。"平均地权是由国家通过征税和收买的办法,使土地之增值收归国家,防止"土地权之为少数人所操纵"。对于缺乏土地的农民,则由国家给予土地,资其耕作。后来孙中山又提出了"耕者有其田"的口号。节制资本是防止私人资本操纵国民之生计,对具有独占性质或规模过大之企业,要由国家经营管理。国家还要制定劳工法,以改良个人之生活。

宣言第三部分是"国民党之政纲",规定了国民党的对内政策和对外政策。对外政策是取消一切不平等条约,不承认北洋政府举借的外债;对内政策是仿效美国,采取中央和地方均权主义,确定民主自由权利和改善人民生活等。⑧民族独立、民权自由、民生幸福是孙中山毕生追求的崇高理想和目标,也是他重新解释的三民主义。在宣言中,孙中山欢迎农民个人参加国民党,投入革命队伍,以促进国民革命运动之进行。这样,改组后和中国共产党合作的国民党转变成由工人、农民、小资产阶级和民族资产阶级共同组成的民主革命联盟。

孙中山进一步解释国民党宣言,阐明其宗旨和目的:"此次我们通过宣言,就是重新负担革命的责任,就是计划彻底的革命。终要把军阀来推倒,把受压迫的人民完全来解放,这是关于对内的责任。至于对外的责任,有要反抗帝国侵略主义,将世界受帝国主义所压迫的人民来联络一致,共同动作,互相扶助,将全世界受压迫的人民都来解放。"⑨

新三民主义和旧三民主义相比较,完成了质的飞跃。民族主义方面,旧三民主义主张"驱除鞑虏",只是反满;新三民主义明确提出反抗帝国主义。民权主义方面,旧三民主义只是抽象提出"自由、平等、博爱",主张普遍平等的民权;新三民主义则明确地剥夺了那些投靠帝国主义、反对人民革命事业的个人和集团的人权。民生主义方面,旧三民主义的"平均地权"只是一个较空洞的意向;新三民主义提出了平均地权、节制资本的办法,承认耕者有其田,并谋求改善工人农民的生活。⑩

孙中山对三民主义的重新阐释和联俄、联共、扶助农工三大政策的确立,是他最伟大的历史贡献。毛泽东指出:"这种三大政策的三民主义,革命的三民主义,新三民主义,真三民主义,是新民主主义的三民主义,是旧三民主义的发展,是孙中山的大功劳,是在中国革命作为社会主义世界革命一部分的时代产生的。"孙中山新三民主义的政治纲领和主张,与共产党民主革命阶段的最低纲领的基本精神是一致的,它成为国共两党合作的政治基础。

国民党一大制定的国民党章程,第一次规定了国民党从中央到地方基层完整的组织系统。经孙中山提名,大会选举出中央执行委员24人,其中有胡汉民、汪精卫、廖仲恺、戴季陶、林森、邹鲁、谭延闿、于佑任等人,及加入国民党的共产党员李大钊、谭平山等。选出候补委员 17 人,其中包括加入国民党的共产党员林伯渠、毛泽东、张国焘、瞿秋白等。41 名中央和候补中央执行委员中,有共产党员 10 人。共产党员参与了国民党一大的许多工作,为其顺利召开作出了贡献。

国民党一大的召开揭开了孙中山革命生涯的新篇章,使其晚年的思想焕发出绚烂的光彩。国民党一大宣言重新解释了三民主义,制定了一个彻底的反对帝国主义、反对封建军阀的革命纲领。大会宣言确立了孙中山"联俄、联共、扶助农工"的三大政策,承认共产党员和共青团员以个人身份加入国民党,标志着第一次国共合作统一战线的正式建立,有力地推动了革命的发展。

国民党一大召开期间,从苏联代表处传来列宁逝世的噩耗,孙中山十分悲痛。他致电莫斯科,对列宁的逝世表示沉痛哀悼。大会根据孙中山的提议,立即通过了三项决议:电唁苏联致哀;休会三天,广州各机关下半旗三日,以致哀悼;广泛宣传列宁的生平和事迹。2 月 24 日,中国国民党举行了追悼列宁逝世大会,广州各界群众 6 万人参加。孙中山亲笔书写了"国友人师"的挽联,在追悼列宁逝世大会上宣读了悼词,对列宁及他的逝世表示崇高的敬意和深深的哀悼。随后,孙中山发表了《关于列宁逝世的演说》,高度评价了列宁领导的十月革命:"其奇功伟绩,真是世界革命史上前所未有";他还高度评价了列宁本人"是一个革命之大成功者,是一个革命中之圣人,是一个革命中最好的模范";列宁虽然逝世,但是他的"思想魄力、奋斗精神,一生的工夫全结晶在党中",其"身休虽不在,他的精神却仍在"。

(三)创立黄埔军校

孙中山坚定了"以俄为师"的信念,吸取护国运动、护法运动失败的教训,认识到组建一个革命军队的极端重要性,他毫不犹豫地决心采纳苏联红军的经验,着手建立自己的武装力量。1924 年 1 月 24 日,在国民党第一次全国代表大会召开期间,孙中山下令筹办国民党陆军军官学校,指派邓演达、王柏龄、沈应时等 7 人为筹备委员。2 月,选址于广州黄埔岛广东陆军学校与广东海军学校原址,聘请苏联顾问,在苏联和中国共产党的帮助下,创办了"中国国民党陆军军官学校",训练革命武装力量。因校址设于黄埔,该校又称"黄埔军校"。

孙中山兼任军校总理,指派蒋介石担任校长职务。为了保证党对军队的领导,黄埔军校学习苏联红军经验,设立了党代表和政治工作制度。孙中山委任廖仲恺担任黄埔军校国民党代表。这一制度的设立保证了国民党的三民主义在军队中的贯彻和执行,它也成为国民革命军区别于旧军阀部队的主要标志。黄埔军校的学习期限原定三年,后来压缩为半年。中国共产党积极参加了黄埔军校的各项工作,从各地选派许多党员和社会主义青年团员进校工作、学习。周恩来、熊雄先后担任过政治部主任,恽代英、萧楚女等人担任政治教官,以革命的精神培养了大批革命骨干力量。

1924 年 6 月 16 日,孙中山在黄埔军校的开学典礼上发表演讲。孙中山讲到,辛亥革命的失败是由于"我们革命,只有革命党的奋斗,没有革命军的奋斗",因为没有一支革命的军队,所以革命不能完全成功。孙中山还阐述了建立陆军学校的意义,是希望"把革命的事业重新来创造,要用这个学校内的学生做根本,成立革命军";"今天在这地开这个军官学校,独一无二的希望,就是创造革命军,来挽救中国的危亡。"孙中山在演讲中还强调,"军队之能不能够革命,是在乎各位将士之有没有革命志气,不是在乎武器之精良不精良。如果没有革命志气,不研究革命道理",也不能发扬革命事业。最后,孙中山鼓励军校学生承担起救国救民的责任,"我要求诸君,便从今天起,共同担负这种责任"。在长期的革命实践中,孙中山越来越深刻地认识到革命必须有武装,实现国民革命的关键是人民掌握武器。黄埔军校第一期学员共645人,同年11月毕业。从1924年至1927年,黄埔军校共有毕业生五期,7390人。以这些黄埔学生为骨干力量组建的革命军队,逐步发展为国民革命军。

中国国民党陆军军官学校是孙中山在苏联和中国共产党的帮助下建立起来的,是中国历史上第一个革命军事学校,是国共合作的产物。它培养了一批又一批的军事骨干,为以后国民革命军的建立和北伐战争奠定了坚实的基础。

(四)与国民党右派的斗争

国民党改组后,拥护孙中山"联俄、联共、扶助农工"三大政策的只有廖仲恺、宋庆龄、何香凝等左派成员,反对集团包括冯自由、邹鲁、张继、邓泽如、胡汉民等右派分子。在与共产党合作的过程中,孙中山是如何对待国民党右派势力的反对意见呢?1923年11月29日,邓泽如、林直勉等11人联名上书孙中山,对苏联帮助中国革命的动机表示怀疑,并诬蔑中国共产党帮助国民党改组怀有阴谋。孙中山对邓泽如、林直勉等人的上书作出了批示,重申国民党改组和向苏联学习的必要性,告诫他们"切不可疑神疑鬼"。国民党"一大"之后,右派分子不断兴风作浪,利用各种渠道攻击共产党,破坏国共合作。仅国民党中央监察委员会在1924年向中央执行委员会提交的10件议案中,就有4件是反对国共合作的。

面对党内右派的巨大压力,孙中山立场坚定、旗帜鲜明,坚决捍卫国民党"一大"的路线。他于1924年7月发表《中国国民党关于党务宣言》,再次重申国共合作的主张:"凡有革命勇决之心,及信仰三民主义者,不问平时属于何派别,本党无不推诚延纳。"8月15日,孙中山主持召开国民党一届二中全会,专门研究维护国共合作的问题。会议审议、发表了《中国国民党中央执行委员会全体会议对于全体党员之训令》,又一次以党的名义斥责右派分子的错误立场,并告诫全党:"前此争议,付之淡忘,惟相与努力于将来,以完成国民革命的工作。"

孙中山对国共合作的坚定信念是以40年革命生涯的经验教训换来的,他决不会动摇这一立场。除了苦口婆心地说服教育之外,他还动用组织纪律和领袖权威严厉惩处不肯放弃错误主张的右派分子。在8月30日中央全会上,他就开除了右派分子冯自由的党籍。由于孙中山所做的大量耐心细致的说服、动员工作,保证了改组国民党和国共合作的实现与巩固。

在左派方面,廖仲恺堪称忠于国民党路线的模范。他一直支持孙中山,衷心拥护先生的立场和主张,同右派作坚决的斗争。他竭力促成并忠实执行孙中山的联俄政策,热诚接待前来中国工作的苏联友人,诚恳与之共事。廖仲恺坚决执行孙中山的国共合作政策,同共产党人维系良好的合作关系,全力推行国民党一大的决议和纲领。廖先生的这些表现反映出国民党左派的政治立场。

(五)镇压广州商团叛乱

1923年10月,直系军阀曹锟贿赂议员,当选为中华民国大总统。曹锟的丑行激起全国人民的愤怒,各地掀起了反对直系军阀的运动。接着,可视为第二次直奉战争序幕的江浙战争爆发。孙中山认为这是扩展广东根据地的机会,于是组织北伐,进攻曹锟、吴佩孚等直系军阀。1924年9月,孙中山亲赴韶关督战。18日,中国国民党发表《北伐宣言》指出,中国连年战乱是由于北洋军阀作祟,但是"反革命之恶势所以存在,实由帝国主义卵翼之使然",帝国主义才是中国真正的敌人;"十三年来之战祸,直接受自军阀,间接受自帝国主义,明明白白,无可疑者"。孙中山同时指出北伐的意义:"此战之目的不仅在推倒军阀,尤在推倒军阀所赖以生存之帝国主义。盖必如是,然后反革命之根株乃得永绝,中国乃能脱离次殖民地之地位,以造成自由独立之国家也。"

孙中山认识到,中国连年的内战是由北洋军阀造成的,但更深层次的原因是由于帝国主义的支持,这是孙中山思想认识的一大进步。但是,当时孙中山主张北伐却是缺乏积极因素的。实际上,北伐是国民党内部右派包围和影响的结果。右派害怕孙中山与英帝国主义起冲突,又要与陈炯明调和以巩固和左派对抗的武装力量,还要与段祺瑞、张作霖、唐继尧等军阀进行妥协,以谋升官发财之路,因此,右派积极怂恿孙中山北伐。北伐目标是讨伐直系军阀,直系军阀的盟友却是奉系、皖系和西南军阀,但各军阀联盟的实质不过是地盘和权利的争夺。虽然北伐是为了反对封建军阀和帝国主义,但是却无法改变战争的性质。此外,广州革命根据地并不巩固,内部矛盾重重,广州商团蠢蠢欲动。因此,北伐并非明智之举。

认识到帝国主义的本质是孙中山思想的最大进步。他随即将革命矛头直接指向了帝国主义。"关余事件"就是孙中山反帝思想觉醒的实际证明。鸦片战争以后,中国海关一直为帝国主义国家所把持。海关收入按照一定比例扣除偿还赔款和外债后的所余款项,即所谓"关余",由外国税务司统一交给北京政府。1923年12月,孙中山领导的广东政府要求收回海关权益并扣留了关余。英、法、美、日、意等帝国主义国家一面叫嚣采取强硬手段,截断广东政府的经济来源;一面调集军舰向广东革命根据地示威。孙中山严厉谴责了帝国主义干涉中国内政的侵略行为。广州各界一再举行收回海关主权的示威运动,显示了中国人民捍卫国家主权的坚定决心。最终,各国外交使团商定,将粤海关"关余"拨交广东革命政府使用。孙中山领导广东军民在"关余事件"中取得了胜利,打击了帝国主义列强的反动气焰。

随着广东革命根据地的巩固,革命形势高涨,帝国主义列强感到了恐慌,加紧了对中国革命的干预和破坏。英帝国主义以香港为据点,一面援助盘踞在惠州的陈炯明部反攻广州;一面积极策动广州商团从内部破坏,企图颠覆广州革命政府。1924年8月,广州发生了商团叛乱。广州商团原为商家防御匪盗,保全生命财产,维持公共治安组织起来的民间武装。由于领导权掌握在商业资本家手中,商团就成为一支代表帝国主义和商人、买办资本家及各种反动势力的武装。广州商团共有10个团,约4000人,连同其后备力量总数约6000人。1922年起担任商会会长、英国汇丰银行广州分行的买办陈廉伯就是商团的团长。

陈廉伯在英帝国主义支持下,阴谋进行叛乱。他没有向广州革命政府通报,就擅自向香港南利洋行订购枪械万余支、子弹300万发,用悬挂丹麦旗帜的商船潜运回广州。孙中山从香港获悉此消息后,预感到局势的严重,随即命令海军"永丰""江固"两舰查获偷运军火的商船,押至黄埔港,将船上的全部枪械子弹封存在黄埔军校。这一断然措施成为广州商团蓄意叛乱的导火索。

广州商团以枪械扣押为借口,出动2000多名团丁包围了大元帅府"请愿",蛮横索要枪支。陈廉伯一面与国民党右派、军阀暗中勾结,一面煽动胁迫商民罢市。到25日,广东,包括广州在内有100多个城镇陆续出现罢市风潮。孙中山主张解散商团,以武力制止罢市。与此同时,广州的工人农民也动员起来,组织自卫军,向孙中山请愿,坚决主张讨伐商团。28日,英帝国主义派出9艘军舰在白鹅潭水面游弋,公然进行武力恫吓。在革命阵营内部,以胡汉民、伍朝枢、范石生等人为代表的右派主张向商团妥协;以共产党员和廖仲恺等为代表的左派、革命军队则坚决主张反击。

9月1日,孙中山发表《为广州商团事件对外宣言》,怒斥帝国主义支持反动商团破坏中国革命的卑劣行径:"我看出在英国帝国主义的这项挑战中,还有更深远、更险恶的用意。从十二年多的时间里,帝国主义列强一贯给予反革命以外交、精神上的支持并给以数以百万计的善后及其他名目的借款可以明白,对帝国主义的行动,除了是摧毁以我为首的国民党政府的蓄谋而外,不可能有别的看法。"10月10日,广东革命群众举行武昌起义纪念大会,与会者有工人、农民、革命军人、学生和市民。会场上高悬"打倒帝国主义""打倒军阀"等标语。会后,数千群众举行了游行。当游行队伍行至太平路时,已经埋伏在那里的反动商团公然开枪射击,当场死伤数十人,失踪落水者甚多。惨案发生后,激起革命人民的极大义愤。中国共产党号召人民认清反革命势力的狰狞面目,扫除妥协的空气,坚决解除商团武装。10月15日,孙中山派黄埔学生军与滇、桂、豫、粤各军,兵分五路将商团团团包围,仅仅经过几个小时的战斗,就将商团的叛乱镇压下去。

广州商团被镇压,解除了革命政府的"心腹之患",打击了帝国主义、军阀、国民党右派的势力,巩固了广东革命根据地。

四、孙中山北上共商国是

孙中山改组了国民党,召开了中国国民党一大,重新解释了三民主义,实现了国共合作,凝聚起强大的革命力量。他在广大工人、农民和黄埔学生军的支持下,坚决镇压了英帝国主义支持的广州商团叛乱,巩固了广东革命根据地。直系将领冯玉祥发动北京政变后,电邀孙中山北上共商国是。为了谋求国家的统一大业,孙中山不顾个人安危,冒险北上,病逝于北京。

(一)谋求国家统一

第一次直奉战争失败后,张作霖返回东北,苦心经营,以谋东山再起。同时,他与皖系军阀结为同盟,伺机共同讨伐直系军阀曹锟、吴佩孚。1924年9月,张作霖起兵入关,在热河、冀东一带与直系军阀激战,第二次直奉战争正式爆发。

战争初期,直系军阀吴佩孚自任总司令,冯玉祥、彭寿莘、王怀庆分别任三个军的总司令,于9月18日发布讨伐张作霖的声明。正值直奉两军在榆林一带激战正酣,直系将领冯玉祥受到革命潮流的影响,突然由前线兼程回京,于10月23日发动了北京政变,导致直系军阀迅速溃败,推翻了曹锟、吴佩孚控制的北京政府。北京政权落入冯玉祥、段祺瑞和张作霖三派既联合又相互猜忌的势力控制之中。

北京政变后,冯玉祥将部队改称国民军,以此表示他拥护孙中山领导的广州革命政府。冯玉祥、胡景翼、孙岳等29人联名电邀孙中山北上,共同商讨、解决时局问题。

孙中山在接到联名电邀后,觉得这不失为一个实现国家和平统一夙愿的好机会,于是很快作出积极响应,复电冯玉祥等人,表示愿意北上。孙中山从韶关回到广州,在大元帅府召集会议,讨论处理北方局势的具体办法。与会同志一致认为,直系军阀虽然溃败,但是不能因此就认为全国将和平统一,以致动摇北伐的决心和放弃准备。

为了尽快结束军阀混战的局面,实现全国的和平统一,孙中山决定以大局为重到北京去。孙中山北上前,发表了对于时局的宣言,"主张召集国民会议,以谋中国之统一与建设"。鉴于张作霖、段祺瑞等军阀反复无常,一些国民党人担心孙中山北上的安全。孙中山早已将个人安危置之度外,他以民族利益为重,觉得北上对革命事业有利,即使冒再大的风险也是值得的。

11月13日,孙中山携夫人宋庆龄等人乘永丰舰离开广州北上。临行前,孙中山发表《北上宣言》,重申反对帝国主义和军阀的主张,他指出:对外要消灭帝国主义在中国的势力,"国家之独立自由可保";对内要消灭军阀势力,"民治之基础莫能动摇"。先生的北上宣言,表达了全国人民的迫切愿望,受到了各界舆论的普遍赞誉。在北上的途中,孙中山连续发表反对帝国主义、反对军阀、谋求国家统一的重要演讲;一再重申废除不平等条约、收回租界、消灭帝国主义在中国的反动势力,实现中国的民族独立。在当前时局问题上,孙中山主张对内尽快召集各界人民团体、反对直系军阀的各政党参加的国民会议,结束军阀统治,解决中国的统一和人民的自由问题。

北上途中,孙中山经过上海,受到了群众的热烈欢迎。人们齐声高呼"打倒帝国主义""打倒军阀"等口号,欢呼声震撼了黄浦江。但是帝国主义对此却充满仇恨和畏惧,妄图阻止孙中山在上海的革命活动。孙中山刚刚到达上海,英国掌握的报纸就对他进行攻击,叫嚣"上海不需要孙中山",要驱除孙中山出上海,并煽动人们不要理睬孙中山废除不平等条约的号召。孙中山对帝国主义的卑劣行径给予坚决的回击,强烈谴责他们干涉中国内政的挑衅行为。

11月19日,孙中山在上海召开记者招待会,表明他此次北上的目的"就是以极诚恳的意思,去同全国人民谋和平统一"。同时,孙中山提出:要召开国民会议,"我们这次来解决中国问题,在国民会议席上,第一点就要打破军阀,第二点就要打破援助军阀的帝国主义。打破了这两个东西,中国才可以和平统一,才可以长治久安。军阀的祸害是人人所深知的。至于帝国主义的祸害,在中国更是一言难尽"。孙中山宣布坚决不与北方军阀妥协,要求全国人民做他的后盾,为了拯救中国,和平统一,召开国会,他甘愿冒一切风险。孙中山为国为民、不求私利、英勇无畏的精神使全国人民深受感动与鼓舞。

11月25日,孙中山到达日本神户。在国民党举行的欢迎会上,他发表演讲,再次重申了废除不平等条约,打倒帝国主义和召开国民会议的主张,受到了爱国华侨和日本人民的欢迎。

在孙中山的北上途中,北京政局已经发生了变化,冯玉祥受到排挤,段祺瑞再次执掌北京政府。12月6日,段祺瑞政府发表致外国使团书,表示"外崇国信",尊重历年和各帝国主义国家签订的一切不平等条约,以期获得帝国主义国家的支持,巩固其统治地位。12月24日,段祺瑞宣布将召开"善后会议"解决国家大事,以对抗孙中山主张召开的国民会议。《善后会议条例》公布了有资格参加会议的四类人:"大有勋劳于国家者二人(指孙中山和段祺瑞)";"讨伐贿选及制止内乱之军事领袖";"各省区及蒙、藏、青海军事长官";"有特殊学识、资望、经验者,由临时执政聘请或委派之(不超过30人)"。这样,出席善后会议的代表,几乎都是由段祺瑞政府指派的军阀、土匪、买办、土豪和劣绅以及段祺瑞的所谓"文人学者"。善后会议完全是一个代表反动军阀官僚利益的政治分赃和利益合作的会议,而真正代表人民意愿的人民团体的代表却一个也不能参加。段祺瑞政府的倒行逆施,激起全国人民的强烈反对。[21]此时,段祺瑞和张作霖对邀请孙中山北上有着自己的打算。他们企图利用与孙中山的合作来转移全国人民斗争的目标,缓和席卷全国的国民会议运动;同时要软化、收买孙中山。

12月4日,孙中山到达天津,到码头迎接的群众达到2万人,各界团体100多个。很多市民自发张灯结彩,燃放鞭炮,表达喜悦之情。由于多年的奔波与艰苦生活,孙中山积劳成疾,身染不治之症。段祺瑞派出叶恭绰、许世英二人为代表前往大津迎接。孙中山在病榻上接见了他们。当孙中山得知段祺瑞"尊重条约,外崇国信"和将要召开善后会议时,极为愤怒,斥责段祺瑞政府对外卑躬屈膝:"我在外面要废除那些不平等条约,你们在北京,偏偏要尊重那些不平等条约,这是什么道理呢!你们要升官发财,怕那些外国人,要尊重他们,为什么还来欢迎我呢?"许、叶二人不敢做声。后来,他们劝孙中山不要过于"激烈",免得惹怒外国人,引起帝国主义干涉。孙中山对封建军阀卖国求荣的行径极为愤慨,他答道:"假如不打倒帝国主义,我就不革命了!"[22]

因病所累,孙中山在天津居住了二十多天。在各方翘首期盼下,1924年12月31日,孙中山乘火车离津赴京。据冯玉祥部下鹿钟麟回忆,考虑到孙中山的安全,他恳请孙中山不要在北京前门火车站下车。孙中山理解他的用心并表示感谢,但是不接受他的安排。孙中山说:"在永定门下车,那可使不得。我的抱负是什么,我的目的是什么,你当然是了解的。我是为学生、为民众而来的,我不能只为了个人安全打算,而辜负学生和民众对我的这番热情。请不必担心,我要在前门车站下车,学生们和民众们即使挤着我也是不要紧的。"[23]参加欢迎的群众有10万人之众,但现场秩序井然。欢迎的人群挥舞着数不清的红绿小旗子,欢迎心中景仰的领袖。孙中山徐步走过欢迎的人群,含笑答礼,带病坚持和学生、民众见面,谈话后,才赴北京饭店下榻。

孙中山不顾个人安危,为中国的和平统一大业抱病北上,将生死置之度外。他的大无畏精神和拳拳爱国之心、殷殷爱民之意,深深地感动了民众。

(二)溘然长逝

孙中山到达北京时,已经到了肝癌的晚期,3个月后便溘然长逝。

1.孙中山病逝

孙中山北上时正值北方寒冷的冬季,一路长途颠簸,到达天津就病倒了。到达北京后孙中山又和段祺瑞的卖国行径展开了一系列斗争,病情加剧,经多方延请外国医生诊治,均认为是肝癌。

1925年1月20日以后,孙中山体温升高,几乎不能进食。26日,孙中山从北京饭店住进协和医院。当天,协和医院的大夫会同德国、苏联医生为孙中山施行了手术。由于已经是晚期癌症,无法救治,医生只得缝合刀口,放弃手术。

进入病危状态后,孙中山仍以超人的毅力强忍病痛,继续革命工作,发表《入京宣言》。他申明:此次来京"不是为争地位,不是为争权力,是为特来与诸君救国的"。[24]但是,段祺瑞政府一意孤行,悍然召开善后会议。国民党内部一些右派分子肆意包围孙中山,要求他放弃召开国民会议的主张,与段祺瑞妥协,参加善后会议。孙中山断然拒绝,他领导的国民党积极筹备召开国民会议,3月1日,在北京举行了国民会议促成全国代表大会。在生命中的最后时刻,孙中山反对军阀、反对帝国主义的斗志愈加坚定不移。

2月18日,孙中山出院,转至北京铁狮子胡同11号,继续用中医进行治疗。孙中山自己就是一位医术精湛的医生,他深知自己的生命已经到了最后的时刻。2月24日下午,他接受了汪精卫等人的请求,口授并由汪精卫笔录了《国事遗嘱》和《家事遗嘱》;以英文口授《致苏俄遗书》,由陈友仁等笔记。这三份遗嘱原准备当场签署,但孙中山听到宋庆龄哀痛的哭声,担心她受不了刺激,决定暂缓几天签字。

孙中山病情垂危之时,仍不忘革命工作。当在病榻上获悉东征军在黄埔军校学生和东江农民军配合下,打垮陈炯明叛军,攻克潮安、汕头,陈炯明逃往香港时,孙中山露出欣慰的表情,立即电告广东留守代行大元帅职的胡汉民,要求军队遵纪爱民,不可扰乱百姓。

3月11日,孙中山的瞳孔开始放大。宋庆龄深知立遗嘱是关乎国家民族利益之大事,她强忍悲痛,含泪抬起孙中山颤抖的手腕在三份遗嘱上签了字。晚上,孙中山陷入昏迷状态。3月12日9时30分,一代伟人孙中山的心脏停止跳动,溘然长逝,享年59岁。

中国近代史上闪耀的巨星陨落了,中华民族历史上建立丰功伟绩的革命先行者、全心全意为改造中国耗费毕生精力的革命家走了。

2.三份遗嘱

孙中山临终前,给革命同志留下了遗嘱,谆谆教诲人们继续奋斗,希望革命主张坚持下去、革命主义得到实现。孙中山留下的《国事遗嘱》全文如下:

余致力国民革命凡四十年,其目的在求中国之自由平等。积四十年之经验,深知欲达到此目的,必须唤起民众及联合世界上以平等待我之民族,共同奋斗。

现在革命尚未成功,凡我同志,务须依照余所著《建国方略》、《建国大纲》、《三民主义》及《第一次全国代表大会宣言》,继续努力,以求贯彻。最近主张开国民会议及废除不平等条约,尤须于最短期间促其实现。是所至嘱![25]

孙中山的《国事遗嘱》是他一生革命斗争经验之总结,是在长期的革命实践中,经过反复、认真探索,不断前进而得出的正确结论,是孙中山留下的宝贵历史遗产。

孙中山特地留下《致苏俄遗书》,阐明他实行三大政策的坚定信念。《致苏俄遗书》表达了他希望苏联继续帮助国民党和中国革命摆脱半殖民地状况羁绊的强烈愿望:"我希望国民党在完成其由帝国主义制度解放中国及其他被侵略国之历史的工作中,与你们合力共作。命运使我必须放下我未竟之业,移交与彼谨守国民党主义与教训而组织我真正同志之人。故我已嘱咐国民党进行民族革命运动之工作,俾中国可免帝国主义加诸中国的半殖民地状况之羁缚。为达到此项目的起见,我已命国民党长此继续与你们提携。我深信,你们政府亦必继续前此予我国之援助。"㉖孙中山留下的《国事遗嘱》和《致苏俄遗书》,显示了他爱国反帝,坚持三大政策的坚定革命精神。

孙中山是纯粹的革命者,他一生艰苦朴素,廉洁奉公,不谋私利,他把自己的一切全部献给了祖国和人民。孙中山在《家事遗嘱》中叮嘱:"余因尽瘁国事,不治家产。其所遗之书籍、衣物、住宅等,一切均付吾妻宋庆龄,以为纪念。余之儿女已成长,能自立,望各自爱,以继余志。"㉗除了2000多本书籍、上海莫里哀路的住宅和一些简单的日用品和衣物,孙中山一无所有。而莫里哀路的住宅还是海外华侨集资捐助的。为了筹集革命资金,孙中山曾经三次将其抵押换取革命经费,还是华侨集资帮他赎了回来。除了留给妻子的栖息之所,这位为国家民族建立了不朽功勋的伟人,没有任何遗产留给自己的儿女。

3.悼念活动

孙中山签署遗嘱后的弥留之际,用微弱声音反复叨念的是"和平""自由""救中国"等几句话。直至生命最后一刻,他惦念的仍是未竟的革命事业。孙中山的逝世,引起了全国人民和国际无产阶级、世界革命人民的沉痛哀悼。中国共产党发表《中国共产党为孙中山先生之死告中国民众》,深切悼念孙中山,"为中国民族自由而战的孙中山死了,自然是中国民族自由运动一大损失,然而这个运动是决不会随着孙中山之死而停止的";号召全国人民加倍努力,继续为召开国民会议和废除不平等条约而斗争;反对军阀段祺瑞和张作霖,保卫南方革命根据地——广东。

斯大林以苏联共产党中央委员会书记的名义发来唁电:"苏联共产党中央委员会相信,孙中山的伟大事业将永存,孙中山的事业将永远铭记在中国工人、农民的心里,永远使中国人民的敌人心惊胆寒。"上海《申报》评论孙中山的逝世说:"中国数十年来为主义而奋斗者,中山先生一人而已。中国政界中之人格,不屈不变,始终如一者,中山先生一人而已。中山先生真爱国者也;不顾成败,不问毁不问誉,可谓勇往之实行者。"美国有报刊也高度评价了孙中山:"中山先生为现代五杰之先知先觉者。五杰者,印度之甘地,土耳其之凯美尔,俄之列宁,美之威尔逊,与中国之孙中山也。中山所以推为先知先觉者,乃以五杰始得国际声望之年代为准。甘地成名于1913年,后孙中山17年。凯美尔成名在1920年,后中山24年。列宁成名于1917年,后中山21年。威尔逊成名于1912年,后中山16年。中山成名,早在1896年伦敦遇难之时。30年来,孙逸仙博士之声名,一经报章不断显扬,再经华侨狂热之崇拜,世界留心时事之人,几已无不认孙逸仙博士为近代民族自决运动史上,独一无二之突出人物。"㉘

孙中山逝世后,莫斯科、东京、伦敦、纽约、巴黎、旧金山以及东南亚等地都召开了追悼大会和各种形式的悼念活动。在北京中央公园(后改名为中山公园)举行公祭时,到孙中山灵前致祭的各界人士和外国友人,前后有74万人之多。㉙1925年4月2日,孙中山灵柩移往北京香山碧云寺。1929年6月1日,孙中山遗体安葬于南京紫金山南麓,墓地称为中山陵园。孙中山衣帽仍封于北京香山碧云寺石塔中,称为"衣冠冢"。

孙中山逝世已经80多年了,如同他生前多次描述的那样,一个独立、民主、富强的新中国早已巍然屹立在世界东方。他所深爱的人民也像他终生向往的那样,摆脱了贫穷和苦难,正在朝着更幸福美好的生活努力开拓行进。孙中山的革命业绩和爱国精神也会永远地留在中国人民的心中。

注释:

①尚明轩.孙中山传.北京:北京出版社,1981.243页.

②孙中山.复苏俄外交人民委员齐契林书.孙中山全集.第五卷.北京:中华书局,1985.593页.

③孙中山.孙文越飞联合宣言.孙中山全集.第七卷.北京:中华书局,1985.51~52页.

④毛泽东.论人民民主专政.毛泽东选集(合订一卷本).北京:人民出版社,1964.1360页.

⑤孙中山.中国国民党宣言.孙中山全集.第七卷.北京:中华书局,1985.2页.

⑥孙中山.国民党改组宣言.孙中山文集(上).北京:团结出版社,1997.387页.

⑦王桧林.中国现代史(上册).北京:高等教育出版社,1988.85页.

⑧孙中山.中国国民党第一次全国代表大会宣言.孙中山全集.第九卷.北京:中华书局,1986.114~125页.

⑨孙中山.对于中国国民党宣言旨趣之说明.孙中山全集.第九卷.北京:中华书局,1986.126页.

⑩尚明轩.孙中山传.北京:北京出版社,1981.274页.

⑪毛泽东.新民主主义论.毛泽东选集(合订一卷本).北京:人民出版社,1969.653页.

⑫王桧林.中国现代史(上册).北京:高等教育出版社,1988.87页.

⑬孙中山.关于列宁逝世的演说.孙中山全集.第九卷.北京:中华书局,1986.136页.

⑭在陆军军官学校开学典礼的演说.孙中山全集.第十卷.北京:中华书局,1986.291~300页.

⑮王桧林.中国现代史(上册).北京:高等教育出版社,1988.88页.

⑯孙中山.中国国民党北伐宣言.孙中山全集.第十一卷.北京:中华书局,1986.76页.

⑰孙中山.为广州商团事件对外宣言.孙中山全集.第十一卷.北京:中华书局,1986.2页.

⑱孙中山.时局宣言.孙中山文萃(下).广州:广东人民出版社,1996.1085页.

⑲孙中山.北上宣言.孙中山全集.第十一卷.北京:中华书局,1986.295页.

⑳孙中山.在上海招待新闻记者的演说.孙中山全集.第十一卷.北京:中华书局,1986.331~338页.

㉑尚明轩.孙中山的历程.北京:解放军文艺出版社,2004.1043页.

㉒尚明轩.孙中山的历程.北京:解放军文艺出版社,2004.1043页.

㉓尚明轩.孙中山的历程.北京:解放军文艺出版社,2004.1049页.

㉔孙中山.入京宣言.孙中山全集.第十一卷.北京:中华书局,1986.532页.

㉕孙中山.国事遗嘱.孙中山全集.第十一卷.北京:中华书局,1986.639~640页.

㉖孙中山.致苏俄遗书.孙中山全集.第十一卷.北京:中华书局,1986.641页.

㉗孙中山.家事遗嘱.孙中山全集.第十一卷.北京:中华书局,1986.640页.

㉘尚明轩.孙中山的历程.北京:解放军文艺出版社,2004.1085~1087页.

㉙尚明轩.孙中山的历程.北京:解放军文艺出版社,2004.1086页.

第四讲　孙中山早期的政治思想

内容提要

　　政治思想在孙中山思想体系中占据核心地位。如何颠覆腐朽专制的旧中国,建立独立、民主的新中国是他政治思想的轴心。由此生发的革命战略和策略问题、革命党和国家政权的建设问题,都是其政治思想的基本纲目。

　　本讲对孙中山早期政治思想的介绍可分为三个层次:

　　首先,分析了贫困家境和童年生活对孙中山政治思想的启蒙作用,继而揭示出近代西方文化和中国现实苦难对他萌生革命思想的深刻影响;其次,追溯了孙中山改良思想的形成及表现,着重评析了最集中体现其改良思想的《上李鸿章书》的思想内容;最后,重点介绍了以孙中山为代表的革命派与保皇派思想论战的背景和冲突焦点,得出了孙中山的革命思想通过对保皇主义的批判而得到确立、趋向成熟的重要结论。

学习思路与目标

　　自本讲以后,教学内容均为孙中山的思想理论。学习思想性内容,应注重以下基本原则:

　　1.历史环境的全面扫描与文化背景的纵深透视:从历史文化背景入手,了解一种思想得以形成的基础与依据,解决理论"从何而来"的问题。

　　2.思想轨迹的扼要追溯与内在架构的清晰复现:纵向地把握其发展演化的过程,横向地解析其脉络架构,解决理论"怎样演变"、"如何构成"的问题。

　　3.理论要点的透辟解析与实践意义的正确评价:把握理论学说的重点、核心、实质及其对现实的指导意义和实际影响,解决"重点何在"与"如何评价"的问题。

　　具体到本讲的学习,要认真阅读教材有关内容,参阅课程多媒体资源。以下问题值得考虑:

　　①结合1—3讲的内容,全面回顾孙中山的生活经历,总结、梳理社会时代背景、家庭生活背景、教育文化背景和早期社会活动的影响。

　　②深入辨析孙中山早期思想中的西方文化的印记。

③通过课外资料的阅读,辨析革命与改良两种主张的根本区别,认清改良主义的实质。

④了解革命派与保皇派思想论战的背景、经过与意义。

⑤重点理解批判保皇主义的三个焦点问题,分析革命思想的确立与这一批判的关系。

 **思考与练习**

1.讨论:

　　(1)家庭、童年生活对一位思想家的影响。

　　(2)比较以孙中山为首的革命派与保皇派的政治主张的差别。

　　(3)孙中山对保皇派的批判与三民主义思想的形成。

　　(4)孙中山对洋务运动"徒惟坚船利炮之是务"的批评。

2.写作:

　　就孙中山对保皇派的"革命招致瓜分"说的反驳,写作一篇述评。

　　孙中山是我国民主革命的伟大先行者。他所领导的革命终结了延续2000多年的封建君主制度,开创了中国人民推翻帝国主义、封建主义的深重压迫,建立了民主主义新中国的伟大事业;他所规划的建国方略也开始了中国人民追赶世界潮流,完成近代化变革,实现民族复兴的辉煌进程。孙中山的这一历史使命,决定了他必然成为一位极富时代感和创造性的杰出思想家,也决定了政治思想必然在他的学说体系中占据着核心地位。所谓政治思想,归根结底是关于国家的性质、形式和职能的认识与主张。正如列宁所说,国家问题"是关系全部政治的主要的和根本的问题"。如何颠覆残酷暴虐而又衰朽不堪的旧中国,如何建立一个独立、民主、富强的新中国,这是孙中山"致力国民革命凡四十年"的根本目标,也是其政治思想的轴心。由此生发展开的革命战略和策略问题、革命党和国家政权的建设问题及社会形态、社会结构的改造问题就成为其政治思想的基本纲目。

　　在孙中山艰难曲折的革命历程中,他的全部思想都经历了现实斗争的检验与锤炼,经历了痛苦的蜕变与壮丽的新生,最终转向了更适应中国革命的实际需要,也更接近他的伟大理想的历史道路。追溯孙中山政治思想的萌生与成长、转变与新生的真实轨迹,探索这一轨迹形成、演化的历史背景、现实影响和文化渊源,不仅可深化对孙中山思想本身的理解,也有助于对中国民主革命与国家近现代化的艰难历程作出更具时代意义的评价。

　　孙中山政治思想的核心就是著名的三民主义。其发展过程应该以1905年的同盟会成立和1924年的中国国民党第一次全国代表大会为标志,划分成三个历史阶段:孙中山政治思想的萌芽和三民主义的酝酿时期、三民主义的形成与充实时期以及三民主义与时俱进的改造新生时期。

一、早期政治思想的背景

思想从来就是社会现实的投影和历史脚步的回声。孙中山的青少年时代正值中国社会面临"五千年未有之大变局"的 19 世纪后期。由于帝国主义势力的入侵,腐朽的大清王朝逐步丧失了政治上、经济上的独立地位,由一个老大的封建帝国沦落为被列强宰割的半封建半殖民地国家。新的时代环境引发了新的社会矛盾和新的社会运动。当中国人民必须对生存或是灭亡作出最后的抉择时,无论历史遗留的传统观念还是外来涌入的思想潮流都可能卷起巨大的波澜。没有经过几代人的艰苦探索和社会实践的筛选,仅凭爱国激情就能找到救亡图存之路是很难实现的。从这个意义上说,任何一种社会思潮的出现和流行都有它的时代合理性,并有其特定的历史地位;任何一位理论家都有可能受到多种思想潮流的冲击与裹挟,其观点、学说及全部精神世界也会呈现出驳杂的性态。因此,在研究、评价他们的思想理论时,应该坚持科学性的原则、方法和历史主义的态度、立场,实事求是、合情合理地作出分析、结论。

本书对孙中山理论的介绍与分析正是本着这一科学的和历史的思想原则。

(一)家庭背景与童年生活的深刻印记

孙中山早期政治思想是基于改变农民苦难命运的朴素动机而萌生的。反抗不合理的现实以致推翻清朝政府统治的叛逆特征,使之带有明显的革命色彩。对孙中山早期政治思想的研究,应该从他所生活的社会环境和历史背景入手,特别要考察家庭状况和童年经历及其对孙中山思想性格和人生道路的深远影响。

1.贫困家境对孙中山政治思想的启蒙意义

孙中山出生于一个"躬耕数代"的农民家庭。到了祖父时代,孙家已经沦落成没有土地的佃农。孙中山的父亲孙达成 16 岁时就背井离乡到澳门做学徒。他的两个叔叔也远赴美国做华工,而且都死在海外。他的哥哥孙眉赴檀香山打工时也年仅 17 岁。孙中山 6 岁时就和姐姐一起砍柴、割草、拾粪,帮助父母劳作;稍大一些,就插秧、锄草、打禾,从事艰苦的农田劳动;每年还要有几个月给别人放牛。生于这样的家庭,孙中山自幼常常食不果腹,也很少穿过鞋子,甚至,睡觉也要到邻居家借宿。

孙中山一生中曾经多次谈到家庭和童年对自己的影响。宋庆龄有一段广为人知的回忆:"孙中山好几次告诉我说,就在这早年还是贫农家的贫儿的时候,他就变成了一个革命的人,他下了决心,认为中国农民的生活不应该长此这样艰苦下去。中国的儿童应该有鞋穿,有米饭吃。就为这个理想,他献出了四十年的生命。"[①]需要指出,孙中山所说的"变成了一个革命的人",只是就其本人的信念和理想而言的。这里所说的"革命",不能理解为变革生产方式和社会制度的那种经典意义,也不能理解为与社会改良相对而言的那种政治意义,而是泛指少年孙中山对改变生活现实的向往。"中国的儿童应该有鞋穿,有米饭吃"的说法,孙中山在传播革命思想、动员人民参加革命活动时曾经多次提到,以至可以视为一种宣传鼓动的口号。它足以证明：贫困的童年生活给孙中山留下了不可磨灭的记忆。

孙中山的亲密战友、日本友人宫崎寅藏曾经当面提问：土地平均之说得自何处？是学问上之讲求抑实际上之考察？孙中山回答道："吾若非生而为贫困之农家子，则或忽视此重大问题亦未可知。吾自达到运用脑力思索之年龄时，为我脑海中第一疑问题者则为我自己之境遇，以为吾将终老于是境乎，抑若何而后可脱离此境也。"[②]

这里，有两个要点值得注意：其一是孙中山把土地平均思想的萌生明确地归因于自己的出身。如果不是农家子，对生存的艰辛没有锥心刺骨之痛，他很有可能会忽视这个问题。其二，改变自己的境遇，摆脱终身贫苦的命运，是孙中山具备思考能力之后所关注的第一个问题，也是他全部思想的萌芽和逻辑起点。毫无疑问，任何人企图变革现实的思想都只能来源于现实境遇；而个人的生存状况及前途命运就是最基本、最切近的现实。孙中山也不例外。只是他没有把困惑与思考拘囿在个人命运的狭隘圈子内，而是推己及人地"认为中国农民的生活不应该长此这样艰苦下去"。由此，我们不仅可以确认孙中山思想形成的初始背景，还可以发现他善良仁爱、淳朴敦厚性情的渊源。

2.童年生活对孙中山精神世界的全面影响

童年生活留给孙中山的不只是贫困的记忆。著名学者尚明轩总结道：

正是由于"生于畎亩，早知稼穑之艰难"，他对地主的贪婪残暴和农民的痛苦境遇有切身体验，从而一方面磨炼了他吃苦耐劳的意志，初步养成了勤劳俭朴、勇敢刚强等美德；另一方面则对受苦的农民大众抱有真挚的同情态度，并朦胧地察觉出社会的不公平，在幼小的心田里常常溅起不满现实的浪花。尽管这朴素的觉悟还不免带有几分孩子的天真，但这却是后来革命思想在他身上扎根的土壤。[③]

在尚明轩看来，童年生活对孙中山的体验、性格、意志、品德、思想等全部精神世界都产生了深远的影响。在有关孙中山的各种文献资料中，对他的童年事迹有过很多记述，如怀疑私塾教育，抗议妇女裹脚陋俗，破除封建迷信，崇敬太平天国革命、以"洪秀全第二"自命等等。如何看待一个思想家的童年生活呢？一方面，孩子就是孩子，不可能形成什么思想，更不应该把孩子的言行看成是一种学说的起源；另一方面，童年的境遇必定会给人的一生留下深刻的印记，形成深远的影响。这些印记和影响往往通过性格特征和精神特质显现出来。例如，以上提到的故事都显示出少年孙中山的叛逆性格、英雄气概和追求公平正义的勇气，而这一精神特征贯穿了孙中山全部的人生。许多历史学家都曾经对孙中山和同时代的风云人物康有为做过比较研究。在分析孙中山之所以开创了革命道路，而康有为之所以沦为保皇分子的原因时，许多学者都曾强调了家庭背景的重要作用。孙中山终生没有忘记人民的苦难，为了穷人的孩子能有鞋穿、有米饭吃而奋斗了一辈子。出身于封建士大夫家庭的康有为却在表达对人民困苦的同情时，别出心裁地提出了什么"富人之苦""贵族之苦"，并认为这些都是人生之苦。这一鲜明差别可以视为家庭背景制约人生道路的佐证。在我国早期的资产阶级思想大家中，再与梁启超、谭嗣同、严复、章太炎等相比，也只有孙中山是出身于贫苦农家而又坚定地走上了革命道路的一个人。

(二)近代西方文化的启示与现实生活的驱使

孙中山海外求学的经历和近代西方文化教育的影响,不仅开拓了他的精神视野,也启发了他对中国社会现实的反思与批判,孕育了他改造中国社会的理想和强烈的民族主义感情。孙中山学生时代的生活体验和中国社会沉沦衰败的现实,也驱使他的精神求索逐渐步入了一种抗争、反叛的境界。

1.近代西方文化对孙中山思想产生的巨大启示

在孙中山的思想历史上,少年时代的海外生活是一个确定未来方向的转折点。1879年6月,孙中山随母亲前往夏威夷的檀香山。刚刚离开中国,一个全然不曾梦想过的世界就迎面扑来,使这个13岁的少年心中产生了巨大的震撼,并由此开始了延续多年的思想转变。孙中山后来回忆道:"始见轮舟之奇、沧海之阔,自是有慕西学之心,穷天地之想。"④一望无际的浩瀚大海,破浪飞驰的钢铁巨轮,充满希望的命运之旅,这一情景不仅生成了现实的冲击与启示,而且透露着预告未来的象征意义。从此,西方文明就成为孙中山观察与研究中国社会的思想坐标,成为颠覆旧中国、创造新中国的依据和理想蓝图。

与翠亨村私塾死记硬背的子曰诗云全然不同,檀香山的学校讲授英语、圣经、西方社会政治学说和自然科学的基础知识。系统的西学教育开阔了孙中山的眼界与胸怀,建立起一个崭新的精神世界,促使他对黑暗腐朽的中国社会现实展开了理性的思考。孙中山的同学钟工宇回忆说:

> 我们在课外常用方言交谈,他告诉我:"我想知道何以英美政府和人民相处得这样好?"有一天晚上,他问我:"为什么满清皇帝自命为天子,而我们是天子脚下的虫蚁",这样对吗?⑤

在当时的孙中山看来,英美人民和政府的关系不仅值得羡慕,而且值得深思;中国人民在封建专制的暴政下沦为虫蚁的悲惨命运,当然更值得怀疑。这一对比非常典型,它充分显示了西方社会现实的巨大冲击力量和颠覆作用。孙中山对自己思想的成长有着更加明晰的记忆:

> 每课暇,辄与同国同学诸人,相谈衷曲,而改良祖国,拯救同群之愿,于是乎生。当时所怀,一若必使我国人人皆免苦难,皆享福乐而后快。⑥

这里,我们清楚地看到,孙中山不只是怀疑中国社会的现实,而且萌生了"改良祖国,拯救同群"的宏伟志向与高尚理想。这无疑标志着他政治思想的发端。此时的孙中山已将一种伟大的历史使命写入了自己的人生目标,接下来的任务就是探求实现这一目标的具体道路了。当然,这一切只是一个漫长过程的端点。感性的体验、现实的刺激、情感的冲动都不能替代理性的思考,更不能完成理论学说的构建。孙中山政治思想的萌芽也不是瞬时完成、一次完成的核聚变。

檀香山生活对孙中山的启迪不限于以上所述。那时,美国企图吞并夏威夷的帝国主义行径正在逐步升级。夏威夷已经失去了国家主权和政治独立,其经济、文化和社会事务也完全操控在美国之手。夏威夷人民反抗美国吞并,争取民族解放的英勇斗争持续不断地掀起高潮。孙中山所在的意奥兰尼学校正是一个"反吞并主义的堡垒"。在檀香山的华侨中,有不少正义之士积极投身于这一激烈的民族解放斗争。孙中山身临其境,真实地感受到夏威夷人民国破家亡的惨痛和拼死决斗的悲壮。类似的历史境遇当然会引发他对祖国命运的深入思考和深切忧虑,进而深化对清朝政府的痛恨与敌意。"改良祖国,拯救同群"的思想也应视为檀香山生活的赠礼。

此外,孙中山在檀香山就读的学校都属于基督教会,他接受基督教教义是合乎情理的生活熏陶。特别是博爱与平等的意识、为拯救人类而牺牲的殉道情怀,虔诚的信仰与中国残酷的封建礼教和国人麻木的精神状态形成鲜明的反差,它对孙中山产生的震撼与影响也在情理之中。正是因为要接受洗礼,孙中山才和孙眉发生激烈冲突,以致兄弟失和,被送回国内。但最终孙中山还是加入了基督教。此后的几十年中,在思想的层面上,孙中山渐渐地从宗教转向了科学;但在情感领域,他始终坚守着自己青年时代的皈依。直到逝世的前一天,他还握着教友的手说:"我是基督教徒,上帝派我为我国人民去同罪恶奋斗,耶稣是革命家,我也一样。"①临终之言多是生命历程的总结。孙中山以耶稣自比,流露出他终生萦怀的救世主情结和神圣的使命感。他以启蒙和拯救为己任、疾恶如仇、历尽艰难挫折而矢志不悔的先知精神,也闪烁着强烈的基督教色彩。其实,在每一位革命或社会改革先驱者的心灵深处,都存在着"我不下地狱,谁下地狱"的救世情结。人的思想是一个多种成分交融的整体结构。或许,我们难以一一辨识孙中山思想中的基督教因素,但从他的遗言可以确认,基督教的影响决定并伴随了他的一生。

2.中国社会现实驱使孙中山走向反抗与革命

孙中山的故乡有着特殊的人文地理环境和社会历史背景。一方面,它毗邻港澳,是帝国主义侵略势力危害较重的地方,同时也较早地受到西方文明的冲击和辐射;大批农民流落海外谋生,构成了联通西方文化的又一条重要渠道。另一方面,珠江三角洲地区也是中国近代民族民主革命的摇篮:1840年的鸦片战争展现了该地区人民英勇悲壮的反侵略意志和爱国情怀;1854年的天地会起义及此后发生的多次农民暴动,显示了该地区人民勇于反抗清政府残暴统治的不屈精神和英雄气概。正是这种集中体现了中国近代社会矛盾,又较早受到西方文明影响的历史环境,才孕育了中国资本主义工商业和民族资产阶级,产生出这个阶级的思想家和革命家。孙中山正是其中最杰出的代表。

在学生时代,孙中山从没有停止过关于国家的前途命运和民族复兴道路的思想探索。这一精神生活特征可从许多事件中流露出来。例如,孙中山自香港中央书院毕业后,对大学专业和未来职业的选择曾经有过多种考虑。有人建议他走捐官入仕的老路,也有人劝他走一条学神学、当神父的新路。孙中山最初的职业目标却是海军或法律,这样的选择折射出追求国防强盛和世间正义的高尚理想。后来,孙中山又决定学习"最能为功于社会"的医学。他曾明确地表示过,学医与政治并无矛盾,可以"一方致力政治,一方致力医术"。但在孙中山学成行医后不久,他的思想又发生了变化:"医术救人,所济有限,其他慈善亦然",而"若夫最大权力者,无如政治。政治之势力,可为大善,亦能为大恶。吾国人民之艰苦,皆不良政治为之。若欲救国救人,非锄去此恶劣政府必不可"。⑧为了革命事业的需要,他毅然放弃了收入丰厚的医生职业,由"医人"转向"医国",进而证实了他始终坚守着"改良祖国,拯救同群"的远大理想。

在孙中山的回忆中,他的革命思想早在学生时代就已经产生。例如,他曾经对一位传记作者提到,是"乙酉中法战败之年,始决倾覆清廷、创建民国之志"⑨的。又如,1923 年 2 月 20日,在参加母校香港大学校庆时,孙中山发表演讲,称香港是他的知识发源地。在这里,他学习到了"革命的和时代的思想"。孙中山说:他曾在香港街头看到了"秩序整齐,建筑闳美,工作进步不断",而自己的故乡香山的街市面貌却完全相反。由此,深化了他对清朝政府之腐朽无能的认识,坚定了他改造中国政治、建立一个好政府的决心。

值得注意的是,孙中山的大学时代交游非常广泛、活跃,结识了许多学者、绅士和青年学生,形成了他一生中最早的社会关系资源。这些人物对孙中山当时的思想成长和后来的事业发展都有着重要的影响。例如,谈到著名的"四大寇"时,孙中山回忆说:

> 予与陈、尤、杨三人常住香港,昕夕往还,所谈者莫不为革命之言论,所怀者莫不为革命之思想,所研究者莫不为革命之问题。四人相依甚密,非谈革命则无以为欢,数年如一日。故港澳间之戚友交游,皆呼予等为"四大寇"。⑩

尽管,孙中山曾经把大学的五年称为"革命言论的时期",但他和"四大寇"们的"革命之言论""革命之思想"具体如何,现在已不得而知。据宋庆龄回忆,"四大寇"的口号是"勿敬朝廷"。对他们的"革命之问题"可从 1893 年冬季的"抗风轩议盟"中进行合理的推测。在广州广雅书局的抗风轩举行的秘密聚会上,孙中山向他的朋友们提出了成立团体并以"驱逐鞑虏,恢复华夏"为宗旨的建议。尽管没有最终落实,这个建议却标志着孙中山的事业上升到了一个新的阶段。因为,任何社会运动都应以团体的组建为实际起点。抗风轩会议虽然只是"议盟",不能算正式的结盟,可它与"四大寇"式的聚谈交流已经有着明显的差别,应该视为联络同志、凝聚力量、成立专门团体的一次尝试,也是一年后兴中会成立的铺垫与预演。再者,任何社会团体的存在都应以明确的宗旨为基础。"驱逐鞑虏,恢复华夏"显然来自朱元璋《北伐檄文》中"驱逐胡虏,恢复中华"的口号,其狭隘的种族主义色彩是不难辨识的。朱元璋的农民起义以推翻元蒙政权、建立汉民族的封建王朝为目标,与孙中山所面临的时代主题有着本质的差别。沿袭这一缺乏时代精神的口号,也显示出孙中山思想发展过程中的渐进性特征。应该肯定的是,推翻腐朽的清朝政府以拯救日益衰落的中国,这样一个带有明显革命色彩的思想倾向已经酝酿、赋形于孙中山的头脑之中。

综观孙中山的青少年时代可知:贫苦的家庭出身和西方的文化教育制约了他人生历程的基本走向;人文地理环境和社会时代特性构成了他早期生活的宏观背景。在这种特定的历史条件下,孙中山非常自然地从贫困生活的体验、个人命运的忧虑之中生发出朴素的反抗情绪;进而在宗教救世信念和西方文明的启迪下,在夏威夷人民争取民族解放斗争的精神感染下,萌发了"改良祖国,拯救同群"的朦胧理想。由于清朝政府反动统治的强烈刺激和民间反满传统的长期熏陶,他又非常自然地接受了狭隘的种族主义的影响。乙酉中法战争的失败使他的爱国热情和民族自尊受到了极大的伤害,中国人民同仇敌忾的英勇反抗又极大地鼓舞了他的勇气和信念,推动了他的思想进展,最终产生了推翻清朝政府的革命主张。尽管这种主张的情感色彩非常突出,没有形成具体的内容和规划,也缺乏理论指导的印记,但它毕竟标志着孙中山政治思想的萌生。

二、早期政治思想的形成与转折

1840 年鸦片战争以后,清王朝风雨飘摇日益没落,中华民族处于史无前例的危难之中。从提倡"经世致用"之学的龚自珍、林则徐、魏源等地主阶级革新派,到发起洋务运动的曾国藩、李鸿章、张之洞等洋务派,当时的知识分子纷纷提出了摆脱颓势、挽救国运的思想学说。各种社会运动、政治思潮也都产生过一定的进步意义与历史影响。19 世纪 70 年代以后,随着中国近代资本主义工商业的形成与发展,民族资产阶级也在思想界和政治领域崭露头角。代表资产阶级利益和诉求的早期改良主义逐渐占据了思想舞台的主导地位。同样,探索救亡道路的孙中山也接受过一些改良思想,并从改良主义立场转向革命,这不仅是很正常的时代现象,甚至是很必然的成长道路。

(一)改良思想与活动

一般而论,所谓"改良"是指不改变原有生产方式,不触动社会根本性质的有限的社会变革。在我国近代史研究中,19 世纪 70 年代出现的资产阶级改良主义者,如冯桂芬、马建忠、郑观应等被称为早期改良派。他们的政治思想要领包括:强烈反对西方列强的侵略,维护民族独立和国家主权;积极主张引进西方资本主义的生产方式,大力发展民族工商业;变革封建专制制度,实行君民共主的议会政治等等。在孙中山最初的政治活动中,不难发现这些思想的深刻印记。

1.孙中山上书活动的思想基础

早在 1883 年自夏威夷回国后,孙中山就在家乡从事过一些修建道路、打更防盗、安装街灯、卫生防病之类的乡政公益活动。在假期,他也常回翠亨村向农民传授自学的农业科学知识。这些活动显示出孙中山一生致力于变革实践的政治品格,也显示出改良思想的基本特征。他在四五年内连续三次向香山知县、病休居乡高官和朝廷政要上书之事便可印证这一结论。[①]1889 年至 1890 年间,孙中山的第一次上书是请求香山知县支持自己在翠亨村的修路工程。由于原信件没有保存下来,其具体内容已不可考。1890 年,孙中山给香山的一位离职的洋务派高官郑藻如写信,陈述了自己改良乡政的理想,请求给予支持帮助。1894 年,他又历时半个月起草了《上李鸿章书》,煞费苦心地打通多种官场渠道,辗转上海,到达天津,求见掌控朝廷大权的李鸿章。这三次上书给后人研究孙中山的思想发展留下了一道难题。

如前所述，孙中山早在乙酉中法战后就形成了推翻清朝政府的革命主张；那么，十年之后何以会发生上书求进的改良活动呢？我国学术界对此历来众说纷纭。其实，如果一切从实际出发而不是从思想教条出发，孙中山的动机与目的都不难理解。

孙中山历来重视实践活动，绝无传统的坐而论道的士人积习。他追求效果的强烈意愿远远超过选择途径的计较与顾虑。除了性格的原因之外，这显然与长期的科学教育与训练中养成的思维方式有关。在目标或方向确定之后，探索所有可能存在的道路，穷尽一切可能的解决方案，这就是科学工作的本质特征。在孙中山一生的政治活动中，这种注重实效的开放思维方式对其策略思想的逐渐成熟也起着重要的催化作用。孙中山的老战友陈少白在他的《兴中会革命史要》中指出："李鸿章在当时算为识时务之大员。如果能够听他的话办起来，也未尝不可挽救当时的中国。"[12]孙中山自己的解释更进一步："吾辈革命有二途，一为中央革命，一为地方革命。如此项条陈得鸿章采纳，则借此进身，可以实行中央革命，较地方革命为事半功倍。"[13]由此可见，孙中山上书有着明确的功用目的，即寻求自上而下地改造中国的捷径。在任何社会中，改革的前提与捷径都在于权力和行政资源；在专制社会中，这一规律的强制作用和力度更是毋庸置疑的。

中国封建社会给人民造成的奴化意识之一就是期盼明君清官或善人侠士的拯救。在当时，通过上书求进来掌握权力，推动变革，几乎是爱国知识分子的唯一选择。康有为等通过上书言事而促成变法之举，就是这一改良途径暂时成功的范例。比较孙中山三次上书的内容不难看出：他所关注、所致力的社会改良活动是逐步升级的：从乡政完善到县政更新，再至国家的宏观改革发展；这一次序可以视为孙中山政治视野逐渐扩展、思想逐渐深化的轨迹；客观上也透露出改良思想对他的深刻影响。然而，这条改良道路是绝对无法通行的。1898年戊戌变法的失败宣告了资产阶级改良主义的彻底破产。

更重要的是，任何社会革命思想的形成，都需要一个主体反复探索和现实不断推动的长期过程。我们已经指出：孙中山推翻清朝政府的革命主张，只是情感色彩强烈的未成型意图；它没有对革命的性质、战略、道路、方法等一系列的根本性问题进行深入的研究，因此远不是一种成熟的主义或学说。主义与学说的成熟要经历怎样的上下求索和流血牺牲，孙中山的革命生涯为之作出了生动的注释。孙中山最为宝贵的理论品格就是不断地扬弃错误的思想，不断地开创新的实践道路。当上书失败之后，他就毅然放弃了改良幻想，远赴檀香山组织兴中会，发动广州起义，开始了长达30年的武装斗争。

基于上述认识可知：孙中山三次上书的内容都没有超出改良主义的拘囿，但上书活动的性质、意义却有不同；改良思想的影响并没有阻滞革命倾向的成熟，甚至没有中断革命活动的筹备与进展；上书权臣李鸿章，即是孙中山改良幻想的最后篇章，也是他革命史诗的悲壮序曲。自上书失败的16个月后，孙中山就完成了革命党的组建并发动了武装起义，这一事实完全可以证明上述结论的正确。

2. 孙中山上书的思想内容

孙中山改良思想的渊源不止是一般意义的"时代影响"，他与许多改良思想家有过非常密切的交往。著名的改良主义者何启是香港西医书院创建者,也是孙中山所崇拜的恩师。与孙中山有过密切交往的"乡贤"郑观应是早期改良派的代表人物,其名著《盛世危言》中的《农功》一章,我国史学界普遍认为是孙中山的手笔。⑭曾经为孙中山修改过《上李鸿章书》的王韬则被认为是改良主义的首倡者,也是太平天国的状元。孙中山上书的思想没有超越改良主义的一般范围,应该和这些声名卓著的前辈人物有关。

《致郑藻如书》的内容包括"兴农会以倡革农桑业"、"立会设局以禁绝鸦片"和"兴学会设学校以普及教育"等三点具体建议,并恳请"为一邑物望所归"的郑藻如能够支持自己的乡政改良试验。在这封信件中,最值得注意的是孙中山对实践、实验、实效的高度重视。他在文章开篇就指出,虽然"留心于经济之学十有余年",但"运筹悉纵于胸中,而决策未尝施诸实事","坐而言者,未必可起而行",所以"恐躬之不逮",而要"试之一邑,以验其无谬",然后再作推广。

从这段文字中可知:孙中山早已开始探究农民生计和农业经济的问题,并且形成了整体的规划;现在需要利用郑藻如的威望,在全县范围内开展试验。在具体阐述三点建议时,孙中山很注重结合实际情况立论,也重视实施方案的设计。例如,香山东南一带都是秃山。当地老农说土地太薄了,不能种植桑树。可是孙中山发现"园中偶植一桑,未尝不溯勃而生"。由此,他推论出农民容易被传统经验蒙蔽,缺乏科学的求实态度和探索精神;所以要成立农会指导农民的生产活动。再如,孙中山对农村教育体系的设计包括了学校的等级、数量及其合理的布局;不同学生的学费来源与考试选拔的方式等问题;应该说是一个比较具体的运作方案。孙中山这种实事求是、不尚空谈的精神正是自然科学思维方式的体现。前文已经指出,科学的思维方式、激进的实践品格对孙中山一生的活动都有着重大的影响。

与《致郑藻如书》相比,《上李鸿章书》的明显不同在于其酝酿、写作的时间更长,辗转呈递的过程更为复杂曲折。因为,李鸿章毕竟是清廷最有权势的大臣,也是洋务运动的领袖。《上李鸿章书》的立论视野更为广阔,论证阐释也更加缜密严谨,可以说是孙中山推动中国经济近代化改革的初步纲领。

首先,孙中山尖锐地指出,洋务运动"徒惟坚船利炮是务,是舍本而图末也"。洋务运动是19世纪60年代兴起的以"自强""求富"为中心内容的清王朝的"自救"运动。由于接连遭遇两次鸦片战争的失败和太平天国农民起义的重创,近代化军队的创建和军事工业的引进成为洋务运动初期的主要内容。在孙中山看来,洋务运动仅注重"坚船利炮"的追求是无法改变中国落后状态的,只有充分调动人的积极因素,实现"人能尽其才,地能尽其利,物能尽其用,货能畅其流",才是"富强之大经,治国之大本"⑮;接着,孙中山又在这四大纲领之下,分述了十二个实施原则,以保障其落到实处。例如,为了使人能尽其才,他提出了"教养有道,鼓励有方,任使得法"等三项原则,并就三者的所以然、所由来作了进一步的论证阐述。值得注意的是,无论揭露弊病还是指明出路,孙中山的立论都是以西方文明和社会现实为依归的。而且,他乐观地认为,只要能实行这四大纲领,"以中国之人民材力,而能步武泰西,参行新法,其时不过二十年,必能驾欧洲而上之"。这说明,孙中山的改良方案实际上是以西方近代化为蓝本对中国社会转型作出的理论规划。尽管为了博得李鸿章的好感,孙中山没有也不能论及国体政体的问题,但历史和逻辑已经证明,沿着四大纲领的思路发展,必然会走向全面变革国家政治的最终结论。

其次,在四大纲领中,孙中山的"保商"思想和建立全国市场的论述也非常值得注意。他指出:"商务之能兴,又全恃舟车之利便。"为使"货能畅其流"就必须大力发展交通运输业,特别是要多筑铁路,多购轮船。他谴责清政府压制、摧残民族工商业,"过省有关,越境有卡,海口完纳,又有补抽,处处敛征,节节阻滞,是奚异遍地风波,满天荆棘,商贾为之裹足,复贩从而怨嗟"。在这种恶劣的社会环境中,中国的工商业根本无法取得进展。孙中山的这一番批判不仅切中时弊,也揭示了中国资本主义工商业与封建社会制度的冲突所在,鲜明地表达了民族资产阶级的抗议与理想。

再次,孙中山对洋务运动所以没有达成理想目标的原因进行了深入的分析:"中国仿效西法,于今已三十余年……犹不能与欧洲颉颃者……以不能举此四大纲,而举国并行之也。"接着,进一步追究道:

> 夫天下之事,不患不能行,而患无行之之人。方今中国之不振,故患于能行之人少,而犹患于不知之人多。夫能行之人少,尚可借材异国以代为之行;不知之人多,则虽有人能代行,而不知之辈必竭力以阻挠。此昔日国家每举一事,非格于成例,辄阻于群议者。此中国之极大病源也。⑯

这是一段非常值得深入体会的议论。孙中山认为:中国社会没有大的进步,原因在于能行之人少,而不知之人多,尤其缺乏有志、有为、有识的改革人才;缺乏改革人才,还可以从外国引进,但问题是因无知而反对改革的人太多了;"国家每举一事"往往失败,就是这些人以不符合惯例为由,群起非议、阻止;这就是"中国之极大病源也"。孙中山揭露中国社会保守愚昧、因循苟且的弊端,并超越了事实现状层面而归因于民族文化心理,这一思想视界无疑是深邃的。他后来提出的"知难行易论",在这里已初现端倪。

更应该指出:上书李鸿章,可以视为孙中山政治谋略思想形成的标志;上一段话便可显示这位初出茅庐的政治家已经开始探索斗争的策略和艺术。试想,30年来,执掌内政、外交大权的重臣正是李鸿章;洋务运动历时30年,中国"犹不能与欧洲颉颃",李鸿章自然难辞其咎;后于中国而仿效西方,行"维新之政"的日本"今日成效大有可观",对李鸿章更应该是当头一棒。如此直率地批评实在是"狂妄"了。但孙中山又用"病源"之说为李鸿章开脱:他先对李"苦心劳虑数十余年"的洋务事业表示了敬佩和理解,并顺势回到了"病源"说——"有此膏肓之病而不能除,则虽尧舜复生,禹皋佐治,无能为也"。在这种表述中,李鸿章不仅毫无责任,而且得到了极大的恭维并有可能生发被相知者理解的感动;同时,"病源"之害也再次得以强调。孙中山所以要批评、开脱和称颂兼施,目的当然是要打动李鸿章,为下面的毛遂自荐做好铺垫。

(二)孙中山革命思想的确立与对保皇主义的批判

1.孙中山革命思想的确立与革命运动的发端

就在孙中山上书后的一个多月,1894 年 7 月,中日甲午战争爆发。清朝政府的腐败、无能和怯懦导致了中国的惨败。历时 30 多年的洋务运动也因此宣告彻底失败。深重的存亡危机将中华民族推向了历史悬崖的边缘。孙中山认识到"和平之法,无可复施",革命成为拯救中国的最后选择。11 月 24 日,孙中山在檀香山主持成立了兴中会。鉴于檀香山侨界的政治觉悟普遍较低,《兴中会章程》中没有提出反清的口号,但孙中山已经利用它筹集武装起义的经费,成立了华侨兵操队进行军事训练。这些事实足以表明:兴中会并不像它所宣称的那样,是什么爱国公益组织,而是一个以武装推翻清朝政权为战斗目标的革命团体;它的成立,拉开了中国资产阶级民主革命的序幕。

1895 年 2 月 21 日,孙中山在香港成立了兴中会总部。3 个月内成立了两个兴中会,发表了两个宣言,并着手筹备武装起义,这一系列的活动透露出孙中山革命意志的坚定和革命热情的激烈。研究这段历史,最值得重视的是香港兴中会的入会誓词:"驱逐鞑虏,恢复中华,创立合众政府"。早在"抗风轩议盟"时,孙中山就提出过"驱逐鞑虏,恢复华夏"的口号,高度概括了民族主义的思想。现在,"创立合众政府"则如同里程碑一般地标志着孙中山民主主义思想的确立,构建起一个推翻专制王朝,创立共和政府的革命纲领。这一纲领表明:孙中山的事业不是历史上一切"逐鹿中原"的王朝更替,更不是逼上梁山式的叛逆造反,其实质是一个阶级推翻另一个阶级,并将终结封建君主制度的社会革命。

8 个月后,兴中会发动了广州起义。尽管带有明显的军事冒险性质,而且于尚未打响之前即遭镇压,但这毕竟是孙中山亲自发动的 10 次武装起义之开端。它结束了极少数革命者密谋活动的阶段,向全世界宣布了一个社会革命运动的诞生。此后,孙中山被迫开始了长达16 年之久的海外流亡生涯。1896 年 10 月的"蒙难"后,孙中山在伦敦居住了 8 个多月,系统地研究了大量的资产阶级革命理论和各种社会主义学说,考察了英国的政治制度与社会现实,完成了一次伟大的思想飞跃。后来,孙中山在《建国方略》中自述道:

两年之中,所见所闻,殊多心得。始知徒致国家富强,民权发达如欧洲列强者,犹未能登斯民于极乐之乡也;是以欧洲志士,犹有社会革命之运动也。予欲为一劳永逸之计,乃采取民生主义,以与民族、民权问题同时解决。此三民主义之主张所由完成也。

这段回忆极为重要,它表明孙中山的革命思想体系已经初步形成。到了 1905 年,这一思想体系被冠以"三民主义"的名称而见诸文字,成为震撼天下的战斗口号和中国资产阶级民主革命的理论学说。

2.孙中山革命思想的成熟与对保皇主义的批判

1895 年,正当孙中山领导的兴中会全力筹备第一次反清武装起义的时候,康有为发动的"公车上书"揭开了变法维新运动的序幕。值此,中国资产阶级的两种政治力量就在革命与改良两条不同的历史道路上展开了各自的奋斗。1898年变法失败后,以康有为为首的改良主义者由维新派一变为保皇派,再变为君主立宪派。由于在改造中国的道路上存在根本分歧,尽管同样基于反对封建专制制度、挽救民族危亡的立场,也多次尝试过联合作战,但两种政治势力最终走向了不可调和的冲突与对峙。

(1)革命派与保皇派的论战

广州起义、戊戌变法相继失败后,革命派和保皇派的许多骨干分子都流亡到日本避难。同为被清政府迫害、通缉的政治家,他们也曾经有过一定范围的合作。但是保皇派利用了孙中山的真诚与敦厚,骗取他的同情和支持,采取卑劣的手段在原属革命派基地的檀香山、横滨及东南亚、北美等地扩展自己的势力,使革命的兴中会失去了爱国华侨的理解与支持。孙中山曾悲愤地回忆:

由乙未初败以至于庚子,此五年之间,实为革命进行最艰难困苦之时代也。盖予既遭失败,则国内之根据,个人之事业,活动之地位与夫十馀年来所建立之革命基础,皆全完消灭,而海外之鼓吹,又毫无结果。适于其时有保皇党发生,为虎作伥,其反对革命、反对共和比之清廷为尤甚。当此之时,革命前途,黑暗无似,希望几绝……⑰

从这段话中,我们可以体会到孙中山对保皇派的无比愤怒。一贯豁达乐观、信心十足的孙中山竟然因保皇分子的破坏行为而对革命前途感到"黑暗无似,希望几绝"。或许,孙中山对康梁保皇派的谴责过于愤激,不能作为公正的历史结论;但在当时,保皇派对民众的蛊惑蒙蔽的确成为破坏革命事业的心腹大患。为此,自1900年起,孙中山组织发动了两次对保皇主义的批判斗争。其中,1905年之前可视为斗争的第一阶段,此后至1907年则为第二阶段。

在第一阶段,孙中山指导陈少白、秦力山、陈天华等人在香港、檀香山、旧金山等地,利用《中国日报》、《檀山新报》等阵地,对保皇党进行了针锋相对的斗争。其中,章太炎发表于《国民报》的《正仇满论》和发表于《苏报》的《驳康有为论革命书》产生了巨大的影响。1903年夏天,孙中山也亲赴檀香山领导对保皇派的论战。

在檀香山,孙中山不辞劳苦,到处发表演讲,每次连续两三天。针对保皇派"借名保皇,实则革命"⑱的欺骗性口号,孙中山引证古今中外的大量史实,论证了革命与建立共和制度的必要性。他指出:"观于昏昧之清朝,断难行其君主立宪之政体,故非实行革命、建立共和国家不可也"⑲;"革命为唯一法门,可以拯救中国出于国际交涉之现实之危惨地位。"⑳与此同时,孙中山又撰写了《敬告同乡书》《驳保皇报书》《中国问题的真解决》等一批文章,痛斥保皇派的种种谬论。在孙中山的宣传教育下,广大爱国华侨终于认清了保皇主义的危害,纷纷脱离了保皇党,重新集结在了兴中会的革命旗帜之下。

在斗争的第二阶段,革命派和保皇派分别以《民报》和《新民丛报》为主阵地展开激烈论战。除《民报》的发刊词外,孙中山没有直接出面发表文章,但署名"汪精卫"、"胡汉民"的一些文章是由孙中山口授完成的。在保皇派方面,第一次论战时的那种人人呐喊的嚣张气势早已不再,只剩下梁启超一人在孤军奋战。与此形成鲜明对照的是革命阵营的空前强大。据不完全统计,革命阵营控制的报刊多达 20 余种。除了章太炎、陈天华等人,又有朱执信、黄侃、刘师培、冯自由等一批长于理论宣传工作的革命派分子参加了论战。他们写下的大量文章,不仅摧毁了保皇主义的宣传能力,也为革命思想在普通民众中的传播作出了巨大贡献。诸如邹容的《革命军》,陈天华的《猛回头》和《警世钟》,章太炎的《逐满歌》等,都称得上惊天动地、振聋发聩之作。到了 1907 年 8 月,《新民丛报》被迫停刊,保皇派的宣传活动也因此终止,革命党人取得了论战的全胜。

(2)革命派与保皇派思想论战的焦点

概括地说,孙中山及革命党人对保皇主义批判集中在以下方面:

首先,揭露了保皇派“名为保皇,实则革命”口号的欺骗性。

经过多年的艰苦努力,兴中会在有华侨聚居的世界各地都发展了自己的组织,孙中山的革命主张也形成了较广泛、深入的影响。但惑于“借名保皇,实则革命”的欺骗性宣传,各地侨界普遍接受了保皇派的政治主张, 甚至在孙中山的老革命根据地檀香山、香港和横滨,革命党人也开始遭到冷遇。针对这种情况,孙中山在《敬告同乡书》中机智地揭露了保皇派的真面目。他指出:清帝对康、梁有“特达之知、非常之宠,千古君臣知遇之隆未有若此者也。……今二子之逋逃外国而倡保皇会也,其感恩图报之未遑,岂尚有他哉!若果有如公等之所信,彼名保皇,实则革命,则康梁者尚得齿于人类乎?直禽兽不若也”[21]。也就是说,身为光绪宠臣的康、梁,如果知恩图报就应该真心保皇。按照封建伦理的准则来说,他们可谓忠君报国的忠臣。如果像康、梁自己标榜的那样,他们要打着“保皇”的旗号干革命,那岂不成了不忠不义、恩将仇报的逆臣贼子?这样一来,孙中山一下子就将康、梁置于无法自圆其说的死结之中,逼迫他们在假革命的骗子和清朝的叛徒之间作出选择。

接着,针对梁启超“忽言革命,忽言破坏”的反常表现,孙中山又指出:“夫革命与保皇,理不相容,势不两立。今梁以一人而持二说,首鼠两端,其所言革命属真,则保皇之说必伪;而其所言保皇属真,则革命之说必伪。”为什么说“革命与保皇,理不相容,势不两立”呢?因为,“革命者志在扑满而兴汉,保皇者志在扶满而臣清”,两者冲突的焦点是要不要推翻清王朝,所以绝无可折中、可混同的可能性。梁启超的所谓“革命”终究还是一种欺骗性宣传。

其次,揭露了保皇派“革命招致瓜分”之说的荒谬性。

对于《敬告同乡书》产生的巨大反响,保皇派十分惊恐,迅速抛出《敬告保皇会同志书》以为答辩。孙中山又发表了《驳保皇报书》,着重揭露他们“革命招致瓜分”的谬说。保皇分子以爱国者自居,否认中国人民和清朝统治者之间存在的阶级矛盾、民族矛盾而主张所谓团结。他们认为,革命会引发社会下层人民的暴乱,导致西方列强的侵略瓜分。对此,孙中山尖锐地指出:保皇党所爱之国是满洲贵族的“大清国”,不是中国人民的“中华国”;中国所以被瓜分的原因在于清朝政府的腐朽卖国, 而不在于中国人民的革命。与保皇派的谬论相反,“尚有一线生机之可望者,惟人民之发奋耳。若人心日醒,发奋为雄,大举革命,一起倒此残腐将死之满清政府,则列国方欲敬我之不暇,尚何有窥伺瓜分之事哉”? 也就是说,只有推翻清朝政府,中国才能强大起来,避免被瓜分的命运。所以,孙中山说:“欲免瓜分,非先倒满清政府,别无挽救之法也。”[22]

此外,针对保皇派反对革命的另一个理由,即"中国人无自由民权之性质"的说法,孙中山列举事实进行反驳:"中国乡族之自治,如自行断讼、自行保卫、自行教育、自行修理道路等事,虽不及今日西政之美,然可证中国人有民权之性质也。"

再次,批判了保皇派的根本错误,宣传了三民主义思想。

如前所论,三民主义的思想形成于1897年的伦敦留居期间。1905年10月20日,同盟会机关报《民报》创刊。在发刊词中,孙中山第一次公开提出并阐述了民族、民权、民生三大主义。他宣布,要将三民主义"灌输于人心,而化为常识"。在同保皇派的论战中,三民主义的革命纲领作用和巨大的理论力量就充分地显示出来。

革命派与保皇派的根本分歧是如何拯救中国的问题。这一问题的三个冲突焦点包括:要不要以革命手段推翻清王朝;要不要建立资产阶级的共和国;要不要改变封建的土地制度。不难看出,这三个问题恰恰是围绕孙中山为同盟会制定的"驱逐鞑虏,恢复中华,创立民国,平均地权"的纲领而发生的。孙中山及其麾下同盟会诸人对保皇主义的观点,如"革命招致瓜分论""君主立宪论""开明专制论"等谬论的批判,即是以三民主义为武器而展开的,也是对三民主义理论的丰富与建设。关于这一点,我们将在下一讲结合对三民主义的介绍再作阐释。

综观这场中国思想史上前所未有的大论战,其重要意义可分为三个方面:从政治层面看,揭露保皇主义的蛊惑性宣传,争取广大华侨民众投向革命阵营,对兴中会无疑具有起死回生的决定性意义;从思想层面看,对于中国社会改造的目标、道路和方法的辩难论争,也使革命理论学说进一步走向成熟,并且得到更广泛的传播;就实践策略而论,这场大论战使孙中山及其党人初步意识到革命宣传的重要性,在论战中锻炼造就了一批擅长办报、写作的宣传家。在此后多年的革命斗争中,孙中山总是反复强调党的宣传工作和"心性文明"(即现在所谓的精神文明)建设的重大意义,其经验与根据就源于此次大论战。

注释:

①宋庆龄.我对孙中山的回忆.孙中山生平事迹追忆录.北京:人民出版社,1986.513页.

②孙中山.与宫崎寅藏的谈话.孙中山文粹(上卷).广州:广东人民出版社,1996.153页.

③尚明轩.孙中山的历程.北京:解放军文艺出版社,2004.17页.

④孙中山.复翟理斯函.孙中山全集.第一卷.北京:中华书局,1981.47页.

⑤尚明轩.孙中山的历程.北京:解放军文艺出版社,2004.32页.

⑥孙中山.孙中山全集.第二卷.北京:中华书局,1986.359页.

⑦尚明轩.孙中山的历程.北京:解放军文艺出版社,2004.38页.

⑧孙中山.在广州岭南学堂的演说.孙中山全集.第二卷.北京:中华书局,1982.359页.

⑨孙中山.建国方略.孙中山全集.第六卷.北京:中华书局,1985.229页.

⑩孙中山.建国方略.孙中山全集.第六卷.北京:中华书局,1985.229页.

⑪黄彦.介绍孙中山《致郑藻如书》.孙中山研究论文集.上卷.成都:四川人民出版社,1986.89页.

⑫陈少白.兴中会革命史要.转引自尚明轩.孙中山的历程.北京:解放军文艺出版社,2004.82页.

⑬尚明轩.孙中山的历程.北京:解放军文艺出版社,2004.87页.

⑭陈锡祺.关于孙中山的大学时代.孙中山研究论文集.上卷.成都:四川人民出版社,1986.78页.
⑮孙中山.上李鸿章书.孙中山全集.第一卷.北京:中华书局,1981.8页.
⑯孙中山.上李鸿章书.孙中山全集.第一卷.北京:中华书局,1981.15~16页.
⑰孙中山.建国方略.孙中山全集.第六卷.北京:中华书局,1985.233页.
⑱孙中山.复黄宗仰函.孙中山全集.第一卷.北京:中华书局,1981.229页.
⑲孙中山.在檀香山正埠利利霞街戏院的演说.孙中山全集.第一卷.北京:中华书局,1981.227页.
⑳孙中山.在檀香山正埠荷梯厘街戏院的演说.孙中山全集.第一卷.北京:中华书局,1981.226页.
㉑孙中山.敬告同乡书.孙中山全集.第一卷.北京:中华书局,1981.231页.
㉒孙中山.驳保皇报书.孙中山全集.第一卷.北京:中华书局,1981.234页.

第五讲 孙中山三民主义思想的形成

内容提要

三民主义是孙中山政治思想的核心,也是他数十年理论探索和革命实践的总结。三民主义的历史体现了立足中国社会现实、开掘传统文化资源,借鉴西方革命经验和文明成果及与时俱进、推陈出新等发展特色,它以国民党一大为转折标志而分为前后两个时期。

早期的民族主义被表述为以暴力推翻清王朝统治,恢复汉民族独立,建立民主政体和民族国家的革命思想。由于对列强本质确缺乏深刻认识,同时也基于革命战略选择,孙中山曾长期对列强抱有幻想。随着革命实践的发展,最终形成了各民族人民一律平等和坚决反对帝国主义的伟大思想。

民权主义的目标是建立资产阶级共和国。其思想渊源不限于西方政治体制和政治文化,还包涵着孙中山基于中国传统政治理想和社会现实特点而提出的一些新颖构想,如"五权宪法""权能分治论""直接民权"和"革命程序论"等内容。

民生主义是为纾解民生困苦、发展资本主义经济、建设繁荣富强的新中国而拟定的社会革命纲领和远景规划。首先,民生主义要求改变人民贫困的生活状况,为人民谋幸福。其次,"平均地权"的思想是民生主义的核心。1912年之后,"节制资本""耕者有其田"的口号使民生主义达到了最后的高度。

学习思路与目标

本讲分别简述民族、民权、民生三大主义的萌生、形成过程,指出其中的重要节点,学习时要认真阅读教材有关内容,参阅课程多媒体资源。需要着重理解的内容包括:

1.分析孙中山早期民族主义的缺陷及其成因。

2.理清孙中山对帝国主义的态度、策略及发展演化过程。

3.孙中山民权主义的中西思想渊源。

4.理解、评析孙中山"五权宪法"和"权能分治"的思想。

5.解释孙中山"平均地权"的口号。

6.理解孙中山"民生主义就是社会主义"的观点。

 **思考与练习**

1.讨论：

(1)如何理解孙中山"三大主义皆基本于民"的结论?

(2)孙中山的民族宽容思想与"中华民族"的内涵。

(3)民权主义的中西思想渊源。

2.写作：

对孙中山"平均地权"思想的认识和体会。

三民主义是中国资产阶级民主革命的政治纲领和战斗旗帜。三民主义学说的形成与传播，极大地提升了民主革命思想的理论水平，使之兼备了战斗性、批判性、理想性和建设性；同时也迅速地改变了革命运动的现状与进程，凝聚起以中国同盟会为基干的革命势力，鼓动起一波接一波的武装起义浪潮，终于迎来了辛亥革命的总爆发，推翻了延续2000多年的封建君主制度。

三民主义是中国资产阶级民主革命实践经验的升华和理论探索的硕果。三民主义的萌生、发展与成熟，经历了近40年的漫长过程，融汇着无数革命志士以生命换取的历史教训、以奋斗赢来的真理启示，也凝聚着孙中山为创建一个自由、平等、博爱的理想社会而奋斗终生的革命热情。了解三民主义的生成基础和历史过程，掌握其思想要义，不仅有助于我们理解近代中国社会的历史变迁，也有助于我们感受孙中山革命事业的伟大与艰辛。

一、三民主义的生成及其特点

在历史学家对孙中山的诸多评价中，"中国民主革命的伟大先行者"是最高大、最传神的一座丰碑。因为，先行者的每一步都是前无古人的艰难探索。三民主义的产生与发展就生动地体现出这一特征。

(一)三民主义的萌芽

民族主义、民权主义及民生主义曾经被孙中山称为三大主义，后来改称三民主义。从一种口号的提出，到一种思想体系的建构，三民主义历经了一个酝酿、累积、更新的形成过程。

其中,1905 年 11 月《民报·发刊词》第一次公开提出三大主义的口号,宣告了三民主义的问世;以 1924 年 1 月召开的中国国民党第一次全国代表大会为转折标志,三民主义因其内容的实质性变化而分为前后两个时期。

孙中山民族主义思想的生成背景是很复杂的。中国历来是一个多民族的国家。少数民族入主中原、建立全国性中央政权,这本是多民族国家历史发展中的一种正常现象。阶级社会中,民族间的对立与矛盾往往是和阶级对立、阶级斗争交织在一起的。在封建专制制度下,民族问题更不可能在民族平等和维护人民利益的基础上加以解决。清王朝是一个文化落后的少数民族建立的全国政权。为维护自己的利益,清朝统治者从来没有放弃民族歧视和压迫的政策;对汉族人民的压迫、剥削与怀柔,也始终被视为巩固王朝统治的基础,这就造成了满汉民族对立的客观现实。尽管,为泯灭汉族和其他少数民族的反抗精神、民族意识,清朝政府软硬兼施地采取了多种措施并取得了很大的成效,但在民间社会、海外华侨中,反满意识还是长期流传,不绝如缕。

19 世纪中叶,由于西方列强的入侵,一方面使得帝国主义与中华民族的矛盾成为中国社会的主要矛盾;另一方面也使清朝统治阶级与人民群众的阶级矛盾和满汉民族矛盾迅速激化。民族主义的情绪首先从最下层的人民中蔓延开来,酝酿着各种社会冲突的爆发。在这种历史背景下,孙中山很自然地接受了民间社会朴素的反满排满意识,并由此形成了自己的民族主义思想。如果说,前引"乙酉中法战败之年,始决倾覆清廷、创建民国之志"的说法,还不能被学术界普遍认可,"清廷四大寇"时代也没有留下他们反满思想的文本记录,那么,在檀香山兴中会的宣言中,孙中山的民族主义思想就已经非常鲜明可观了;甚至,在 1893 年的"抗风轩议盟"时,孙中山提出的"驱逐鞑虏,恢复华夏"的宗旨,就可以视为他民族主义思想生成的最原始证据。

孙中山的民主民权思想更多地来自西方社会现实和政治文化的直接影响。他在檀香山就读的意奥兰尼学校和奥阿厚书院分别属于英国和美国的教会。正是这两个国家首创了议会政治与合众政府。基督教文化中的平等、博爱精神往往与欧美政治文化中的自由、民主思想融合一体,构成了西方现代文化突出的精神特质。对于生长在封建等级社会的中国孩子来说,西方现代文化带给他的新奇与震撼是不难推论的。从前面的引文中可以看到,少年孙中山已经在思考"英美政府何以和人民相处得这样好"和"为什么满清皇帝自命为天子,而我们是天子脚下的虫蚁"一类的问题,这应该成为他接受西方民主思想的确证。因为,政府、统治者与人民的关系,正是民主民权问题的实质所在。封建社会的实质也可以描述为人的权力差别和法定的地位差别。孙中山提出的以上两个问题是对封建制度与礼教的根本性颠覆。生长在中国境内的少年是不会作如是想的。

还有一个例证更显得意味深长:孙中山在大学期间最爱读的非专业书籍是《法国革命史》和《物种起源》。对此,许多传记文本使用"把这两部书奉若珍宝,达到废寝忘食的地步"一类的文字加以描述。那么,孙中山为什么如此痴迷于这两部著作,从中又受到了哪些启示呢?对此,我们不容易搜寻到直接的答案。但是,法国大革命毕竟是在全欧洲范围内彻底埋葬封建专制制度,建立资本主义社会的历史大变革。特别是法国人民推翻波旁王朝,将国王斩首,创建共和政府的伟大创举,对孙中山所面临的历史使命来说,无疑具有直接的启示意义和榜样作用。孙中山的钟爱之情很容易由此得到解释。这部名著对孙中山产生了重大影响也是理所当然的。达尔文的《物种起源》是一部具有深刻哲学价值的生物学著作,它对孙中山哲学思想的形成有着决定性的意义。关于这一点,我们在第七讲《孙中山的哲学思想》中会作出详细介绍。

关于"驱逐鞑虏,恢复中华,创立合众政府",究竟是檀香山兴中会还是香港兴中会的誓词,国内学术界还有不同见解。但它足以表明,最迟于1894年,孙中山的民权思想已经初步形成。

关于民生主义,孙中山自己讲得最为明确,它生成于1896—1897年旅居伦敦期间。前引《建国方略》"两年之中,所看所闻,殊多心得"一段回忆十分重要。应该解释的是,根据当时的理论语境和孙中山本人的话语习惯,所谓"社会革命"是指解决"社会问题"的民众运动;"社会问题"则是指资产阶级与工人、劳动大众之间因贫富悬殊而产生的矛盾冲突。孙中山认为,中国尚未出现资本主义大工业,贫富矛盾也不突出;民生主义只是解决人民生活困苦,阻止西方"社会问题"在中国出现的社会改革。他认为,作为一个完整思想体系的三民主义至此已告成型。但是,作为民生主义核心命题和标志的"平均地权",见之于文字的时间要晚一些。1903年8月,孙中山在东京创办了青山军事学校,将"驱逐鞑虏,恢复中华,创立民国,平均地权"确定为入校誓词。值得注意的是,与兴中会"驱逐鞑虏,恢复中国,创立合众政府"的誓词比较,军校誓词明确了建立民主共和国的革命目标,增加了改革旧有土地制度的意向,并以口号的特殊方式涵括了民族、民权、民生三大主义的基本理念。两年后成立的同盟会沿用了这一誓词,并将它奉为自己的最高纲领。

1905年11月,在《民报·发刊词》中,孙中山第一次公开提出了三大主义的口号。一年之后,在《民报》创刊周年纪念会上,孙中山发表了重要演说,对三大主义的思想内涵第一次作出了比较清晰的揭示:其民族主义主张反对外来政权的压迫,争取本民族的解放与独立;其民权主义的目标是推翻封建君主专制,建立民主共和政体;其民生主义则要求通过"平均地权"的途径解决贫富不均、阶级对立的社会矛盾;在共和建立之后,要避免重蹈西方国家社会危机的覆辙。在孙中山看来,这三大革命是应该毕其功于一役的。由此时到发表《三民主义》系列演讲的1924年8月,孙中山对三民主义思想的深入阐述和修正改进工作从来没有中止过。可以说,不断地赋予三民主义新的理论内涵,不断地强化它对革命实践的指导作用,是孙中山毕生事业的一个光辉侧面。因而,后期的三民主义与早期的三民主义形成了重大的差别。这些差别体现了孙中山一贯勤于探索、勇于变革、善于创新的理论品格,也记录着其革命事业的曲折历史与艰难命运。

(二)三民主义的生成特点

从以上对三民主义萌生过程的简述中,不难总结出以下结论:

首先,来自社会现实,随着革命实践而发展是三民主义的显著特性。

三民主义形成于中国面临全面危机的时代。从社会现实来看,自1840年到1901年短短的 60 余年间,帝国主义列强就把鸦片战争、甲午战争等五次较大规模的侵略战争和几十个不平等条约强加给中国,抢走了近 200 万平方公里的国土和约十数亿两白银的所谓赔款,操纵了中国的政治、经济权利,乃至在部分地区驻扎军队的权利,使之完全沦为一个半封建半殖民地的国家。从宏观的历史视野中观察,处于农业社会的中国被已经开始现代化进程的西方远远地抛置于身后,并且因不断地受到侵略压迫而加剧没落。所谓五千年文明的生机命脉已危若游丝,历史留给中国人民救亡图存的机会已经十分有限。

三民主义在一定程度上把握了中国社会的半封建半殖民地性质及其社会矛盾。它既提出了"中国向何处去"的时代难题,又是一个摆脱封建王朝的统治和帝国主义的压迫,克服空前的社会危机和民族危机的拯救方案。所以,三民主义首先是革命运动的指导纲领与实践总结,然后才是革命理论的探索、建构与阐释、传播。这种突出的实践性品格决定了三民主义因地制宜、与时俱进的基本特色。与那些纯学术性的理论体系不同,它随着革命运动而演变的开放性,恰恰是我们理解其思想深义的一个切入点,也是孙中山本人文化特质、理论品格及崇高人格的一种证明。就理论与实践的关系而言,三民主义对中国历史的伟大贡献是毋庸置疑的;就思想体系的开放性而言,如果不是因孙中山赍志而殁且后继乏人,它必将随着中国历史的进程而继续发展。

其次,广泛借鉴西方现代文明成果和革命实践经验,深入开掘中国传统的文化资源,结合中国革命的实际需要而推陈出新也是三民主义的一大特色。

孙中山总结过三民主义的思想渊源:"余之谋中国革命,其所持主义,有因袭吾国固有之思想者,有规抚欧洲之学说事迹者,有吾所独见而创获者。"[①]由于中国社会进程的特殊性和落后状况,要寻求解决民主革命的出路,首先就要研究欧美国家已经走过的历史道路。在中国近代史上,魏源、林则徐等地主阶级改革派可称为第一代"睁开眼睛看世界"的中国人。此后的洋务派、改良派等,无不注重借鉴西方的历史文化。但是,其西学修养深厚如孙中山者,是不多见的。在孙中山上海故居的外文藏书目录中,1911 年前的 501 种书籍竟分属于美、英、法、德、日等 20 多个国家。其中,仅美、英两国的书籍就多达 331 种。[②]这个事实可以视为孙中山努力从西方历史中寻求中国革命出路的佐证。不仅如此,孙中山也重视研究中国的传统文化,力求从中把握中国社会和国民的特殊性质,挖掘到足资借鉴的历史经验和思想资源。

最为可贵的是,孙中山从不盲目地迷信某一种理论学说或实践道路,即使是曾经认定的真理或坦途,一旦不能取得实效,他就必定作出调整或改变。例如,西方的"天赋人权""三权分治"的理论就被孙中山改造为"五权宪法""权能分开"的创造性设想。再如,孙中山认为,民生主义可以防止中国出现资本垄断和严重的贫富对立,这种历史超越性是西方的社会主义所不具备的。这些事例表明,孙中山的借鉴是创造性的取长补短,而不是照猫画虎的模仿,更不是食洋不化的搬弄移植。他曾经说,"余所治者乃革命之学问也,凡一切学术有可以助余革命之知识及能力者,余皆用以为研究之原料,而组成余之革命学业"[③]。这种态度显然出于一种兼容了学习与批判、比较与选优、移用与创造、坚持与放弃的理性主义立场。这一结论完全可以在三民主义的发展演变中得到证实。

由于上述生成特点的制约,加之孙中山终生四处奔波,难得专心著述,三民主义思想主要散见于他的谈话、演说、书信及一些政党和政府的文件、政令之中。除了1924年1月至8月的题为《三民主义》的系列演讲稿,似乎没有什么长篇大论的专门著作。比较集中地阐发三民主义的文献也不太多。在学习中,应该重点阅读的有《民报·发刊词》《五权宪法》《军政府宣言》《在东京〈民报〉创刊周年庆祝大会的演说》《中国国民党第一次全国代表大会宣言》及该次大会的其他文献。

二、民族主义——中国民主革命的旗帜

尽管,三民主义是在不同的时期伴随着革命进程而逐渐形成的,孙中山本人对三大主义内在关联的认识也是逐渐深化的;但作为拯救中国和中国人民的总体解决方案,三民主义却是一个不可割裂的思想体系,一个彼此交融渗透的有机整体。孙中山早年对外国人解释"三民主义"时,无法选择他认为合适的英文词汇,曾经借用了美国总统林肯的口号"民有、民治、民享"。他还说过:"三大主义皆基本于民。"解救人民的苦难、保障人民的权力、创造人民的幸福,这就是三大主义之根本。其首要任务是摆脱中华民族面临的亡国危机,实现民族的独立。

早期的民族主义被表述为一种以暴力手段推翻清王朝的专制政权,摆脱被列强瓜分或共管的厄运,恢复汉民族独立地位,建立民主政体和民族国家的革命思想。其中,推翻清朝政府是孙中山革命的第一目标,它和"驱逐鞑虏"之后的国体政体建设问题是难以分开的。孙中山说过"我们推倒满洲政府,从驱逐满人那一面说,是民族革命,从颠覆君主政体那一面说,是政治革命,并不是把来分作两次去做。"这种民族革命、民权革命互为表里的一体两面说正是孙中山民族主义的最可贵、最深刻之处。

为什么这样讲呢? 这可以从时代背景和思想理论本身两方面理解。

由于传统"华夷之辨"观念的影响,在当时的革命派看来,满洲人根本不是"中国人"。满洲人入关征服明王朝,就是灭亡了"中国"。满清政府是一个入侵的外来政权,它对中国人民的压迫已有200多年的历史。例如,章太炎就曾经说:同族相代,谓之革命;异族攘窃,谓之灭亡;改制同族,谓之革命;驱逐异族,谓之光复。他所领导的"光复会"即由此命名。

在西方势力入侵中国后,清朝政府一贯奉行妥协投降的卖国政策,因而成为纵容列强得陇望蜀、加剧侵略的一个原因。所谓"量中华之物力,结与国之欢心""宁赠外邦,不予家奴"的无耻之论,彻底暴露了清政权在民族问题上的的罪恶本质。因此,不仅仅是革命党人,就连一般民众对满洲贵族的复仇情绪也是日益增长的。革命党人最急迫最直接的任务就是推翻清朝政府残酷且腐朽的统治,民族主义就因此成为他们鼓动革命思潮、号召革命运动的战斗旗帜。可以说,在革命党人的反满反清言论中,除了思想理论的成分外,也有大量的宣传策略的因素。

由于生活环境的缘故,孙中山在青少年时代就受到民间社会"反满复汉"情绪的影响。从事革命活动之后, 他也经常使用一些流行语汇表达对清朝统治阶级的敌意,"驱逐鞑虏"

的口号就是最典型的例证。但是,孙中山从来没有被流行的狭隘民族主义所困惑。从"抗风轩议盟"时起,无论兴中会、青山军校、同盟会等革命团体,还是兴汉会、致公堂那样的会党组织,孙中山为之拟定的誓词都在"驱逐鞑虏,恢复中华"之后,加上"创立合众政府"或"创立民国"。这就同流行的反满、排满的极端种族主义和狭隘民族主义划清了界限。孙中山清醒地认识到:"中国数千年来都是君主专制政体,这种政体,不是平等自由的国民所堪受的。要去这政体,不是专靠民族革命可以成功。"④所以,比民族革命更为根本且必须并举的是政治革命,"就算汉人为君主,也不能不革命"。至此,孙中山明确无误地把握到了民族革命与民主革命的实际关联。他要推翻的是君主制度本身,而不是满洲人的皇帝,更不是要向满族人民施行种族复仇。

其次,孙中山的民族主义也包括了反对帝国主义列强对我国的侵略野心和瓜分图谋,并且把这一民族灾难归因于清政府的腐败无能。在《香港兴中会章程》中,孙中山就悲愤地控诉道:

中国积弱,至今极矣!上则因循苟且,粉饰虚张;下则蒙昧无知,鲜能远虑。堂堂华国,不齿于列邦;济济衣冠,被轻于异族。有志之士,能不痛心!夫以四百兆人民之众,数万里土地之饶,本可发奋为雄,无敌于天下,乃以政治不修,纲维败坏,朝廷则鬻爵卖官,公行贿赂;官府则剥民刮地,暴过虎狼。盗贼横行,饥馑交集,哀鸿遍野,民不聊生。呜呼惨哉!方今列强环列,虎视鹰瞵,久垂涎我中华五金之富、物产之繁。蚕食鲸吞,已效尤于接踵;瓜分豆剖,实堪虑于目前。⑤

在这里,孙中山强烈谴责了清朝政权的腐败与暴虐,也深刻揭露了帝国主义的罪行及野心,表达了对人民苦难的深切同情,并激励人们奋起保卫祖国。从文字内容和表达语气辨析,孙中山把一切罪恶或苦难的根源都归结为清朝政府的"政治不修",因而,本可以"无敌于天下"的"堂堂华国",也要遭遇"蚕食鲸吞"的命运,面临"瓜分豆剖"的危机了。

到了1905年,在《民报·发刊词》中,孙中山的民族主义思想就出现了新的革命的因素:"今日中国以千年专制之毒而不解,异种残之,外邦逼之,民族主义、民权主义殆不可以须臾缓。"⑥强调实现民族主义、民权主义的紧迫性就意味着鼓动革命。"异种残之,外邦逼之"的并列表述,客观上暗喻了民族主义、民权主义的内在关系,反对帝国主义的思想也更加明晰了。

关于孙中山民族主义中是否包含反帝内容,学术界历来存在着不同意见。比较稳妥的说法是:早期三民主义没有明确地将反对帝国主义作为民族主义的战斗口号,但绝非"反封不反帝"。须知:口号是宣传鼓动的利器;是否要提出某一种口号,主要不是理论问题而是策略问题;口号是一种思想理论的高度概括和凝练,但不是思想理论自身。受到多方面的限制,孙中山对西方列强的帝国主义本质的确缺乏深刻的体认。事实上,不仅是孙中山,那个时代绝大多数中国人对帝国主义都不可能形成清醒的认识。

1840年之后,面对突然入侵的西方列强,中国人民的感知、认识经历了一个曲折的过

程。现代学者指出,自鸦片战争至五四运动的 80 年间,国人对外来入侵者的模糊认识可以体现在三种流行的称谓上:

19 世纪 60 年代之前的称呼是"夷"。"夷"是"前明倭寇之党",是一些"贪利而来"的小贼盗。

60 年代之后,夷就改称为"洋人"。"洋人"则是野心勃勃的侵略者。

20 世纪初年,"帝国主义"一词开始出现,它被解释为因本国人口太多而出来抢占别国领土的"强盗主义""扩张主义"。[⑦]

如此模糊不清的认识就是孙中山不可规避的思想背景。在这种历史条件下,有着西方教育背景且真诚倾慕西方文明的孙中山对帝国主义缺乏深刻认识,实在是难以避免的。事实上,真正揭示了帝国主义本质的理论始于列宁的《帝国主义是资本主义的最高阶段》。就孙中山的思想基础和生活环境而言,他对帝国主义的认识无法达到列宁的高度。此外,自发动革命之日,孙中山就形成了一个基本的战略思想:中国革命必须争取列强特别是日本的支持,至少要争取到列强的中立态度。这也是他对列强长期抱有幻想的基本原因。

此外,孙中山"先倒满清政府"的战略思想也是他迟迟没有高举反帝旗帜的重要原因。被誉为"民国第一烈士"的陆皓东曾提到过他和孙中山的思想分歧:"吾方以外患之日亟,欲治其标,孙则主仇满之必报,思治其本。"[⑧]"外患"与"满仇"究竟何者为标或为本,这里姑且不辨。可以肯定的是,孙中山没有强调反对帝国主义应该基于特定的战略和策略思想。在批判保皇党的"革命招致瓜分"的谬说时,孙中山将反清与反帝的关系讲得更清楚:"欲免瓜分,非先倒满清政府,别无挽救之法也。"但是,当帝国主义的侵略活动加剧,中华民族面临即将被瓜分的危急时刻,孙中山也会把握主要矛盾的转化。例如,1900 年的义和团运动爆发之初,他担心引起帝国主义的疯狂报复而指责义和团;当八国联军攻陷北京,亡国危难真的降临时,他又表现出抵抗侵略者的英雄气概。其时,他正在策动李鸿章等广东官僚脱离清政府独立。在给对方联络人的信中,孙中山表示:"弟取粤后,即当亲来吴楚,与彼军一见也。"[⑨]所谓"与彼军一见"是旧式的语言风格,其真实含义是与帝国主义军队作战。除了灵活、大胆、富有想象力的策略之外,这一史实还可以反映的就是孙中山对帝国主义的实际态度。

从另一角度分析,既然清楚地意识到中国面临着"异种残之,外邦逼之"两大民族危难,孙中山就不会在革命对象的名单中删掉帝国主义。事实上,孙中山是当时中国最具世界眼光的人,他说:"天下列强高倡帝国主义,莫不以开疆辟土为心;五洲土地已尽为白种所并吞,今所存者,仅亚东之日本与清国耳。"[⑩]正是基于这一深刻洞察,他才始终一贯地认为中国革命是亚洲革命的中心;作为已经完成民主化变革且摆脱列强压迫的日本,应该与中国进行强大联合(即亚洲最强国与最大国的联合),成为大亚洲同盟的轴心。这一同盟的实质当然是殖民地半殖民地人民的反帝统一战线。至于菲律宾、朝鲜、越南及南洋各国人民的民族独立运动,将依赖中国革命的胜利而一举完成。应该说,孙中山的这一战略思想掺杂着较多的想象成分,缺乏实际价值。但它从一个特别角度反映着孙中山对帝国主义的实际态度。

再次,孙中山的民族主义最终发展为各民族人民一律平等的伟大思想。毋庸讳言,孙中山也曾受到过传统的"华夷之辨"的影响,其民族主义也曾夹杂着大汉族主义的情绪。这一点仅从"驱逐鞑虏,恢复中华"的口号中就可以证实。中国的民主革命目标是推翻封建专制制度和土地制度,反抗帝国主义势力的入侵,挽救国家危亡,而不是什么以"驱逐鞑虏"为号召的反满排满。对此,孙中山的思想至少在1896年就已经发生了转变。这一年末,孙中山就指出:"有最要紧的一层不可不知:民族主义,并非是遇到不同族的人就要排斥他,是不许那不同族的人来夺我民族的政权。"对那些已经夺我政权的民族,也应区别对待:"我们并不是恨满洲人,是恨害汉人的满州人。假如我们实行革命的时候,那满洲人不来阻害我们,决无寻仇之理。"⑪孙中山的这种民族宽容思想在实践中是如何发挥作用的,我们不得而知。但大量历史记录表明:包括满族在内的许多少数民族群众都曾经参加过辛亥革命。

孙中山的民族宽容思想和理性的革命立场发展为民国建立后的"民族统一"与"民族平等"的基本国策。孙中山的民族主义已经与此前有了很大的不同。在1919年的《三民主义》一文中,孙中山就以瑞士、美国为例指出:超乎血统、宗教、历史、语言范围的,以实现民主共和的共同意志为指归的民族主义,才是最文明高尚的民族主义。⑫在就任南京政府临时大总统的宣言书中,孙中山宣布:"国家之本,在于人民,合汉、满、蒙、回、藏诸地为一国,即合汉、满、蒙、回、藏诸族为一人,是曰民族之统一。"他主持制定的《中华民国临时约法》又进一步表明:"中华民国人民一律平等,无种族、阶级、宗教之区别。"在民族外部关系即国际关系方面,"临时政府成立以后,当尽文明国应尽之义务,以期享文明国应享之权利。满清时代辱国之举措与排外之心理,务一洗而去之;与我友邦益增睦谊,持和平主义,将使中国见重于国际社会,且将使世界渐趋于大同"⑬。

临时约法的表述显然已经达到了孙中山早期民族主义的最高境界,各族人民一律平等的思想在我国历史上也是第一次出现;它为此后的维护国家统一,巩固民族团结,建立多民族的中华国家提供了宝贵的思想财富。新中国对内一贯奉行的各民族人民一律平等和民族自治政策,对外长期坚持的独立自主的和平外交政策,显然可以溯源至孙中山的民族主义思想。

三、民权主义——中国民主革命的根本

孙中山称民权主义为"政治革命的根本",其实践目标是建立资产阶级的共和国。他为这个未来国家设计的蓝图包容了相当丰富的思想资源,其中有对西方自由、平等、博爱观念的汲取,对宪政、共和、议会等政治制度的借鉴,也有基于中国传统政治理想和社会现实特点而提出的新颖构想。

孙中山的民权主义,首先是要推翻封建君主专制,实现民主共和。

如前所论,孙中山的民权思想萌芽可以追溯到他第一次侨居檀香山时期,但其真正形成还应以"创立合众政府"的兴中会誓词为标志。在檀香山求学时,孙中山目睹了当地人民反抗美国吞并夏威夷的激烈斗争。"檀香山共和国"建立后的第二年,也就是1894年,孙中山第三次来到这个新的国家组建兴中会,自然会受到一些启示。美国人民在摆脱英国殖民

统治的独立战争中创立了合众政府，更是孙中山早已熟知的史实。因此，许多研究者都认为孙中山提出"创立合众政府"的民权思想受到美国历史的影响甚大。自1895年后，长期的海外流亡使孙中山有机会详细考察西方国家的政治制度和社会现实，比较得失利弊，深化了其民权主义的思想内涵。诸如"主权在民""民主立宪""代议制度"等等都得到了孙中山的高度重视，并摄取到他的民权主义之中。

孙中山民权主义的思想渊源不限于西方的政治体制和政治文化，它还主动探寻中国历史文化传统中的有价值成分。在与保皇党论战的时期，孙中山在与日本朋友宫崎寅藏、平山周谈话中驳斥了共和政体不适合中国的说法。他认为："共和者，我国治世之神髓，先哲之遗业也。"人们所倾慕的尧、舜、禹三代就是"天下为公"的自治共和的时代，"家天下"的君主王朝只是始于夏禹之后的制度。所以，共和制度不仅适合于中国，而且本来就是中国政治的古老传统。孙中山的另一个理由是："共和政治不仅为政体之极则，而适合于支那国民之故，而又有革命上之便利。"也就是说，共和政治不仅是革命谋求的成果，也应该是革命过程中的体制与目标，它对革命事业十分有利。这是孙中山思想的一个关键之处，也是他的事业与古代农民起义的"打天下"、近代史上军阀割据的一个根本差别。自古以来，"举事者无共和之思想，而为之盟主者亦绝无共和宪法之发布也"；因此，"贼盗胡虏，极其兵力之所至，居然可以为全国之共主"。这期间，兵燹遍地，割据四起，天下大乱，一个哀鸿遍野、生灵涂炭的毁灭性灾难就不可避免了。孙中山认为，以共和为目标的革命断绝了个人野心的道路，共和政治的原则约束了革命队伍内部的集权倾向，那种群雄逐鹿、改朝换代的动乱就不会再出现了。从兴中会、同盟会的组织原则来看，孙中山在革命过程中就已经试行了共和的机制；但是，孙中山所顾虑、所预言的苦难情景完全被历史证实，而他所主张、所期盼的光明前途却根本无从想象。自辛亥革命后，中国的内乱不已，外患频仍，直到1949年的革命成功。这其中的历史教训实在值得我们深刻反思。

以上所论已经揭示了孙中山民权主义的思想渊源。那么，他对民权与共和、革命的关系又作何解释呢？1897年8月，孙中山与日本朋友宫崎寅藏、平山周谈到革命宗旨、道路等问题时说："余以人群自治为政治之极则，故于政治之精神，执共和主义。夫共和主义岂平手而可得，余以此一事而直有革命之责任者也。"①由此可见，孙中山的革命宗旨在争取共和，实现共和的道路唯有革命；最完美的政治就是人民的自治，也就是他设想的"全民政治"。后来，孙中山在解释"政治"的概念时，讲过一段很有名的话：政就是众人的事，治就是管理，管理众人的事便是政治。根据以上诸观点可知：所谓民权就是人民大众所共有的平等权利；政治就是管理众人的事；人民自己管理自己就是"全民政治"；人民授权国家来管理众人的事就是共和；共和的基础即是"主权在民"；实现共和的途径就是消灭君主制或君主立宪制的革命。

孙中山此次谈话最重要的一点是他将共和主义视为革命宗旨。我们不妨把它看作是对1894年"创立合众政府"与1903年"创立民国"两种口号的解说与过渡。到了1906年，在孙中山和黄兴、章太炎等人制定的《军政府宣言》中就具体地解释了"建立民国"的主张：

今者由平民革命以建国民政府,凡为国民皆平等以有参政权。大总统由国民公举。议会以国民公举之议员构成之。制定中华民国宪法,人人共守。敢有帝制自为者,天下共击之!⑮

需要指出:在20世纪前期的中国,"国民"一词与我们熟悉的"人民"是没有区别的,"国民政府"就是"人民政府"。就语词意义而言,"民国"与我们的"人民共和国"也没有实质的区别,两者最关键的共同点是国民的平等参政。因此,"民国"已经充分体现出"主权在民"的宪政思想;"创立民国"完全可以成为孙中山民权主义的思想标志。在前面,我们指出,同盟会誓词高度概括了三民主义的思想内涵,其根据就在于此。

其次,"五权宪法"是共和政体的基本框架,也是民权主义得以实现的根本保障。

如果说,在严酷的社会现实逼迫下,选择反专制、建共和的革命道路有着明显的历史必然性,那么,推翻清王朝后如何创建最先进的最具中国特色的共和国,就成为革命理论与实践的最大难题。对此,孙中山早有谋划和准备。他对西方社会制度、政治理论、法律思想及其实践状况、历史演变的研究、考察历来是非常投入的。在前边提到的上海故居501种外文藏书中,大约三分之二属于社会政治方面的文献。在这种学识背景下,孙中山得出的结论是:决定共和政体成败优劣的关键问题在于宪法。

宪法是国家的根本大法,是一切法律的基础与导向,也是针对政府和官员权力的立法。前引"制定中华民国宪法,人人共守。敢有帝制自为者,天下共击之"的《军政府宣言》,就体现了这种针对性。1906年12月,在东京举行的《民报》创刊周年的纪念大会上,孙中山首次提出:"将来中华民国的宪法是要创一种新主义叫作'五权分立'。"他非常骄傲地宣称:"这不但是各国制度上所未有,便是学说上也不多见,可谓破天荒的政体。"⑯1921年4月,在广东省教育会的演说中,孙中山回忆道:"在东京同盟会时,本以三民主义、五权宪法为党纲,预计革命成功就要实行五权宪法。"此后,他也多次强调自己政治思想的核心就是三民主义和五权宪法。但在民国建立之前,"五权分立"只是一幅理想的蓝图;民国建立之后,国家政权一直为北洋军阀所把持,孙中山也没有机会实践自己的治国理论。然而,民国初年的黑暗政治却从反面为他改进、发展三民主义和五权宪法的理论提供了现实基础和直接动力。特别是有关国家建设的一系列思想,大都是在孙中山晚年得以深入阐发、修正的。

五权宪法的机理在于"五权分立",它是指行政、立法、司法、考试、监察五种权力的分设、独立与彼此制衡。与之相应,中央政府机构也区分为行政院、立法院等五大部门。这就是后来国民政府的"五院体制"。五权分立是在行政、立法、司法三权分立的基础上扩展来的。法国启蒙学者孟德斯鸠研究、总结了英国革命后的政体建设与政治活动,提出了著名的三权分立学说。此后,欧美国家普遍地接受、效仿了这一理论与实践。

孙中山对西方的这一主流政体十分赞赏但并不迷信。他认为美国选举、任命官员的制度是很不合理的:选举,往往使那些有些口才的政客得以欺骗选民;任命,又使官员随着任命者而进退——每次更换总统都要有"由内阁至邮政局长不下六七万人,同时俱换",导致了政治的腐败散漫。如果将中国君主制度下的"考选制"改造为共和政体下的"考选制",由独立的考试机构根据先期设定的准则和程序而不是自荐者的宣传或执政者的意愿来考核选拔官员,则西方国家的流弊完全可以避免。

在西方国家,议会执掌对行政机构和官员的监督弹劾之权也很不合理:"裁判人民的机关已经独立,裁判官吏的机关却仍在别的机关之下。"这样,行政权难以独立并接受人民的直接监督,议会的擅权专制也难以避免。为救此弊端,孙中山又提出了独立监察权的设计,形成了"五权宪法"的设想以及相匹配的人民自治体制。

那么,为什么要如此重视考试权和监察权的独立呢? 孙中山认为:共和政体的根本是"主权在民",国家体制的设计与运行均以落实人民权利为基础;治理国家的关键在于选拔任用官吏,而官吏能否成为人民的公仆,直接关系到人民的主权能否得到保障。因此,对政府官员必须进行严格的考核、选择与监督。为此,他又设计了县级自治体制的直接民权方案,作为五权宪法的配套机制。在《五权宪法》的演说稿中附有一份"治国机关"的图示⑰:

"治图机关"的图示上图显示:政府的权力来自国民大会,国民大会由各县直接选举的国民代表组成。国民大会对于中央政府官员有选举权和罢免权,对于全国性的法律有创制权和复决权。在地方,凡一完全自治之县,人民即有完全的直接民权。孙中山解释说:"除宪法上规定的五权分立外,最重要的就是县治,行使直接民权。直接民权才是真正的民权。直接民权凡四种:一选举权、一罢免权、一创制权、一复决权。"⑱

可以看出:孙中山民权思想和治国理念有两大关键:控制官吏和完善法律。在四大直接民权中,选举权和罢免权是管理官吏的;人民直接制定法律的创制权和人民直接否决立法机关之决定的复决权是管理法律的。孙中山规划国家政治体制的基本导向就是最大程度地保障人民权利的实现和最大程度地限制政府和官员权力扩张的潜在危险。他认为:人民有了以上的四大民权,就能直接去管理国事,管理政治和政府,使人民真正成为"政府的原动力",使政府的工作"随时受人民指挥"。有了这种彻底的充分的直接民权,才叫作"全民政治"。

再次,"权能分治论"和"革命程序论"分别为"五权宪法"提供了法制依据和策略保障。

有了宪法和议会就能够实现主权在民的理想吗? 孙中山的回答是否定的。他说:现在的代议士都成了"猪仔议员",有钱就卖身,分赃贪利,为全国人民所不齿。各国实行这种代议体制都免不了类似的流弊。孙中山提出,"我们自己便应该想一种新方法,来解决这个问题"。于是,他从"人民所持的态度总是反对政府的"这一客观事实出发,发现造成这一事实的原因是"权与能没有分开。只有人民分开了权与能,才不致反对政府"。孙中山把"权能分治"说成是"世界上学理中第一次的发明"。他非常满意自己继"五权分立"之后的又一创造性的政治构想:"这种学理之发明,更足以证明我向来的主张是不错"的。

孙中山"权能分治"说的基本思想是把国家的大权分为"政权"和"治权"。"政权"是管理政治或政府的力量,可称为"权";"权"是由人民通过四大民权来掌握的;"治权"是政府自身的力量,即政府的管理权或职能,可称为"能",它由"有能的人"组成的政府来掌握。这样权、能之间就形成了一种关系模式:人民有权,政府有能;以权治能,权能平衡。对此,孙中山确信:"用人民的四个政权来管理政府的五个治权,那才算是一个完全的民权政治机关。有了

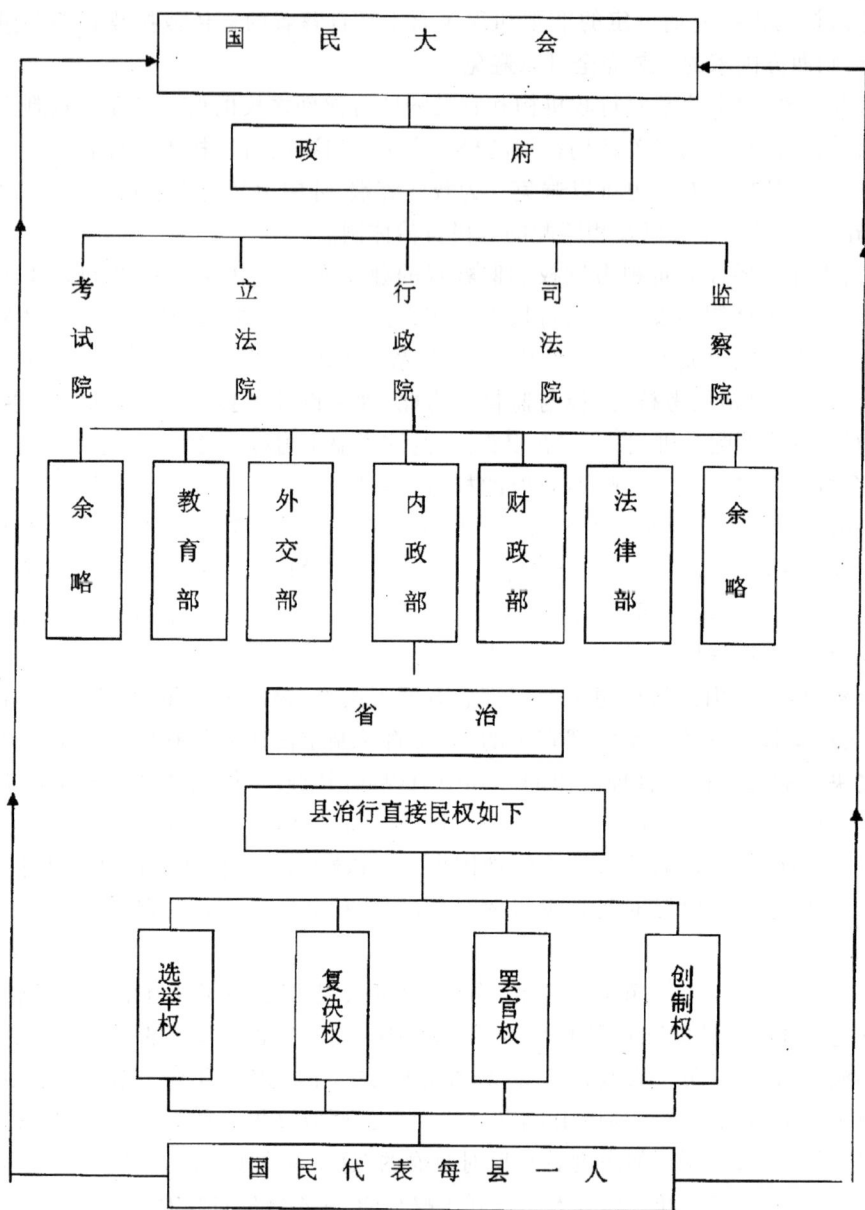

"治国机关"的图示

这样的政治机关,人民和政府的力量才可以彼此平衡。"⑲

"权能分治论"显然由"主权在民"这一根本的国体原则推导而来,它为"五权宪法"的政体方案寻找到了法制依据,从而证明了其合理性和可行性。

"革命程序论"是孙中山依据中国国情设计的民权建设规划,最早见于《中国同盟会革命方略·军政府宣言》,其要义是通过军法之治、约法之治、宪法之治三个阶段最终实现直接民权。

军法之治是"军政府督率国民扫除旧污之时代"：军队、人民、地方行政一同受制于军法之下；未及三年而取得治理成效的县可转为约法之治。

约法之治为"军政府受地方自治权于人民，而自总揽国事之时代"：人民选举地方议会议员和行政长官；军政府与人民之间的权利义务关系亦由约法规定；"以天下平定后六年为限，使解约法，布宪法"。

宪法之治为"军政府解除权柄，宪法上国家机关分掌国事之时代"：军政府解除兵权、行政权；国民公举大总统及议员以组织国会；一国之政事，依于宪法以行之。⑳

后来，军法之治等三阶段又被称为军政、训政、宪政三时期。

应该说，"革命程序论"体现了孙中山真诚的民主主义的政治理想和慎重求实的科学态度。孙中山关于国民政治素质低下，难以实现直接民权的担心也不无根据。但是，与同时代的资产阶级革命家一样，孙中山信奉的是"英雄史观"。他通常把人区分为先知先觉、后知后觉和不知不觉三个等次。"革命程序论"正是基于这种等次区分思想而形成的。不知不觉的人民大众必须在先知先觉的革命领袖和后知后觉的革命党员的教导、训练下，才可能学会行使自己的民权。孙中山去世后，中国国民党在其建国实践中继承了军政、训政、宪政的口号，但却背离了孙中山的民权精神，走向了一党专政和个人独裁的反动道路，导致了中国民主革命进程的严重倒退。当然，孙中山及其理论不应为后来者的背弃行为承担历史责任。

总之，孙中山的民权主义不只是推翻封建君主制度的革命理论，也是建设民主制度的思想与规划。尽管后者带有明显的理想主义色彩，而且被历史束之高阁，但是它对我们深入理解民权主义的拓展作用是不容忽视的。

四、民生主义——中国民主革命的远景

民生主义是孙中山为纾解民生困苦、发展资本主义经济、建设一个繁荣富强的新中国而拟定的社会革命纲领和远景规划。它的提出，最终构建成三民主义理论体系的思想框架。依据孙中山不断丰富民生主义内涵的探索过程，其思想要义可分述如下：

首先，民生问题的本意在于改变人民贫困的生活状况，为人民谋幸福。如前所论，童年时的苦难生活给孙中山留下终生不灭的伤痕，也启发了他拯民济世的民生意识："中国农民的生活不应该长此这样艰苦下去。中国的儿童应该有鞋穿，有米饭吃。"即使并非出身贫苦，从每年有无数的饥民被饿死的事实中，人们也能看到贫困带来的灾难。所以，民生问题首先是针对"既贫且弱"的现实——人民的贫困和国家的衰弱——而提出的。后来，孙中山曾经概括了民生主义的"四大宗旨"："一为国民谋饭吃，二为国民谋衣穿，三为国民谋居室，四为国民谋走路。"并且，终身不渝地将为人民谋幸福当作自己的最高使命。可见，民生主义的根本问题是人民的衣食住行，其他的思想原理都是由此生发展开的。

为了解除人民困苦，当然要找到造成困苦的原因。作为一种内涵丰富的理论，民生主义生成于1896年—1897年的旅居伦敦期间。孙中山目睹了"国家富强，民权发达"的欧洲列强仍旧存在巨大的贫富差别以及由此引发的社会革命运动，悟出了消除阶级对立，缓和社会矛盾的重要意义;产生了"采取民生主义,以与民族、民权问题,同时解决",避免重蹈欧洲国家再起社会革命之覆辙的构想。需要再次强调:孙中山并不认为中国已经存在大贫、大富的对立,普遍存在的只是大贫、小贫的差别。后来,孙中山一直用"贫富均等""人人能够做事,人人都有饭吃"一类的通俗解说来概括民生主义的主旨。这其中,也可见中国儒家一贯主张的富民、惠民、恤民等民本思想的痕迹。

其次,"平均地权"的国有化思想是民生主义的核心。从有关三民主义的早期文献中可知,孙中山对民生主义的最初解释是以"平均地权"为中心的,并形成了资本主义的土地国有化思想。因此,我国史学界将这一口号作为民生主义的标志。

中国是一个实行封建地主土地所有制的国家。地主阶级,特别是官僚地主、大地主阶层,倚仗封建特权和严酷的剥削手段占有了绝大部分土地,广大农民大都处于因无地或少地而导致的贫困之中。由于土地的兼并和集中,致使大量农民最终陷于破产,从而引发了农民的起义和战争。战争的结果往往是地主阶级的让步和一定范围内的土地重新分配。于是,在中国的历史上,周期性的土地状况变化、社会动荡和王朝更替就反复地发生,形成了鲜明的规律性。历代的统治阶级和知识分子也因此而注重研究土地的平均问题。作为一个革命家和贫苦农民的儿子,孙中山对农民生计与土地问题的关注、研究由来已久,他的思想探索沿以下两条路线展开:

其一,我国古代的土地平均问题是孙中山研究的中心。据追随孙中山多年的冯自由回忆,早在1898—1899年期间,孙中山就和章太炎等人多次讨论土地问题,"恒以我国古今之社会问题及土地问题为资料,如三代之井田、王莽之王田与禁奴,王安石之青苗,洪秀全之公仓,均在讨论之列"[㉑]。对那些具有国有化和平均化性质的土地制度,如夏商周的井田制、太平天国的公仓制等等,孙中山显然更为关注,并从中得到了一个重要结论:"中国古时最好的土地制度是井田制。井田制的道理和平均地权的用意是一样的。本党的民生主义,本是以国利民富为旨归";"平均地权者,即井田之遗意也。井田之法,既板滞而不可复用,则唯有师其意而已。"[㉒]可见,孙中山是主张通过土地国有化来实现地权平均化的。

但是,由传统的"均贫富"到"平均地权",并非是一个简单的推论或类比。孙中山的土地国有化与历史上的井田、王田、均田等国家授田制度有着本质差别。古代的土地国有制是从承认既定的封建土地所有制出发,用以维护封建政权统治的。近代太平天国的《天朝田亩制度》虽然否定了地主阶级土地制度,也主张土地国有制,但是以维护小农经济的利益为目标。孙中山的"平均地权"则是以"和平赎买"的方式变革封建土地制度,为资本主义的发展扫清道路。

其二,中国传统思想的影响决定了孙中山土地国有理论的基本倾向,其表现方式和实现方案则更多地受到了西方资产阶级经济理论的影响。其中,美国人亨利·乔治的"单税社会主义"直接为"平均地权"提供了思想蓝本。

亨利·乔治是名噪一时的学者,他的代表作《进步与贫困》创下了三年销售10万册的罕见纪录。孙中山对亨利·乔治理论非常信服。后来,他曾将亨利·乔治和马克思并论,认为两者都主张实行社会主义:"一则土地归为公有,一则资本归为公有"[㉓];主张虽各不同,其为社会大多数谋幸福者一也。1897年7月,孙中山从伦敦启程东归时,曾专门绕道加拿大,到已实行亨利·乔治的土地价值课税法的地区进行实地考察,由此也可证明他对乔治理论的浓厚兴趣。

亨利·乔治在他的《进步与贫困》一书中指出:资本主义工商业越发达,土地的租金和价格就越上涨;工商业创造的社会财富就会被地租地价的上涨所吞噬,贫富差距、社会冲突将会因此而加剧;只有实行土地的国有化改革,由国家收取地租,废除一切税收,才能使社会财富的分配趋于平均,实现社会主义。在我们看来,亨利·乔治的观点显然是错误的:造成贫富对立的根本原因是资本主义的生产资料所有制和资本家对剩余价值的榨取,而不只是地租地价的上涨;即使实现了土地国有,社会主义也不会因此而生成。再者,亨利·乔治的"地价上涨"所指的是资本主义工业化、城市化过程中的现象,与孙中山必须面对的中国农民缺少土地的问题也没有直接的关联。

在1906年的《中国同盟会革命方略》中,孙中山解释民生主义时指出:

> 文明之福祉,国民平等以享之。当改良社会经济组织,核定天下地价,其现有之地价,仍属原主所有;其革命后社会改良进步之增价,则归国家,为国民所共享。肇造社会的国家,俾家给人足,四海之内无一夫不获其所。敢有垄断以制国民之生命者,与众弃之![24]

这一表述言简意赅,不愧是"宣言"的风格。其中,"文明之福祉,国民平等以享之"是民生主义的出发点;"肇造社会的国家,俾家给人足,四海之内无一夫不获其所"的意思是创造属于全社会的国家,使全体人民生活富足,这就是民生主义的归宿点;连接两点之间的途径,即如何实现"平均地权",则采用了亨利·乔治的方式。《在东京〈民报〉创刊周年庆祝大会的演说》中,孙中山对"平均地权"的必要性和操作方式作了更详细更通俗的解释:50年前,上海黄浦江边的土地根本不值钱,可现在涨了数百倍。如果在当时核定价格,收归国有,那么现在出售或出租的巨额收益就属于国家,原来的地主只能得到50年前的那一点儿钱了。反之,如果地主得到了高额的地价或地租,势必增加工商业的成本,造成国内市场和出口贸易的极大伤害,阻碍国家经济的发展。为此,孙中山非常乐观地认为:"中国行了社会革命后,私人永远不用纳税,但收地租一项,已成世界上最富的国。"

很明显,"核定地价,增值归公"的国有化思路是从发展资本主义工商业的角度着眼的,资产阶级将成为这一政策的最大受益者。地主阶级仍可保持土地的所有权并分得一部分地租收入,而无地或少地的农民却没有从"平均地权"的社会改革中获取实际利益。对通过什么方式、以什么代价使农民得到土地的难题,"平均地权"的方案并没有作出正面回答。然而,孙中山却"以为此种方法最适宜我国社会经济之改革,故提倡唯恐不力"。于是,在很长一段时间内,对"单税社会主义"的介绍、阐发,几乎成为孙中山解说民生主义的唯一内容。

再次,"节制资本"的思想体现了民生主义的进步。应该理解,在政治革命尚未成功之前,孙中山不可能发动社会革命,民生主义只能是一种思想探索,或流于一般宣传,其理论内涵取得深入发展的可能性是很小的。辛亥革命之后,孙中山在《在南京同盟会会员饯别会的演说》中宣布:"今日满清退位,中华民国建立,民族、民权两主义俱达到,惟有民生主义尚未着手,今后吾人所当致力的即在此事。"接着,他又解释了三民主义所以变为"一民主义"的原因:中国的资本家还没有出现,社会革命可以和平的方式完成;"后来资本家出现,其压制手段恐怕比专制君主还要甚些,那时杀人流血去争,岂不重罹其祸么"!所以,民生主义的任务"一面图国家富强,一面当防资本家垄断之流弊。此防弊之政策,无外社会主义。本会政纲中,所以采用国家社会主义政策,亦即此事"[12]。

除了宣布"一民主义"时代的到来,继续阐发土地的国有化原理,孙中山又强调了以社会主义防止资本家垄断的设想。其实,孙中山避免资本主义弊病在中国出现的思想早已形成。更确切地说,民生主义就是针对资本主义的社会弊病而提出的。那时,孙中山所关注的重点是贫富的对立和冲突,现在他的视线深入到了"资本家垄断之流弊"。从这一演说后到该年末,孙中山便到处奔走,宣传其民生主义、社会主义和实业建设的思想。据统计,在他的40多次演说中,有25次以此为主题。1912年底,他在杭州正式提出了"节制资本"的口号,并将"平均地权""节制资本""铁路国有""教育普及"列为民生主义的"四大纲",从而使他的民生主义理论有了进一步的发展。

需要澄清的是,孙中山多次讲过的"民生主义就是社会主义",这只是他对"社会主义"的独特见解。我们常说的"社会主义"是以无产阶级领导的人民民主专政为政治前提,以生产资料的全民所有和多种经济成分共存为经济前提的。孙中山以为,只要土地、铁路及一些关系国计民生的产业为国家所有,"社会主义"就大功告成,资本主义就被拒于国门之外了。这种"社会主义"显然是无法实现的。事实上,在孙中山为之四处奔波了一年后,"一民主义"时代就被"宋教仁遇刺"的枪声所打断,社会革命又被遥遥无期地推向未来,民生主义理论的探索也陷于停滞。直到1924年1月发表的《中国国民党第一次全国代表大会宣言》中,才增加了"农民之缺乏田地沦为佃户者,国家当给以土地资其耕作"的内容。国民党"一大"后,孙中山正式提出了"耕者要有其田"的口号,使民生主义达到了最后的高度。

注释:
①孙中山.中国革命史.孙中山全集.第七卷.北京:中华书局,1985.60页.
②尚明轩.孙中山的历程.北京:解放军文艺出版社,2004.314页.
③邵元冲.总理学记.孙中山生平事迹追忆录.北京:人民出版社,1986.694页.
④孙中山.在东京《民报》创刊周年庆祝大会的演说.孙中山全集.第一卷.北京:中华书局,1981.325页.
⑤孙中山.檀香山兴中会章程.孙中山全集.第一卷.北京:中华书局,1981.21页.
⑥孙中山.《民报》发刊词.孙中山全集.第一卷.北京:中华书局,1981.288页.
⑦荣铁生.孙中山先生前期反帝思想.孙中山研究论文集.上卷.成都:四川人民出版社,1986.593~594页.
⑧转引尚明轩.孙中山的历程.北京:解放军文艺出版社,2004.218页.
⑨荣铁生.孙中山先生前期反帝思想.孙中山研究论文集.上卷.成都:四川人民出版社,1986.598页.
⑩孙中山.致公堂重订新章要义.孙中山全集.第一卷.北京:中华书局,1981.260页.
⑪孙中山.在东京《民报》创刊周年庆祝大会的演说.孙中山全集.第一卷.北京:中华书局,1981.325页.
⑫孙中山.三民主义.孙中山全集.第五卷.北京:中华书局,1985.186~187页.

⑬孙中山.中华民国临时大总统宣言书.孙中山全集.第二卷.北京:中华书局,1982.2 页.

⑭孙中山.与宫崎寅藏平山周的谈话.孙中山全集.第一卷.北京:中华书局,1981.172~173页.

⑮孙中山.中国同盟会革命方略.孙中山全集.第一卷.北京:中华书局,1981.297 页.

⑯孙中山.在东京《民报》创刊周年庆祝大会的演说.孙中山全集.第一卷.北京:中华书局,1981.331 页.

⑰孙中山.在广东省教育会的演说.孙中山全集.第五卷.北京:中华书局,1985.498 页.

⑱孙中山.在广东省教育会的演说.孙中山全集.第五卷.北京:中华书局,1985.497 页.

⑲孙中山.三民主义.孙中山全集.第九卷.北京:中华书局,1986.352 页.

⑳孙中山.中国同盟会革命方略.孙中山全集.第一卷.北京:中华书局,1981.298 页.

㉑尚明轩.孙中山的历程.北京:解放军文艺出版社,2004.325 页.

㉒孙中山.三民主义.孙中山全集.第五卷.北京:中华书局,1985.193 页.

㉓孙中山.在广东省第五次教育大会上的演说.孙中山全集.第二卷.北京:中华书局,1982.515 页.

㉔孙中山.中国同盟会革命方略.孙中山全集.第一卷.北京:中华书局,1982.297 页.

㉕孙中山.在南京同盟会会员饯别会的演说.孙中山全集.第二卷.北京:中华书局,1982.319~320页.

第六讲　孙中山三民主义思想的发展

内容提要

由于时代和阶级局限,三民主义在其发展中也遭遇到以下曲折:

1.没有明确地将帝国主义宣布为革命的对象。这是因为孙中山对帝国主义的本质缺乏科学的认识,同时也不能正确认识人民群众的作用。

2.没有铲除封建制度的社会基础是民权主义的最大失误。封建社会的基础在于封建土地所有制度。不打倒地主阶级,就不能颠覆封建制度的根基。

3.没有提出农民土地问题的解决方案是民生主义的根本缺陷。"平均地权"的实质是通过赎买实现土地的资本主义国家所有,并没有解决农民的土地问题。

三民主义走向新生的历史机遇包括:其一,五四运动使中国人民看清楚帝国主义的侵略本质,也颠覆了孙中山的精英革命路线,使他抛弃了对帝国主义的幻想,将民众视为最强大的革命动力;其二,十月革命使孙中山看到了新的前途与榜样,放弃了对西方民主革命的向往,转而"以俄为师",使中国革命开始脱离旧有轨道;其三,中国共产党开辟了民主革命的新阶段,主动承担领导新民主主义革命的历史责任,也协助孙中山把握住新的历史机遇,实现了国共合作。

《一大宣言》是理解新三民主义的根本依据,其关键点是:首先,"国民党之民族主义,有两方面之意义:一则中国民族自求解放;二则中国境内各民族一律平等";其次,"近世各国所谓民权制度,往往为资产阶级所专有,适成为压迫平民之工具。若国民党之民权主义,则为一般平民所共有,非少数者所得而私也";再次,"国民党之民生主义,其最重要之原则不外二者:一曰平均地权;二曰节制资本"。

联俄、联共、扶助农工三大政策不仅是新三民主义的政治纲领,也体现着新三民主义理论的核心内容。

学习思路与目标

1.学习时要认真阅读教材有关内容,参阅课程多媒体资源。

2.对比中国共产党的革命史,深入理解三民主义的缺陷与失误。

3.拓展学习范围,结合中国共产党的新民民主义理论,思考三民主义所体现的阶级局限和历史局限。

4.研究相关史实,深入理解三民主义走向新生的历史机遇。

5.深入理解《一大宣言》对三民主义的解释,着重理解民权主义。

6.深入理解三大政策与新三民主义的关系,具体指出三大政策对新三民主义的体现。

7.总结本教材对理论发展一般规律的论述,结合三民主义的演变作出解释。

 **思考与练习**

1.讨论:

(1)如何理解孙中山对三民主义的新解释?

(2)结合历史事实评价孙中山党建思想的变化。

(3)如何理解孙中山的"节制资本"主张?

(4)如何理解国共两党第一次合作的历史意义?

2.写作:

对孙中山"以俄为师"的思想的认识和体会。

　　三民主义是革命的理论,自然要经受革命运动的检验,它的任何缺失都会清晰地显现在革命实践的经验教训之中。三民主义又是特定历史环境的产物,难免会产生因时代视野局限而造成的困惑。孙中山不是书斋型的学者,而是领导实际运动、开拓历史进程的革命领袖。在实践的推动下不断修正自己的学说,这既是孙中山自身的意愿与品格,也是革命理论的必然命运。民国建立后的二次革命和护国、护法运动使孙中山的事业遭受到一连串的挫折,也促使他对三民主义理论进行深入的反思。五四运动的震撼、苏俄革命的鼓舞及中国共产党革命精神的感召,为他指明了突出重围的方向,于是,他坚定不移地选择了新的前进道路。在1924年1月的国民党第一次全国代表大会上,孙中山通过大会发表的宣言对三民主义进行了全新的解释,使这一革命学说获得了新的生命。

　　任何学说的生命力源泉都在于它的开放性。在实践中接受检验,在检验中发现失误,从失误出发探索正确的答案,这就是理论开放性的一般形式。三民主义的自我批判和扬弃没有改变它为中国人民谋求出路的根本方向, 也没有动摇它中国民主革命总纲领的指导地位。新的理论内涵只是设定了更明确的奋斗目标,规划了更可行的前进路线,使三民主义的真理性价值得以升华。从这种意义上说,我国史学界以新、旧之说区分三民主义的发展演化是科学的、合理的。

一、三民主义发展的曲折道路与缺陷

在三民主义形成之际,孙中山对自己的学说充满了信心。辛亥革命之后,以袁世凯为首的北洋军阀集团窃取了革命成果,"共和国"成为他们维护封建专制统治,乃至复辟君主制度的工具。面对这一反动逆流和革命危机,孙中山缺乏深刻的历史洞察力,反而宣布民族主义、民权主义已经实现,三民主义也变成了"一民主义"。作为中国资产阶级民主革命的思想体系,三民主义的时代局限和阶级局限也由此得到更清晰的显现。具体说来,下列问题值得我们深思。

(一)没有果敢地举起反帝旗帜是孙中山民族主义的时代悲剧

孙中山政治人格的首要特性在于:他是一位伟大的民族主义者,有着强烈真挚的爱国主义情结。对帝国主义列强瓜分中国的野心和中国人民面临的民族危难,孙中山从来都有着比较清醒的认识。但是,早期三民主义也确实没有将帝国主义作为革命的攻击对象,致使革命事业屡屡因此遭受挫折。

那么,三民主义为什么没有直接地向帝国主义宣战呢?这首先是因为孙中山对帝国主义的本质缺乏科学的认识,对帝国主义国家复杂的政治状况及其种种纵横捭阖的阴谋手段,也就不可能认识得那么深刻。其次,他过分注重策略的作用而忽视了战略的调整。他认为,帝国主义的侵略野心是由清政府的腐败所引起的,只要中国能"发愤自雄,西人将见好于我不遑,岂敢图我"?所以"欲免瓜分,非先倒满清政府,别无挽救之法也"。但是,推倒了清朝政府就可以避免列强瓜分的逆向思维却是完全错误的。形成这种错误战略的根本原因在于中国资产阶级的软弱性:不能正确认识人民群众的历史作用,因而也找不到反对帝国主义的同盟军。

基于上述原因,孙中山虽然把避免列强对中国的瓜分作为斗争目标,但又常常幻想中国革命能够得到列强的同情和支持。例如,在同日本的关系问题上,这种困惑就表现得十分突出。日本是孙中山长期流亡的寄居地,也是他从事革命活动的大本营。他一生中15次到日本,侨居时间累计近10年。他与日本各界人士有着广泛的联系。其中,担任过首相的犬养毅、桂太郎都可称是孙中山的人生知己;像宫崎寅藏、梅屋庄吉那样追随孙中山革命的日本民间人士也有不少。日本政府也对孙中山提供过各种帮助。以1900年惠州起义为例:孙中山通过日本军政要人购买了大量武器;日本驻台湾的总督同意将起义的指挥中心设在台湾;多名日本军人也参加了起义,有的人还血洒疆场。此外,英国驻香港总督对孙中山策动两广独立表示支持;法国驻印度支那总督也承诺提供军火和军事顾问。类似这种帝国主义对待中国革命的情况还有许多。今天,人们在评论国际政治时经常说:没有永远的朋友,也没有永远的敌人,只有永远的利益。但在当时,帝国主义者的这些举措使孙中山长期保持着一种不切实际的幻想。其实,正像孙中山企图利用列强以达到自己的目的一样,列强也企图利用中国的革命者。孙中山对此并非没有警觉，但有求于人的弱势地位却使他不能摆脱这种依赖心理，最终陷入了因此反复受挫，又反复重拾幻想的悲剧境地。

（二）没有铲除封建制度的社会基础是孙中山民权主义的最大失误

封建社会的经济基础在于地主阶级的土地所有制度。不打倒地主阶级，就不能颠覆封建制度的根基。封建社会的实质不会因君主政体的垮台、共和国的建立而发生改变。然而，在辛亥革命时代，还没有人能够提出这种深刻见解。孙中山以为，民国的建立即是民权主义的最终胜利，发展实业、富国强兵成为他今后的唯一使命。在让出总统职位后，他曾和袁世凯相约：10 年内，你练 500 万精兵，我修 20 万里铁路。在他看来，民生主义的成功需要他和袁世凯携手合作，共同完成。以致当时就有媒体戏称他是"中国第一乐天派"。这一历史细节可以生动地证明旧三民主义的缺失：不彻底驱逐帝国主义的侵略势力，不彻底铲除封建地主阶级的反动势力，不彻底消灭这两者的政治代表——封建军阀集团，"民族民权两主义"只是一种天真的幻想，共和政体也只能沦为各种反动势力的统治工具。

以护法战争为例：护国战争结束后，孙中山对北洋军阀的反动本性有了较深刻的认识。所以，当段祺瑞重新窃取中央政权并公然背弃《临时约法》时，孙中山毅然发动了护法战争。当时，孙中山寄希望于两个方面的力量：对外指望日本、美国的支持；对内依靠西南军阀的武力。他十分肯定地说："中国今日欲求友邦，不可求之于日、美以外。日本与中国的关系，实为存亡安危两相关联者。无日本即无中国，无中国亦无日本"；"美国之地垒与我隔，而以其地势，当然不侵我而友我。况两国皆民国，义尤可以相扶"。①但孙中山万万想不到，直接参与制定段祺瑞的"武力统一"计划的恰恰有美国驻华公使。日本政府本来就是皖系军阀的后台老板，当然不会理睬孙中山多次情辞恳切的函电，反而与段祺瑞签订了《中日共同防敌军事协定》。这两个被寄予厚望的"友邦"，又一次支持了孙中山的敌人。

孙中山所指望的桂、滇军阀所以打起"护法"旗号，不过是借此来对抗北洋军阀的"武力统一"，维护、扩张自己的割据势力。他们对孙中山从来就是阳奉阴违、控制利用的。孙大元帅的军政府共有两位元帅、七位总长。可除了陆军总长张开儒之外，其他的总长根本没有到任。所谓的"中华民国军政府"，一没有经费，二没有军队；每天来上班的政府阁员只有孙中山一人。1918 年 4 月，桂、滇军阀又和国会的无耻政客勾结串通，改组了军政府，剥夺了孙中山的大元帅职务。孙中山愤然辞职，他在辞职通电中称："顾吾国之大患，莫大于武人之争雄，南与北如一丘之貉。故虽号称护法之省，亦莫肯俯首于法律及民意之下"；"文于斯瘏口哓音，以蕲各省之觉悟，盖之力竭声嘶，而莫由取信"。②

第一次护法运动彻底失败了，但孙中山并非没有收获：他终于悟出了封建军阀是国家最大祸害的道理，认清了南北军阀如一丘之貉的事实，放弃了利用南方军阀来打败北方军阀的基本战略。所以，在第二次护法战争时，孙中山把胜利希望寄托在了"老革命党人"陈炯明的身上。然而，正值孙中山组织的北伐节节胜利的关键时刻，陈炯明利用孙中山交给他的军队发动了反革命叛乱，断送了北伐的大好局面，导致了二次护法的惨败。孙中山为此沉痛地昭告全国人民：

文率同志为民国而奋斗垂三十年,中间出死入生,失败之数不可偻指,顾失败之惨酷未有甚于此役者。盖历次失败虽原因不一,而其究竟则为失败于敌人。此役则敌人已为我屈,所代敌人而兴者,乃为十馀年卵翼之陈炯明,且其阴毒凶狠,凡敌人所不忍为者,皆为之而无恤,此不但国之不幸,抑亦人心世道之忧也也。③

非常清楚,由于这功败垂成的致命一击竟然来自革命党内部,孙中山才认为"失败之惨酷未有甚于此役者"。为什么一个追随他多年的将领会沦落为阴谋家和新军阀?如果"十馀年卵翼之陈炯明"都叛变为敌,那还能依靠谁来革命呢?孙中山无法从社会历史的角度寻找到答案,只好归因于"人心世道"了。

(三)没有提出解决农民土地问题的切实方案是孙中山民生主义的根本缺陷

农民土地问题的实质是如何改变封建土地制度。这种改变的方式与结果关系到民主革命的成败。孙中山的民生主义是以平均地权为核心的,其实质是通过和平赎买的方式实现土地的资本主义国家所有,它没有包括农民如何得到土地的解决方案。孙中山的许多革命战友,如章太炎、陶成章等,都曾提出过以暴力手段夺取地主土地的设想,那么,孙中山为什么选择了"核定地价,涨价归公"的平均地权呢?

其实,用暴力平均分配土地不是什么新鲜的思想和实践,历史上的农民起义、王朝鼎革时期往往就会出现此类情况。在封建社会,土地的平均、分散同它的兼并、集中一样,都是经济运动链条上的一个环节,彼此间的互动关系是无法改变的。试想,土地的兼并、集中与平均、分散不是互为前提的吗?因此,不消灭封建制度,即使利用暴力平均分配了土地,它还是会逐渐趋于集中的。

更重要的是,孙中山已经把握到世界近代化的历史趋势,他认定:中国必须走西方的工业化道路,而工业化首先创造的收益就是不断飞涨的地租地价。为使这笔巨额财富不落到地主手中,就必须实行土地的国有化;只有国家控制了土地,才有可能将土地收益分配给人民平均享有。民生主义的出发点本来就是扶危济困的"民生"和繁荣富强的"国计"。"平均地权"正可以将富民强国的立场统一起来。可以看出,孙中山的"平均地权""土地国有",仅仅意味着土地所产生的权益由国家分配,而不是土地本身的平均化分配。

从策略立场而论,如果想动员占中国人口90%以上的农民参加革命,必须使他们看到革命与自己利益的实际联系,预见到革命给自己带来的好处。农民的最大利益就是得到赖以生存的土地。没有就土地问题给农民以希望和承诺,就不能指望一支农民革命大军的出现。在中国,没有农民的参加,任何革命运动都不会取得成功。中国共产党的实践和中国新民主主义革命的历史,都无可置疑地证实了这一结论。但是,由于英雄历史观的支配,孙中山却从未想过使农民成为革命的主体力量,因而也没有基于策略立场来考虑农民的土地问题。

由此可知,平均地权的理论设计和农民土地问题的被忽略,既是孙中山从中国的现代化前途立论的结果,又是基于资产阶级利益的阶级偏见,同时也与他本人思想局限的困扰有关。平均地权的设想所以无法实现,是因为地主阶级拥有强大的政治、军事、经济和文化的实力,要他们放弃自己的土地权益,显然只是一种与虎谋皮的假设。他们一定要通过其政治代表即封建军阀全力扑灭资产阶级的革命,尽管后者的平均地权还只是一种理论方案。民国之后,从辞去临时大总统的 1912 年 4 月,到宋教仁遇害的 1913 年 3 月,反动势力留给孙中山致力于民生主义的时间不足一年。这一年中,孙中山所能做的也只是四处奔走、宣传鼓动而已,根本没有机会和可能将平均地权的理论设想付诸实践。这一教训也足以证明其民生主义及"一民主义"的空想性质。

总之,中华民国的建立使孙中山误以为三民主义已取得重大成功。民国后接连遭受到的失败,使三民主义的理论缺陷不断地暴露出来,孙中山的革命实践也逐步走向绝境。回顾三民主义口号的演变历史,可以清晰地发现其成长过程的艰难曲折:

1905 年正式提出三民主义之前,民族、民权、民生三大主义是逐一增加的;民国后,三民主义就变成了　民主义;

1913 年 7 月的"二次革命"后,所谓民权已被袁世凯剥夺,一民主义又必须增加为二民主义;

1916 年 6 月袁世凯死后,孙中山再次宣布"民族、民权已达到目的",二民主义又变回到一民主义;

一年后的护法战争使孙中山第三次提出民权问题,一民主义也第三次增加为二民主义。

这种反复地增删加减暴露出三民主义理论的不成熟,也表明了孙中山锲而不舍地追求救国真理的革命精神,更折射出中国民主革命的艰辛历程。待到 1919 年 10 月,孙中山组建了中国国民党、重新举起三民主义的旗帜时,三民主义便开始了新的里程。

二、三民主义走向新生的历史机遇

在实际运动中不断接受检验,修正错误,容纳新的成分,走向新的高度,这是革命真理得以发展的必由之路。正当三民主义和中国民主革命都陷于山重水复的困境时,历史的机遇终于出现了——五四运动、苏俄革命及中国共产党的诞生使孙中山从中发现了绝地重生的转机和新的奋斗方向。

(一)五四运动的震撼

五四运动开启了中国人民反帝爱国运动的新纪元,也使孙中山突破了多年的思想困境,启动了三民主义走向新生的实际进程。

五四运动的实质首先是爱国民主运动,它以绝不妥协的牺牲姿态喊出了"外争主权,内惩国贼"的战斗口号,把革命的矛头直接指向帝国主义和封建军阀。这一斗争目标的选择完全抓住了中国社会的基本矛盾,正确地体现出中国民主革命的性质与方向。孙中山多年来的失败恰恰是在这个根本问题上陷入了迷局。第一次护法战争失败后,孙中山感到前途渺茫,"对于时局问题,实无解决办法"。于是,自 1918 年至 1919 年的一年多时间里,他深居简出,发愤著述,撰写了《孙文学说》和《实业计划》。这其中,孙中山深入地反思了革命事业屡遭挫折的各种原因,总结出"知难行易""有志竟成"等经验教训,也规划出中国近代化道路的宏伟蓝图。但在中国社会的性质以及由此而生的革命目标、对象、动力、前途等根本问题上,孙中山并没有产生新的认识。客观地讲,促使他重新思考这些问题的现实启示和历史契机还没有出现。

五四运动的爆发唤醒了昏睡的中国。西方列强在巴黎和会的分赃阴谋,足以使中国人民看清楚帝国主义的侵略本质和军阀政府甘为走狗的卖国罪行,看清楚他们是中华民族最危险最凶恶的敌人。孙中山也开始抛弃对列强特别是日本的幻想。他说,中国问题解决的关键就是"废除二十一条款"。他号召革命党人:"一定要打到一个人不剩,或者二十一条废除了,才歇手。"如此坚定不移地将革命锋芒指向帝国主义,这在孙中山的革命实践和言论中是从没有过的事情,它标志着孙中山思想的一次巨大飞跃。

五四运动之后,孙中山连续发表了《改造中国之第一步只有革命》《救国之急务》《八年今日》等演说和文章,他认识到:辛亥革命铲除了一种专制政治,但"有三专制政治起而代之";中国祸乱的根源在于政客、官僚和军阀;"要建筑灿烂庄严的民国,须搬去这三种陈土,才能建立坚固的基础"。为此,孙中山放弃了"护法"以救国的想法:"南北新旧国会一概不要它,同时把那些腐败官僚、跋扈武人、作恶政客完完全全扫干净","重新创造一个国民所有的新国家,比现在的共和国家还好得多"。这意味着中国根本的出路不再是维护孙中山曾奉若神明的宪法和国会,而是创建新国家的革命。能够清醒地看到这一点,无疑是孙中山思想的又一飞跃。

五四运动是以学生为先导发起的,工人阶级继而成为革命的主力,最终形成了席卷全国的革命风暴。它迫使反动政府不得不撤销了曹汝霖等人的职务,并拒绝在巴黎和会上签字。民众运动的巨大威力使孙中山受到了深刻的启发。自发动反清革命以来,孙中山先是依靠华侨、会党,后来又倚重学生和军队中的知识分子群体,从没有想到以工人、农民等最广大的普通民众为主体进行革命。客观地分析,形成这种先天不足的战略有着两方面的原因:一方面由于工人阶级正处于发育形成之中,尚未成熟到登上政治舞台,承担历史责任的程度;更深层的原因在于上智下愚的英雄史观阻碍了孙中山对民众力量的正确评估。毛泽东同志有一句名言:谁是我们的敌人?谁是我们的朋友?这个问题是革命的首要问题,也是中国革命的首要问题。多年以来,对这个首要问题,孙中山一直处于长途漫漫的上下求索之中。五四运动颠覆了他依靠少数先知先觉者的精英路线,改变了他对普通民众的轻视态度,坚信了民众大联合的无穷力量。虽然还不能正确地理解工人阶级崛起的历史意义,孙中山还是开始关注、支持工人运动的发展,从而实现了其革命思想的第三个飞跃。

总之,五四运动为孙中山的思想发展提供了现实启示,使他看清了帝国主义及其走狗是中国革命最凶恶的敌人,感觉到包括工人在内的广大民众是最强大的革命动力,开始了追求新的民主主义革命道路的伟大转折。对于三民主义来说,这一转折的信息集中体现于1919年10月10日颁布的《中国国民党规约》中。

为适应五四以后的革命形势,孙中山将中华革命党改组为中国国民党。《中国国民党规约·总纲》明确宣布:"本党以巩固共和,实现三民主义为宗旨。"从兴中会、同盟会到国民党、中华革命党,孙中山多次成立、改组过他的革命团体,制定多个党章;但明确地将三民主义宣布为党的宗旨这是第一次。由 1914 年《中华革命党总章》中的二民主义到现在的三民主义,最根本的变化是孙中山赋予了民族主义以新的内容,即反对帝国主义的侵略和压迫。再度举起民族主义的旗帜,昭示了三民主义新生命的开端。

(二)十月革命的鼓舞

十月革命改变了世界民主革命的方向与格局,也使孙中山看到了新的前途与榜样,开始探索新的革命道路。

孙中山与俄国革命者的接触交往由来已久。早在旅居伦敦时期,孙中山对他们的坚定信念、宏伟气魄和奋斗精神产生了深刻的印象。十月革命胜利的消息一传到中国,立即引起孙中山的高度关注。他预感到这一事件会给中国以积极的影响,就指示有关同志进行跟踪观察。令他没有想到的是,俄国革命的深入发展竟展现了一条崭新的历史道路。

在孙中山看来:凡是以推翻专制王朝、建立共和国为目标的革命都具有同一性质,所以,凡是革命党人,民主国家都会相互支持的。西方国家的成功实践也一直被他视为中国革命的榜样与蓝图。这些思想一方面显示了他广阔的世界性的政治视野,另一方面也失之于简单化的推论而不切合实际。中国是一个半封建半殖民地的东方国家,有着特殊的文化传统和现实国情,并且处于特定的国际环境和历史进程之中。因此,中国革命既不能指望西方国家的支持,也不会建立西方式的共和国。其原因在于:西方帝国主义不会牺牲自己的利益而允许中国摆脱半殖民地的地位。由于时代的局限,孙中山对此一直缺乏清醒的认识。

十月革命为孙中山走出思想误区提供了机遇。1918 年 2 月,俄国的苏维埃政府刚刚建立就发表公告,宣布废除沙皇政府强加于中国的一切不平等条约,归还强行霸占的中国领土。此后,苏俄政府又两次发表对华宣言,重申了这一立场。苏俄的这一举措,对饱受西方列强侵凌压迫的中国人民来说,似乎是一个难以置信的事件。孙中山也深受感动。在几十年的革命生涯中,他对西方列强一直抱有幻想。但是,最终的教训却是:"我国革命,向为各国所不乐闻,故尝助反对我者以扑灭吾党。故资本国家断无表同情于吾党。所望为同情,只有俄国及受屈之国家、受屈之人民耳。"[①]现在,他第一次切实感受到了来自西方国家的真诚支援;同时也清醒地认识到,决定对外政策的不是一个国家的政体,而是它的国体。"资本国家"和"受屈之国家、受屈之人民"的区分体现了阶级斗争的观点和阶级分析的方法,也体现了帝国主义和无产阶级革命时代的国际关系的实质。与过去那种"两国皆民国,义尤可以相扶"一类的观点相比较,孙中山思想方法和思想深度的进步是非常明显的。随着苏俄对中国革命援助之意向的不断加强,孙中山开始萌生了他的联俄政策。

十月革命后,孙中山一方面积极地与苏俄政府保持联系,一方面冷静地观察苏俄国家的发展实况,深入研究其成败得失之所由,力图从中发现有益于中国革命的启示与经验。他说:

> 俄国革命之发动迟我国六年,而俄国经一度之革命,即能贯彻他等之主义,且自革命以

后,革命政府日趋巩固。同是革命,何以俄国能成功,而中国不能成功?盖俄国革命之成功,全由于党员之奋斗。一方面党员奋斗,一方面又有兵力帮助,故能成功。⑤

孙中山的这一结论中包含着血的教训:自兴中会以来,他对革命党的性质、作用等组织建设问题的确没有提出成熟的思想;他领导的党也始终缺乏明确的纲领、严密的组织和严格的纪律,因而从来不是一个团结统一、坚强有力的战斗团体。尽管,孙中山曾几次尝试过对党进行改组、重建,使之保持革命党应有的奋斗意志、牺牲精神,但仍旧不能挽救党的涣散、腐化与衰退。现在,他从俄国革命实践中看到:"吾等欲革命成功,要学俄国的方法、组织及训练,方有成功的希望。"如果深入反思同盟会的分裂、国民党的蜕化和中华革命党组建的曲折,我们将更深刻地理解孙中山党建思想的重大转变。

随着观察与研究的深入,孙中山有了更重要的发现:"俄国革命,不但是皇帝的压迫要反对,就是列强的压迫也要反对,和全世界资本制度的压迫一起反对。""俄国革命的结果,不但是把政治的阶级打到平等,并且把社会上所有资本的阶级都一齐打到平等。"⑥因此,俄国的革命乃是一种不同于美国、法国的新型革命。其所以如此,在于"俄国革命的发起人,是由于三种人,叫作农、工、兵。故俄国现实的政府,又叫作农工兵政府"。应该说,对西方社会存在的阶级对立、贫富悬殊和资本垄断的现象,孙中山始终耿耿于怀;防止这一罪恶境况在中国出现,是民生主义及其平均地权思想形成的理论起点。既然俄国革命成功地"把社会上所有资本的阶级都一齐打到平等",孙中山当然有理由抛弃他曾经向往的西方国家的历史经验,转而"以俄为师",另辟蹊径了。

根据中国共产党后来提出的新民主主义学说,俄国的十月革命是无产阶级领导的社会主义革命,它标志着世界历史进入了社会主义革命的时代。孙中山对此不可能持有先见之明,但他的"以俄为师"和"联俄"政策,完全顺应了这一重大的历史转变,使中国革命开始脱离资产阶级民主革命的旧有轨道,逐渐演变为世界无产阶级社会主义革命的组成部分。

(三)中国共产党革命精神的感召

中国共产党开辟了民主革命的新阶段,主动承担了领导新民主主义革命的历史责任,也协助孙中山为中国国民党和三民主义学说创造了新生的机遇。

宋庆龄曾经指出:"孙中山为中华民族和中国人民进行的四十年的政治斗争,在他的晚年达到了最高峰。这一发展的顶点是他决定同中国共产党合作,一道进行中国的革命。"⑦中国共产党是中国民主革命历史上从未有过的生力军。早在建党之前,中国的共产主义者就已经在工人中开展宣传、组织活动。以1922年1月的香港海员大罢工为起点,中国共产党在13个月内相继发动了安源路矿罢工、京汉铁路罢工等100多次工人罢工运动,掀起了中国工人运动的第一次高潮,充分展示了工人阶级高度团结、严守纪律的革命素质,勇往直前、不怕牺牲的革命精神以及令一切敌人心惊胆战的强大战斗力。这样空前的运动规模、出色的领导水平及巨大的社会影响,当然会令孙中山对刚刚诞生的共产党刮目相看。与此同时,中国共产党又接受了列宁关于民族和殖民地问题的理论,提出了彻底的反帝反封建的民族民主革命纲领和建立国共两党联合战线的建议。然而,此时的孙中山正处于危难的绝境:由于陈炯明的叛乱,第二次护法战争的大好局势毁于一旦,他自称遭受到平生最惨痛的失败;除了少部分国民党人,国内几乎全部政治力量实际上都与他处于对立的地位。中国共产党以朝气蓬勃的实践活力和诚恳友善的合作态度打动了孙中山,他毅然决定以接纳共产党员以个人身份加入国民党的形式实现两党合作。

孙中山与中共合作的主要目的是改造国民党。"苏联革命之成功,全由于党员之奋斗",这是孙中山从苏联共产党那里得到的最重要启示。他领导的国民党却思想混乱、纪律松弛,不仅自身没有战斗力,也缺乏对广大民众的感召力和凝聚力。俄中革命的成败对比使孙中山看到了党的决定性作用,毅然作出彻底改造国民党的英明决策。宋庆龄回忆说,孙中山曾经将国民党比作一个要死的人,与共产党的合作是为了给他注入新的血液。这表明,孙中山清醒地认识到共产党是可信任可依靠的新生力量;与中共的合作是保证国民党改造成功的唯一选择。于是,他真诚地邀请共产党人参加了改造的组织工作。1923 年 10 月 19 日,在孙中山指派的五位党的改组委员中就有共产党员李大钊。此后成立的国民党临时中央委员会中,李大钊又担任了中央执行委员。在 1924 年 1 月召开的国民党第一次全国代表大会上,共产党员的作用得以充分显现:在中央委员会里,共产党员占有四分之一的比例;党中央的组织部长、农民部长等一些重要职务也由共产党员担任。

除了接纳共产党人、改变组织成分,孙中山改造国民党的另一目标是统一党的思想、重建党的主义。他说:"俄国革命之所以能成功,我国革命之所以不成功,则各党员至今仍不明三民主义之过也。"为此,在这次大会最重要的文件《中国国民党第一次全国代表大会宣言》中,孙中山重新解释了他的三民主义,为国民党的改造与新生奠定了理论基础和策略基础。在论及三民主义与共产主义的关系时,孙中山一贯的观点是"民生主义就是社会主义,又名共产主义"。在孙中山看来,国共两党对民族、民权的认识不会发生原则分歧;民生问题则是三民主义与共产主义相通的桥梁。颇具象征意义的是,《一大宣言》这份决定中国命运的纲领性文件,是由俄共党员鲍罗廷根据共产国际《关于中国民族解放运动和国民党问题的决议》的精神起草的,中国共产党党员瞿秋白把它翻译成中文,并参与了全部的写作过程。

毛泽东同志在评价三民主义的发展演变时说:"旧范畴的三民主义,乃是过时了的三民主义。如果不把它发展到新三民主义,国民党就不能前进。聪明的孙中山看到了这一点,得到了苏联和中国共产党的助力,把三民主义重新作了解释,遂获得了新的历史特点,建立了三民主义同共产主义的统一战线,建立了第一次国共合作,取得了全国人民的同情,举行了 1924 年至 1927 年的革命。"⑧

毛泽东同志的评论正确总结了重新解释三民主义的历史意义和中国共产党起到的重要作用。

三、新三民主义的理论内涵与政策基础

如前所论,自民国后,三民主义口号的增减变化暴露出其自身的理论缺陷,也反映出孙

中山思想发展的曲折过程。在 1924 年 1 月召开的中国国民党第一次全国代表大会上,三民主义学说得到了全新的解释。这次大会也因此成为孙中山思想转折的里程碑。

理解三民主义的新内涵,应因循下列三点渐进而行:

(一)新民主主义学说是理解新三民主义的理论基础

关于是否存在"新三民主义",中国学者的意见不尽一致。据有代表性的观点强调:三民主义是一个完整的思想体系,虽然有着发展演变,但不存在新旧之别。我们认为:一个有生命活力的理论学说总是要发展的,有发展就可以划分为若干演化阶段;划分阶段的关键在于对思想实质、特点的正确把握;至于如何为各阶段命名,并不是问题的根本所在。具体到如何确认三民主义的新旧之别,重要的根据和理论参照在于理解新民主主义学说。

中国共产党从二大开始了对新民主主义的探索,并在马克思列宁主义原理的指导下,随着革命实践的发展进程不断地推动这一思想的成熟,最终形成了一个完备的理论体系。关于中国社会与革命的性质,新民主主义认为:自鸦片战争之后,中国逐渐沦为了一个半封建半殖民地社会;其主要矛盾是帝国主义与中华民族、封建主义与人民大众的对立与斗争;中国的革命属于资产阶级的民主革命,其任务是要铲除帝国主义、封建主义的存在。依据新民主主义的观点,中国民主革命的进程应该划分为新旧两个历史阶段,其根据在于:

首先,苏俄十月革命之后,世界历史的发展产生了新的方向与格局。在这个时代,任何殖民地半殖民地国家的反帝反封建革命,不再属于旧的世界资产阶级民主主义革命的一个环节,而成为了无产阶级社会主义革命的组成部分。中国革命虽然没有超越资产阶级民主革命的范畴,但由于它处于新的时代,并且得到了社会主义国家和国际无产阶级的支持,便产生了新的意义和新的前途。

其次,五四运动之后,中国革命的局势出现了新的动力与阵营。由于无产阶级的崛起,革命的动力结构就发生了根本的变化。在中国,只有无产阶级最具革命的勇气和意志,拥有远大的政治抱负和严格的组织纪律,因而也最有资格成为革命的领导阶级。由于帝国主义的侵入,中国的资产阶级分化为两大阶层:买办阶层是帝国主义势力的附庸,因而属于革命的对象;民族资产阶级在一定条件下是革命的同盟军,但不能成为革命的领导力量。在帝国主义、买办资产阶级和封建地主阶级的压迫剥削下,中国的农民和小资产阶级的生存状况持续恶化,其革命意向也逐渐形成,最终将成为中国革命的主力部队。

再次,共产党建立之后,民主革命的发展就面临着新的目标与任务:第一步要推翻帝国主义、封建主义的统治,建立一个民族独立、人民民主的新民主主义国家;第二步要消灭资本主义的生产关系,建立一个社会主义的新中国。

从这一理论出发,不难看到:新旧三民主义是不同历史时代和国际环境的产物。旧三民主义的根本缺陷在于没有一个明确的反帝国主义的纲领和一个彻底的反封建主义的纲领;新三民主义的进步正在于较全面地补救了这一理论缺陷,达成了与新民主主义政治纲领的基本重合。三民主义所以有区分新旧之必要,原因正在于此。中国现代史已经无可争议地证实了新民主主义学说的科学性、正确性。如果从实践的立场来看,论证三民主义的新旧之别已无必要。至于有人提出的"三民主义只有早期、后期之别"的观点,我们以为,它只是新旧之别的同质性的表述而已。

(二)国民党《一大宣言》是理解新三民主义的根本依据

《中国国民党第一次全国代表大会宣言》是全体与会代表一致通过的重要文件,孙中山称之为"此次大会之精神生命"。这个宣言的第二章《国民党之主义》已经郑重宣告:"国民党之三民主义,其真释具如此。"这一句话就足以表明了它的权威地位和经典意义——与之不同的解说都不是正统的"真释"。一年之后,孙中山在他的临终遗嘱强调:"凡我同志,务须依照余所著《建国方略》《建国大纲》《三民主义》及《第一次全国代表大会宣言》,继续努力,以求贯彻。"⑨

应该指出,作为党的领袖,孙中山主持制定的各种文件显然具有双重属性:它既体现了孙中山个人的观点,也可视为党组织的集体思想。几十年以来,无论编辑、出版者的政治背景如何,《中国国民党第一次全国代表大会宣言》始终被不同版本的孙中山选集、全集所收录。其实,这也是中国史学界、出版界处理此类问题的惯例。

《一大宣言》对三民主义的解说有三个关键点:

首先,《一大宣言》指出,"国民党之民族主义,有两方面之意义:一则中国民族自求解放;二则中国境内各民族一律平等"⑩。"中国民族自求解放",显然是指从帝国主义的压迫和奴役下得到解放,使中国摆脱被瓜分的危难和半殖民地的地位,取得国家的独立与自由。"中国民族"与"中国境内各民族"相对举的表述方式也可以证明这一点。在前面,我们曾多次指出,对帝国主义存有幻想是孙中山屡遭挫折的主要原因。苏俄政府提供的多方面援助和自身的"农工兵政府"性质,使孙中山在对比中彻底看清了帝国主义镇压中国革命的真实面目,进而得到了"资本国家断无表同情于吾党"的结论。在半年多后发表的《中国国民党北伐宣言》中,孙中山更明确地宣布:"此战的目的不仅在推倒军阀,尤在推倒军阀所赖以生存之帝国主义。盖必如是,然后反革命之根株乃得永绝,中国乃能脱离次殖民地之地位,以造成自由独立之国家也。"⑪在这里,新民族主义的思想真髓得到了最简明的表达。

其次,《一大宣言》指出:"近世各国所谓民权制度,往往为资产阶级所专有,适成为压迫平民之工具。若国民党之民权主义,则为一般平民所共有,非少数者所得而私也。"回顾孙中山的历史可知:

"创立民国"是30年前他宣布的革命誓言;

"中华民国之主权,属于全体国民""中华民国人民,一律平等"是20多年前他为《临时约法》拟定的最高原则;

"扫除专制政治,建设完全民国""还我约法,还我国会"是10多年前他为护国、护法运动提出的战斗口号;

然而,直到5年前,他才看到自己为之奋斗一生的民权理想只是"为资产阶级所专有"的"压迫平民之工具"。

孙中山的民权主义所以经历如此艰难的成熟过程,其主客观原因是不难把握的。令人深思的启示是：革命理论唯有在实践的推动下才能不断发展,而理论家的执著追求和坚持真理,修正错误的勇气则是理论进步的主观条件。当发现了新的真理后,孙中山就坚决抛弃了抽象的主权在民观念和虚伪的全民平等观念,毅然宣布:"凡真正反对帝国主义之个人及团体,均得享有一切自由与权利;而凡卖国罔民以效忠于帝国主义及军阀者,无论其为团体或个人,皆不得享有此等自由与权利。"在这里,新民权主义的实质与中国共产党后来提出的人民民主专政和新民主主义国家的理想基本是一致的。

再次,《一大宣言》指出:"国民党之民生主义,其最重要之原则不外二者:一曰平均地权;二曰节制资本。""平均地权"是同盟会时代的民生主义口号,其实质是对土地权利进行核定地价、增价归公和平赎买,用资本主义的土地国有制来抑制地主阶级,为资本主义工商业的发展扫清障碍。除了延续这一传统的政策解说之外,《一大宣言》又主张:"农民之缺乏田地沦为佃户者,国家当给以土地,资其耕作","农民之缺乏资本至于高利借贷以负债终身者,国家为之筹设调剂机关,如农民银行等,供其匮乏"。[12]这一方针虽然不免空疏模糊,但毕竟迈出了解决农民土地问题的第一步。后来,孙中山又将它概括为一个响亮的反封建口号:耕者有其田。

对于"节制资本",《一大宣言》提出:"凡本国人及外国人之企业,或有独占的性质,或规模过大为私人之力所不能办者,如银行、铁道、航路之属,由国家经营管理之,使私有资本制度不能操纵国民之生计。"孙中山"节制资本"的用意在于以国家资本遏制私有资本的膨胀,使之不能操纵国计民生,但并不反对中小私人资本的发展。

需要澄清的是,孙中山讲的国家资本、国家经营和我们今天所谓的社会主义公有制、国有经济是不同的。国家资本的性质将取决于国家政权的阶级属性和社会基本生产关系的性质。但在孙中山看来,通过平均地权、节制资本的方针就可以限制资本主义的发展;国家掌握了土地和大资本,自然就进入社会主义了。甚至,他认为社会主义、共产主义"不过为解决民生问题之政策而已……共产主义与民生主义毫无冲突,不过范围有大小耳"[13]。孙中山用民生主义涵括社会主义、共产主义的观点固然是错误的,可是,平均地权、节制资本的新民生主义和新民主主义的经济纲领却是吻合的。20世纪50年代、80年代的共和国历史可以证明,鼓励私有经济的政策并没有危及社会主义制度的建立与发展。甚至,我们有理由认为,如果新民生主义经济或新民主主义经济能够得到更充分的发展,并且在社会主义改造之后仍旧得到一些继续生存的空间,中国经济的成长将获得更快的速度。

从以上三个关键点来看,新三民主义与旧三民主义的确有了重大区别。概括地说,这种区别集中在两个方面:其一是明确提出了"反对帝国主义"和"耕者有其田"的口号,使三民主义真正包含了一个较完整的反帝反封建政治纲领;其二是提出了国家政权的阶级结构问题。所谓民权"为一般平民所共有,非少数者所得而私也"的思想和"反对帝国主义之个人及团体,均得享有一切自由与权利"的思想,为确定新三民主义国家政权的阶级结构提供了基本原则。

除了《一大宣言》,孙中山临终遗嘱提到的《建国大纲》《三民主义》也是关于三民主义、三大政策的重要文献。《建国大纲》是孙中山提交给"一大"讨论但没有通过的文件。1924年

1月7日,《一大宣言》通过后的第5天,孙中山就开设了一个系统解说三民主义的讲座。这一长达7个月之久的系列演说被冠以《三民主义》的题目汇集成文。就其内容而言,《三民主义》可以视为对《建国大纲》的详细阐述,它与《一大宣言》有着明显的不同。其中,实质性的差别包括两点:

其一,《三民主义》对农工联合强调不多,而是提出了将家族、宗族扩展为"国族",以加强中华民族凝聚力的观点;同时又提出了以中国传统的道德和政治哲学,如忠孝、仁爱、"修齐治平"等,作为民族主义根基的主张。孙中山一贯重视从中国历史文化传统中汲取思想营养,也重视从现实需要的立场来发展自己的学说;但是,如此系统性地以传统文化视野和儒家理论的话语来解说、阐释三民主义,这是过去不曾出现的新的思想动向。后来,有人据此把孙中山说成是儒家道统的继承者,把儒家思想说成是三民主义的内核,这实在是缺乏学理依据的。

其二,《三民主义》强调了"耕者有其田"政策的重要性,提出民生主义的主要任务是解决"全国人民之衣食住行四大需要"的观点,进而形成了人类社会进化取决于民生,民生是历史活动中心的"民生史观"。从"平均地权"到"耕者有其田"是孙中山民生主义的一大进步。如前所论,"平均地权"政策的最大受益者是资产阶级,并没有解决农民没有或少有土地的问题。无论从民生主义的本来立场着眼,还是就动员农民参加革命运动的策略立场而论,农民能否得到、如何得到土地的问题,都是孙中山必须作出回答的。"耕者有其田"是对农民土地的权利的确认,也是农民必将得到土地的承诺,这当然体现了新三民主义的进步。但是,耕者如何有其田呢?孙中山仍旧没有提供具体的运作方案。关于"民生史观",后面还要专节介绍。

(三)"三大政策"是新三民主义的政治纲领

孙中山在《一大闭幕词》中说:"政纲和主义的性质,本来是不同的,主义是永远不能更改的,政纲是随时可以修正的。"在《一大宣言》中表述的,哪些是主义,哪些是政纲,孙中山当然会有自己的看法。上述《一大宣言》所以有异于《三民主义》,其原因之一即是政纲和主义的差别。作为新的民主革命理论,新三民主义需要一条由若干原则构成的政治纲领,由若干政策构成的实践路线,否则,理论就会因为缺少与实践的关联而流于空谈。联俄、联共、扶助农工的三大政策不仅是正确的政治纲领和实践路线,而且也体现着新三民主义理论的核心内容。

关于"三大政策",向来就有人否认其存在。其实,作为一种口号,"三大政策"的提法始于共产党人陈独秀于1926年11月的一次党内报告,但作为一种思想,它确实出自孙中山本人。1925年12月4日国民党中央发表的《对全国及海外全体党员解释革命政策之通告》称:"若吾党之革命策略不出于联合苏俄,不以占大多数之农工阶级为基础,不容纳主张农工利益的共产派分子,则革命势力陷于孤立,革命将不能成功。"[⑭]这段话不容置疑地将联俄、联共、扶助农工表述为革命成功的策略保证。关于这一思想的形成,该文件还明确指出,"先总理决之于先,第一次全国大会采纳于后"。一周后,国民党中央又发表《召集第二次全国代表大会宣言》也重申了相同的观点。既然不实行"三大政策"就导致"革命势力陷于孤立,革命将不能成功",那么,"三大政策"的最高政纲地位和最基本路线性质就不可怀疑了。"决之于先"和"采纳于后"的说法也明确地指出了"三大政策"的生成过程与合法性。从实践角度而论,中国国民党革命事业的高峰正是形成于"一大"之后:国共两党的密切合作推动了全国工农运动的高潮迭起;北伐战争以摧枯拉朽之势消灭了反动军阀的实力,国民革命的成功已指日可待;"三大政策"的存在与威力已经被历史所证实。

确认了"三大政策"的存在之后,进一步的问题是探讨孙中山制定"三大政策"的动机、目的,厘清这三者之间的内在联系。

孙中山所以作出联俄的决策,有着多方面的原因。但首要的原因在于孙中山认定:俄国革命成功的经验正是中国革命所以失败的教训。其中,最根本的经验就是"俄国革命之成功,全由于党员之奋斗"。前面已经提到,革命党涣散、腐化的状况,始终是孙中山为之忧虑的心腹大患。在许多重大问题上,孙中山在党内往往陷于孤立。为此他也曾作出多方面努力以图改进。1914年,中华革命党建立时所实行的总理个人独裁体制,就是孙中山为强化组织建设而采取的极端举措。1918年至1919年间,孙中山潜心沪上专心写作的《建国方略》,即是孙中山为强化思想建设而作出的最后努力。如果设身处地地体察当时的情境,孙中山的这两个重要决定都担负着很大的政治风险。特别是中华革命党的组建,使黄兴等一大批老同志与孙中山分手离去。然而,强化组织建设、思想建设的尝试都失败了。正是认识到了党的根本作用,孙中山联俄后的第一项决策就是改组国民党。他聘用的第一位俄国顾问鲍罗廷就主管党的组织工作。此外,俄国革命的成功又使孙中山找到了更符合自己政治理想的建国思路,所以他才坚定不移地宣布:"我党今后之革命,非以俄为师,断无成就。"他将"一大"的任务确认为两个:"第一件是改组国民党的问题,第二件是改造国家的问题",而这两个问题的解决方案就来自"俄国完全以党治国"的榜样。对俄国革命成功经验的高度认同,显然是孙中山联俄决策的思想出发点。就政治、外交策略而言,联俄也是孙中山的唯一选择。俄国对中国革命的真诚帮助,当然有助于孙中山更深刻地认清西方列强敌视中国革命的真实面目,从而放弃求助支持的幻想,但最根本的问题还在于列强对华政策及其帝国主义的本质是不会改变的。也就是说,即使孙中山没有放弃幻想,也不会从列强那里得到什么帮助。俄国既是唯一支持孙中山革命事业的,又是唯一宣布放弃对华不平等条约的国家;俄国共产党和列宁更是受到孙中山高度推崇的榜样;因此,选择联俄政策既是必然的,也是唯一的。

更可贵的是,孙中山的联俄政策不限于请求俄国的援助,而是要将中国革命逐步融入世界无产阶级革命和社会主义运动之中,与被侵略被压迫民族的解放斗争结成一体。早在1921年底,孙中山第一次会晤共产国际代表马林时,就提出了"中俄携手将完成亚洲解放"的设想;在《致苏俄遗书》中,他表达的最后意愿是中俄"两国在争世界被压迫民族自由之大战中,携手并进以取得胜利"。这些言论都足以表明:联俄政策的思想依据之一是孙中山对中国革命与世界革命关系的深刻见解。在历史的发展进程刚刚出现转折之际,孙中山就敏锐地感受了这一时代动向,并努力将中国革命汇入世界无产阶级革命的大潮之中。即使在今天看来,联俄政策所体现出的孙中山的时代感和政治魄力,仍旧令人由衷敬佩。

联俄、联共、扶助农工的三大政策是一个不可分割的整体,其共同的实践目标便是改造国民党,使之走向正确的发展道路,得到广大农工民众的支持。如果说联俄是三大政策的出发点,联共与扶助农工则是必由之路。在当时,中国共产党的组织规模虽小,但活动能量却很大。1922年至1923年间的第一次工人运动高潮可称为共产党领导民众革命的开幕式。对于一直依靠军队和少数知识分子群体为基干的孙中山来说,面对这一事实不能不感到震撼。为什么刚刚问世的共产党能够拥有如此翻天覆地的政治能量?孙中山已经发现,秘密在于中共"主张农工利益",并且和人民大众保持密切的联系。孙中山由此恍然大悟:"革命行动,欠缺人民心力,无异无源之水,无根之木。"

"人民"是谁?"人民"在哪里?孙中山终于认识到,农民是我们中国人民之中的最大多数,如果农民不来参加革命,就是我们革命没有基础。对于工人阶级,孙中山给予了更高的评价:"工人既有了团体,要废除不平等条约,便可以做全国人的指导,做国民的先锋,在最前的阵线上去奋斗。"正是基于这种思想转变,《中国国民党第一次全国代表大会宣言》才能够郑重确认:"国民革命之运动,必恃全国农夫、工人之参加,然后可以决胜";确认国民党的历史使命是"谋农夫、工人之解放","为农夫、工人而奋斗"。

除了在革命动力、阵线等战略问题上的转变外,实行三大政策的策略因素也不应忽略。孙中山和国民党长期处于孤立状态,全中国的政治势力几乎都是他们的敌对者,代表劳动民众的共产党却热情而坚定地支持孙中山的事业。要扩充革命阵营的力量,要挽救日益消沉没落的国民党,与共产党合作客观上已成为孙中山唯一的选择。换一个角度来分析:中国共产党是俄国共产党主导的共产国际(又称第三国际)的分支组织。中国共产党提出的成立两党"民主联合战线"的建议,正是来自列宁和共产国际的指导。因此,将"以俄为师""联俄"视为国民党唯一出路的孙中山就必须要联共了。

正是出于这一原因,孙中山的联共立场才逐渐趋于坚定。他曾多次严厉斥责那些反对联共的国民党右派分子,开除他们的党籍,甚至把他们关押囚禁。他还多次宣布,如果大家都反对联共,他就会抛弃整个国民党而加入共产党。孙中山在是否联共问题上的激烈态度是富有远见、公而忘私的。然而,孙中山去世不久,国民党右派就公然背叛了他的三大政策,断送了他的革命事业。这一沉重的历史教训又给我们留下了一个必须深省的课题。

注释:

①孙中山.中国存亡问题.孙中山全集.第四卷.北京:中华书局,1985.94 页.
②孙中山.辞大元帅职通电.孙中山全集.第四卷.北京:中华书局,1985.471 页.
③孙中山.致海外同志书.孙中山全集.第六卷.北京:中华书局,1985.555 页.
④尚明轩.孙中山的历程.北京:解放军文艺出版社,2004.934 页.
⑤孙中山.人民心力为革命成功的基础.孙中山文粹.下卷.广州:广东人民出版社,1996.664 页.
⑥孙中山.三民主义.孙中山全集.第九卷.北京:中华书局,1986.289 页.
⑦宋庆龄.孙中山和他同中国共产党的合作.孙中山生平事业追忆录.北京:人民出版社,1986.423 页.
⑧毛泽东.毛泽东选集.第二卷.北京:人民出版社,1952.686 页.

⑨孙中山.国事遗嘱.孙中山全集.第十一卷.北京:中华书局,1986.639~640 页.

⑩孙中山.中国国民党第一次全国代表大会宣言.孙中山全集.第九卷.北京:中华书局,1986.118 页.

⑪孙中山.中国国民党北伐宣言.孙中山全集.第十一卷.北京:中华书局,1986.76 页.

⑫孙中山.中国国民党第一次全国代表大会宣言.孙中山全集.第九卷.北京:中华书局,1986.120~121 页.

⑬孙中山.关于民生主义之说明.孙中山全集.第九卷.北京:中华书局,1986.112 页.

⑭尚明轩.孙中山的历程.北京:解放军文艺出版社,2004.946 页.

⑮孙中山.在广州市工人代表会的演说.孙中山全集.第十卷.北京:中华书局,1986.第 146页.

第七讲　孙中山的哲学思想

内容提要

进化论

1.物质进化时期:世界经由太极、电子、元素、物质等阶段进化为地球。太极是构成物质的基础。

2.物种进化时期:生命由最原始的单细胞"生元"进化而来,在物竞天择的进化规律作用下进化为人类。

3.人类进化时期:"物种以竞争为原则,人类则以互助为原则"的互助说,对社会达尔文主义是一种批判,但将人类社会的发展说成是一种道德实践也不符合实际状况。

知行学说

1.思想渊源和现实背景:中国古代知行观将知、行限于道德研究的范围之内,并强调知的主导地位。孙中山认为,"知易行难"的传统偏见体现了国民劣根性,也使革命党人失去了继续革命与建设的信念。于是,才大力批判"知易行难"说,以补偏救弊。

2.基本内容:其一,孙中山从革命运动的实际出发,将知行关系的辨析置于现实需要的基点之上。把"行"的内容扩展到革命斗争、经济发展等更广阔的社会领域;高度重视"行"的作用;其二,孙中山认识论的核心与精华并不是"知难行易",而是"行先知后"。他强调"以行而求知,因知以进行"的规律,并提出了"先有事实,后有言论"的观点。

民生史观

1.孙中山认为,民生问题是人类生存的基础和历史发展的动力,进而把解决人民生活问题的民生主义提升为哲学层面的民生史观。

2.孙中山认为,民生主义是解决贫富对立的现实矛盾、解除民生痛苦的方案,因此就是"社会主义"。

3.孙中山认为,"人类因为要有不间断的生存,所以社会才有无停止的进化。所以社会进化的规律,是人类求生存。"这种观点用"求生存"的意志、欲望替代了生存实践本身,模糊了唯物主义与唯心主义的界限。

学习思路与目标

1.学习时要认真阅读教材有关内容,参阅课程多媒体资源。
2.在与达尔文生物进化论的比较中把握孙中山的进化论世界观的要点与实质。
3.依据历史唯物主义原理分析"互助说"的缺陷与值得肯定之处。
4.梳理中国古代知行观的要义,理解孙中山知行学说的现实基础。
5.区分"以行而求知,因知以进行"和"先有事实,后有言论"的差异。
6.理解民生主义上升为民生史观的原理。
7.深入理解唯物史观和民生史观的区别所在。

思考与练习

1.讨论:
    (1)如何理解孙中山对达尔文进化论的阐发?
    (2)从哲学立场解说孙中山的"突驾"观及其现实意义。
    (3)如何理解中国古代"大同"思想对孙中山的影响?
    (4)结合我国改革开放的历史,深入理解"行先知后"说。
2.写作:
    结合我国改革开放的历史,就孙中山的"突驾"观写作一篇议论文章。

    如前所论,孙中山不是那种书斋型的学者,他的思想都是基于革命斗争需要展开的研究与探索的结晶。其政治思想如此,哲学思想也是如此。除了堪称哲学专著的《孙文学说》外,孙中山的哲学思想论述大都散见于一些篇幅较短的著述或演说中,而且大都与具体的现实问题相关。可以说,孙中山的哲学是一种革命实践的哲学。

    哲学是描述世界的基本图式,是关于自然界、人类社会、人类思维总体规律的学说,因而也是人类认识的基础和指南。学习、理解孙中山的哲学思想无疑是研究其政治思想乃至全部理论学说的基础。孙中山在论及自己的学说时,曾谦虚地表示有待后起者"匡补阙遗"。事实上,受到诸多因素的限制,他的哲学思想的确存在许多迷误之处,其实质是二元论。实事求是地区分其中的真理与缺失,正体现出我们对中山先生的景仰与爱戴。

一、孙中山的进化论及其特色

进化论是孙中山的哲学思想的基础,它涉及了宇宙观、自然观、历史观等丰富的内容。早在学生时代,孙中山对达尔文的进化论学说就十分推崇,曾经长期地认真研究。在《孙文学说》中,孙中山集中阐发了自己的进化论思想,并指出了进化学说的时代意义:"自达尔文之书(指《物种起源》——引者)出后,则进化之学,一旦豁然开朗,大放光明,而世界思想为之一变,从此各种学术皆依归于进化矣。夫进化者,自然之道也。"[①]孙中山以为,达尔文的进化之学所以能够使世界思想为之一变,统摄各种学术,是因为它揭示了自然发展的基本轨迹和规律。

孙中山的进化论也是依归于达尔文的,但又汲取了西方自然科学的成果,将视野从生物界扩展到全部对象世界,结合了中国社会实践所提出的课题,形成了自己独具特色的进化论世界观,并以之作为资产阶级民主革命的哲学依据。

(一)孙中山进化论的基本内容

孙中山认为进化是宇宙万物的普遍规律:"进化者,自然之道也……世界万物皆由进化而成。"他根据天体演化史、地球史、化学史和人类史的知识,指出世界进化经历了从无生命物质到有生命的物种再到人类等三个阶段,形成了物质进化、物种进化、人类进化三个时期。

1.物质进化时期:太极说与唯物主义世界观

世界如何生成、演变的本原问题是哲学的真正起点。通常人们把古希腊的泰勒斯视为第一位哲学家,就是因为他提出了"万物来源于水"的命题。超越无限复杂的具体事物,把世界的根源归结为一种、几种物质存在或精神存在,这就是本原问题的实质。孙中山认为:

> 元始之时,太极(此用以译西名"伊太"也)动而生电子,电子凝而成元素,元素合而成物质,物质聚而成地球,此世界进化之第一时期也。今太空诸天体多尚在此期进化之中。

在中国哲学史上,"太极"是表示宇宙本原的哲学范畴。宋代周敦颐、程颢、程颐、朱熹等唯心主义哲学家都把"太极"说成一种虚无缥缈的精神客体,提出了"理一元论"的思想。例如,朱熹说:"天地生于太极,太极就是吾心";"太极只是天地万物之理"。宋代道学中的唯物主义哲学家张载则针锋相对地提出了"气一元论"的宇宙本源观,他说:"太虚无形,气之本体;其聚其散,变化之客形尔。"明代王廷相继承了张载的观点,称"太极"是"天地未判之前"的"元始浑沌清虚之气"。很明显,朱熹的太极是属于精神存在的"心"或"理",张载的"气"则是一种物质。孙中山的太极是构成物质的基础,这就明确地肯定了"世界是物质的世界"的唯物主义根本原理。

"伊太"是17世纪以来西方哲学、科学中流行的一个物质性概念,是指弥漫于宇宙中的一种没有重量、弹性极大的媒质。恩格斯说过,如果宇宙中真的存在"伊太",它必定是物质的。孙中山认为："始初太阳和气体都是在空中,成一团星云,到太阳收缩的时候,分开许多气体,日久凝结成液体,再由液体固结成石头。地球当初由气体变成液体要几千万年,由液体变成石头的固体又要几千万年。"应该指出,孙中山对宇宙起源的描述当然是为其进化哲学提供科学基础,而且是以当时流行的"康德—拉普拉斯星云说"及地质科学的理论为依据的。从现代科学角度来看,其错误之处不难指明。但是,从哲学的立场而论,"太极"显然是在自身运动中生成了电子、元素以至太阳、地球等天体的物质。宇宙是因太极的运动由低级到高级,由简单到复杂,逐渐进化而成,并且还在继续运动、演变。这与"物质的世界是运动变化的"、"世界运动的原因在于自身的矛盾"等辩证唯物主义观点有相同之处。

孙中山的宇宙进化思想是在融合了中外哲学成果的基础上对达尔文学说的阐发和扩展,其哲学价值并不突出,但它决定了孙中山哲学的唯物主义倾向。

2.物种进化时期:生元说与物竞天择的进化规律

物种进化是世界进化的第二个阶段。根据19世纪前叶问世的细胞学说,孙中山认为:经过漫长的进化过程,地球上出现了最原始的单细胞即生物的"元子",他称之为"生元"。"生元"又是从何而来的呢? 在当时,人们对前细胞状态的认识还未成形,孙中山已经根据镭的发现作出了合理推论:"元素者,更有元素以成之;元子者,更有元子以成之。"同理,"生元"也可以分解成更小的元子。根据达尔文的进化学说,孙中山解释道:

> 由生元之始生而至于成人,则为第二期之进化。物种由微而显,由简而繁,本物竞天择之原则,经几许优胜劣败,生存淘汰,新陈代谢,千百万年,而人类乃成。

在他看来,生物界遵循"优胜劣败,生存淘汰,新陈代谢",即"物竞天择"的规律而进化,人类就是这一进化过程的产物。这就有力地否定了神创论,体现了鲜明的唯物主义倾向。由于孙中山对"生元"的形象描述引起了误解,许多研究者将"生元"视同莱布尼兹的"单子"或"神秘的灵魂",进而得到了"生元说属于二元论、唯心论"的结论。

其实,孙中山关于生元"精矣、微矣、神矣、妙矣,不可思议者矣"的感叹,完全是针对其所显现的状态而发出的,不是对其属性、功能的分析判断。它与人们每每惊叹大自然的鬼斧神工或艺术品的出神入化并无不同。孙中山写道:"生元之为物也,乃有知觉灵明者也,乃有动作思为者也,乃有主意计划者也。人身结构之精妙神奇者,生元为之也;人性之聪明知觉者,生元发之也;动植物状态之奇奇怪怪不可思议者,生元之构造物也。"②这样的表述的确使人怀疑"生元"是有精神意志的神秘灵魂,是莱布尼兹所谓的"单子"。但是,孙中山果真像莱布尼兹那样认为"单子"是独立、能动的精神实体,是自然界一切存在物的基础,进而得到整个自然界都有生命的"物活论"了吗?

孙中山的本意并非如此。他认为"生元"具有某种低级意识的观点也并非全无道理。恩格斯也说:"我们并不否认,动物是具有从事有计划的、经过思考的行动的能力的。相反地,凡是有原生质和有生命的蛋白质存在和反应,即完成某种即使是由外面的一定的刺激所引起的极简单运动的地方,这种有计划的行动,就已经以萌芽的形式存在着。这种反应甚至在还没有细胞(更不用说什么神经细胞)的地方,就已经存在着。"③恩格斯的意思应该理解为:人类的心理—行为的能动性不是突然地出现于生物界的,它是由最原始的生命——或称"原生质和有生命的蛋白质"——所具有刺激感应特性长期进化而来的。至于最原始的生命的这种刺激感应性与人的主观能动性存在多远的距离,那只是一个科学的问题。从哲学立场着眼,无论如何,这段进化道路的两个端点总会有一定的同质性的。通俗地说,猿可以进化为人类,石头怎么也变不成人,因为两者之间没有最低限度的同质性。孙中山也曾经说过,童子有精神,牛没有精神。既然具备神经系统的牛都没有人的精神,"生元"就更无足论了。④所以,说孙中山把"生元"视为"单子"是不能成立的。生物科学表明:生命的最主要特征就是有序性。生命能够在无序中获得有序,在杂乱中出现组织系统。小小的"生元"居然可以从无到有地形成,并按照一定的方向和目标运动演变,构造出如此丰富、繁杂又如此和谐、完美的生物系统,的确是不可思议的。如果以人类之力为之,无论如何也无法想象更无法造就这样的成果。生物界的神奇与完美是人类最普遍的生活感受。随着人们对生物界认识的深入,这种神奇感只能加剧而不会减弱。但神奇感只是一种生命体验,它并不必然地导向哲学上的二元论、唯心论。相反,由于"生元"说如此肯定地强调物质性的"生元"的作用,我们至少可以确认:在孙中山的物种进化论中,唯物主义的倾向也是不可否认的。

3.人类进化时期:互助说与对社会达尔文主义的批判

继物种进化期之后开始的人类进化时期,已经开始涉及人类社会的发展规律问题。孙中山的历史观在此得以初步地阐发。孙中山认为:"人类初出之时,亦与离兽无异;冉经几许万年之进化,而始长成人性。而人类之进化,于是乎起源。"人类的进化就是逐渐摆脱兽性而生成人性的过程。这意味着人类进化的法则与动物不同:"物种以竞争为原则,人类则以互助为原则。社会国家者,互助之体也;道德仁义者,互助之用也。人类顺此原则则昌,不顺此原则则亡。"⑤孙中山把人类社会独特的进化机制确认为互助,实际上批判了把生存竞争原则强加给人类的社会达尔文主义,进而否定了"有强权无公理"的霸道,为自由、平等、博爱的西方民主精神和中国儒家的仁爱精神找到了一个坚实的自然主义的基础。孙中山在谈到国民革命的目标和民国国体建设的原则时,多次表示"其一贯之精神,则为自由、平等、博爱"。对政治思想、政治目标以及社会历史观念给予道德化的解说,作为革命时代的宣传策略或许是必要的。但从哲学的立场审视,将人类社会的发展说成是一种道德实践,甚至认为是一种抽象的道德精神在决定历史演进,就背离了人类历史的实际状况了。在我们看来,决定历史发展的动力是物质生活资料的生产实践,是包括这一实践在内的人类生存方式,而不是某一种精神存在或精神活动。

所谓的"互助论"本自19世纪欧洲流行的无政府主义思潮。无政府主义鼓吹个人的绝对自由,反对包括国家在内的一切权力和权威;主张消灭任何形式的国家组织,建立一个人们共同拥有一切,彼此相爱互助的大同社会。无政府主义在20世纪初的中国产生了巨大影响。后来的国共两党的许多领袖人物都曾经接受过这一理论。有些研究者认为,孙中山的互助说也来自无政府主义。其实,"社会国家者,互助之体也。道德仁义者,互助之用也"的说法,不仅充分肯定了国家作用,而且把国家与互助的有无当作了存亡的充分条件,这与无政府主义的基本倾向是截然不同的。我们认为,孙中山的国家为互助之本体的论断之所以错误,不在于它和无政府主义的关联,而是因为它不符合国家是阶级压迫之工具的历史事实,也无法解释远在国家出现之前,人类社会久已存在并达到高度文明的事实。

(二)孙中山进化论的理论意义

在当时的社会历史条件下,孙中山的进化论表现出鲜明的理论特色和一定的创新意义。作为世界观和方法论,它对孙中山的历史观和政治思想有着重要的导向作用和支撑作用。

1.根据进化思想,孙中山推导出他的历史进化说

孙中山认为:与自然界一样,人类社会也是不断向前发展进化的。从认识的发展着眼,人类的进化可分成蒙昧时期、文明时期和科学时期;以生产方式划界,人类社会可分为太古时代、渔猎时代、游牧时代、农业时代和工商时代;从社会形态来看,人类经历了洪荒时期、神权时期、君权时期和民权时期。无论从哪一种角度划分,人类社会总是由低级阶段向高级阶段不断发展进化的,这种进化是物质进化、物种进化的延续。由此,孙中山将自然史和人类历史统一起来,把社会发展规律的不可抵抗性视同于自然演变的规律必然性:"世界的潮流,由神权流到君权,由君权流到民权;现在流到了民权,便没有方法可以反抗。"[⑥]很明显,进化论思想深化了孙中山对社会发展规律的认识,形成了他反对封建专制、建立民主共和制度的理论依据。孙中山的革命事业历经曲折挫败,但他屡败屡战,愈挫愈坚,再接再厉。在这种百折不挠的顽强意志和必胜信念的深处,正是进化哲学构成了一种坚实的理论支撑。孙中山深信:三民主义的理想社会不仅仅是革命党人的事业追求,而且是人类本性和自然规律的生动显现。他很喜欢用"潮流"一词来喻说革命运动、社会进步的必然性。例如,"世界潮流,浩浩荡荡,顺之则昌,逆之则亡"就是他最为著名的题词。这种坚定的"潮流意识"正是源自他的进化哲学。

2.在强调主体能动性的基础上,孙中山提出了他的"突驾"说

孙中山认为,不仅自然界的进化有飞跃,而且人类社会的进化也有质变和飞跃。人在社会进化中能够发挥自己的能动作用,产生巨大的推动力,创造超越常规的历史进程。那些飞跃、质变,超常发展就是"突驾"。他说:"大凡社会现象总不能全听其自然",而要"顺乎天理,应乎人情",一切事情要以"人力为之转移"。这一思想既强调了规律的制约作用,又肯定了人的能动作用,并合乎逻辑地深化为"后来居上"的"突驾"说。

孙中山指出:中国的发展"决不要随天演的变更,定要为人事的变更,其进步方速"。他号召国人抓住"千载一遇之时机",以"异常之速度"与"欧美并驾齐驱";"如是数年,必有一庄严灿烂之中华民族发现于东大陆,驾诸世界共和国之上矣"。

在反对君主立宪的斗争中,孙中山依据"突驾"的思想批评了中国社会只能"由野蛮而专制,由专制而立宪,由立宪而共和"的循序渐进论,强调历史的跳跃式发展。他说:"不可谓中国不能共和,如谓不能,是反夫进化之公理也,是不知文明之真价也。"[⑦]

在对中国近代化转型的规划中,孙中山主张学习外国先进科技,引进资金与人才,发展生产,"突驾"于欧美之上。他说,"国家生产力"的发展应"以日加速,最后之百年已胜于以前

之千年，而最后之十年又胜以往之百年"。美国由一个蛮荒的殖民地发展成世界强国不过143年，日本的由弱至强只用了50年。如此推算，中国只要发挥后起优势，对外开放，引进先进科技，就可缩短时间距离；用十年至数十年走完别人百多年甚至几百年才走完的路程，实现跨时代的高速超越。

此外，在道德文明上，孙中山认为我国本来就优越于西方国家。如果借鉴西方的经验，克服西方的种种弊端，可以建立全世界最优秀的文明而凌驾于西方各国。总之，孙中山的"突驾"说被他广泛地运用于革命斗争策略与中国社会改造规划的诸多方面，成为他思想建设的哲学基础和实践激情的信念基础。

二、孙中山的知行学说

在中国历史上，孙中山是第一个从认识论角度探讨革命成败之由的革命思想家。他沿用了中国古代知行关系的范畴与命题，在一定程度上批判唯心主义知行观，提出了"知难行易""分知分行"等观点，比较系统地阐述了他的带有鲜明唯物主义色彩的认识论。孙中山把自己的知行观称为"孙文学说"，并列为《建国方略》的第一部分。仅从这一点，就可以感受到孙中山对知行学说的高度重视和大力宣传这一理论的良苦用心。

在《孙文学说》中，孙中山首先用四章的篇幅批判了对国人影响甚深的"知易行难"说，接着又在第五章《知行总论》中正面阐述了"行易知难"的知行观。在以下的《能知必能行》《不知亦能行》《有志竟成》三章，孙中山结合中国革命历史的经验教训深化了自己"行先知后"的重要思想。

(一)孙中山知行学说的形成背景

为深入理解孙中山的知行学说，首先要了解其思想渊源与写作背景。

1.中国古代知行观简介

知与行是中国哲学的一对重要范畴。在古代，知行关系的命题通常用以阐释、论证道德认知与道德实践的内在关联，与哲学意义上的认识与实践的关系问题有着明显的区别。历史上关于知行关系问题的提出，最早见于《尚书》《国语》《左传》等古籍。其中，《尚书·说命》中"知之非艰，行之惟艰"一语被后人概括为"知易行难"的著名命题。

在中国古典哲学的语境中，"知易行难"大体上表示，理解一种道德思想或境界相对容易，但在生活中躬行践履以至于成，就很艰难了。自先秦以降，古人对知行观的讨论虽不绝如缕，但并未成为古代哲学的基本课题。自宋代起，随着封建统治者加强思想统治的需要，知行问题开始成为宋明理学的理论热点。除承续了道德认知与道德修持一体化的思想传统外，程颐、程颢从其"天即是理"的本体论出发，自然推导出了"知先行后""行难知亦难"的结论。朱熹发挥了二程的思想，提出"知行常相须"的观点，表面看是知行统一，其实还是强调"论先后，知为先；论轻重，行为重"。明代主观唯心主义哲学家王守仁明确提出了"知行合一"的观点。但理解了他的"心外无理""心外无物"的哲学基点，便不难推论，"知行合一"实际上是完全的"同一"。王守仁自己也讲得很清楚："一念发动处,便即是行。"也就是说,有了一种行动的念头,就等于产生了这一行为,知与行是没有任何区别的。在我们看来,突然萌生自杀的冲动和自杀毙命绝对不是一回事。集中国古代唯物主义哲学之大成的王夫之沿用了"知易行难"的说法,但对它作出了唯物主义的解释:"行可兼知,而知不可兼行。"即行可以兼容知,带动知的深化,但知对行却没有相同的功用。他还利用、阐发了孔子"仁者先难而后获"的说法:既然"知易行难",而且道德修持是"先难而后获"的,那么,"先难"的行应该在先,"后获"则必须在后。王夫之"行先知后"的思想,使古代知行观发展到了最高的水平。

总而言之,古代知行观具有两个明显特征:其一是基本上把知行限于道德研究的范围之内;其二是对知的强调居于主流。这些特点的形成即是传统文化倾向和思维方式制约的结果,又是这些倾向、方式得以固化、深化的主要原因;它进而形成、泛化为普遍的民族心理特征,强化了国人因循苟且、不求进取的保守倾向。唯其如此,中国历史上的改革者都要大力倡导敢为天下先的实践精神。作为民主革命的伟大先行者,孙中山提出"知难行易""行先知后"的口号,不仅显示了他对中国传统文化弊端的深切体认,也显示出一个革命家在思想领域同样敢于除旧创新的革命精神。

2.孙中山知行学说的现实背景与直接成因

要理解孙中山的知行学说,除了要把握其文化传统背景和思想渊源之外,还要熟悉其现实背景与直接成因。对此,孙中山在《孙文学说》一文中讲得非常清楚,也非常动情:辛亥之后,"党人即起异议,谓予所主张者理想太高,不适中国之用;众口铄金,一时风靡,同志之士亦悉惑焉……然而吾党之士,于革命宗旨、革命方略亦难免有信仰不笃、奉行不力之咎也,而其所以然者,非尽关乎功成利达而移心,实多以思想错误而懈志也"。

从史实来看,民国建立之后,同盟会组织更加松散,孙中山也陷于孤立无援的困境。同盟会的许多领导人反对孙中山的革命宗旨和方略,其理由之一是他"所主张者理想太高,不适中国之用"。"众口铄金,一时风靡,同志之士亦悉惑焉"的描述,可以理解为"全体同志一致反对"。那么,是什么"思想错误"使得那些追随孙中山多年的党人,在革命成功之后反而怀疑孙中山的理想和方略,动摇了革命意志呢?孙中山接着写道:

此思想之错误为何?即"知之非艰,行之惟艰"之说也。此说始于傅说对武丁之言,由是数千年来深中于中国之人心,已成牢不可破矣。

正是这种堪称国民劣根性的"知易行难"偏见,使革命党人对孙中山产生了误解,失去了继续革命与建设的信念,导致了民国建立之后的屡屡挫折,以致孙中山"三十年来精诚无间之心几为之冰消瓦解,百折不回之志几为之槁木死灰"。因此,孙中山对"知之非艰,行之惟艰"之说恨之入骨:"此说者予生平之最大敌也,其威力当万倍于满清……可畏哉此敌! 可恨哉此敌! "⑧

如前所论,自民国建立,孙中山的确在二次革命、护国战争、护法战争中接连遭受重大失败。特别是第一次护法战争,孙中山并非败于北洋军阀,而是败于他寄予厚望的"追随者"

西南军阀;第二次护法战争,也并非败于军阀,而是败于他一手培养提携的"老革命党"陈炯明。被同一营垒里的"战友"所愚弄、背弃,甚至出卖,当然对孙中山的革命热情、个人尊严造成了巨大的伤害。因为,这样的结局很难说是光荣的失败,也很难激发悲壮的殉道情怀。《孙文学说》正是在这一失败后所写出的反省之作、发愤之作。在上文中,孙中山将失败归因于革命党人受到"知易行难"说的迷惑,这显然是错误的。但是,如此激烈的言论足以表明他对纠正这一社会偏见和国民心态的高度重视,也充分表明了他对加强革命党人的心理建设,树立正确的知行观的急切愿望。从1918年末至1919年春的几个月里,孙中山杜门不出,专心于《孙文学说》的写作。诚如孙中山自己所说,那时,他"对于时局问题,实无具体解决办法",已经陷入山重水复、举步维艰的地步;唯一的希望便是利用《孙文学说》来"启发国民","唤醒社会"了。

(二)孙中山知行观的基本内容

1.孙中山对"知"与"行"的新解释

必须再次强调:中国古代的"知行观"是不同于哲学认识论的。其"知"和"行"仅指道德认知和道德实践。例如,"四书"第一篇《大学》的第一句话就是"大学之道,在明明德",意思是最伟大的学问是理解、阐明最高尚的道德。而欲明明德者,就必须从格物、致知着手,也就是从认识着手。接下来的诚意、正心就进入了精神上的道德修持阶段。此后的修身、齐家、治国、平天下是生活中的道德践履阶段和诸德境界的升华程序。这样就产生了儒家最高的人生追求和人生价值——"内圣外王"。所以,在儒家的人生观中,人生的目的就是攀登道德境界的阶梯。"知"与"行"就都成为了道德领域的范畴。

孙中山从民主革命运动的实际出发,将知行关系的辨析、解说置于现实需要的基点之上。他把"行"的内容扩展到科学实验、革命斗争、经济发展等更广阔的社会领域,使知行关系的古老命题融入了新鲜的时代内涵,突破了中国哲学认识论徘徊2000年的局促状态,寻找到更坚实的唯物主义支点。毛泽东同志曾经用阶级斗争、生产斗争、科学实验等三大领域之说来界定社会实践的范围,这与孙中山对"行"的拓展是不谋而合的。

孙中山不仅拓展了"行"的领域,而且还高度重视"行"的作用:

> 人类进步,皆发轫于不知而行者也,此自然之理则,而不以科学之发明为之变异者也。故人类之进化,以不知而行者为必要门径也。

人类进步以"行"发轫、开路,在科学的时代也是如此。为了证明"行"的重要,孙中山列举了最常见的四种实践活动:生徒通过习练掌握生产知识和劳动技能;科学家通过试验才能完成发明和创造;探索家通过长期艰苦探索而有所发现;革命者通过政治斗争方能建立功业。总之,"行"是人类进化的唯一门径,"不独为人类所皆能,亦为人类所当行,而犹为人类之欲生存发达者所必要也。有志国家富强者,宜亟勉力行也"。上述诸说可见,孙中山的"重行"思想不仅完全超越了传统的道德行为的拘囿,而且扩展到了"人类之欲生存发达者所必要"和

"人类所当行"的一切领域。勇于实践、开拓力行,这不仅仅是人们可以做到的,也是应该做到、必须做到的。"有志国家富强者,宜黾勉力行"之说更强调了革命运动的现实意义。

更为深刻也更值得注意的是:孙中山"重行"的思想已经接近了"实践是检验真理的唯一标准"的观念,他说:"科学的知识不服从迷信,对于一件事,须用观察和实验的方法,过细去研究,研究屡次不错,始认定为知识。"不仅一般的科学知识要经过实验的证明,所谓"学理",即纯理论也要经过"行"的检验,"不去行,便无法可以证明所求的学问是对不对;不去行,于是所求的学问没有用处"⑨。孙中山还认为,人们制定的计划也不是一成不变的,经过调查、实验、修改,才有可能付诸实施。他在谈到《实业计划》时指出:"至其实施之细密计划,必当再经一度专门名家之调查,科学实验之审定,乃可从事。"⑩

在高度重视"行"的同时,孙中山也非常看重"知"的能动作用。他的"知"包括两方面的内容:其一是自然科学的"真知特识";其二是"革命知识",主要指他的三民主义、五权宪法等社会政治学说。

就"真知特识"而论,孙中山一生的文章、演说中处处体现着强烈的实践意识、科学精神。我们以为:五四时代,科学与民主风潮的流行与孙中山的理论和实践有着密切的联系。《孙文学说》中的一段话可以视为孙中山"重知"思想的概括:"当今科学昌明之世,凡造作事物者,必先求知而后乃敢从事于行。"在科学的时代,人类可以"本所知以定进行","无论其事物如何精妙,工程如何浩大,无不指日可以乐成"。有了科学理论的指导,实践活动就可以取得更大的成效。

就"革命知识"而言,孙中山"重知"的言论也贯穿其一生。他认为,有了革命的知识才能形成革命的信仰和革命的力量,"这种极大的势力,便可以救中国"。他在总结中国革命的不断失败和俄国革命的迅速成功时,都归因于"好学问好方法"。他的"以俄为师",就是要学习这些"好学问好方法"。《孙文学说》的写作目的也是以革命理论来扭转革命实践的危局。

总之,无论科学知识、革命理论,对人类社会实践活动都有着重要的指导作用。孙中山是中国最早的西医,又是第一位民主革命家。可以说,这样的事业背景决定了他对"知"与"行"的内涵与关系必须进行重新思考和解说。

2."行先知后"的唯物主义反映论

孙中山认识论的核心与精华并不是他的"知难行易",而是"行先知后"。

"知难行易"的口号是针对传统的"知易行难"命题而提出的。在《孙文学说》中,孙中山以饮食、用钱、作文、造屋和化学的发展等10个事例批驳了"知易行难"的观点。例如,饮食是婴儿生而行之的,不需要学习如何吮吸;用钱购物童子可行,也用不着专门学习;古人造屋的历史远自有巢氏始,没有人教给他如何建造的本领。但是,营养学、经济学、建筑学只是很久以后形成的知识积淀。无论个体的人还是人类,都不能等到这些科学形成后才开始自己的生存活动。恰恰相反,各种知识、科学都是人类在无知的实践中探索而得来的,是一个从无知到有知、从经验之知到科学之知的发展过程。由此可见,行的确易,知还是相对难。

孙中山对"知易行难"的批判是巧妙的,甚至可说是雄辩的。但是,将难与易当作知行的根本关系却是错误的。无论知还是行,抽象地比较其难与易,似乎没有什么意义。人类实践总是从低级向高级发展的,其难与易的相对性非常突出:低级活动并非一定易,高级活动并非一定难。就食品的取得而言,原始人狩猎并不容易;现代农业的收获大增、劳力大减,也可以说不难。再如,计算机的发明过程当然十分艰难,但它的普遍应用使许多工作变得简便易行。知与行也是一种历史的存在,茹毛饮血与营养学指导下的合理饮食都是行,但绝不是可等同的行。唯其如此,孙中山"知难行易"说的哲学认识论意义就显得十分有限了。

那么,什么是知与行的根本关系呢?列宁在批判马赫主义时指出:"是从物到感觉和思想呢?还是从感觉和思想到物呢?"哲学上两条认识路线的根本区别即在于此。孙中山在以饮食等10个事例论证"知难行易"时,也指出了人类知识的来源:

> 古人之得其知也,初或费其千百年之时间以行之,而后乃能知之;或费千万人之苦心孤诣,经历试验而后知之。而后人之受之前人也,似无意之中得之。[11]

这一论述是孙中山认识论的基础,它表明:知是行的产物,是人类长期实践的结果,那些间接得来的知识与经验也不例外。所以,就人类知行关系的总体历史趋势而论,应该是"以行而求知,因知以进行"。行是知的产生源泉、发展动力和检验标准,知是行的经验总结、思想结果和实践指南。

在这里,应该特别关注孙中山重视试验的观点。试验和实验是科学研究最根本的手段,其实质是通过人为设定的过程来检验预计的结果,从而验证研究者的推测和假说,推动认识的发展。与其他实践不同,试验和实验有着更突出的能动特征和理性成分,它既是行的提升方式,也是知的实现手段。在试验和实验中,"以行而求知,因知以进行"的本然关系得到了更清晰的显现。身为西医的孙中山非常理解试验和实验的认识论价值,并在他的各种思想表达中经常给予强调,使他的知行观更具科学性和现代色彩。尽管孙中山没有直接讨论物质与意识的关系问题,但他的"行先知后"说充分体现了"从物到感觉和思想"的认识路线,完全可以证明其认识论的唯物主义性质。

"行先知后"的思想在1924年的《三民主义》演说中有了重大发展。孙中山说:"宇宙间的道理,都是先有事实然后才发生言论,并不是先有言论然后才发生事实。"[12]这一论断的创新意义首先在于"言论""事实"是一对突破了"知行"领域的新范畴。古代的"知行"限于道德认识与行为,孙中山的"知行"兼顾了各种社会实践。现在,"知与行"又被拓展为"事实与言论"。特别是"事实"的内涵与外延决不等同于"行",两者的区别非常重要:"事实"是指宇宙间的客观实在,有着周延的包容性;"行"仅指人类的实践行为,其涵盖范围要小得多。但在论证"先有事实,后有言论"时,孙中山还是着眼于人类社会实践的。例如,卢梭是18世纪最激进的启蒙学者,他的"天赋人权"说为世界范围内的民主革命提供了最强大、最受欢迎的思想武器。作为中国民主革命和民权理论的首倡者,孙中山对"天赋人权"说却持反对意见。他认为,人权并非天赋,只能靠奋斗去争取。卢梭的理论在民主革命中的历史作用不容否认,但它本身不符合事实,因而是错误的。孙中山总结说:"我们要拿事实做材料,才能够定出方法；如果单拿学理来定方法，这个法是靠不住的。"因此，孙中山没有认同"天赋人权"的学理，也没有以之为指导制定革命的战略和策略。前述新民权主义就坚决地剥夺了那些"卖国罔民以效忠于帝国主义及军阀者"的人权。

总之，肯定客观事实的第一性、思想认识的第二性，这正是"先有事实，后有言论"的理论含义。孙中山知行观的唯物主义性质也因此得以深化和彰显。

三、孙中山的民生史观

历史观是对人类社会演进规律的探索与总结，是一个哲学体系不可或缺的有机构成。以拯救、改造中国为己任的孙中山为使自己的革命理论和策略奠基于人类社会发展的根本规律，十分注重对历史观的探究。他在民生主义的基础之上提出了著名的民生史观。这样，由世界进化论、知行认识论和民生史观构成的孙中山哲学体系在系统性、完整性方面就达到了近代中国哲学少有的高度。

从《三民主义》演说中可以看出，孙中山提出民生史观的另一个重要目的是探索国共两党政治合作的思想基础，批判国民党内以"主义之别"为借口排斥共产党人的错误倾向。孙中山指出："为什么我敢说我们革命同志对于民生主义还没有明白呢？就是由于这次国民党改组，许多同志因为反对共产党，便居然说共产主义和三民主义不同，在中国只要行三民主义便够了，共产主义是决不能容纳的。"在对民生主义和共产主义作出深入浅出的解说之后，孙中山最终得出了"民生主义就是共产主义，就是社会主义"的结论，并以"共产主义是民生主义的好朋友"的生动描述使这一思想转型为一个产生过重大历史影响的宣传口号。

正是由于这两种思想指向，民生史观的理论价值及研讨民生史观的现实意义就更值得我们重视了。

(一)民生史观与民生主义

所谓"民生史观"并不是孙中山本人的说法，而是研究者从他的民生主义中概括出的思想成果。在《中国国民党第一次全国代表大会宣言》的表述中，民生主义以两个要点为主体：平均地权和节制资本。在《三民主义》演说中，孙中山又一次明确地指出："民生主义的学理"非常复杂，"二十天也讲不完全"，现在讲的只是"民生主义的办法"即平均地权和节制资本。可以说，在孙中山的理论视野中，"民生主义"就是一个关于"办法"的问题。

所谓"办法"总是相对解决问题而言的，"民生主义的办法"自然是要解决民生问题。孙中山的民生主义是中国资产阶级的社会经济纲领。它试图在不废除生产资料私有制的前提下对社会经济组织进行必要的改良，使"私有资本制度"受到限制，目的在于反对贫富不均和少数富人操纵国计民生。尽管"平均地权"与"节制资本"并不是一种可操作的行动方案和程序设计，孙中山还是就此作出了"核定地价，增值归公"与"有独占的性质或规模过大"的企业"由国家经营管理之"的解说，为实现民生主义纲领拟定了基本构想和具体策略。

正是出于论证这一构想和策略的逻辑需要，使孙中山非常重视研究"民生"的实质及其历史意义。孙中山说："民生就是人民的生活——社会的生存、国民的生计、群众的生命便是。"更具体地说，"吃饭是民生的第一个重要问题，穿衣是民生的第二个重要问题"。在孙中山看来，以吃饭、穿衣为起点的民生问题之所以重要，决非只凭人们的生活感受就能够把握。他立足于哲学的高度审视现实、反观历史，指出："民生就是政治的中心，就是经济的中心和种种历史活动的中心，好像天空以内的重心一样。"⑭在这里，孙中山非常明确地把民生问题当作了人类生存的基础、社会结构的中心和历史发展的动力，进而把解决人民生活问题的民生主义提升为哲学层面的民生史观。于是，孙中山的"民生主义"实际上包括了两重理论内涵：民生的实质与意义是其基础，解决民生问题的方法是其主体；前者是后者的出发点与根本依据，后者是立足于前者以解决中国社会问题的实际构想，也是国民党经济政策的指导方针。

(二)民生史观与"社会主义"

民生史观有着鲜明的唯物主义色彩和"主观社会主义"成分。孙中山从人类生存的最基本事实即吃饭、穿衣出发来观察社会发展的问题，依据他对社会主义学说的理解，设想出改造中国社会经济结构的方案，并构建成自己理想中的"社会主义"。

出身于贫寒之家的孙中山对人民生活的困苦有着痛切的亲身体验，对中国社会经济落后、民生凋敝的现实有着深切的忧虑。特别是借鉴了西方国家现代化转型的历史教训，预见到即使革命成功也无法改变"少数人享福，多数人还是痛苦"的社会矛盾，他早在侨居伦敦时就开始探寻如何避免这些矛盾的方法与途径。在《三民主义》演说中，孙中山把"实业革命"(也就是我们习惯讲的"工业革命")以来出现的工人与资本家的贫富对立、资本家对机器大工业的垄断等西方社会的矛盾冲突称作"社会问题"，解决这些问题的方法、思潮和运动就是"社会主义"。民生主义也是关于"社会问题"的解决方案，所以"民生主义就是社会主义，又名共产主义，即是大同主义"。在深入研究过形形色色的社会主义理论之后，他认定马克思及其社会主义最为科学，"可说是集几千年人类思想的大成"。为此，他称马克思是"社会主义中的圣人"。那么，民生主义"就是"共产主义，这是否意味着两者完全同一呢？孙中山说："共产主义是民生的理想，民生主义是共产主义的实行；所以两种主义没有什么分别，要分别的还是在方法。"⑮从以上转述中，我们可以挖掘到两个要点：

其一，孙中山所谓的"社会问题"专指资本主义社会贫富对立的现实矛盾，其要害是人民生活的痛苦，旨在解除民生痛苦的主义就是"社会主义"。所以，不只是孙中山的民生主义，连孔夫子和中国儒家幻想的"大同""小康"，也都是社会主义。

其二，社会主义理想的本质特征是包括生产资料在内的一切社会资源的公有共享。孙中山认为："人民对于国家不只是共产，一切事权都是要共的。这才是真正的民生主义，就是孔子所希望之大同世界。"⑯

把握住这两个要点是研究民生史观的逻辑起点。接下来的问题是：为什么"国民党提倡民生主义已经有了20多年，不讲社会主义，只讲民生主义"呢？孙中山自己回答道：

社会主义的范围,是研究社会经济和人类生活的问题,就是研究人民生计问题。所以我用民生主义来替代社会主义,始意就是正本清源,要把这个问题的真性质表明清楚。

因为人民生计才是全部"社会问题"的根本,所以"民生主义"比"社会主义"更加切中"问题的真性质"。为什么这样讲呢? 孙中山引用一位美国学者的观点指出:

马克思以物质为历史的重心是不对的,社会问题才是历史的重心,而社会问题中又以生存为重心,那才是合理。民生问题就是生存问题。

由此可见,孙中山"用民生主义来替代社会主义"并非只是一个名词的选择。在社会结构的基础和历史发展的动力这一根本问题上,他同马克思及其科学社会主义有着重大的分歧。孙中山关于"马克思以物质为历史的重心"的判断显然存在表述的缺陷。我们知道,马克思通常使用生活资料或物质生活资料的生产等术语来解释人类社会结构的基础,用生产力与生产关系的矛盾来解释历史发展的动因。"以物质为历史的重心"的说法显然不能准确地揭示马克思之本意。可是分歧的要害并非在此。孙中山所以认定"马克思的唯物主义,没有发现社会进化的规律",是因为马克思认定的阶级斗争引发社会进化的观点不符合事实:

照欧美近几十年来社会上进化的事实看,最好的是分配之社会化,消灭商人的垄断,多征资本家的所得税和遗产税,增加国家的财富,更用这种财富来把运输和交通收归公有,以改良工人的教育、卫生和工厂的设备,来增加社会上的生产力……在资本家一方面可以多得出产,在工人一方面也可以多得工钱。这是资本家和工人的利益相调和,不是相冲突。⑰

在孙中山看来,通过国家权力就可抑制资产阶级对社会财富的垄断,改变不公平分配方式和结果;资本家和工人的利益不仅可以调和,而且必须调和。因为,"社会上大多数的经济利益之所以要调和的原因,就是因为要解决人类的生存问题……社会进化的规律,是人类求生存"。这样,前论"民生主义"的理论基础与主体的联系,即民生问题的实质与解决民生问题的方法之间的关系,就被孙中山用"求生存"连接起来,并视之为"社会进化的规律"。

(三)民生史观与二元论

毛泽东同志在《新民主主义论》一文中指出:"共产主义的宇宙观是辩证唯物论和历史唯物论,三民主义的宇宙观则是所谓民生史观,实质上是二元论或唯心论。"

哲学上的"二元论"是指否认物质第一性、精神第二性,而将两者并列的观点。孙中山在1922年的《军人精神教育》中,已经流露出这样的思想倾向。他说:"总括宇宙现象,要不外物质与精神二者。精神虽为物质之对,然实相辅为用。"这里,"实相辅为用"的说法显然没有肯定物质第一性的原则。他还以"体"、"用"这对中国哲学范畴来解释物质与意识的关系:"世界上仅有物质之体,而无精神之用者,必非人类";"人有精神之用,非专恃物质之体也"。前一论断当然是正确的,因为精神活动是人类特有的生命能力,但是,后一句就否定了精神对物质的依赖性,将精神视为了独立的实体,形成了明显的二元论倾向。

毛泽东同志认为,孙中山的民生史观也受到了二元论的影响,并最终导向了唯心论。

孙中山从人类生存的最基本事实即吃饭、穿衣出发来观察社会发展的问题,有着鲜明的唯物主义倾向。他认为:"经济问题,不是道德心和感情作用可以解决得了的,必须把社会的情况和社会的进化研究清楚了以后,才可以解决。这种解决社会问题的原理,可以说完全凭事实,不尚理想。"把经济问题和道德问题清晰地分割开来,把解决经济问题的原理奠基于社会现实的基础上,这种说法很容易使我们联想到马克思、恩格斯的唯物史观。马克思、恩格斯指出:

我们首先应当确定一切人类生存的第一个前提也就是一切历史的第一个前提,这个前提就是:人们为了能够"创造历史",必须能够生活。但是为了生活,首先就需要衣、食、住以及其他东西,……因此,任何历史观的第一件事情就是必须注意上述基本事实的全部意义和全部范围,并给予应有的重视。⑱

毫无疑问,孙中山的民生史观十分重视"为了生活,首先就需要衣、食、住以及其他东西"这一基本事实,但他把这一事实归结为"求生存",却模糊了唯物主义与唯心主义的界限。用生存意志、欲望替代了生存实践本身,这就走向二元论了。他说:"古今一切人类之所以要努力,就是因为要生存;人类因为要有不间断的生存,所以社会才有无停止的进化。所以社会进化的规律,是人类求生存。"

除了用"求生存"替代了"生存"本身之外,孙中山还否认阶级斗争是历史发展的动力,代之以强调阶级调和的"互助论"。前引"物种以竞争为原则,人类则以互助为原则。社会国家者,互助之体也。道德仁义者,互助之用也。人类顺此原则则昌,不顺此原则则亡"的论断,就是对"互助论"的集中表述。

孙中山这段话用以批判社会达尔文主义方面是有积极意义的,但也存在许多明显的失误:"物种以竞争为原则"之说并不很准确,同一物种内部也并非都是以竞争为原则的;"人类则以互助为原则",也不符合人类社会的历史事实。在阶级社会中,利益冲突的不同阶级之间不会有什么互助;国家也不是互助之体,而是阶级压迫的工具。前面所引孙中山的话说:"经济问题,不是道德心和感情作用可以解决得了的,"而这里,他又提倡"道德仁义者,互助之用"了,甚至,不坚持互助的原则,人类就必然灭亡了。所以,他最终用道德的作用解释了互助的功能,将"求生存"这一社会进化规律最终归结为人类的道德意志。所以,在孙中山的心目中,"社会主义之国家,一真自由、平等、博爱之境域也"。

概而言之,孙中山的民生史观可以演绎为下列公式:

历史的重心——社会问题——生存问题——民生问题——求生存——互助原则——道德仁义或自由、平等、博爱。

可以看到,孙中山的历史观是建立在人类道德行为的基础上的。

注释：

①孙中山.建国方略.孙中山全集.第六卷.北京：中华书局,1985.195页.

②孙中山.建国方略.孙中山全集.第六卷.北京：中华书局,1985.163页.

③恩格斯.自然辩证法.马克思恩格斯选集.第三卷.北京：人民出版社,1972.516页.

④韦杰廷.论孙中山的自然观.孙中山研究论文集.下卷.成都：四川人民出版社,1986.1097页.

⑤孙中山.建国方略.孙中山全集.第六卷.北京：中华书局,1985.195~196页.

⑥孙中山.三民主义.孙中山全集.第九卷.北京：中华书局,1986.267页.

⑦孙中山.在东京中国留学生欢迎大会的演说.孙中山全集.第一卷.北京：中华书局,1981.283页.

⑧孙中山.建国方略.孙中山全集.第六卷.北京：中华书局,1985.158页.

⑨萧万源.论孙中山的唯物主义认识论思想.孙中山研究论文集.下卷.成都：四川人民出版社,1986.1115页.

⑩孙中山.建国方略.孙中山全集.第六卷.北京：中华书局,1985.249页.

⑪孙中山.建国方略.孙中山全集.第六卷.北京：中华书局,1985.199页.

⑫孙中山.三民主义.孙中山全集.第九卷.北京：中华书局,1986.264页.

⑬孙中山.三民主义.孙中山全集.第九卷.北京：中华书局,1986.386页.

⑭孙中山.三民主义.孙中山全集.第九卷.北京：中华书局,1986.377页.

⑮孙中山.三民主义.孙中山全集.第九卷.北京：中华书局,1986.381页.

⑯孙中山.三民主义.孙中山全集.第九卷.北京：中华书局,1986.394页.

⑰孙中山.三民主义.孙中山全集.第九卷.北京：中华书局,1986.368~369页.

⑱马克思、恩格斯.费尔巴哈.马克思恩格斯选集.第一卷.北京：人民出版社,1972.32页.

第八讲 孙中山的经济建设思想

内容提要

孙中山的经济建设思想是从改良救国到为实现国家经济近代化而奋斗的发展历程中，形成的国家经济近代化思想体系。本讲主要内容涉及孙中山经济建设思想的发展历程、理论渊源和现实动力；国家经济近代化的理论基点、宏伟蓝图、策略思想；孙中山经济建设思想的意义。

孙中山的经济建设思想是以古今中外多种经济思想为理论渊源，以他革命实践和救国意志为现实动力的。其发展变革以1894年为界，分为两个时期。早期的改良救国经济观主要表现在早年的三篇关于经济问题的系列文章提出的优先发展农业，注重实践，赶超欧美发达国家的主张；后期与改良主义决裂，形成以民生主义为理论依据的比较完整的国家经济近代化思想体系。孙中山经济建设思想以他极力倡导的民生主义为理论基点，以他精心构制的《建国方略》之《实业计划》为宏伟蓝图，以他一以贯之的对外开放主张为策略思想。孙中山对中国经济发展的战略构想和悉心构制的计划、方案，为中国经济近代化所作出的不懈努力，卓有成效；对当今我们国家经济建设现代化的理论和实践都具有重要的启示意义。

学习思路与目标

1.学习时要认真阅读教材有关内容，参阅课程多媒体资源。

2.以时间为线索，了解孙中山经济建设思想发展概况。

3.参阅《实业计划》，了解其构制和主要内容。

4.了解孙中山经济建设思想对我国经济建设现代化理论的和实践的启示意义。

5.就教材所述内容，理解孙中山经济建设思想的理论渊源和现实动力。

6.民生主义是孙中山国家经济近代化思想体系的理论基点。结合本教材前述有关民生主义的内容，掌握本讲详述的民生主义的要旨，即"平均地权""节制资本"；民生主义时代与中国的特色。

7.对外开放是孙中山国家经济近代化的重要策略思想。详述并掌握对外开放思想的目的是要发展国家资本,建设国富民强的现代化中国;对外开放主要涉及引进外资、引进科学技术、引进管理和科技人才等方面;对外开放必须坚持"惟发展之权,操之在我"的原则。

思考与练习

1.讨论:
  (1)孙中山国家经济近代化思想的理论渊源与现实动力。
  (2)孙中山社会改良主张的实施要点。
  (3)孙中山实业计划的实施策略。
2.写作:
  通过调查,联系实际,谈谈孙中山对外开放主张的历史意义和现实意义。

作为中国民主革命的伟大先行者、世纪伟人,孙中山伟大思想的表现是多方面的,经济建设思想是其中最具特色的部分之一。孙中山的经济建设思想经历了从改良救国到一个革命民主主义者为实现国家经济近代化而奋斗的转变历程。孙中山的经济建设思想已形成了一个国家经济近代化的思想体系。这一思想体系以他极力倡导的民生主义为理论基点,以他精心构制的《建国方略》之《实业计划》为宏伟蓝图,以他一以贯之的对外开放主张为策略思想。孙中山的经济建设思想对当今我们国家经济建设现代化的理论和实践都具有重要的启示意义。

一、孙中山经济建设思想的发展变革

孙中山经济建设思想的发展变革,可以以 1894 年为界,分为两个时期,其演变情况同前述孙中山由一个深受改良主义影响的革命者而向革命民主主义者转变的历程是一致的,这也是他一生为之奋斗与追求的理想和实践的一个重要的组成部分。

(一)孙中山经济建设思想的理论渊源和现实动力

孙中山的经济建设思想是在古今中外多种经济思想的影响下,是在他革命实践和救国意志的强力推动下形成的。正如他在总结三民主义理论体系形成时所说的那样:

余之谋中国革命,其所持主义,有因袭吾国固有之思想者,有规抚欧洲之学说事迹者,有吾所独见而创获者。①

孙中山经济建设思想产生的理论渊源，一方面在于"因袭吾国固有之思想"，即继承了中国古代传统经济思想中可资借鉴的成分；另一方面是"规抚欧洲之学说事迹"，即向西方学习，接受西方经济思想的影响。早在1890年孙中山就说过："某留心经济之学十有余年矣，远至欧洲时局之变迁，上至历朝制度之沿革，大则两间之天道人事，小则泰西之格致语言，多有旁及。"②

对于所受中国古代经济思想及传统文化之影响，孙中山自己曾说，"于中学则独好三代两汉之文"③，并继承而发扬之。对此，他还曾做过明确的说明：

唐虞三代，甫由草昧而入文明；乃至成周，则文物已臻盛轨，其时之政治制度、道德文章、学术工艺几与近代之欧美并驾齐驱，其进步之速大非秦汉以后所能望尘追迹也。④

在这里，孙中山怀着对祖国悠久的历史和传统文化的敬仰之情，对于尧、舜、禹，夏、商、周至秦汉时期中国的政治、文化、学术、工艺等事业的长足发展，备加赞赏。如前文在论述孙中山的"平均地权"思想时，说到他对农民生计与土地问题的关注、研究由来已久：早在1898年—1899年期间，孙中山就和章太炎等人多次讨论土地问题，"恒以我国古今之社会问题及土地问题为资料，如三代之井田，王莽之王田与禁奴，王安石之青苗，洪秀全之公仓，均在讨论之列"。对那些具有国有化和平均化性质的土地制度，如夏商周的井田制、太平天国的公仓制等等，孙中山更为关注，并从中得到了一个重要结论："中国古时最好的土地制度是井田制。井田制的道理和平均地权的用意是一样的。"另外，孙中山十分熟悉古代涉农典籍，他说："三古农书不可考已，今所传者，如《齐民要术》《农桑辑要》《农政全书》，亦多精要。"大约在1900年惠州起义之前，在日本回答宫崎寅藏所问"土地平均之说得自何处？学问上之讲求抑实际上之考察？"时，孙中山曾说："吾受幼时境遇之刺激，颇感到实际上及学理上有讲求问题之必要，吾若非生而为贫困之农家子，则或忽视此重大问题亦未可知。吾自达到运用脑力思索之年龄时，为我脑海中第一疑问题者则为我自己之境遇，以为吾将终老于是境乎，抑若何而后可脱离此境也。"⑤

孙中山"平均地权"思想萌发于儒家创始人之"均富"思想，此正与他幼时以来，极为喜读"三代两汉之文"，重视中国古代具有平均化性质的土地制度，熟悉涉农典籍之精要，所得到的学理上的启示及其家庭、个人的"境遇"，与改变这种实际状况的强烈愿望有极为密切的关系。

需要说明的是，由传统的"均贫富"到"平均地权"，并非是一个简单的推论或类比。孙中山的"平均地权"与历史上的井田、王田、均田等国家授田制度有着本质差别。古代的土地国有制是从承认既定的封建土地所有制出发，用以维护封建政权统治的。近代太平天国的《天朝田亩制度》虽然否定了地主阶级的土地所有制，主张土地国有，但是以维护小农经济的利益为目标。孙中山的"平均地权"则是以"和平赎买"的方式变革封建土地制度，实行土地国有,为国家资本主义的发展扫清道路。

孙中山所受外国经济文化思想的影响,在他人生经历和向西方学习的主张上,看得再清楚不过了。孙中山留学、考察,多年生活在欧美、日本等地,博览外国之政治、经济、文化、学术经典,研讨探究其"学说事迹",以寻求救国之道。如,早年"弱冠负笈外洋,洞悉西欧政教,近世新学靡不博览研求";1894年春,他再次出国考察,"予身数万里,重历各国,亲察治田垦地新法,以增识见"。1897年7月,孙中山从伦敦启程东归时,曾专门绕道加拿大,到已实行亨利·乔治的土地价值课税法的地区进行实地考察。1919年在《三民主义》一文中谈到土地问题时,指出:"今各国政治家之解决社会问题者,亦必先从土地问题着手,雷佐治之于英国施行土地照价抽税之法是也。"⑥

由此可以证明孙中山对英美等国家土地课税的理论和做法非常重视,甚至实地考察,寻求民生主义之"平均地权"问题的思想、实施的蓝本。

向西方学习,孙中山身体力行,收获颇丰,更重要的是以发展的眼光提出多种借鉴,学习外国的办法:"首以翻译为本,搜罗各国农桑新书,译成汉文,俾开风气之先。"⑦"我国似宜专派户部侍郎一员,综理农事,参仿西法";"赴泰西各国,讲求树艺农桑、养蚕牧畜、机器耕种、化瘠为腴一切善法,泐为专书,必简必赅,使人易晓";"倩华人到外国学习,尽得其法";"游学欧洲,讲求新法,返国试办"。⑧或直接搜罗翻译各国农桑新书;或派官员学习管理办法;或赴泰西各国学习多种农业技术,写成专著;或游学欧洲,学得新法,回国试办。对向外国学习的具体方法和做法,阐述得极为清晰明确。

关于对中国古代和西方经济思想的承继和借鉴,孙中山历来都以科学的价值取向去对待,有着鲜明的是非观念和弃取主张。他要求对于"我们固有的东西,如果是好的,当然是要保存,不好的才可以放弃"⑨,而且做到"能用古人而不为古人所惑,能役古人而不为古人所奴"⑩。比如在谈到"欧美经济界之影响及于吾国"时,他就说过,"由是参综社会经济诸家学说,比较其得失,觉国家产业主义,尤深隐而可行"⑪。这是孙中山经过多方考察、研究所形成的一种认识,所谓"国家产业主义"既是孙中山思考并创立民生主义在"实际上和学理上"的依据之一;也是孙中山有选择地借鉴并践行西方经济思想的具体体现。

孙中山的经济建设思想,是他在旧民主主义革命的实践探索中,在救国意志的强力推动下形成的,是他从中国的国情出发,经过科学地取舍所得到的新的"创获"。

孙中山出身贫困农家,"生于畎亩,早知稼穑之艰难"。正因为这样的农家身世,才使他很早就注意到了中国农村的土地问题,他曾深有感触地说:

> 倘不于农务大加整顿,举行新法,必至民食日艰,哀鸿遍野,其弊可预决者。故于去春,予身数万里,重历各国,亲察治田垦地新法,以增见识,定意出己所学,以提倡斯民。⑫

孙中山的经济改革和经济建设思想,正是从土地问题、农务整顿,即农村改革开始的。孙中山经济建设思想的发展变革是同他革命实践的深入、革命理论的发展同步前行的。

(二)早期的改良救国经济观

这一时期,孙中山首先是对一些经济发展中的问题提出自己的主张和具体建议,并逐步形成有理论和实践支持的系统阐述。孙中山早期经济建设思想,主要表现为优先发展农业的观点,注重实践的主张,赶超欧美发达国家的思想等,特别是在短短几年间写出的三篇关于经济问题的系列文章,较为系统地提出的改良救国的经济主张,都接近甚至超过同时代的其他改良主义思想家的思想和主张。

孙中山早期的改良救国经济思想,比较集中地表现在分别写于 1890—1894 年的《致郑藻如书》《农功》和《上李鸿章书》等三篇文章中,其要义可概括为如下内容:

1.立志经济改良,优先发展农业,注重躬行实践,是孙中山早期经济思想的重要观点

孙中山关注国计民生、百姓疾苦、救国救民,在他的早期著作中,集中笔力,开诚布公,提出了一系列经济改良的主张。在他当时所设想的发展中国社会经济的主张和实施办法中,论述最多的是发展农业问题。孙中山主张优先发展农业:

> 国以民为本,民以食为天,不足食胡以养民?不养民胡以立国?是在先养而后教,此农政之兴尤为今日之急务也。且农为我中国自古之大政,故天子有亲耕之典以劝万民,今欲振兴农务,亦不过广我故规,参行新法而已。[13]

他还强调对此要"躬行而实践之"。孙中山优先发展农业的思想,在继承传统,确定方向,注重实践等方面的见地,都是精辟而富有说服力的。

(1)《致郑藻如书》是孙中山首次公开提出经济改良主张和三项经济改良措施的重要文章。《致郑藻如书》写于 1890 年,是孙中山写给他的同乡,病休居家,曾任津海关道和出使美国、西班牙、秘鲁三国大臣等职的清廷洋务派官员郑藻如的信。信中孙中山提出了一系列经济改良的主张,特别是三项经济改良的措施,即"实事之欲试者"三:振兴农桑、禁绝鸦片和发展教育,把农桑之事摆在第一位。孙中山还提出由政府出面在家乡设立兴农会、戒烟局和兴学会三个组织,具体实施改良。同时对清朝政府只知"多置铁甲、广购军装",而无视"农桑之不振,鸦片之为害"加以批评。孙中山对此举还显示出极大的信心,他说:"斯三者,有关于天下国家甚大,倘能举而行之","利以此兴,害以此除,而人才亦以此辈出","从此推而广之,直可风行天下,利百世,岂惟一乡一邑之沾其利而已哉?!"文中,孙中山还向郑藻如陈述了自己渴望家乡经济变革,请求得到帮助的急切心情,他说:"某留心经济之学十有余年矣","翘首以期用世者非一日矣","今欲以平时所学,小以试之一邑,以验其无谬","甚望于台驾有以倡导之"。

孙中山第一次公开提出自己的经济改良主张,并试图把他在 10 余年间所形成的经济思想在"吾邑"——他们的家乡广东省香山县付诸实施。表现出孙中山关注国计民生、百姓命运、民族危亡,救国救民于水火之中,"以天下为己任"的爱国精神。

(2)《农功》是孙中山阐述早期改良救国经济思想的又一篇重要文章。《农功》写于 1891

年前后,集中论说农业,内容比《致郑藻如书》具体而深入。文中孙中山明确提出了"以农为经"的观念,并谓此为"强兵富国之先声,治国平天下之枢纽",将发展农业列为平定天下、富强国家之根本的头等重要位置,进而推动整个经济社会乃至国家民族的全面发展。文章提出兴办农桑之事,在继承古农书"精华"的同时,要"参仿西法","效法于人,蕲胜于人",学习西方,要能够学而胜之。对于农事,从国家高度讲,要"农部有专官,农事有专学",政府要大力扶持,做到"民心之不明,以官之;民力之不足,以官辅之;民情之不便,以官除之"。

在一些具体的农事问题上,文章讲得更为细致,农作物对土壤成分的需求、种植季节和优良子种的选择、牛羊犬豕的畜牧,都要做到"因地制宜""巧夺天工"。文末依然是以十足的信心激励并提醒国民:"务使野无旷土,农不失时,则出入有节,种造有法,何患乎我国之财不恒足矣!"

《农功》一文最初由孙中山执笔,再经当时著名的改良主义者郑观应酌加修改,后辑入郑观应的《盛世危言》。可见,这一时期孙中山的经济思想同当时的改良主义思想家的主张有颇多相通之处。但他站得高,站在国富民强、治国平天下的高度;谈得细,他本为"贫困之农家子",对农事了如指掌;说得关切,注重实践,信心十足。这正是孙中山对中国农业问题的关注,及优先发展农业的思想,超过同时代其他改良主义思想家的地方。

2.《上李鸿章书》是孙中山早期改良救国经济思想的纲领性文献

《上李鸿章书》写于1894年,是孙中山早期经济思想的代表作,是他早期经济改良思想的纲领性文献,也可以说是他推动中国经济近代化改革的初步纲领。这表明孙中山在经济改良方面已经有了较为全面的设想。这是一个结合中国国情、符合中国实际,使中国朝着独立富强的国家发展的,较为完整的自上而下的经济改良纲领。孙中山阐述发展经济的思想,并不就经济谈经济,而是遵循中国古代士、农、工、商"四民分业"的传统思想条分缕析,在论述农、工、商各业改良发展的同时,还详谈了人事和教育问题。这就是文中详论的"我国家欲恢扩宏图","以筹自强",就"在于人能尽其才,地能尽其利,物能尽其用,货能畅其流——此四事者,富强之大经,治国之大本也","不急于此四事者,徒惟坚船利炮之是务,是舍本而图末也"。

(1)"地能尽其利",优先发展农业的理论主张和措施。"以农为经",即优先发展农业的思想和主张,是《上李鸿章书》重点阐述的问题。此前,孙中山曾说:

> 以农为经,以商为纬,本末备具,巨细毕赅,是即强兵富国之先声,治国平天下之枢纽也。[14]

这里所述的发展农业问题的中心思想是"地尽其利","夫地利者,生民之命脉","能生民养民者为善政"。这是说做到"地尽其利"的重要性和必要性。如何才能达到"地尽其利"的目标呢?孙中山明确指出:"在农政有官,农务有学,耕耨有器也。"他还对这三项基本措施进行了详尽的说明。

"农政有官","中国之农政古有专官",只是后世未能坚持,以致"无专责之农官",造成中国农政"日就废弛","垦荒不力，水利不修"，江河"为患年甚一年"，"遂致劳多而获少，民食日艰"。"农民虽患之而无如何，欲修之而力不逮"，只能万般无奈，处于茫茫之中。对于这种情况，孙中山极为重视，颇有感慨。他说："所谓地有遗利，民有余力，生谷之地未尽垦，山泽之利未尽出也，如此而欲致富不亦难乎！"孙中山指出，"泰西国家深明致富之大源"特设专官管理农业，"凡有利于农田者无不兴，有害于农田者无不除"。因此，他提出要"急设农官"，主持农政，制定措施，兴利除弊，"以补天工"，促进整个农业的发展。

"农务有学"，是说要用先进的科学知识施教于民，提高劳动生产率，推动农业生产的发展。孙中山指出，要真正做到"地尽其利"，只是"水患平矣，水利兴矣，荒土辟矣"，尚且不足，因为中国人口将"日有加多，而土地不能以日广"，如果人民仍然过分依赖于土地，仍不免有"饥馑之患"。所以要"日求进益，日出新法"，"急兴农学，讲求树畜，速其长植，倍其繁衍，以弥此憾也"。即增加产量，以解决人多地少的矛盾。在论述"农政学堂所宜急设"，以"明其理法"时，孙中山谈到了"农家之地学、化学"，"农家之植物学、动物学"，"农家之格物学"，"农家之医学"等多种科学知识。这里，孙中山既强调要用多种先进的科学知识施教于民，又要从农村的实际、农民的实际出发，指导农业生产，达到"农学既明，则能使同等之田产数倍之物，是无异将一亩之田变为数亩之用，即无异将一国之地广为数国之大也。如此，则民虽增数倍，可无饥馑之忧矣"。可以看出，当时孙中山科学种田的思想意识已极为明确。对此他已有了周密的付诸实施的设想，并且充满了信心。

"耕耨有器"，"农官既设，农学既兴，则非有巧机无以节其劳，非有灵器无以速其事，此农器宜讲求也"是强调在农业生产中采用机器作业，即后来所说的实现农业机械化问题。孙中山说，他之所以提出在农业生产中采用机器，是因为中国"自古深耕易耨，皆藉牛马之劳，乃近世制器日精，多以器代牛马之用，以其费力少而成功多也"。他清醒地看到机器在农业生产中的作用，犁田、起水、凿井浚河、垦荒伐木，"机器之于农，其用亦大矣哉"。西方国家在农业生产中采用机器，成效明显，孙中山颇受启发。而当时中国尚没有机器生产，孙中山提出，"我中国宜购其器而仿制之"。孙中山在文中阐述"地尽其利"主张的结语是："农政有官则百姓勤，农务有学则树畜精，耕耨有器则人力省，此三者，我国所当仿行以收其地利者也。"

三个方面的设想，学理扎实，思路清楚，因果明白，切实可行。

《上李鸿章书》在当时是较为全面地论述中国农业发展的理论和主张，并提出农业改良方案的重要文献，不仅具有显著的现实意义，还具有深远的历史意义。

(2)"货能畅其流"，振兴商业，谋国家之富强的主张和措施。"货能畅其流"，是《上李鸿章书》重点阐述的又一个问题。即要重视商务流通，是实现前述在整个经济发展中"以商为纬"主张的重要措施，其追求的是振兴商业，谋国家之富强。在强调优先发展农业的同时，十分重视振兴商务的问题，将振兴商务与发展农业紧密地联系在一起，做到经、纬交织，本末巨细完备。因此，孙中山特别指出："筹富国者，当以商务收其效也，不然，徒以聚敛为工，捐纳为计，吾未见其能富也。"

如何才能达到"货能畅其流"的目标呢？孙中山提出了三项基本措施："在关卡之无阻难，保商之有善法，多轮船铁道之载运也。"孙中山对这三项基本措施进行了详尽的说明。

"关卡之无阻难",是指减少关卡、合理征税,减轻商人负担,以利商务流通。因为货物能否畅通,对于商业能否兴盛,经济能否发达,具有关键作用。孙中山说:"夫百货者,成之农工而运于商旅,以此地之赢余济彼方之不足,其功亦不亚于生物成物也。"他还指出,泰西各国所以能够做到"百货畅流,商贾云集,财源日裕,国势日强"的原因之一就在于体恤商情,征税较轻,设卡也少。而中国则不然,是"过省有关,越境有卡,海口完纳,又有补抽,处处敛征,节节阻滞"。商人面临的是"遍地风波,满天荆棘",其结果是"商贾为之裹足,负贩从而怨嗟"。如此而欲"百货畅流,岂不难乎"? 鉴于这种情况,孙中山指出:"徒削平民之脂膏,于国计民生初无所裨。"谋富强者,必须改变今日关卡之滥征,吏胥之多弊的状况。孙中山强调的是,当时没有良好的政策,不分是非曲直的"滥征",大小官吏的"多弊",必须予以解决。

"保商之有善法"是强调国家要采取切实有效的办法体恤保护商业。孙中山指出,"商者,亦一国富强之所关也","商不见保则货物不流,货物不流则财源不聚,是虽地大物博,无益也",特别是商人"别父母,离乡井,多为饥寒所驱,经商异地,情至苦,事至艰","若国家不为体恤,不加保护,则小者无以觅蝇头微利,大者无以展鸿业远图"。孙中山还指出,西方各国商业得以发展的重要原因之一,就在于国家大力推行保商政策。基于上述认识,孙中山语重心长地疾呼:"谋富强者,可不急于保商哉! "

"多轮船铁道之载运",是指要大力发展交通运输业,为商业的振兴创造便利条件。孙中山意识到"夫商务之能兴,又全恃舟车之利便",就是要做到山积财货,"有轮船为之运载";陆上各地,"铁道纵横,四通八达","货物能转输利便,运接灵速"。这正是泰西诸国货能畅其流的原因所在。孙中山还指出,铁路的作用较之轮船更为突出,因"铁路无波涛之险,无礁石之虞",当今世界"凡有铁路之邦,则全国四通八达,流行无阻;无铁路之国,动辄掣肘",所以,"地球各邦今已视铁路为命脉矣"。中国虽已于沿海设招商之轮船,于陆路兴官商之铁路。但轮船只行于沿海大江,而尚未行于支河内港,没有达到便利商运;铁路先通于关外,而不急于繁富之区,无以收一时之利。因此,孙中山提出要"乘势而利导",把"招商兴路"提到议事日程,尽快办理。

上述三个方面,是孙中山"以商为纬",谋国家富强的具体措施。他满怀信心地表示:

无关卡之阻难,则商贾愿出于其市;有保商之善法,则殷富亦乐于贸迁;多轮船铁路之载运,则货物之盘费轻。如此,而货有不畅其流者乎? 货流既畅,则财源自足矣。

(3)"物能尽其用",早期的国家工业化思想。"物能尽其用"是在《上李鸿章书》中体现出的孙中山早期的国家工业化思想。孙中山说:"所谓物能尽其用者,在穷理日精,机器日巧,不作无益以害有益也。"孙中山还对他所说的"物"的指向作了详细的解说:

夫物也者,有天生之物,有地产之物,有人成之物。天生之物如光、热、电者,各国之所有,在穷理之浅深以为取用之多少。地产者如五金、百谷,各国所自有,在能善取而善用之也。人成之物,则系于机器之灵笨与人力之勤惰。故穷理日精则物用呈,机器日巧则成物多,不作无益则物力节,是亦开财源节财流之一大端也。

不但详细说明了物之所指,还说明了物尽其用可以取得的成果及其在国家经济发展中的重要作用。

在论说"物能尽其用"时,孙中山着重阐述了使用机器的问题,这正是他当时构想的关于国家工业化的关键所在。这里,孙中山先是详细地介绍了近代西方国家通过工业革命,注重自然科学,"孜孜然日以穷理致用为事",用科学手段,机器生产,开发利用自然资源,发展生产,兴物利民,迅速走在世界前列的情况。进而,他对照我国状况:地大物博,自然条件好,但现代科学未兴,生产手段落后,地矿资源未得开发。鉴于此,孙中山明确指出,中国欲"谋富国者,可不讲求机器之用欤?"要改变中国的落后局面,就必须破除迷信,废止陋习,大兴科学之风,推广使用机器,以现代机器和技术代替传统的手工生产和技术。孙中山详细谈到了机器的重要功用:

机器巧,则百艺兴,制作盛,上而军国要需,下而民生日用,皆能日就精良而省财力,故作人力所不作之工,成人事所不成之物。如五金之矿,有机器以开,则碎坚石如雨粉,透深井以吸泉,得以辟天地之宝藏矣。织造有机,则千万人所作之工,半日可就,致缀废丝,织绒呢,则化无用为有用矣。

在"物能尽其用"的问题上,孙中山还提出社会生活和物质生产中的节约问题,指出我国有些陋习,浪费了不少资财:"我中国之民,俗尚鬼神,年中迎神赛会之举,化帛烧纸之资,全国计之每年当在数千万。此以有用之财作无益之事,以有用之物作无用之施,此冥冥一大漏卮,其数较鸦片为尤甚。"废止陋习,厉行节约,确实是一个应该引起重视的社会问题。

(4)"人能尽其才",早期的发展教育、培养人才思想。"人能尽其才"是《上李鸿章书》中体现出的孙中山早期的发展教育、培养人才的思想。孙中山说:

所谓人能尽其才者,在教养有道,鼓励有方,任使得法也。

教养有道,则天无枉生之人;鼓励有方,则野无郁抑之士;任使得法,则朝无癃进之徒。斯三者不失其序,则人能尽其才矣;人能尽其才,则百事俱举;百事举矣,则富强不足谋也。

孙中山的思想就是要发展现代教育,培养人才,善用人才,激励自奋上进,奖赏发明创造。

孙中山还介绍了西方国家的教养之道,任使之法;批评了当时中国在用人上存在的习非所用、用非所长的问题,如此"则虽智者无以称职,而巧者易以饰其非",其严重后果"必致野有遗贤,朝多癃进"。进而,孙中山强调指出,"其用人也,务取所长而久其职",做到"文学渊博者为士师,农学熟悉者为农长,工程达练者为监工,商情谙习者为商董",使其"无瞻顾之心,而能专一其志"。

《上李鸿章书》是挽救祖国衰颓,振兴中华,发展经济的方案。它指出了经济发展的方向,设计出多项具体措施,具有很强的指向性、实践性和可操作性,是中国近现代社会经济发展中具有历史意义和现实意义的重要文献。但是,当时孙中山还没有形成民主革命的思想,在不推翻清王朝统治的情况下,指望统治当局自上而下地实施如此庞大的经济改良是不可能的。所以,当孙中山多方努力,兴致勃勃,北上投书时,却连李鸿章的面都未能见到,他只得乘兴而去,扫兴而归。《上李鸿章书》如石沉大海,杳无消息。

(三)孙中山早期国家经济近代化的思想体系

孙中山的经济思想与其政治理念密不可分。1894年《上李鸿章书》未果,孙中山深层思考,他对中国社会和清朝政府的本质有了更为清醒的认识。历史和现实促使其政治理念发生变化,"始决倾覆清廷,创建民国之志",与改良主义决裂,向革命民主主义者转变,其经济思想也随之有了新的发展,并形成了一个以民生主义为理论依据的比较完整的国家经济近代化的思想体系。

1.孙中山国家经济近代化的理论基点

孙中山国家经济近代化思想体系的理论基点是民生主义。民生主义是孙中山三民主义民主革命纲领的重要内容,也是孙中山构想中国国家经济近代化发展道路的理论依据。对于民生主义,孙中山明确指出:

民生就是人民的生活——社会的生存、国民的生计、群众的生命。民生主义就是社会主义,又名共产主义,即是大同主义。[15]

当时,孙中山对"社会主义""共产主义"的理解和认知是有很大局限的,他把中国传统的"大同主义"与"社会主义"、"共产主义"画了等号。当然,从经济发展的层面讲,孙中山民生主义的理论指向还是着眼于国计民生,着眼于社会的生存,着眼于人民生活、群众生命的需要。对这一问题孙中山作了详细的说明:

民生主义是以养民为目的。……民生的需要,从前的经济学家都是说衣、食、住三种;照我的研究,应该有四种,于衣食住之外,还有一种就是行。……我们要解决民生问题,不但要把这四种需要弄到很便宜,并且要全国的人民都能够享受。……我们研究民生主义,就是要解决这四种需要的问题。[16]

"以养民为目的",这正是孙中山国家经济近代化思想体系的理论基点。

2.孙中山民生主义的要旨

孙中山的民生主义是一个具有中国特色的国家经济近代化的纲领,孙中山明确指出,实现民生主义的两个要旨是:"一曰平均地权;二曰节制资本。"[17]

"平均地权"是由《同盟会宣言》首次正式提出来的,其基本指向是征收土地税,以防止贫富分化。孙中山提出"文明之福祉,国民平等以享之",其要旨在"改良社会经济组织,核定天下地价",其办法是"现有之地价,仍属原主所有","革命后社会改良进步之增价,则归于国家,为国民所共享"。⑱后在《中国国民党第一次全国代表大会宣言》中更明确规定:

> 私人所有土地,由地主估价呈报政府,国家就价征税,并于必要时依报价收买之,此则平均地权之要旨也。⑲

从两个宣言所阐述的关于平均地权的要旨来看,所谓平均地权是在承认土地国有的前提下,由国家根据地价征收土地税的一项社会经济改革,旨在反对贫富不均。

"节制资本"是指限制私人资本对国计民生的垄断和控制。在《中国国民党第一次全国代表大会宣言》和孙中山关于《民生主义》的讲演中,都曾反复论述过。"节制资本",就是要对"私有资本制度"加以"节制",使少数人不能所得而私:

> 凡本国人及外国人之企业,或有独占的性质,或规模过大为私人之力所不能办者,如银行、铁道、航路之属,由国家经营管理之,使私有资本制度不能操纵国民之生计,此则节制资本之要旨也。⑳

可见,"节制资本"并不废除"私有资本制度",而是使其"不能操纵国民之生计",对于银行、铁路、航空等大型金融、交通事业,则"由国家经营管理之"。

3.孙中山的民生主义是具有中国特色的国家经济近代化的纲领

以前述"平均地权""节制资本"为要旨,以反对贫富不均和少数富人专制为目标的民生主义社会经济纲领,是孙中山提出的关于中国国家经济近代化发展道路的基本构想。它是要在不根本废除生产资料"私有制"的前提下,对社会经济结构,特别是所有制状况进行必要的改良,"节制""私有资本制度",使之不能操纵国计民生事业;而对关乎国家经济命脉的重要部门和大型企业,则实行国有化,"由国家经营管理",以达到克服贫富不均和少数富人专制的目标。

孙中山曾用多年时间到欧美各国考察,一方面,看到西方资本主义国家经济发达,物质生产丰富,因而他从多方面介绍欧美强国经济发展情况,主张中国应借鉴其致富途径,推动本国的经济迅速发展;另一方面,孙中山也清醒地看到欧美各国经济发展中所出现的各种弊端,特别是贫富悬殊,社会矛盾尖锐,农民生活低下,工人罢工频仍。因此,孙中山在设想改良中国经济,使之进入世界经济近代化轨道,并得以迅速发展的同时,试图避免西方国家在经济发展中曾出现过的种种弊端,避免引发新的"社会革命"。

对于民生主义在主观上是为了防止将来贫富不均和社会矛盾趋于尖锐的问题,孙中山后来曾多次说明:

> 所谓要实行民生主义,缘因于贫富不均。何以说贫富不均?古代虽有贫富阶级之分,然

无如今日之甚。今则贫富悬殊,不可方物,富者敌国,贫者无立锥。㉑民生主义,即贫富均等,不能以富者压制贫者是也。㉒

孙中山还曾对资本家剥削工人进行过猛烈的抨击,甚至认为资本家之无良心,尚不及专制皇帝:

盖专制皇帝,且口不离爱民,虽专横无艺,犹不敢公然以压抑平民为职志。若资本家则不然,资本家者,以压抑平民为本分者也,对于人民之痛苦,全然不负责任者也,一言以蔽之,资本家者无良心者也。㉓

孙中山以民生主义为纲领的关于国家经济近代化发展道路的基本构想,在当时并未能真正实行。但是应该看到,孙中山这一基本构想,是具有鲜明的时代特色和中国特色的。19世纪末 20 世纪初,西方资本主义发展危机显现,国家内部社会问题严重,资本高度集中,财政金融垄断,社会两极分化,阶级对立尖锐。这是当时在西方国家出现而又无法解决的一系列问题。当时中国经历了"鸦片战争"等帝国主义入侵,"洋务运动"等经济改良的失败,虽然已有西方国家的技术、设备、方法的渗入和引进,但国家仍处于贫穷落后状态。中国经济如何发展?这是时代、国家、社会摆在孙中山面前的问题。孙中山清醒地看到,并反复向社会郑重申明,中国国家经济近代化绝不能走西方资本主义的老路,必须走具有中国特色的发展道路。这就是他提出的以"平均地权""节制资本"为要旨,旨在反对贫富不均和少数富人专制的民生主义。民生主义之于中国,不仅独具远见卓识,并具有未雨绸缪和防患于未然的时代特点。民生主义在历史上和现实中都具有积极的思想价值和重要意义。

二、孙中山国家经济近代化的宏伟蓝图——《实业计划》

《实业计划》,顾名思义,是一个关于振兴实业的计划,也即国家经济全面发展的规划,主张通过扩大国家资本来振兴实业,以实现国家经济的近代化,求得中国的繁荣富强。

《实业计划》是孙中山国家经济近代化的构想与实践的集中体现。孙中山在《实业计划》中对其设想的整个国民经济发展规划作了详细的描述。这是一个以国家工业化为中心,以发展交通运输业为先导,注重农业、重工业、轻工业发展,使中国国家经济全面实现近代化的大规模规划。孙中山绘制的《实业计划》规模之宏大与全面,蕴涵着极强的开拓和创新意识,堪称一个前所未有的"国家经济之大政策",一幅前所未有的在中国实现国家经济近代化的宏伟蓝图。

(一)《实业计划》的构制和主要内容

1917—1919 年间,孙中山以革命家的责任感,在上海深居简出、潜心研究、精密筹划、著书立说,先后写出《民权初步》《实业计划》《孙文学说》,全面构制国家政治、经济、文化发展规划,并合编为《建国方略》出版。

《实业计划》写成于1918年。《实业计划》产生的时代背景是这样的:其时正值第一次世界大战结束,世界经济由战时转向和平发展,特别是主要参战国以其巨大的生产能力生产出大量商品,急需寻找市场。国内封建帝制覆灭,复辟丑剧破产,护法运动失败,军阀战争频仍,人民仍处于水深火热之中。而中国幅员辽阔,资源丰富,人口众多,地价低廉,具有发展经济的充分条件。应该说这是中华民族摆脱贫困落后面貌,开拓创新,谋求发展的良好契机。革命的先行者孙中山,以革命家的胆略和气魄,不失时机地向国人奉献了这一宏伟的国家经济发展规划。

《实业计划》的文本在"序""自序""篇首"之后,正文部分为"六种计划",内容十分丰富细致。就所述实业部门和发展目标而言,具体内容可分列为以下诸项:

1.开发交通

(1)建西北、西南、东南、东北、高原五大铁路系统及中央等铁路系统,共修建铁路10万英里,把沿海、内地和边陲连接起来,并建机车和客货车制造厂;

(2)筑碎石路100万英里,建成遍布全国的公路网;

(3)修浚现有运河:杭州—天津运河和西江—扬子江运河;

(4)新开运河、整治全国水道,大力发展内河交通:新开辽河—松花江运河及其他运河,治理、疏导长江、黄河、西江、淮河及其他河流,包括筑堤、疏浚、取直等以利航行,又防洪水;

(5)增设电报线路、电话及无线电等,使之遍布于全国。

2.开辟港口

(1)在中国北部、中部及南部沿海分别修建一个大港口,即建北方大港、东方大港、南方大港等三个大洋港口,规模如纽约港;

(2)沿海岸建多种商业港和渔业港:包括建营口、海州、福州、钦州等4个二等海港,建葫芦岛、黄河埠等9个三等海港,建安东等15个渔业港;

(3)于通航河流沿岸建商场、船埠。

3.建设新兴城市

在铁路枢纽和商港地带建立新兴市区,并加强公用设施建设,以强化城市功能。

4.兴建水利电力事业

(1)兴起水力发电事业;

(2)解决蒙古、新疆地区的灌溉问题。

5.发展采矿业

(1)全面开采煤、铁、石油、有色金属和非金属矿藏,在资源富集的地方发展铁矿、煤矿、油矿、铜矿及锡、金、玉等特种矿;

(2)矿业机器制造;

(3)建立冶矿机厂。

6.发展钢铁及建材工业

包括冶铁、炼钢及建立大型水泥厂等。

7.开办轻工业

(1)发展粮食工业,包括食物生产、储存、运输等;

(2)发展衣服工业,包括生产各类织物服装的工业、皮革工业、制衣机器工业等;

(3)发展居室工业,包括建筑材料生产及运输业、住宅建筑业、家具制造业等;

(4)发展行动工业,即发展满足与人民行路有关的道路的通畅、各类车辆的生产、燃料的供应等;

(5)发展印刷工业,包括与之相关的造纸、墨胶、印模、印刷机器生产工业等。

8.发展农业和林业

(1)用机器及科学广泛改良耕地,实现农业生产的现代化;

(2)在北部及中部建造森林;

(3)移民于东三省、蒙古、新疆、青海、西藏,开发边疆地区。

孙中山的《实业计划》是在中国实现国家经济近代化的宏伟蓝图,一个比较系统地发展中国经济的战略运行图。从经济发展的角度讲,《实业计划》除了未涉及商贸业,对农林、水电谈的也较少外,于其他各实业部门及其发展目标,都作出了比较详细、具体的说明和分析,特别是对铁路建设、港口建设、河道治理的规划设计描述得更是细致入微,令人叹服。

(二)《实业计划》的实施策略

对于中国实业的开发运行,孙中山认为"应分两路运行,(一)个人企业、(二)国家经营是也。凡夫事务之可以委诸个人,或其较国家经营为适应者,应任个人为之……至其不能委诸个人及有独占性质者,应由国家经营之"。

1.《实业计划》的实施必须有法律保护和政府支持

要使《实业计划》的运行规则顺利推进,必须有法律的保护和国家的支持。孙中山首先提出,对于"个人企业"的运行和发展,国家必须"以法律保护",施之以一个良好的经济秩序和社会环境:"今欲利便个人企业之发达于中国,则从来所行之自杀的税制应即废止,紊乱之货币立需改良,而各种官吏的障碍必当排去;尤须辅之以利便交通。"整顿经济秩序、抑制官场腐败、提供各种方便。孙中山提出的措施和办法是具体的、确实的,具有极强的现实针对性。

2."国家经营之事业"的实施策略

对于"国家经营之事业",孙中山也提出了切实的策略和措施。以国家工业化为中心,以发展交通运输业为先导,注重农业、重工业、轻工业发展。

(1)国家经济近代化建设首先要注重交通运输

经济近代化建设第一要事在交通,孙中山注重于铁路、水道的修治,商港、市街的建设,认为交通运输是发展实业的最重要因素,舍此便无由发展。

孙中山在《实业计划》之《篇首》中说:

予今陈一策,可使中国开一新市场,既以销其自产之货,又能销外国所产,两不相妨。其策如左：(甲)交通之开发……(乙)商港之开辟……(丙)铁路中心及终点并商港地,设新式市街。

在谈到"西北铁路系统"的建设时,他说:

以"地位适应"之原则言之,则此种铁路,实居支配世界的重要位置……以"国民需要"之原则言之,此为第一需要之铁路。故中国西北部之铁路系统,由政治上经济上言之,皆于中国今日为必要而刻不容缓者也。

(2)强调发展重工业、轻工业

强调发展采矿、钢铁工业和机器制造业,大力发展中国的基础工业。在发展重工业的同时,要重视发展轻工业,使粮、棉、油、纺织、日用品、印刷、蚕、丝、茶等的加工制造,既满足国内民需,又能有所出口,增加收入。

(3)重视发展农业和解放农民

孙中山重视农业的发展,为了更好地发展农业,他强调要首先解放农民、保护农民。在讲到"粮食工业"中"食物"之生产、储存、运输等事宜时,孙中山提出"须有自由农业法以保护,奖励农民,使其获得己力之结果"。后来他在讲演三民主义时,不仅提出保护农民的问题,还明确了怎样才算农民问题的真正解决:

要在政治、法律上制出种种规定来保护农民。……要规定法律,对于农民的权利有一种鼓励、有一种保障,让农民自己可以多得收成。……农民问题真是完全解决,是要"耕者有其田",那才算是我们对于农民问题的最终结果。[24]

孙中山还制定了发展农业的总体原则和具体措施,把农业机械化放在了首位,认为农业机械化是农业增产的根本途径。在《实业计划》中规定要"设立农器制造厂",因为"欲开放废地,改良农地,以闲力归于农事,则机器之需要必甚多。中国工价甚廉,煤铁亦富,故须自制造一切农器"。对于在农业生产中使用机器的成效,孙中山则充满信心,他说:"将已耕之地依近世机器及科学之法改良,则此同面积之土地,可使其出产更多,故尽有发展之余地。"

(三)《实业计划》实施的重大意义

孙中山在构想和阐述《实业计划》之初,就十分看重其实施成果的重大意义。孙中山称此《实业计划》为国家"实业计划之大方针,为国家经济之大政策"。孙中山说:"此计划果能实现,则大而世界,小而中国,无不受其利益","此后中国存亡之关键,则在此实业发展之一事也"。

经济的发展必将推动整个中国社会的巨大变化。对《实业计划》实施所具有的世界意义孙中山也确信无疑。他说:

自美国工商发达以来,世界已大受其益,此四万万人之中国,一旦发达工商,以经济的眼光视之,何啻新辟一世界?而参与此开发之役者,亦必获超越寻常之利益,可无疑也。且此种国际协助,可使人类博爱之情,益加巩固,而国际同盟,亦得藉此以巩固其基础,此又予所确信者也。

孙中山还说,余理想中之结果,至少可以打破现在之所谓列强势力范围,可以消灭现在之国际商业战争与资本竞争,最后且可以消除今后最大问题之劳资阶级斗争。

三、孙中山国家经济近代化的重要策略思想——对外开放

对外开放是孙中山大力倡导和积极实践《实业计划》的重要策略思想,也是孙中山国家经济近代化思想体系的重要组成部分。从当时国家经济近代化的层面讲,对外开放主要涉及引进外资、引进科学技术、引进管理和科技人才等几个方面。孙中山对外开放思想的目的是要发展国家资本,建设国富民强的现代化中国。为了更好地实施这一策略思想,他还反复阐述了对外开放的必要与可能,对外开放的原则等理论的和实践的问题。

(一)振兴实业,富国强民,必须实行对外开放策略

孙中山认为,要振兴实业,富强国家,必须实行对外开放政策,引进外国资金、先进技术和人才。他对诸如对外开放可解决资金匮乏,设备简陋,人才奇缺,技术落后等实业发展的重大问题;当时的国际环境、国内政治经济状况,使对外开放有了可资利用的环境条件,涉事双方均可收到优势互补,共同受益的良好效果;对外开放可以赢得时间,加快国家经济发展的速度,激发国人投身国家经济近代化的信心等问题都多有论述。

孙中山于1912年4月17日在上海中华实业联合会欢迎会的演说中正式提出"开放主义"政策:

仆之意最好行开放主义,将条约修正,将治外法权收回,中国有主权,则无论何国之债皆可借,即外人之投资亦所不禁。欧美各国无限制投资之事,盖一国之财力有限,合各国之财力则力量甚大矣。[25]

此后,在许多著述和讲话中,他对开放主义、开放政策进行了细致的解说。就当时中国的情况,他说:

要想实业发达,非用门户开放主义不可……何以名为开放政策?就是让外国人到中国来办理工商等事……款既筹不出,时又等不及,我们就要用此开放主义。凡是我们中国应兴事业,我们无资本,即借外国资本;我们无人才,即用外国人才;我们方法不好,即用外国方法。物质上文明,外国费二三百年工夫,始有今日结果,我们采来就用,诸君看看,便宜不

便宜。㉖

清楚地说明了何谓开放主义,怎样实施开放主义。《实业计划》中孙中山在"讲述工业本部之须外力扶助发达"时,针对中国平民境遇悲惨、国内一切事业皆不发达、生产方法不良、工力失去甚多等状况,作出更为明确的阐述:

凡此一切之根本救治,为用外国资本及专门家发达工业以图全国民之福利。欧美两洲之工业发达早于中国百年,今欲于甚短时期内追及之,须用其资本,用其机器。若外国资本不可得,至少亦须用其专门家、发明家,以为我国制造机器。无论如何,必须用机器以辅助中国巨大之人工,以发达中国无限之富源也。

对于这个问题更深层的含义,即开放的策略、开放的目标,孙中山清楚地表明,"吾之意见,盖欲使外国之资本主义以造成中国之社会主义"。对此,学术界曾有文章作出分析,并明确指出,孙中山所说的"外国之资本主义"主要指资本主义所造成的生产力,包括它的资本、机器设备和各种专门人才;而"中国之社会主义"则是指他所创立的三民主义,即民族主义、民权主义和民生主义,尤以民生主义为主要内容。㉗可见,孙中山所说的开放主义,就是利用西方各工业国的资本、机器和人才来开发中国的资源,发展中国的工商实业,以便在尽可能短的时间内赶上发达国家。孙中山在《建国方略》中对此已作出明确的说明:

夫以中国之地位,中国之资源,处今日之时会,倘吾国人民能举国一致,欢迎外资,欢迎外才,以发展我之生产事业,则十年之内吾实业之发达必能并驾欧美矣。……若吾国人能晓然于互助之力,交换之益,用人所长,补我之短,则数年之间,即可将中国之实业造成如美国今日矣。㉘

孙中山还从历史、现实和国家发展的高度对开放主义的积极意义进行了充分阐述。他说:

现在中华民国,人人皆有国家思想,同心协力,保全领土,拥护主权,外国人进来,毫无妨害,有何不可?况开放主义,我中国古时已行之。唐朝最盛时代,外国人遣派数万留学生到中国求学,如意大利、土耳其、波斯、日本等国。彼时外国人到中国来,我中国人不反对,因中国文明最盛时代,上下皆明白开放主义有利无弊。㉙

现世界各国通商,吾人正宜迎此潮流,行开放门户政策,以振兴工商业。利用外资,可以得外资之益,故余主张开放门户,吸取外国资本,以筑铁路、开矿山。㉚

孙中山在阐述对外开放思想时,不单单指向中国的建设和发展,还体现出一种涉事国家双赢,甚至有益于世界文明的观念。他说:"中国实业之发展,固不仅中国一国之益也,而世界亦必同沾其利。"③"吾之意见,盖欲使外国之资本主义以造成中国之社会主义,而调和此人类进化之两种经济能力,使之互相为用,以促进将来世界之文明也。"孙中山的反复论述,不断宣传,目的是使人们对对外开放的问题有一个清楚的认识和精神准备,以增强人们发展实业、建设国家的观念和信心。

(二)对外开放必须坚持的原则

孙中山从振兴中华的愿望出发,以推动中国的实业建设、科技进步、社会发展为宗旨,以"惟发展之权,操之在我则存,操之在人则亡"为核心理念,把开放之权紧握在手,提出了一系列对外开放的原则。既要维护国家的独立主权,又要认真汲取西方的长处;既要看到近代西方的先进和自己的不足,又要立足本国国情,主动地开放,主动地引进,以图为我所用,取长补短,促进发展;还要有奋起直追,与欧美并驾齐驱,甚至后来居上的气概。

1.引进和利用外资,必须坚持独立主权国家的原则

孙中山的对外开放,是在坚持独立主权的国家原则,维护国家主权的前提下,主动提出并实行的。"发展之权,操之在我则存,操之在人则亡",从引进和利用外资来讲,就是要坚持主权握在我们自己手里,从我出发,为我所用。孙中山认为现今世界日趋于大同,闭关自守已为时代所弃,开放门户才是世界潮流。对于实施对外开放坚持独立主权原则,孙中山是从两方面谈的,一是强调须保持独立主权;一是指出"开放门户政策利于保障主权"。

在当时的情况下,确保国家主权的完整,确保国家主权不受伤害,是实行对外开放制度的首要问题。孙中山曾反复讲过多次,他说:"若能使借债之条约不碍主权,借债亦复何伤!"②他还以清朝统治者媚外求荣,丧失主权之事,警戒人们:"借债必须有最良之条件,不至如前清时之丧失权利。"③为什么这么说呢?孙中山举出清朝末年"东清铁路"主权丧失问题:

> 东清铁路主权,所以全属俄人者,以沿路各站保护之兵,均系俄兵,俄人自由行动,中国不能过问故耳。盖当时订约,允许俄人以置兵保路之权,则毋怪俄人之自由行动。
> 外国资本家包办中国铁路,将来订约,必不准外人有置兵保路之权,沿路之兵,均由我国设置。主权在我,操纵自如,即日、俄承办,亦无不可。④
> 打破外国经济的压迫,解除条约上的束缚。做到了这个地步,中国的国际地位才可以同各国平等。⑤

这就是他强调的"主权在我,操纵自如"的原则。对此,当引起国人的警觉,牢记历史的教训。

在这一原则的实施中,有许多极好的范例。比如1912年,孙中山为了抵制六国银行财团通过借债取得在中国的某些特权,在经济上为所欲为的企图,在与法国银行家商谈中法合资创办一家银行时,明确指出几条原则必须遵循,即①在中国注册,悉遵中国法律;②董事局全为华人,西人居顾问;③总办9年内用西人,10年后用华人;④督理各举2人,总办执行,悉遵督理之命是听。同年,中国筹划设立铁路总公司,他在亲自批定的《铁路总公司条例

草案》中规定:"铁路总公司借款招股,不论华洋股款,均应遵照中国现行法律办理,即同享中国法律保护之利益。"㊱

此外,孙中山还就同外国经济联系的一些主要方面提出了一系列有重要意义的建议。如:同外国资本家集团订立条约,只准许外国资本家在"先遵正当之途"的原则下,才可以获取合法的利益,中国雇用的外国雇员,要按照合同规定担任技术和经营管理方面的工作,履行其向中国职工传授技术等项"必尽义务",合同期满,中国方面对他们"可随意用舍"等。孙中山指出:这既是我不受蒙骗、吃亏所必要,又是我掌握经济往来主动权的保证条件。

不难看出,孙中山对于引进、利用外国资本,必须以确保国家主权为前提条件,主权绝不可授之于外人的观点,是明确的、一贯的,而且身体力行之,具体指导了对外经济活动,具有典范作用。

1912 年,孙中山在一次演说时,曾专门讲到"开放门户政策利于保障主权"问题。先是分析中国引进外资开矿可能出现的成败得失,指出:"利用外资,可以得外资之益","直接有利于民,间接有利于国。此盖较之借款为善者也";再以亚洲日本、暹逻两国自行门户开放的实例,说明主动开放,有完全主权,可以有所发展,增强实力。"此可见开放门户,足以保障主权"。从这里可以看出孙中山是以发展的观点来解说他对外开放的主张和原则的。

2.引进和利用外资的性质和方式,必须坚持为我所用的原则

孙中山认为,引进外资有商业性的和政治性的不同,所以对外开放引进外资必须注意所引进外资的性质。政治性的往往带政治条件,会涉及政府和外交问题;而商业性的不带任何政治条件,纯粹从经济利益出发。我们应坚持以商业性质引进外资,反对政治性借款。外商来我国投资或进行其他经贸活动,必须是纯粹的商业性质。在谈到关于中国铁路建设与利用外资问题时,孙中山曾指出:

> 为完成伟大之工作起见,自非利用外资不可。但余意以为应由投资之私人或公司,与吾铁路局直接交涉,而与中央政府不发生关系。此种纯粹商业性质之办法,可使全盘事业脱离国际的与他种的政治范围。㊲

这样做的目的,就是为了要坚持平等互利的原则,不得让外人附加任何政治条件和不合理的要求,以避免引起国与国之间的一切纠葛,杜绝来自外国政府的干涉。

坚持上述性质,其基本运行方式应该是:外国的私人企业或者民间公司与中国实业公司直接交涉,谈判和达成协议,不牵扯外交问题,既脱离政治上的、外交上的纠葛,又不会与中央政府发生关系。

引进外国资本,利用外国资金,开发经营的方式可以是多种类型的:或中国企业自行开发建设,或中外合资经营,或允许外国人独资经营,但均须符合我们国家和地方经济发展的实际,坚持为我所用的原则。

3.引进外资、科技和人才,必须坚持符合中国国情,有利于中国经济发展的原则

孙中山认为,对外开放,引进外资、科学技术和人才,是为了加速中国经济的发展,增强

中国的实力,甚至赶超西方国家。所以,必须符合中国国情,有利于中国经济的发展。他说:

> 我们要拿外国已成的资本,来造成中国将来的共产世界,能够这样做去,才是事半功倍。如果要等待我们自己有了资本之后才去发展实业,那便是很迂缓了。……所以不能不借助外资,来发展交通运输事业,又不能不借用外国有学问经验的人材,来经营这些实业。……要赶快开采矿业,也应该借用外资。其他建造轮船、发展航业和建设种种工业的大规模工厂,都是非借用外资不可。㊳

这些论述非常明显地看出,孙中山主张的引进外资、科学技术和人才,是坚持了符合中国国情,适应中国经济发展的需要,有利于中国经济和社会发展的原则。在谈到如何看待引进外资、科学技术和人才时,孙中山还态度鲜明地提出,反对两种倾向的问题。一种是盲目排外;另一种是盲目崇洋:

> 不相信外国是真有文明……总是反对外国,极端信仰中国要比外国好;极端的崇拜外国,信仰外国是比中国好。因为信仰外国,所以把中国的旧东西都不要,事事都是仿效外国;只要听到说外国有的东西,我们便要去学,便要拿来实行。㊴

这两种极端的倾向都是我们要反对的。事实上,中国有几千年悠久的历史,传统的文化,社会上的民风民情,风俗习惯,和西方大不相同。如果不顾中国的国情,一切都效法外国,是行不通的。只有从中国的国情出发,学习西方,才能有利于中国的经济和社会发展,对外开放才能有所收获,才能获得成功。孙中山的对外开放主义,开放策略,是要向西方发达国家学习中国没有的东西。他多次指出:"我们现在要学欧洲,是要学中国没有的东西。中国没有的东西是科学。""我们要学他们的最新发明,才可驾乎各国之上。"㊵

引进和学习,不是爬行的学习,而是要迎头赶上去,甚至超过西方。对此,孙中山进行了细致的分析和说明:"我们要学外国,是要迎头赶上去,不要向后面跟着他。譬如学科学,迎头赶上去,便可以减少两百多年的光阴。……学外国之所长,必可以学得比较外国还要好,所谓'后来者居上'。"㊶

孙中山坚持对外开放的原则,立足本国国情,主动开放引进,以图为我所用,促进国家经济发展,以至驾于欧美之上。孙中山对此是信心十足的。但孙中山的对外开放主张并未到此结束,他还提出了"如果中国强盛起来","中国对于世界究竟要负什么责任呢"? 他说:"我们要先决定一种政策,要济弱扶贫……我们今日在没有发展之先,立定扶倾济弱的志愿,将来到了强盛的时候,想到今日身受过了列强政治经济压迫的痛苦,将来弱小民族如果也受这种痛苦,我们便要把那些帝国主义来消灭,那才算是治国平天下。"㊷孙中山对外开放思想闪烁着强烈的爱国主义思想光辉,也蕴涵着明显的以天下为己任的国际主义精神,这正是伟大的革命先行者精神世界的体现,也令我们更加深刻地领会他的对外开放思想,并发扬光大之。

四、孙中山经济建设思想的意义

孙中山在从改良救国到一个革命民主主义者为实现国家经济近代化而奋斗的光辉历程中,为挽救祖国,把发展经济、振兴实业作为一项重要的任务,逐步提出了一整套发展中国经济的宏伟计划,并制定出一系列的具体实施方案,指明近代经济的发展方向。孙中山对国家工业化的设想,对对外开放的要求,对经济所有制结构的安排,对国民经济各部门发展结构的均衡调整,对东部沿海地区的建设、西部内地的区域开发等等,对中国经济发展的战略构想,都为后来的建设者提供了可资参考的宝贵的文献资料。

孙中山对中国经济发展的战略构想和悉心构制的计划、方案,为中国经济发展近代化所作出的不懈努力,卓有成效,贡献巨大。由于时代和社会的原因,孙中山的许多构想尚未实现,但其所蕴涵的超越时代的思想价值是永存的。

孙中山作为革命的先行者,时代伟人,他闪耀着智慧火花的政治经济思想和强烈的爱国主义激情,是中华民族宝贵的精神财富,对我们当今的社会主义现代化建设有着巨大的鞭策启迪作用和极为重要的指导意义。

(一)孙中山经济建设思想,适应了全国各族人民民族独立、国家富强的愿望和要求

孙中山经济建设思想的出发点是为中华民族谋求独立富强,为广大人民谋取幸福安康。19世纪末20世纪初年的中国,社会腐败,经济落后,人民生活贫困。此时走上革命之路的孙中山,即心怀振国雄心,有赶超欧美大志。早在辛亥革命前,在一次演说中,他就曾表明:

我们革命的目的是为众生谋幸福,因不愿少数满洲人专制,故要民族革命;不愿君主一人专制,故要政治革命;不愿少数富人专制,故要社会革命。这三样有一样做不到,也不是我们的本意。达到了这三样目的之后,我们中国当成为至善至美的国家。[43]

"至善至美的国家",就是国家独立,人民享有主权,社会安定祥和,百姓生活幸福的国家。孙中山不仅有如是的理念和主张,还具体地关注着人民的日常生活,乃至衣食住行诸多事项。孙中山在他长期的革命实践和经济活动中,始终坚持民生主义,就是解决民众的生存问题,满足广大劳动群众的生活需要问题。把民族的独立,国家的发展,经济的繁荣,与满足人民需要等几个目标紧紧地捆绑在一起,作为中国经济发展的总目标和根本任务。这种把社会和经济发展的目标,归结为最大限度地改善与提高人民的物质文化生活水平,适应了各族人民民族独立、国家富强的愿望和要求,具有积极的现实意义和深远的历史意义。虽然他的设计方案未能实施,造福于民的目标未能达到,但他为大多数人民群众谋利益的伟人风范和真诚愿望,对于当今社会制定经济发展战略目标,关注和改善人民生活,是具有积极的指导和推动价值的。

(二)孙中山经济建设思想对于促进思想解放、放眼世界的启示意义

孙中山经济建设思想中的对外开放策略,是发展中国经济,实现近代化的必由之路。孙中山对对外开放必要性、可能性,对外开放必须遵循的原则,对外开放,引进外资、技术、人才的形式、方法,对外开放对经济发展、科技进步、人才培养将产生的重大影响等等,都曾作过精辟论述。

对外开放政策是与经济建设、经济发展同步前行的。开放中国市场、加强国际间的经济合作,让中国走向世界,让世界走进中国,使中国经济社会,融入国际大市场,平等交往,互惠互利。我们的目标是引进和发展,引进利用外国的资金、技术和人才,开发中国的工农交通及其他各业的空白,弥补薄弱环节,积累自己的资本,发展自己的经济实力,当然,也要让投资者得到应有的利益。

对外开放中不仅仅要引进,更要注重利用发挥中国自己的潜在资源,包括物质的和人力的,造就本国的优势,提高自己的科学技术水平,培养锻炼自己的人才,提高自己独立建设的能力和管理企业的水平。我们"学外国,是要迎头赶上去",甚至超越他们。

孙中山的对外开放思想和对外开放中坚持互利双赢的观念,有很鲜明的现代意识,符合世界进步的潮流。他在对外开放中显示的独立自主原则、奋发向上的气概,闪烁着爱国主义的思想光辉。尽管他的对外开放始终未能实施,取得成效,但其对于促进人们思想解放、放眼世界仍具有不可估量的重大意义,就是在今天无疑也有着巨大的启示意义。

(三)孙中山经济建设思想对发展实业、实现近代化的深远影响

孙中山在当时中国政治腐败,经济落后,人民群众贫困不堪,无以生存的状况下,提出了要"振兴中华"的口号,制定了一系列建设国家、发展实业的计划,并以一位伟大革命家的气魄,提出争取用一二十年,"迎头赶上"西方先进国家,与"欧美并驾齐驱",以至"后来者居上"的设想,并对如何实现这一设想进行了反复的科学论证,广泛的说理宣传,产生了深远的影响。

由于时代的、社会的、阶级的种种因素的制约,孙中山实现中华民族独立和繁荣富强的设想未能如愿以偿。但他关注民族前途、人民疾苦的精神,开拓创新的意识,及所制定的宏伟计划、发展措施,却极大地增强了人们发展实业、实现近代化的信心。

今天我们建设社会主义现代化强国,也有一个宏伟的国家发展规划,争取到本世纪中期赶上或超过中等发达国家。这在一定意义上可以说是继承了孙中山未竟的事业。

孙中山"振兴中华"的号召,发展实业的决心,将永远鼓舞着一代一代的中国人为之奋斗不息。

注释:
①孙中山.中国革命史.孙中山全集.第七卷.北京:中华书局,1985.60 页.
②孙中山.致郑藻如书.孙中山全集.第一卷.北京:中华书局,1981.1 页.
③孙中山.复翟理斯函.孙中山全集.第一卷.北京:中华书局,1981.48 页.

④孙中山.建国方略.孙中山全集.第六卷.北京:中华书局,1985.199 页.

⑤孙中山.与宫崎寅藏的谈话.孙中山全集.第一卷.北京:中华书局,1981.583 页.

⑥孙中山.三民主义.孙中山全集.第五卷.北京:中华书局,1981.196 页.

⑦孙中山.拟创立农学会书.孙中山全集.第一卷.北京:中华书局,1981.25 页.

⑧孙中山.农功.孙中山全集.第一卷.北京:中华书局,1981.5 页.

⑨孙中山.三民主义.孙中山全集.第九卷.北京:中华书局,1986.243 页.

⑩孙中山.建国方略.孙中山全集.第六卷.北京:中华书局,1985.180 页.

⑪孙中山.中国革命史.孙中山全集.第七卷.北京:中华书局,1985.61 页.

⑫孙中山.拟创立农学会书.孙中山全集.第一卷.北京:中华书局,1981.25 页.

⑬孙中山.上李鸿章书.孙中山全集.第一卷.北京:中华书局,1981.16~17 页.

⑭孙中山.农功.孙中山全集.第一卷.北京:中华书局,1981.6 页.

⑮孙中山.三民主义.孙中山全集.第九卷.北京:中华书局,1986.355 页.

⑯孙中山.三民主义.孙中山全集.第九卷.北京:中华书局,1986.410~411 页.

⑰孙中山.中国国民党第一次全国代表大会宣言.孙中山全集.第九卷.北京:中华书局,1986.120 页.

⑱孙中山.同盟会宣言.孙中山选集.上卷.北京:人民出版社,1956.69 页.

⑲孙中山.中国国民党第一次全国代表大会宣言.孙中山全集.第九卷.北京:中华书局,1986.120 页.

⑳孙中山.中国国民党第一次全国代表大会宣言.孙中山全集.第九卷.北京:中华书局,1986.120 页.

㉑孙中山.在中国国民党本部特设驻粤办事处的演说.孙中山全集.第五卷.北京:中华书局,1985.477 页.

㉒孙中山.在桂林广东同乡会欢迎会的演说.孙中山全集.第六卷.北京:中华书局,1985.56 页.

㉓孙中山.在武昌十三团体联合欢迎会的演说.孙中山全集.第二卷.北京:中华书局,1982.333 页.

㉔孙中山.三民主义.孙中山全集.第九卷.北京:中华书局,1986.399 页.

㉕孙中山.在上海中华实业联合会欢迎会的演说.孙中山全集.第二卷.北京:中华书局,1982.340 页.

㉖孙中山.在安徽都督府欢迎会的演说.孙中山全集.第二卷.北京:中华书局,1982.532~533 页.

㉗李成勋.从《实业计划》看孙中山振兴中华的战略构想.学术月刊.1999.10.

㉘孙中山.建国方略.孙中山全集.第六卷.北京:中华书局,1985.227 页.

㉙孙中山.在安徽都督府欢迎会的演说.孙中山全集.第二卷.北京:中华书局,1982.532 页.

㉚孙中山.在上海报界公会欢迎会的演说.孙中山全集.第二卷.北京:中华书局,498~499 页.

㉛孙中山.建国方略.孙中山全集.第六卷.北京:中华书局,1985.227 页.

㉜孙中山.在北京报界欢迎会的演说.孙中山全集.第二卷.北京:中华书局,1982.431 页.

㉝孙中山.在塘沽与某记者的谈话.孙中山全集.第二卷.北京:中华书局,1982.405 页.

㉞孙中山.在北京招待报界同人时的演说和谈话.孙中山全集.第二卷.北京:中华书局,1982.467~468 页.

㉟孙中山.在广州市工人代表会的演说.孙中山全集.第十卷.北京:中华书局,1986.150 页.

㊱孙中山.铁路总公司条例草案.孙中山全集.第二卷.北京:中华书局,1982.557 页.

㊲孙中山.中国之铁路计划与民生主义.孙中山全集.第二卷.北京:中华书局,1982.489 页.

㊳孙中山.三民主义.孙中山全集.第九卷.北京:中华书局,1986.393 页.

㊴孙中山.三民主义.孙中山全集.第九卷.北京:中华书局,1986.316~317 页.

㊵孙中山.三民主义.孙中山全集.第九卷.北京:中华书局,1986.231、342 页.

㊶孙中山.三民主义.孙中山全集.第九卷.北京:中华书局,1986.252 页.

㊷孙中山.三民主义.孙中山全集.第九卷.北京:中华书局,1986.253 页.

㊸孙中山.在东京《民报》创刊周年庆祝大会的演说.孙中山全集.第一卷.北京:中华书局,1981.329 页.

第九讲　孙中山的科学技术思想

内容提要

　　孙中山有丰富的自然科学知识和唯物主义自然观，极为重视科学技术的研究和应用，形成了自己独到的科学技术观。本讲主要内容涉及孙中山对科学定义、科学分类的阐发；孙中山的科学技术观。

　　孙中山对科学定义、科学分类等科学领域最基本也是最重要的问题，作出了明确阐发和有益探讨。他称科学为"统系之学""条理之学"，"凡真知特识，必从科学中来"，把科学定义为系统化的知识体系，强调科学的系统性、条理性、真理性和实践性特征。孙中山的科学技术观，涉及科学技术的国家发展观、应用价值观、对外开放观等方面。他的科学技术国家发展观，主要表现在"科学救国"和"科技兴国"两个层面；科学技术应用价值观体现于科学技术转化为生产力，在生产中发挥作用，推动社会经济向前发展；科学技术对外开放是孙中山对外开放策略思想的重要组成部分：中国欲由弱变强，必须摒弃闭关自守的迂腐之风，实行对外开放，借鉴西方发展经验。

学习思路与目标

　　1.学习时要认真阅读教材有关内容，参阅课程多媒体资源。

　　2.了解孙中山对科学定义的阐发，及其严谨的科学精神和治学作风。

　　3.了解孙中山致力于"科技兴国"、振兴实业的倡导和宣传；博览群书、潜心钻研、著书立说，完成了《实业计划》等著作的情况。

　　4.按时间脉络，理解孙中山从"科学救国"到"科技兴国"思想的发展历程：辛亥革命前，曾举起"科学救国"之旗；辛亥革命后，把精力集中到国家建设上来，形成以科学技术促进国家发展的理念、"科技兴国"的观点。

　　5.掌握孙中山科学技术应用价值观的主要内容。认知其看重科学技术在经济发展中的作用：一面强调科学技术转化为生产力，在生产中发挥作用，以推动社会经济发展；一面认为欧洲各国发展在于"科学昌明",日本明治维新后的发展,也是"科学为之",世界如此,中国亦然。

6.掌握孙中山引进学习西方科技成果的主张。认知要从中国的实际需要出发,学习中国最需要的技术,学习国外最先进的技术、最新的科技成果;要有一种精神,一种气概,迎头赶上,超过他们,后来居上。

思考与练习

1.讨论:
   (1)孙中山对于科学定义的阐释,什么是科学,科学的特征?
   (2)孙中山"科学救国"与"科技兴国"的区别。
   (3)孙中山科学技术开放观的现实指导意义。
2.写作:
   联系实际,就孙中山的科学技术应用价值观,谈谈科学技术与发展生产的关系。

19世纪60年代到90年代中期,以"求强""求富"为目的的洋务运动,在内忧外患双重压迫下,以失败告终。但它在引进西方科学技术,兴办军事工业、民用工业,采用机器生产的过程中,在采用新技术、新工艺、新的管理办法方面,使更多的中国人看到了西方近代科学技术及利用机器生产的功用,从而转变了思想观念。洋务运动推进了中国人民放眼看世界的进程。也可以说,洋务运动在事实上揭开了中国科学技术和工业近代化的序幕,推动了中国社会向近代化转轨的进程。中国近代科技思想就是在中国社会、中国工业和科学技术开始向近代化转轨的过程中萌生的。它是中国在那个特定历史条件下社会思潮发展的产物,也是那一时期中西文化碰撞和交融的产物。

孙中山走向社会,投身革命的初始阶段,正是洋务运动从兴起到失败,科学技术从近代到现代的过渡时期。人们从不同的角度对科学技术作了有益的探讨,作出了不同的理解,得出了不同的结论。

孙中山曾是一位有影响的医学博士,有丰富的自然科学知识和唯物主义自然观。他极为重视科学、科学技术及科学技术的研究和应用等问题,并形成自己独到的科学技术观。

一、孙中山对科学定义、科学分类问题的阐发

孙中山对科学与技术的正确认识,首先在于他丰富的自然科学知识,还有就是严谨的

科学精神和治学作风。对于什么是科学,科学的分类等科学领域最基本也是最重要的问题,孙中山都曾作出过阐发和探讨。

(一)对科学定义的阐释

对于什么是科学,孙中山曾作出明确的阐述:

夫科学者,统系之学也,条理之学也。凡真知特识,必从科学中来也。舍科学而外之所谓知识者,多非真知识也。①

孙中山称科学为"统系之学也,条理之学也",即把科学定义为系统化的知识体系,强调科学的系统性、条理性。"凡真知特识,必从科学中来也",是指科学具有真理性和实践性的特征。孙中山认为,真理性的获得必须来自科学,获得知识的过程也是一种科学。所以具有真理性特征的科学的知识,必须是通过有一定逻辑体系的科学推导而形成的学问;是依据在实践中所获得的丰富经验,用一定的思维形式和方法进行系统地整理、概括而形成的反映客观事物的本质和规律的学问;是具有系统性和条理性的,通过一系列的逻辑思维证明的实践经验的总结。这就包含科学首先来自实践,是实践经验的总结,具有实践性特征。当然,科学的实践性,不只是指科学来源于实践,而且指科学要指导实践、服务于实践,随着实践的发展而发展。

孙中山在强调科学的系统性、条理性、实践性的同时,指出"舍科学而外之所谓知识者,多非真知识也",说明科学知识同一般的生活知识、生活经验累加的知识不同。生活知识和经验虽然可以说在一定程度上是对客观事物的某一或某些方面的正确认识,但它是零星的、散漫的、不系统的、非全面的知识,而科学则是依据在实践中所获得的丰富经验,运用科学的思维方法进行系统地梳理、判断、归纳和总结出的反映客观事物本质及其运动规律的系统知识。所以,那种零散的、不系统的知识的拼凑或汇集,都不能称其为科学。孙中山所说"舍科学而外之所谓知识者,多非真知识也",就是这个意思。

孙中山对科学的理解、定义及相关问题的阐释,不仅在当时有指导和推动科学事业发展的重要意义,而且在科学问题上具有普遍的指导价值。它不单使人们认识科学,正确对待科学,还启示人们要以严谨的态度对待科学和科学研究。科学研究必须从现实出发,从客观实际出发;科学知识是人们认识世界和改造世界的经验总结,是客观事物的本质及其运动规律的反映;任何认识、任何知识,如果不能正确地反映事物的本质及其运动规律,就不是科学知识,也就不具有真理性,离开客观真理性就不能称之为科学。

(二)对科学分类的有益探讨和研究

科学分类是研究各门科学之间关系的一门学问,科学的门类很多,如果不进行分类,就不能进行专门的某一学科的研究,这不单限制一门学科的研究,甚至影响到整个科学事业的发展。

在孙中山之前，确实已有许多学者对科学分类作过有益的探讨和研究。孙中山并没有专门阐释科学分类的著述，但他赞成给科学划分类别。在他的许多著作里，谈论到了科学分类和对科学类别的划分问题。比如：

《上李鸿章书》涉及语言学、政治学、人文学、算学、地理学、物理学、化学、农学、矿物学、地质学等；

《致港督论平治章程》谈及文学和法律学；

《社会主义之派别与方法》论述到经济学、统计学；

《孙文学说》详细论述了生理学、医药学、卫生学、金融学、文字学、逻辑学、文法学、理则学、建筑学、社会心理学、造船学、电学、化学、生物学等；

《公布考试组织条例》对农业科学的地质学、气象学、兽医学、林学、水产学等作了具体的规定。

孙中山曾明确地将科学划分为两大类别，即自然科学和人事科学。他说：

世界之学有二大类，其一曰自然科学，其一曰人事科学。自然科学者，如天算、地文、地质、物理(声光电热力学等)、生物(动物、植物二学)、化学是也。人事科学者，如社会学、心理学、伦理学、政治学、法律学、经济学、历史学是也。[②]

孙中山还谈到自然科学不同学科之间相互渗透、相互作用，及相关学科综合利用等问题。他说：

近世科学之发达，非一学之造诣，必同时众学皆有进步，互相资助，彼此乃得以发明。与电学最有密切之关系者为化学，倘化学不进步，则电学必难以发达；亦惟有电学之发明，而化学乃能进步也。……其他之工业，与化学有关系，由烧炼之术而致者，不可胜数也。[③]

孙中山对科学分类的总结概括，及对科学领域各学科间发展趋势的分析是精辟独到的，在当时是超乎一般的。

二、孙中山的科学技术观

孙中山一生中有几十年在国外学习、考察，到过欧洲、亚洲、美洲等数十个国家和地区，目睹和感受到了社会的发展在很大程度上受科学技术发展水平的影响和制约，科学技术对国富民强、社会进步所起的重要作用。与此同时，孙中山对科学技术在中国社会进步、经济发展中的重要作用进行了反复思考、深入探究、多方阐述，形成了面对中国社会并独具特色的科学技术观。

孙中山的科学技术观有着十分丰富的内容。目前本学科领域的专家学者，对这一问题的研究论析呈多元趋势，涉及科学技术的国家发展观、应用价值观、对外开放观，以及认识价值、军事发展等多个方面。这里，主要从以下三个方面来阐述。

(一)科学技术的国家发展观

孙中山科学技术的国家发展观，主要表现在"科学救国"和"科技兴国"两个层面。

1.辛亥革命以前，孙中山曾举起"科学救国"之旗

1840年鸦片战争以后，帝国主义的侵略炮火，强权掠夺，打开了封建王朝闭关自守的大门。伴随着西方资本主义经济的渗入，洋务运动的开展，有一部分中国人开始接触到西方的物质文明，包括科学技术和机器生产、铁路运输等科学技术运用于生产的实践活动，使一部分中国人开了眼界。

但当时的中国社会正在发生深刻变化，从《南京条约》的签订，中国开始沦为半封建半殖民地社会，到1901年《辛丑条约》签订时，清王朝屡遭帝国主义不平等条约的欺凌，割地、赔款，准予各列强以政治、经济、军事、文化特权，中国完全沦为半封建半殖民地社会。封建统治的腐朽卖国，民族危机的日益深重，强烈地震撼着国人的魂灵，特别是一些有识之士，以强烈的民族忧患意识和社会责任感，陷入深层思考，并开始寻求中国的新出路。何以西方国家物质文明发展如此迅速，老大中国政治腐败，经济无由发展，常处落后挨打的境地？

孙中山的"科学救国"之旗就是在这样的背景下举起的。孙中山针对当时中国社会政治腐败、经济落后的状况，试图通过走"科学救国"之路，发展科学技术来增强国家实力，推动国家发展，甚至提出争取与西方国家"并驾齐驱"，乃至"后来者居上"的大胆设想。

孙中山出身农家，早年留学国外，游学之时，他对"泰西农学之书间尝观览，于考地质、察物理之法略有所知"，对于"天算地兴之学、格物化学之理，皆略有所窥"。后又学习医学，从事医疗事业，有丰富精到的自然科学知识。丰富的阅历，广博的知识，实践的体验，对国家前途的深切关注，使孙中山极其重视科学和科学技术的应用和价值。早在1890—1894年间，孙中山在《致郑藻如书》《农功》中就初步阐述了科技教育、科技兴农的思想观点；而在《上李鸿章书》中，则全面地阐述了他"科学救国"的理论。

在《上李鸿章书》中，孙中山提倡"步武泰西，参行新法"，清醒地看到中国"富强之大经，治国之大本"就"在于人能尽其才，地能尽其利，物能尽其用，货能畅其流"，而此四事的核心，就是科学技术。所以，孙中山指出，要达到"人能尽其才"，必须仿效西方，发展教育，宣传科学，培养人才。孙中山认为西方各国所以崛起于近世，就在于"凡天地万物之理，人生日用之事，皆利于学之中"，也就是用科学技术武装、教育、培养人才是至关重要的。

要达到"地能尽其利"，就要做到"农政有官"，"农务有学"，"耕耨有器"。同时，必须特别重视处理好兴农与科学的关系。即兴农必须要有农家之地学、化学，以"明其理法"，"反硗土为沃壤，化瘠土为良田"；兴农必须要有农家之植物学、动物学，以"别种类之生机，分结实之厚薄，察草木之性质，明六畜之生理"；兴农必须要有农家之格物学，以使"日光能助物之生长，电力能速物之成熟"；兴农必须要有农家之医学，以使"蠹蚀宜防，疫疠宜避"，而且必须孜孜以求"农器之精"。要达到"物能尽其用"，同样在于"穷理日精，机器日巧"，"穷理日精则物用呈，机器日巧则成物多"。

在论说"物能尽其用"时,孙中山着重阐述了使用机器的问题,因为使用机器,是近代西方把科学技术转化为生产力,进行社会化大生产,促使经济大发展的重要特征。孙中山说:"机器巧,则百艺兴,制作盛,上而军国要需,下而民生日用,皆能日就精良而省财力,故作人力所不作之工,成人事所不成之物。"使用机器确实能够推动生产力的发展,创造出更多的物质财富。一切有识之士都会承认这一客观事实,都会朝着这一方向努力。孙中山相信,只要充分认识科学和科学技术的价值与作用,学习西方,力推新法,把科学技术转化为生产力,"其时不过二十年,必能驾欧洲而上之"④。

1905年,中国同盟会成立后,孙中山将同盟会"驱除鞑虏、恢复中华、建立民国、平均地权"的十六字纲领,概括为民族、民权、民生三大主义。他是把中国的社会问题与欧美之进化联系在一起来谈的。他说:"余维欧美之进化,凡以三大主义:曰民族、曰民权、曰民生。"他还描述了20世纪初年世界教育发展,人智开发,科学技术推动经济发展的特点:

> 世界开化,人智益蒸,物质发抒,百年锐于千载,经济问题继政治问题之后,则民生主义跃跃然动,二十世纪不得不为民生主义之擅场时代也。而今者中国以千年专制之毒而不解,异种残之,外部逼之,所以近时志士舌敝唇枯,惟企强中国以比欧美。⑤

孙中山面对世界的进化,西方科学技术的发展应用,对中国怎样才能有效地迅速发展实业,增强国力,赶上甚至超过欧美各国的问题,发表见解,让人思考,具有重要的启示意义。非常明显,孙中山就是要走"世界开化,人智益蒸"的道路,发展教育,开发民智,普及科学技术知识,提高国民整体素质。

孙中山的"科学救国"论比较妥善地处理了科学与经济、科学与提高国民素质的关系,内容和方向都是非常明确的。

2.辛亥革命以后,孙中山的"科技兴国"观点

辛亥革命以后,孙中山从巩固革命成果和社会发展的高度,把精力集中到国家建设上来,形成以科学技术促进国家发展的理念,立足现实,反复阐述了"科技兴国"的观点。

其时,中华民国刚刚成立,如何巩固新政权是革命党人面临的一项艰巨的任务。面对着严峻的困难,孙中山首先认为"中国乃极贫之国","我中华之弱,由于民贫","而贫弱至此,何以能富强"? 中国由贫弱而臻富强,保证国家发展,"非振兴实业"不可。他说:

> 余观列强致富之原,在于实业。今共和初成,兴实业实为救贫之药剂,为当今莫要之政策。⑥

孙中山辞去中华民国临时大总统职务后, 高兴地出任中华全国铁路协会名誉会长、全国铁路督办,除专心致志于铁路之建筑以外,更以前所未有的热情集中主要精力发展实业。当《文汇报》记者问及"先生退职后将何所从事"时,孙中山答曰:"政治上革命今已如愿而偿矣,后当竭力从事于社会上革命。"⑦这"社会上革命"指的是什么呢? 孙中山在香港与《士蔑

西报》记者的谈话时,明确说,这是指:"专办振兴工艺,及改良社会之大设施"⑧,把"竭力从事于社会上革命"和"专办振兴工艺"联系起来,正是孙中山把主要精力转移到经济建设上来,发展实业的体现。发展实业的道路何在?孙中山认为,欧洲各国物质文明发达,生活设备完善,武器弹药精良,"都是由于科学昌明而来",而日本"社会之文明,学术之发达,工商之进步","皆科学为之也"。科学技术是现代实业发展的基础。振兴实业国家强盛,必须有科学技术的支撑。只有大力发展科学技术,国家才能够繁荣昌盛起来。这正是孙中山"科技兴国"的理论和实践的依据。

孙中山"科技兴国"、振兴实业的活动可从两个方面来谈:

其一是实践活动,以极大的热情和精力致力于"科技兴国"、振兴实业的倡导和宣传。

孙中山不仅在各种场合大力宣传发展实业的重要意义,而且用自己的实际行动保护和鼓励工商业者兴办实业,甚至还亲自参与了一些有关的活动。1912年9月孙中山担任全国铁路督办后,他以兴盛中国铁路为己任,在上海正式成立中国铁路总公司,并计划在全国各大城市设立14个分公司,拟在全国筑铁路20万里。孙中山还于次年2月东渡日本,从事有关考察和寻求经济支持。从1912年4月到1913年3月,孙中山奔波于上海、武汉、福州、广州、香港、北京、石家庄、济南、安庆、南昌等20余个城市,发表演说,答记者问,与各界人士恳谈。内容多涉及振兴实业、普及教育、发展科学技术等方面的问题。

比如,他在对青年学生演讲时说:当今社会"非学问无以建设",热情地向学生们提出要求:

勉求学问,琢磨道德,以引进人群,愚者明之,弱者强之,苦者乐之而已。物竞争存之义,已成旧说,今则人类进化,非相匡相助,无以自存。倘诸君如有志而力行之,则仆之初志赖诸君而达,共和新国亦赖诸君而成。是则仆所厚望于诸君者。⑨盖学问为立国根本,东西各国之文明,皆由学问购来……今破坏已完,建设伊始,前日富于破坏之学问者,今当变求建设之学问,诸君今日于学问一途,尚当改良宗旨,着眼于文明……当用其学问为平民谋幸福,为国家图富强,使中国学问与欧美并驾。⑩

孙中山在分析形势,明确时代使命的前提下,对年轻一代学有所长,掌握科学技术,报效祖国,提出要求,寄予厚望。

其二是博览群书、潜心钻研、著书立说,完成了《实业计划》等著作。

面对严峻的社会局面,复杂多变的政治、经济形势,孙中山以革命家的胆略和气魄,为深层探索中国社会革命和经济发展问题,在避居日本或寄寓上海期间,阅读了大量的哲学、科技方面的书籍。这些书籍,大大扩展了孙中山的科学技术视野,使他对近代科学技术的发展前沿有了进一步的认识。为了完成《实业计划》的著述,他参考了大约几百种关于城市规划、航道、港口、交通、经济、金融和其他科技方面的书籍。⑪《实业计划》的科技含量是前无古人的。即使这样,孙中山在《自序》中还表示:"至其实施之细密计划,必当再经一度专门名家之调查,科学实验之审定,乃可从事。"⑫

孙中山"科技兴国",发展实业,振兴中华的战略思想,集中体现在《实业计划》等著作中。《实业计划》是一个描述国民经济发展的宏伟蓝图,是"科技兴国",发展实业,实现国民经济近代化的大规模规划。利用科技,振兴实业,逐步实现国民经济近代化,是中国经济的发展方向。

孙中山的"科学救国""科技兴国"的国家发展观凝聚着浓重的爱国主义情结。在国家面临危机的严峻时刻,特别是封建王朝覆灭,新的政权尚不稳固的重要时刻,孙中山力图通过发展科技和兴办教育,增强国家实力,争取摆脱殖民化的危机,独立自主地发展实业,使中华民族自立于世界民族之林,甚至与西方国家"并驾齐驱",达到"后来者居上"的地位。崇高的民族责任感和自信心,把中国传统的爱国主义思想提升到了一个更新、更高的境界。

(二)科学技术的应用价值观

孙中山在几十年对西方国家的学习考察、观察了解过程中,深切地感受到了科学和科学技术对国家富强、社会进步所起的重要作用。这使孙中山从理论到实践对科学和科学技术的应用价值,极为重视。

科学之于技术,并转化为生产力,是其必然的归宿,任何科学技术成果的研究指向都在应用于生产,转化为生产力,在生产中发挥作用,从而推动社会经济向前发展。比如,制造机器、研制新品等等,使科学技术转化为生产力,应用于工农业生产,推动社会经济的发展。这是科学和科学技术最明显的价值体现。孙中山极为看重科学和科学技术的应用及其在经济发展中的巨大作用,他认为,原先在经济方面远远不及中国的欧洲各国,之所以能在短短的200年间走到世界前列,完全是因为"科学昌明";而日本自明治维新以后,经济得到迅速发展,也是"科学为之"。孙中山认为昌明科学,运用科技,于经济发展至关重要,世界如此,中国亦然。孙中山说:

> 自美国工业发达以来,世界已大受其益,此四万万人之中国,一旦发达工商,以经济的眼光视之,何啻新辟一世界?[13]

孙中山对"科技兴国"的前景,包括它的成功将在中国,以至对世界所产生的影响,是充满信心的。这正是中国人自信力的表现。

科学通过技术用于生产。孙中山论述了科学启示、指导各种物质技术手段,各种物质技术手段又通过生产活动创造出各种物质产品等科学技术应用于生产的问题,强调科学、技术与生产这三者之间应构成一个完整的系统。孙中山在他的著述和演说中多次谈到这一问题。比如,他说:

> 世界进化,随学问为转移。自有人类以来,必有专门名家发明各种专门学说,然后有各种政治、实业之天然进化也。[14]电学知识一发达,则本此知识而制出奇奇怪怪层出不穷之电机,以为世界百业之用。近代泰西化学大明,各种工业从而发达,而其制瓷事业亦本化学之

知识而施工。⑮

在利用科学技术,推动生产,发展实业的问题上,孙中山首先提到的是使用机器。制造机器,采用机器,能大大提高生产力。在《三民主义·民生主义》的演讲中,孙中山专门讲了使用机器与发展生产力的关系问题。他说:

这几十年来,各国的物质文明极进步,工商业很发达,人类的生产力忽然增加。着实言之,就是由于发明了机器,世界文明先进的人类便逐渐不用人力来做工,而用自然力来做工,就是用天然的汽力、火力、水力及电力来替代人的气力,用金属的铜铁来替代人的筋骨。机器发明之后,用一个人管理一副机器,便可以做一百人或一千人的工夫,所以机器的生产力和人工的生产力便有大大的分别。所以机器发明了之后,世界的生产力便生出一个大变动。⑯

演讲中,孙中山还以广州的挑夫之苦来说明,运输要用火车替代挑夫,其他耕田、织布、做房屋及种种工作,都应如此。

孙中山还强调,发展农业要做到"农器之精",提出在农业生产中使用机器,农业的根本出路在于机械化;发展工业要达到"机器日巧"。"机器巧,则百艺兴,制作盛,上而军国要需,下而民生日用,皆能日就精良而省财力,故作人力所不作之工,成人事所不成之物。"在机器未发明之前,人类采取的是手工劳动,生产力水平很低,使用机器确实能够推动生产力的发展,创造出更多的物质财富。这就是孙中山所认识并充分阐释的科学技术对于发展生产力的巨大作用。

孙中山所阐述的科学技术对经济发展的巨大作用,还体现在提高生产能力、产品质量,开发利用自然资源,加强国防建设等许多方面。

(三)科学技术的对外开放观

科学技术的对外开放是孙中山对外开放策略思想的重要组成部分之一。孙中山认为,中国欲由弱变强,必须摒弃闭关自守的迂腐之风,实行对外开放,借鉴西方发展经验。孙中山曾明确指出:"以前事事不能进步,均由排外自大之故。今欲急求发达,则不得不持开放主义。利用外资,利用外人,皆急求发达我国家之故,不得不然者。"⑰孙中山还阐述了如何开放和开放将带来的好处,他说:

我们就要用此开放主义。凡是我们中国应兴事业,我们无资本,即借外国资本;我们无人才,即用外国人才;我们方法不好,即用外国方法。物质上文明,外国费二三百年功夫,始有今日结果。我们采来就用……我们物质上文明,只须三五年即可与外国并驾齐驱。……此种伟大事业,决不是少数人责任,定要我四万万同胞同心协力担负,方可达到圆满之目的也。⑱

只要中国人民同心协力,取西方成功之捷径,借鉴西方成功之经验,依西方已辟之路径而行之,避免西方失败之弯路,便可省却许多冤枉工夫,事半功倍,达到与西方国家并驾齐驱之效果。

1.引进外国科技人才,为我所用

大胆地引进外国科学技术人才,这是科技兴国,振兴实业的重要手段。

当时中国朝着近代化方向振兴实业,面临的最为重要的问题,是资金与人才。相对于资金来说,人才问题显得更为重要,它关系着中国实业建设的成败。孙中山认为,缺乏掌握现代科学技术知识的人才,是近代中国经济落后的一个根本原因。对于人才的重要作用,孙中山在青年时代,就有了很精辟的认识,他说:"远观历代,横览九州,人才之盛衰,风俗之淳靡,实关教化。教之有道,则人才济济,风俗丕丕,而国以强;否则返此。"[18][19]

辛亥革命以后,他更深刻地指出"非学问无以建设",强调"培养人才,实为当今之急务"。

人才缺乏,固然需要培养,可以仿效欧美,多开学堂,或多派留学生到各国之科学专门学校留学,通过不同的渠道培育。但人才的培养有一定的周期性,学程加实习须数年时间,难解燃眉之急,所以必须两条腿走路,一是培养,一是引进,当务之急是广罗各国之实业人才为我服务。所以,他说:

倘知此为兴国之要图,为救亡之急务,而能万众一心,举国一致,而欢迎列国之雄厚资本,博大规模,宿学人才,精练技术,为我筹划,为我组织,为我经营,为我训练,则十年之内,我国之大事业必能林立于国中,我实业之人才亦同时并起。十年之后,则外资可以陆续偿还,人才可以陆续成就,则我可以独立经营矣。若必俟我教育之普及、知识之完备而后始行,则河清无日,坐失良机,殊可惜也。[20]

这里,孙中山是把引进人才作为"救亡之急务"来讨论的,引进外国人才为我所用,一面使之为生产服务,精练技术,筹划经营;一面使之为我训练,推动人才培养。这种边引进边培养,以引进带动培养的科技开放策略,确实是社会和经济发展近代化进程中人才培养的一条积极有效的途径。

2.引进西方科技成果,加速中国近代化建设进程

引进学习西方科技成果,要有一个平衡的心态。承认中国的科学技术落后,抱着改造中国、发展中国的目的,引进并利用西方的科技成果。因为要改变落后面貌,学习西方先进科学技术,学习西方的先进管理知识和经验,学习西方的先进教育理论和方法等等,是一条捷径,而且已为某些国家的发展所证明。对此,孙中山曾颇有感慨地说:

近来忽然兴起一个日本,变成世界上头等富强的国家。……日本人能学欧洲,所以维新之后便赶上欧洲。日本从前的文化是从中国学去的,比较中国低得多,但日本近来专学欧美的文化,不过几十年便成世界列强之一。我看中国人的聪明才力不亚于日本,我们此后去学

欧美,比较日本还要容易。㉑

所以,孙中山强调:"如果不学外国的长处,我们还是要退后。"

引进学习西方科技成果,要有站在世界现代科学技术发展前沿的眼光。孙中山主张学习引进西方科学技术,要从两个方面着手:

一是要从中国的实际需要出发。不是西方的什么都要学,要学习最有用的东西,学习中国实业建设中最需要的技术,特别要注重学习西方国家最先进的科学技术,学习西方国家最新的科学技术成果。在孙中山的著作和演说中,多次明确指出:"欧洲的科学发达……我们现在要学欧洲,是要学中国没有的东西。中国没有的东西是科学,不是政治哲学。至于讲到政治哲学的真谛,欧洲人还要求之于中国。"㉒引进学习西方,要取其之长,补己之短,学习我们没有的或缺乏的东西,这样可以缩短我们探索的过程,少走弯路,把原来失去的时间夺回来,加速自己的发展。

二是要有一种精神,一种气概。要迎头赶上,甚至超过他们,后来居上。孙中山指出:

我们要学外国,是要迎头赶上去,不要向后跟着他。譬如学科学,迎头赶上去,便可以减少两百多年的光阴。……跟上世界的潮流,去学外国之所长,必可以学得比较外国还要好,所谓"后来者居上"。㉓

孙中山还特别强调:"凡世界所有者,我们要求精;世界所无者,我们为其创。"

孙中山关于"科学救国""科技兴国",科学技术的应用价值,科学技术的对外开放等理论,确有许多真知灼见,理论性、针对性、应用性都很强,其鼓舞和启示作用也很大,但也确实存在着较多的局限和理想化成分。这与中国社会发展的历史,与当时中国社会的政治经济状况,与当时中国国民的思想和精神状态,与孙中山所代表的中国民族资产阶级的政治思想特征,有很大关系。特别是在资产阶级共和国政权建立,又被封建势力篡夺的情况下,所谓"科学救国""科技兴国",科学技术的应用与对外开放等主张和设想,就更加难以付诸实施。我们站在特定的时代背景下,回顾中国近现代社会历史发展的进程来分析思考,应充分看到这些理论所产生的影响。它对中国近现代社会先后出现的新文化运动,对外国技术、人才的引进及其所发挥的作用,等等,都曾有着直接或间接的启示和推动作用。

注释:

①孙中山.建国方略.孙中山全集.第六卷.北京:中华书局,1985.200 页.

②孙中山.平实开口便错.孙中山全集.第一卷.北京:中华书局,1981.386~387 页.

③孙中山.建国方略.孙中山全集.第六卷.北京:中华书局,1985.192 页.

④孙中山.上李鸿章书.孙中山全集.第一卷.北京:中华书局,1981.15 页.

⑤孙中山.《民报》发刊词.孙中山全集.第一卷.北京:中华书局,1981.288 页.

⑥孙中山.在上海中华实业联合会欢迎会的演说.孙中山全集.第二卷.北京:中华书局,1982.341 页.

⑦孙中山.在上海答《文汇报》记者问.孙中山全集.第二卷.北京:中华书局,1982.332 页.

⑧孙中山.在香港与《士蔑西报》记者的谈话.孙中山全集.第二卷.北京:中华书局,1982.367 页.

⑨孙中山.在广州岭南学堂的演说.孙中山全集.第二卷.北京:中华书局,1982.360 页.

⑩孙中山.在北京湖广会馆学界欢迎会的演说.孙中山全集.第二卷.北京:中华书局,1982.422~423 页.

⑪张汉静.孙中山的科学技术思想.北京:科学出版社,2005.22~24 页.

⑫孙中山.建国方略.孙中山全集.第六卷.北京:中华书局,1985.249 页.

⑬孙中山.建国方略.孙中山全集.第六卷.北京:中华书局,1985.252 页.

⑭孙中山.在北京湖广会馆学界欢迎会的演说.孙中山全集.第二卷.北京:中华书局,1982.423 页.

⑮孙中山.建国方略.孙中山全集.第六卷.北京:中华书局,1985.192~193 页.

⑯孙中山.三民主义.孙中山全集.第九卷.北京:中华书局,1986.356~357 页.

⑰孙中山.在济南各团体欢迎会的演说.孙中山全集.第二卷.北京:中华书局,1982.481 页.

⑱孙中山.在安徽都督府欢迎会的演说.孙中山全集.第二卷.北京:中华书局,1982.533~534 页.

⑲孙中山.致郑藻如书.孙中山全集.第一卷.北京:中华书局,1981.2 页

⑳孙中山.建国方略.孙中山全集.第六卷.北京:中华书局,1985.227~228 页.

㉑孙中山.三民主义.孙中山全集.第九卷.北京:中华书局,1986.190、252、251 页.

㉒孙中山.三民主义.孙中山全集.第九卷.北京:中华书局,1986.230~231 页.

㉓孙中山.三民主义.孙中山全集.第九卷.北京:中华书局,1986.252 页.

第十讲　孙中山的教育思想

内容提要

　　孙中山在教育方面虽没有专门的著述,但他重视教育事业的发展,从关系国家命运、前途的重大命题出发,提出一系列关于教育的主张,产生了不同凡响的理论价值和社会效果。孙中山堪称中国近代的教育思想家。本讲主要内容涉及教育定位、教育培养目标、普及教育、职业教育、开放教育等问题。

　　孙中山把教育定位于“立国根本”,19世纪末20世纪初,他接受了“教育为立国根本”的理念,重视教育,走救国之路;辛亥革命后,孙中山把教育问题置于革命纲领中,确立了“教育兴国”的思想。教育培养目标,即教育培养什么样的人,是国家教育的首要问题,是国家兴旺富强的基础和前提。孙中山提出的教育培养目标可概括为发奋为雄,立志救国;造就高尚人格;发奋读书,研究学问三个方面。普及教育作为提高全民族文化素质的基本途径,解决教育问题的着眼点首先是普及国民教育。职业教育包括两个方面的内容:一是以成年国民为主要对象的教育;一是面对青年学生的职业技术教育。职业教育必须坚持与生产劳动(或工作实际)相结合,注重专业素质,技术能力和创新能力的培养。开放教育思想的出发点是使中国教育摆脱落后状态,融入世界潮流,开拓中国教育的新局面。其法在于“多派留学生到各国之科学专门校”;“广罗各国之实业人才为我经营创造”。

学习思路与目标

　　1.学习时要认真阅读教材有关内容,参阅课程多媒体资源。

　　2.按时间脉络,理清了解孙中山教育思想的发展历程。

　　3.了解孙中山教育思想的主要内容,如教育定位、教育培养目标、普及教育、职业教育、开放教育等问题。

　　4.结合教材所述内容,理解“教育为立国根本”的理念,“教育救国”“教育兴国”思想。

　　5.结合学习者的学习和工作实际,掌握孙中山对教育培养目标的要求,并试析其理论的和实践的价值。

6.结合学习者的学习需求和学习实际,掌握孙中山职业教育思想的价值取向。

7.结合当前留学热和从国外引进科技、教育人才的实际,掌握孙中山开放教育思想的内容和意义。

思考与练习

1.讨论:

(1)你对"教育为立国根本"的理解。

(2)就孙中山对教育目标的设定,看其现实指导意义。

2.写作:

调查了解职业教育、成人教育状况,谈谈你对孙中山普及教育思想的认识。

　　孙中山的教育思想以他在革命活动中关注和指导教育问题的论述为依据,可以分为两个阶段。19世纪末20世纪初,教育事业的发展问题,引起中国社会各方面的普遍关注。教育立国、教育兴国的思想,在中国朝野之间广为传播。当时,孙中山奔走呼号,走救国之路,极为重视教育事业,并从历史和现实的高度,接受了"教育为立国根本"的理念。而随着"实业救国""科学救国"思想的确立,"教育救国"的思想也相应形成。除前述孙中山在青年时期所撰写的《致郑藻如书》《农功》和《上李鸿章书》等三篇文章外,在其后来所制定的团体、政党之决定中,都把教育放在极为重要的位置,且反复申明。这是孙中山最早的教育思想的体现。但是,随着孙中山革命实践的深入,"教育救国"的思想很快就受到现实的冲击,以致为革命的高潮所淹没。革命高潮过后,孙中山再提教育问题,已是把教育放在革命纲领之中,即民生主义的"四大纲"之一,作为"教育兴国"的思想来确立、宣传和实施了。

　　孙中山对发展教育极为重视,在这方面虽然没有专门的著述,但在书信、文稿、讲演和团体、政党、政府的文件中,孙中山对教育的定位、教育培养的目标、教育的普及、教育的开放、职业教育等教育发展问题,确有许多精辟的论述。

一、"教育为立国根本"的理念

　　教育为"立国之本"的主张,在中国早已有之。春秋时期就有"玉不琢,不成器。人不学,不知道。是故古之王者,建国君民,教学为先"[①]的说法。19世纪中期至20世纪初期,教育立国、教育救国思想,在中国朝野广为传播。清末的林则徐、魏源,后来的康有为、梁启超、严复,都曾论及教育立国、教育救国问题。孙中山的乡贤、改良主义思想家郑观应提出的观点是:"教育为立国之本,国运之盛衰系之,国步之消长视之。"②当时孙中山也在思考教育救国问题;他从历史和现实的高度,对"教育为立国根本"的理念颇为认同,接受并发展了这一观点。为什么这样说呢?因为孙中山在推动、实施这一观点时,经历了从"教育救国"到"教育兴国"的认识和发展历程。

(一)关于"教育救国"问题的思考

孙中山"教育救国"的思想,把教育放在"立国根本""振兴之道"的位置,强调教育是关系人才培养和国家强盛的重大问题,不可稍缓。1890年孙中山在《致郑藻如书》中,向郑藻如详说细论,陈述事理,恳请他关注家乡教育,企盼借助他的威望和影响发展家乡的教育事业。孙中山说:

> 远观历代,横览九州,人才之盛衰,风俗之淳靡,实关教化。教之有道,则人才济济,风俗丕丕,而国以强;否则返此。呜呼!今天下之失教亦已久矣,古之庠序无闻焉,综人数而核之,不识丁者十有七八,妇女识字者百中无一。此人才安得不乏,风俗安得不颓,国家安得不弱?……必也多设学校,使天下无不学之人,无不学之地。则智者不致失学而嬉;而愚者亦赖学以知理,不致流于颓悍,妇孺亦皆晓诗书。如是,则人才安得不盛,风俗安得不良,国家安得而不强哉!③

综观古今中外,教育与人才培养、国家富强,关系甚大。"教之有道","而国以强",教育得到发展,人才众多,社会风气大大改观,国家才能富强。否则,忽视教育,多数国民仍处于文盲状态,国家社会仍处于颓弱局面,令人痛心啊!所以,他急切地提出,要广设学校,培养人才,因为这是国家富强的必由之路。

教育事业的发展,在国家建设、人才的培养、社会文明的进化方面,起着决定性的作用。孙中山在《上李鸿章书》中,把"人能尽其才"称为"富强之大经,治国之大本"的"四事"之一,而要做到"人能尽其才者,在教养有道"也,即人才的培养有赖于教育。孙中山对教育的重要性作出如下陈述:

> 人不能生而知,必待学而后知;人不能皆好学,必待教而后学……所以教养也。……其所学由浅而深,自简及繁,故人之灵明日廓,智慧日积也。质有愚智,非学无以别其才;才有全偏,非学无以成其用,有学校以陶冶之,则智者进焉,愚者止焉,偏才者专焉,全才者普焉。盖贤才之生,或千百里而见一,或千万人而有一,若非随地随人而施教之,则贤才亦以无学而自废,以至于淹没而不彰。泰西人才之众多者,有此教养之道也。④

人类社会文明的进化,知识的传播,有赖教育,现代社会有知识的人,需要由现代化的学校教育来陶冶培养。孙中山关于"非学无以别其才""非学无以成其用",贤才须"有学校以陶冶之"的论断,让我们清楚地看到教育在人才培养、国家建设、社会进步等方面的重要地位和作用。孙中山还特别提到西方国家人才众多的原因,就在"有此教养之道也"。在详明陈述过程中,又以西方国家教育发展,人才众多的实际情况来佐证,实为申明重视教育之必要也。孙中山还谈到教育发展,培养人才,人才辈出,尽其所用,对国家兴旺富强的重要影响:"人既尽其才,则百事俱举;百事举矣,则富强不足谋也。"孙中山"教育为立国根本"的理念,"教育救国"的思想,反映出他忧国忧民,寻求国家出路的志向和对教育的高度重视,特别值得我们深入领会。

孙中山"教育为立国根本"的理念是明确的,所提出的相应见解、主张是深切精辟的,但他企望依靠清政府高官,或说较开明的官吏,走自上而下的改良之路是行不通的。事实果真如此。孙中山虽然绞尽脑汁,托人找门路,把信送到天津直隶总督衙门,但李鸿章并没有接见他。《上李鸿章书》如石沉大海,杳无消息,加之关乎国家民族前途命运的甲午之战中国战败、洋务运动无果而终,严酷的现实使孙中山困惑,也使他奋起。孙中山很快修正了自己的思想观念,要走一条新路,走革命之路,走"倾覆清廷,创建民国"之路。

(二)"教育兴国"思想的确立

在"改良救国""教育救国"的幻想破灭以后,孙中山在仍强调"教育是立国的要素"的同时,批评了"教育救国"论。孙中山讲了一个情况,他说:"我们若致力于教育事业,一般官吏非特不能提倡,且必来设法摧残。假使我们培养 个青年,费巨额金钱,稗受一种完全教育,官吏有时竟因疾视新人物的心理,置诸死地。"这里提出了一个教育、人才与封建官吏的矛盾问题,是一个十分严重的社会问题,一个涉及国家制度的问题。那么改变这一矛盾的办法是什么呢?孙中山的回答是:改造中国之第一步"只有革命"。⑤走出教育困境,真正解决教育问题,扫除培养人才的障碍,必须首先进行推翻清王朝封建专制统治的民族民主革命。这就是答案。

孙中山在早期革命的实践中,总是不忘对教育事业的关注。1895 年,《香港兴中会章程》在谈到"利国益民"问题时,就写有"立学校以育人材,兴大利以利民生,除积弊以培国脉"的条款。⑥把教育与"民生""国脉"并列来谈,同视为"利国益民"之大事。1906 年秋冬间,孙中山和黄兴、章太炎在日本所制定的中国同盟会《革命方略》中的《军政府宣言》,在论述同盟会纲领的实施措施时,也写有"施教育"的内容。辛亥革命推翻了清王朝封建专制统治。孙中山曾认为民族、民权革命已经成功,今后的首要任务在推行民生主义,把工作的着眼点主要放在国家经济近代化建设上。面对国家经济近代化建设的状况和发展的需要,孙中山考虑的一个重要之点,是人的因素,是提高国民的素质问题,而要提高全民的素质,就要从教育始。他说:"民国既已完成,国民之希望甚大,然最要者为人格。我中国人民受专制者已数千年。近二百六十余年,又受异族专制,丧失人格久矣。今日欲回复其人格者,第一件须从教育始。"⑦

1912 年 1 月,中华民国刚刚建立,南京临时政府的工作千头万绪,孙中山虽国事繁忙,日理万机,但仍以急迫的心情,对教育领域的工作作出决策,并指示教育部制定了许多教育法规、章程。在就任中华民国临时大总统,组织内阁、任用干部时,孙中山即亲自提名著名教育家蔡元培担任教育总长。同年3月,鉴于辛亥革命以来,教育机关一时停歇,校舍变为兵营,青年问学无途的情况,孙中山亲自下令教育部,发布《令教育部通告各省优初级师范开学文》,指出:"学者,国之本也,若不从速设法修旧起废,鼓舞而振兴之,何以育人才而培国脉。"并要求"高等专门学校从速开学","中小学校之急应开办"。⑧这一指令的下达,确保了教育领域稳定发展的良好局面。文中孙中山把确保教育发展,坚持人才培育,提到"国本""国脉"的高度,发布全国周知,表现出孙中山治国理念中的战略眼光。

1912年12月,孙中山在一次演说中把发展教育放在革命纲领之中,称教育为民生主义"四大纲"之一。何谓"四大纲"?孙中山说:

"民生主义,有四大纲",即如资本,土地,实业、铁路问题,教育问题。⑨

其时,清帝逊位,"我四万万同胞,虽拨云雾而见青天,要知此后之事正长。破坏容易,建设烦难。"在这"建设烦难"的时刻,孙中山把教育问题与国家资本、人生要事、实业发展视为同等重要的民生主义"四大纲"之一,可见教育事业在孙中山心目中处于多么重要的地位。他还明确提出:

教育为立国之本,振兴之道,不可稍缓。⑩

这是孙中山把"教育为立国根本"的理念,提到"教育兴国"的高度,进一步强调了教育是关系国家强盛的重大问题。

1920年3月,孙中山在《地方自治实行法》之"设学校"一项中,用较大篇幅讲了教育问题,特别指出:

学校者,文明进化之泉源也。必学校立,而后地方自立乃能进步。故于衣、食、住、行四种人生需要之外,首当注重于学校也。⑪

1924年,孙中山在完成国民党改组之后,在《国民党之政纲》的"对内政策"中对教育工作作了明确规定:"整理学制系统,增高教育经费,并保障其独立。"⑫同年9月,孙中山在《中国国民党北伐宣言》中,把发展教育事业列为国内革命的"具体目的"之一。指出:

文化及教育等问题,至此方不落于空谈。彼经济之发展使知识能力之需要日增,而国家富力之增殖,可使文化事业及教育之经费易于筹措;一切知识阶级之失学问题、失业问题,方有解决之端绪。⑬

在一个革命进程的非常时期,部署教育工作,把教育问题视为立国之本、兴国之脉、"文明进化之泉源",并与"国家富力之增殖""经济之发展"联系在一起,不仅说明了孙中山把教育事业摆在了国家发展的重要位置,还可以看出一位教育思想家和国家领导者对教育事业的高度重视,及统筹兼顾以求事业全面发展的策略思想和指挥才能。

二、教育培养的目标

教育培养目标,即教育培养什么样人的问题,是一个国家教育的首要问题。教育发展,培养人才,人才众多,尽其所用,是国家兴旺富强的基础和前提。

孙中山把教育放在"立国根本""振兴之道"的位置,强调教育是关系人才培养和国家强盛的重大问题。对于教育培养什么样的人才,作为中国民主革命的先行者,伟大的教育思想家孙中山有着明确的目标,就是培养出众多有抱负、有知识,肯为社会进步、国家富强、人民幸福贡献聪明才智的有用之才。

(一)发奋为雄,立志救国

这一要求在孙中山早年关于教育问题的论述和辛亥革命以后的文件、演说中已多有论及。1921年至1923年间,孙中山在广州面对教师、学生的演说中,又多次专门讲述了学校培养目标和学生学习期间"立志"的问题。他说:"立志是读书人最要紧的一件事。"[14]学生于求学时期,"宜先立志。否则十年窗下任你读书几许卷,终亦无补于国家,只一书锥而已"。青年学生应该如何立志呢? 孙中山说:"第一,学生须要明白中国地位,第二,学生须要认定自己责任。能了解于斯二者,然后可与言立志。"青年学生应该树立怎样的志向呢? 孙中山的回答是:

发奋为雄,立志救国,已立此志者,务求此志之实行;未立此志者,改从今日誓立此志,以图救国家之危亡。[15]

"我劝诸君立志,要做大事,不可要做大官"。"学生立志,注重之点万不可想要达到什么地位,必须要想做成一件什么事。"[16]

"要做大事,不可要做大官",后来成为众所周知的警世名言。孙中山还举出法国科学家柏斯多研究微生物、英国科学家达尔文研究物种起源的事例,细说这个道理。法国科学家柏斯多研究的微生物,虽然很小,但是研究它关系到动植物的利害,有一种具体的结果,贡献于人类,便是一件很大的事。英国科学家达尔文研究物种起源,推出进化的理论,他开始专拿蚂蚁和许多小虫来玩,后来便考察一切动物,仔细推测,便得出进化的理论。扩充这个道理,不但是一切动物变化的道理包括在内,就是社会、政治、教育、伦理等种种哲理,都不能跳出他的范围之外。所以达尔文的功劳,比世界上许多皇帝的功劳还要大些。通过这些事例和论述,孙中山要求学生"无论哪一件事,只要从头至尾,彻底做成功,便是大事",以此告诫学生做事要持之以恒,善始善终,务求成功。

对于培养学生的爱国主义思想,即"立志救国",孙中山提出"做人的最大事情是什么"的问题,引导学生思考。他的回答是:

"就是要知道怎么样爱国,怎么样可以管国事"。"诸君在学校内求学,便应该学得对于国家的责任","要问国事"。⑰

"须知此后求学方针,乃期为全国人民负责任,非为自己攫利权","当用学问为平民谋幸福,为国家图富强"。⑱

孙中山对学生的要求是一贯的,他要求学生关心国事,问国事,管国事,这里蕴涵着深厚的爱国主义的教育思想。

1921 年 6 月 30 日,孙中山《在广东省第五次教育大会闭幕式的演说》中,几乎从始至终都在讲教育标准、教育培养目标,强调教育界,教师、学生要"谈政治"、谈国事的问题。这里有一段很精辟的论述,他先问道:"在今日,教育家所宜用为引导国民者,果以何为最要乎?以何者为标准乎?以世界何事为最有力量之标准乎?"然后他回答说:"吾以为凡足以助世界进化、改变人生观者为最要","教育者,乃引导人群进化者也。然能令人群进化最速者何力乎?则政治的力量是也。政治是促人群进化之唯一工具,故教育家当为政治的教育家。""所谓齐家、治国、平天下,非政治教育而何?"孙中山对"教育"与"政治"的关系作了如下明确的阐释:"教育进步,以政治为基础","我国所谓政治,专指国事而言","政治的力量,足以改造人心,改造社会,为用至弘,成效至著"。其观点十分清楚,教育的最重要标准,就是提高学生素质,改变学生的人生观,就是教育学生"谈政治"、"问国事",关心国家大事,为国家、为社会、为人类进步服务。

鉴于当时一些教育家、留学生"以不谈政治为高","以不谈政治相尚"的状况,孙中山指出:"此种谬说,不知其何所据而云然",这种说法,"实大错误,实误会之极"。孙中山还进一步指出:"设若诸君不谈政治,学生不谈政治,为农者亦不谈政治,为工为商者亦不谈政治,试问中华民国是谁之国?而人人不负责任,尚可以为国乎?教育家应指导人民谈政治,若仍以不谈为高,为害匪浅。"孙中山不仅阐明了教育进步,以政治为基础,忽视政治,教育事业不能发展的道理,还语重心长地说:"甚望诸君提倡谈政治,引导人民理政治,同心协力改造中国。"⑲教育不能脱离政治,不能脱离国事,无论是教育者还是受教育者,都不能"两耳不闻窗外事,一心只读圣贤书"。如此,才能为国家、为社会培养出有用之才。这说明孙中山清醒地认识到了教育与社会政治发展之间的紧密联系。

孙中山这些论述清楚地说明了教育培养目标的指向,也蕴涵着他对青年学生树立报国之志的殷切期望,蕴涵着深厚的爱国主义教育思想。孙中山在回顾自己求学、行医、从事革命活动的思想转变过程时,曾说:早年在檀香山求学时,"每课暇,辄与同国同学诸人,相谈衷曲,而改良祖国,拯救同群之愿,于是乎生。当时所怀,一若必使我国人人皆免困难,皆享福乐而后快者";行医时,"以医亦救人苦难术。然继思医术救人,所济有限";后来认识到"最大权力者,无如政治。……吾国人民之艰苦,皆不良之政治为之,若欲救国救人,非锄去此恶劣政府不可,而革命思潮遂时时涌动于心中"。㉑当然,他开始走的是改良之路,在遭遇了严重挫折之后,才坚定地走上"倾覆清廷,创建民国"之路。孙中山从学生,而医生,而革命者,一贯关心国事。他在学生时期,特别是行医时期,就以极大的责任感关心国家大事并见诸行动。孙中山从"医人"到"医国"的转变,是一位知识分子世界观、人生观转变的绝好范例。

(二)造就高尚人格

在教育培养目标方面,1923 年 10 月,孙中山在广州欢迎中华基督教青年会第九次全国大会代表的演说中,提出了"造就高尚人格"的要求。他说:

> 我们人类的天职,是应该做些什么事呢?最重要的就是要令人群社会天天进步。……我们要人类进步,是在造就高尚人格。要人类有高尚人格,就在减少兽性,增多人性。没有兽性,自然不至于作恶。完全是人性,自然道德高尚。道德既高尚,所做的事情当然是向轨道而行,且日日进步。㉑

请注意,孙中山在这里讲的"人类的天职",最重要的是令人类社会"天天进步",是"造就高尚人格"。"人格"的造就,就是人的培养,也就是人的素质的培养。这不仅是对那个时代青年的要求,也是对以后一代一代中国青年的要求。孙中山对高尚人格的要求有两点:其一,"人格救国";其二,"要不堕落"。他说:"人格既经养成,究竟有什么用处呢?来做些什么事呢?你们应该做的事,简单的说,就是你们所主张的'人格救国'。"所谓"堕落","就是不讲人格","不自振作";而"要不堕落,便先讲人格",要摒弃"自私自利",㉒树立为国、为民、为社会服务的思想。孙中山所讲的"人格"虽然不能完全与我们当今所说的素质画等号,但确有许多相通之处。孙中山当时所强调的两点,和我们当今在素质教育中所强调的爱国主义、高尚品德是一致的。

孙中山还提出青年在体育、智育、德育三方面均衡发展,以这三项标准造就"好人格"的问题。他强调指出:青年"注重体育、智育、德育三项,改良人类来救国,是全国所欢迎的"。要求青年带动全国"人人有好人格",带动全国人民"来救国"㉓。他是以体育、智育、德育这三者的均衡发展为基点,谈在青年中造就高尚人格的问题,并以此为基础,推动全国"好人格"的造就,推动全国救国大业的实现。

(三)发奋读书,研究学问

在培养目标方面,孙中山还强调了发奋读书,研究学问。他说:"学问为立国根本,东西各国之文明,皆由学问而来。……世界进化,随学问为转移。"㉔明确了学问在国家发展、世界进化方面的重要地位和价值,同时强调指出学生要立志为国家服务、为社会服务,就必须学科学,就必须有学问。1919 年至 1920 年间,孙中山在上海莫利爱路寓中接见安徽、上海等地学生代表时,以诚恳亲切的态度,面对面地同学生交谈,要求"学生要研究高深学问,革命基础在有高深的学问"。㉕他还说:

中国的将来,中国的命运,这些重大的责任,完全落在你们这一代青年的身上。你们要学科学,要爱国。否则的话,你们爱国之心虽有,但是力量不够,作用亦就不大了。有了学问,才能发挥重大的力量去爱国。㉖

在要求学生"爱惜光阴,发奋读书,研究为人类服务的各种学问。有了学问之后,便要立志为国家服务,为社会服务。"㉗之后,孙中山还对学生提出了更高的要求:"同学们在校之日,奋发学习,掌握科学技术,以期在不远的将来,在科学技术上迎头赶上欧美强国。"㉘

孙中山认为学生求学问即是求知识,"学问"当包括自然科学知识和社会科学知识。早年在《上李鸿章书》中他就曾指出:"天地万物之理,人生日用之事,皆列于学中,使通国之人童而习之。"这样培养出的人才,才能适应社会的广泛需求。

孙中山担任临时大总统以后,南京临时政府教育部颁布的法令、规定、条例对各类学校提出的要求是:初等小学以"修身、国文、算数、游戏、体操"为主要科目;师范学校以"修身、教育、国文、外国语、历史、地理、数学、博物、理化、法制、经济、习字、图画、手工、音乐、体操"为主要科目;"大学之旨趣,以灌输及讨究世界日新之学理、技术为主"。普通教育、师范教育把"天地万物之理,人生日用之事,皆列于学中";高等教育,则特别强调密切关注世界科技发展动态,追踪世界科技发展前沿,让学生了解和掌握最新的现代科技文化知识。

为使学生更好地掌握文化知识,孙中山着力强调学生动手能力的培养。他说:"学校之目的,于读书、识字、学问、智识之外,当注重于双手万能,力求实用。"㉙为把学生培养成为既有知识,又有较强动手能力的人,使其对社会作出较多的贡献,他提出:"进步最大的理由是能在实行"的观点,强调"实行""实验"的作用。他指出,如果求学只是"好读书不求甚解""述而不作""坐而论道""死读死记",学问"怎么能够有进步呢"。他认为,任何学理都必须经过验证,学理的真假,必须经过实验才晓得,学问能否派上用场,必须经过实践才能掌握,所以他说学生如果"不去行,便无法可以证明所求得学问是对与不对;不去行,于是所求的学问没有用处"㉚。显然,脱离实践,离开"行",不但难以真正掌握学问获得真知,即使知道了学问也难于派上用场。孙中山强调动手、实验,是把他"知难行易"的哲学观应用于教育领域的具体体现,是符合认识规律的。

孙中山培养全面发展人才的教育思想,已具有了比较明确的现代教育思想体系的诸多特点,从一定意义上说,它已为后来中国教育的发展指明了方向。当然,由于历史和时代的原因,孙中山没有对体育、智育、德育等三者的内涵和关系进行深入论析,也没有把体育、智育、德育的全面发展作为人才培养的目标,没有把培养"体、智、德"全面发展的人才规定为国民教育的基本方针。但他确已提出了青年在体育、智育、德育三方面要均衡发展,并以这三项标准造就"好人格"的问题。

三、普及教育的思想

孙中山重视教育,解决教育问题的着眼点首先就是普及国民教育,把普及教育作为提高全民族文化素质的基本途径。

(一)对普及教育重要性的思考

孙中山普及教育思想是从历史、现状、发展多个层面的思考开始的。

从历史上看,在中国,几千年的封建统治者剥夺了广大民众受教育的权利。封建统治时期,"政府一天专制一天,不是焚书坑儒,便是文字狱,想种种办法去束缚人民的思想,人民那里能够自由去求文化的进步呢?"[31]因此,造成现实中教育落后,民智衰退的严重局面。孙中山对封建教育制度深恶痛绝,称其为剥夺广大民众受教育权利的"贵族制度",并愤而抨击之。

从社会现实出发,普及教育是极为重要的。教育是人的智力开发、素质培养、能力提高的重要手段。四万万中国人,人人都是国家的主人,人人都有受教育的权利,人人都应受教育,此乃国家建设、社会发展的需要。在前述《致郑藻如书》中孙中山曾痛切地指出:"今天下之失教亦已久矣,……综人数而核之,不识丁者十有七八,妇女识字者百中无一"[32];还有一说是"教育问题,吾国虽自号文物之邦,男子教育,不及十分之六,女子教育,不及十分之三,其中有志无力者,颇不乏人。其故何在?国家教育不能普及也。"[33]国民中受教育人数的比例极低,"人才安得不乏,风俗安得不颓,国家安得不弱"。

从国家发展来看,国家兴旺,教育是基础,普及教育是极为重要的。孙中山多次强调,只有发展教育,提高全体国民受教育的程度,提高国民素质,提高民族文化知识水平,培养合格的专业人才,整个民族才能兴旺,国家才能发展,才能富强。而发展教育,非先从事于普及教育不可。他说:"中国富兴事业,非先从事于普及教育。"[34]

孙中山的普及教育思想,还源于西方教育的启示和影响。他亲身接受过西方教育,了解西方学校教育状况及其在国家发展中的重要作用,所以他曾多次指出:中国应该像西方国家那样讲究"教养之道",做到"学校遍布国中",通国之人,皆奋于学。这是社会进步,国家发展的前提和基础。

(二)把普及教育定为基本国策,形成制度,颁布执行

孙中山对教育事业的高度重视和对中国教育现状的不满和忧虑,是同时存在的。前述孙中山痛切阐释的中国教育现状,足以见出他对中国国民受教育状况的关注、不满与忧虑。

孙中山重视教育,解决教育问题的着眼点首先就是普及国民教育。孙中山多次强调,要提高文化知识水平,要培养合格的专业人才,要振兴实业、富民强国,必须发展教育,而发展教育,应把普及教育放在第一位。他说:"要有知识,就要有教育。……第一要普及教育。"[35]

孙中山对普及教育执著追求,终生不渝,把普及教育定为基本国策,形成制度,颁布执行。在孙中山呕心沥血制定的关于国家发展的方针大略《建国方略》中,为建设以民生为本的国家,提出"中国富兴事业,非先从事于普及教育,使全国人民皆有科学知识不可"。[36]孙中山担任中华民国临时大总统时,特别指令教育部制定了《普及教育暂行办法》,并且付诸实行。在《令教育部通告各省优初级师范开学文》中,即强调指出:"教育主义,首贵普及。"[37]

1923 年发表的《中国国民党宣言》中,在"对国家建设计划及现所采用之政策"的陈述时,又重申:必须"厉行教育普及,增进全国民族之文化"。㊳1924 年,孙中山在《国民党之政纲》的"对内政策"中对教育的规定中要求:"厉行教育普及。"㊴

孙中山还多次面对学界发表演说,强调建设一个新地方,首先要办好普及教育:建设一个新地方,首在办教育。要办普及的教育,令普通人民都可以得到教育,然后人人才知道替国家去做事。㊵

(三)全体国民都有受教育的权利

孙中山普及教育思想,是在中国国民文化贫弱,素质亟待提高的情况下提出的,具有很强的现实性和广泛的群众性。孙中山认为教育的对象不应当是少数人,而应当是全体国民,全体国民人人都应该享有受教育的权利。对此,他曾反复强调:"中国人数四万万人,此四万万之人皆应受教育",㊶"教育平等,凡社会之人,无论贫贱,皆可入公共学校"。㊷

1.关于普及教育的受众对象

普及教育就是让全体国民都能受教育,全国各族各类人群的教育都应受到重视。对教育的受众对象问题,孙中山几乎是不厌其详地反复说明,包括儿童教育、女子教育、少数民族教育、不论贫富都享有受教育权等,都提出要求。

儿童是祖国的未来,儿童教育关系到国家的未来。普及教育,特别要注重儿童教育。"励行教育普及,以全力发展儿童本位之教育。"㊸"要办普及的教育,……无论贫富,凡在十岁以下底儿童,都要给教育到底。"㊹"凡在自治区域之少年男女,皆有受教育之权利。学费、书籍与及学童之衣食,当由公家供给。"㊺在强调普及教育,要特别注重儿童教育时,孙中山还谈到了一些具体问题,如自治区域的教育问题,学童的学费、教材、衣食由公家供给,说的非常具体,非常明确。

女子是国家的半边天,占国家人口的一半,女子的教育问题在国民教育中占有重要比重,舍此便不能称其为国民教育。对于女子教育问题,孙中山讲得极为透辟。"男尊女卑"和"女子无才便是德"是中国封建社会不容动摇的伦理道德信条,几千年来女子教育向来不被重视。他说:"中国女子虽有二万万,惟于教育一道,向来多不注意,故有学问者甚少。处于今日,自应以提倡女子教育为最要之事。"孙中山认为提倡女子教育,并普及之,将产生很大的影响。女界教育普及,教育乃可振兴。"教育既兴,然后男女可望平权。女界平权,然后可成此共和民国。"㊻

全国各族人民都享有平等的受教育的权利。几千年的封建统治者掌握着教育权,对少数民族实行文化专制主义,剥夺了他们受教育的权利,孙中山对此坚决反对。他提倡全国各民族人民一律平等,都享有同样的受教育的权利。孙中山就任临时大总统后,在他领导下所制定的"民国约法第五条载明:中华民国人民一律平等,无种族、阶级、宗教之区别"㊼。孙中山还决定,教育部设六个司,其中之一为蒙藏教育司,主管蒙藏回以及其他各少数民族的教育事务,目的是发展民族教育事业,鼓励兴办民族学校,改变少数民族地区教育落后状况,为少数民族地区培养人才。

不论贫富，全体国民都享有平等的受教育的权利。这是一个社会公平问题。青年时期孙中山在《上李鸿章书》中对泰西诸邦“学校遍布国中，人无贵贱皆奋于学”㊽的风气颇为赞赏。辛亥革命以后，孙中山更多次反复阐明这一观点。他说：“圆颅方趾，同为社会之人，生于富贵之家即能受教育，生于贫贱之家即不能受教，此不平之甚也。”㊾“让人人都能读书，才可说是普及教育制度；若是不然，便是贵族制度。”㊿孙中山强调了不论贫富都享有平等的受教育的权利，否则就是社会不公。他还对教育领域存在的“贵族制度”、“资本制度”提出批评。

2.普及教育的学校类型和办学方式

普及教育的学校类型和办学方式，还是以公立的普通学校为主体。对此，孙中山指出：“先办幼稚园，次办小学，再办中学，然后才可以办大学。”(51)此外，对于普及教育的学校类型和办学方式，孙中山也有多方面的考虑和要求。

(1)重视发展师范教育

发展师范教育是普及教育的“当务之急”。孙中山指出：

欲兴办中小学校，非养成多数教员不可；欲养成多数中小学教员，非多设初优级师范学校不可。……注重师范，即能消纳中学以上学生，复可隐植将来教育之根本，是真当务之急者。(52)

必须大力开办师范学校，培养更多的合格师资，以适应广泛开办教育的需要，建设一支强大的师资队伍，普及教育，不断扩大教育的受众人群，使四万万人都能受教育。

(2)发展高等教育

强调普通教育，重视普及教育，也应当重视发展高等教育。在《地方自治实行法》中，孙中山对兴办学校的等级问题，作出了明确的指示，他说：

学校之等级，由幼稚园而小学而中学，当陆续按级而登，以至大学而后已。(53)

“按级而登”的观点，涉及的是普及教育的连续性和完整性问题。普及教育首先是初等教育，然后是中等教育，再是高等教育，即由小学而中学，以至大学，循序渐进，“按级而登”，不断提高。孙中山不仅重视教育，而且尊重教育规律，以发展的观点规划普及教育事业。

(3)提倡社会力量办学

社会力量办学是通过教育提高全体国民文化素质的一个重要渠道。社会力量办学就是要调动社会各方面的积极性，采取多种形式，鼓励地方、团体、私人办学。

孙中山一贯倡导和支持社会力量办学。事实证明，真正面向全国民众的教育普及任务，仅靠国家兴办的小学、中学、大学是难以完成的。作为国办教育补充的最有效的方式或途径应该是社会办教育，即社会力量办学。社会力量办学具有很强的适应性和灵活性，它能适应社会政治、经济、文化及各行、各业、各地区学习者的需求，灵活地开展长期、短期，农业、工业、商业等多种类型的教育教学活动。

倡导和支持社会力量办学是孙中山的一贯主张。早在香港求学时,孙中山就对社会力量办学的必要性、可能性和实施办法,作过论述。他说:"必也多设学校,使天下无不学之人,无不学之地",这是讲多设学校的必要性;他还从另一个角度说,"然则学校之设,遍周于一国则不易,而举之于一邑亦无难"。意思是多设学校是我们所提倡的,但使学校之设遍于国中每一个地方,一时难以做到。怎么办呢? 他解决的办法是在一乡一县立"兴学之会",每一百户人家,"设男女蒙馆各一所,其费随地筹之",每县"于邑城设大学馆一所,选蒙馆聪颖子弟入之,其费通邑合筹"。这是孙中山最早提出的关于社会力量办学的主张,涉及村、乡、县地方办学。这种办学形式的功能,就在于补充国家办学能力的不足,包括学校的设立、经费的筹措,优秀学生的选送都说得非常明白。孙中山还说:"以吾富庶之众,筹此二款,当无难事",此事"将见一倡百和,利以此兴,害以此除,而人才亦以此辈出,未始非吾邑之大幸,而吾国之大幸也"。[54]由"吾邑"而至"吾国","一倡百和",推向全国,实"吾国之大幸也"。可以看出,孙中山对地方筹资办学以及这种办学形式的前景充满信心。

辛亥革命之后,孙中山为继续倡导社会力量办学,曾作过如下分析,他说:

> 以世界大势论,地球上只有五、六强国,比较人口,我中华民国占多数,所缺乏者教育耳。今在建设之初,吾辈亟当致力于社会,多办学校。[55]

感叹于中国缺乏教育。那么,在民国建设之初,百废待兴,如何发展教育事业呢? 孙中山一方面要求尽快恢复原有学校的教学秩序,一方面倡导"多办学校",鼓励支持社会力量办学。当时孙中山在《临时政府公报》第十九号中,为答复一位女子军代表林宗雪提出"筹资开办女子蚕桑学校"时,给教育部及其他各部所下的命令指出:"该女代表既能募资设校,热诚可嘉,自当照准。"要求:"民国新造,凡有教育,应予提倡。"[56]这是孙中山对社会力量办学,在政策上和道义上给予的支持。

孙中山主张私立大学与公立大学并存。私立大学是指由私人或社会筹集资金开办的高等学校。私立大学应与公立大学一样享受同等的待遇,享有同样的权利,也同样"受政府监督"。1924年8月,在由孙中山签署的《大学条例》中明确规定:

> "大学除国立外,并许公立及私立";"公立及私立大学之设置及废止,须经政府认可","公立及私立大学均受政府监督"。[57]

关于办义务学校的问题。所谓"义务学校",就是不向学生收取任何教育费用的学校。1922年1月22日,孙中山在《桂林学界欢迎会的演说》,可以说是一次集中倡导普及教育和阐述社会力量办学的演说。他在谈到"建设一个新地方,首在办教育。要办普及教育"时,提出了"多办义务学校"的要求。他提出:

多办义务学校,让一般没有钱底人都可以去读书。……要人人各尽各的力量,有一分能力做一分事情,大家都去实行。如果照这样做去,让人人都能读书,才可说是普及教育制度。⑱

"义务学校"这一办学形式要向全社会推广。兴办教育是全社会每一位成员所共有的责任,只有全社会都行动起来,"人人各尽各的力量,有一分能力做一分事情,大家都去实行",普及教育制度才算真正落到实处。至于经费,孙中山早年曾提出过由地方,包括村、乡、县筹集的办法,后来他又提出可组织义务劳动,筹集办学资金,他说:"经费无从出,此不足忧也。以人民一月义务劳力之结果,必足支持此费。……如是,少年之衣、食、住,皆可由义务之劳力成之。"⑲

可以看出,孙中山关于社会力量办学的主张,已经形成了一个完整的体系,其地位、功能、意义影响,极为明确,包括政府监督、学历层次也都有操作性很强的说法和要求。实践这一主张是实现普及教育、全民教育、平等教育的重要途径之一。作为孙中山倡导的发展教育的方式,社会力量办学具有鲜明的中国特色和较强的创新意识,在当时虽然未能全面实施,但它的实践性和价值取向是显然的,局部地区所取得的成果也是值得肯定的。

学习孙中山的普及教育思想,在了解其对封建教育制度的否定之后,更重要的是掌握孙中山对西方教育的借鉴,对中国式的民主教育的开创和发展的论述。在当时的历史条件下,孙中山所阐述的普及教育的理论主张虽然与社会实际有一定距离,我们从中仍可清晰地看出孙中山对于普及教育的极端重视。普及教育思想,是孙中山民生主义在教育问题上的具体体现,它适应了近代教育的潮流。孙中山对普及教育的设想和要求,在社会主义现代化建设的今天,在实施义务教育、开放教育,构建学习化社会的实践中,其理论意义和实践意义是不容忽视的。

四、职业教育

职业教育是孙中山教育思想的又一个重要组成部分。孙中山主张的职业教育包括两个方面的内容:一是以成年国民为主要对象的教育;一是面向青年学生的职业技术教育。对于职业教育,孙中山还特别强调职业教育必须坚持与生产劳动(或工作实际)相结合,注重技能教育,培养学生的专业素质和创新能力,以期把科学知识转化为劳动生产力。

(一)成人继续教育

孙中山主张不仅青少年男女有受教育的权利,成年人同样有受教育的权利。以成年国民为主要对象的成人教育、职业教育,是使那些因社会的、家庭的、个人的种种原因,年长而知识不足的求知者,有一个继续受教育的机会,是提高这一批人文化水平、专业技术能力的重要途径。把成人教育、继续教育,终身学习的问题提到日程上来。

办教育除按常规为幼儿、少年、青年开办幼儿园、小学、中学、大学之外,"当设公共讲堂、书库、夜校,为年长者养育知识之所"。⑩孙中山要求要通过尽可能多的途径和形式,创造面向全社会的学习环境和氛围,广泛设立各种社会教育机构,为成年人开办接受教育、学习知识的场所,推动成人教育的实现。提出要设置"通俗讲演所""宣传讲习所""图书馆"等群众文化机构,利用通俗易懂的形式和书籍报刊等出版物来传播知识,宣传、教育群众,形成一个全民都能受到教育的社会氛围。

(二)青年职业教育

国家建设需要人才,既需要科技人才,也需要应用型人才。孙中山从振兴实业的需要出发,开办面向青年学生的职业技术教育专科学校,培养掌握不同专业技能的应用型人才。对这类教育,孙中山要求:坚持与生产劳动(或工作实际)相结合,注重专业素质、技能教育和创新能力的培养。要让学生"尽其聪明才力,各分专科,即资质不能受高等教育者,亦按其性之所近,授以农、工、商技艺,使有独立谋生之材。卒业以后,分送各处服务,以尽所能"。⑪

受到专门职业技术教育的学生,毕业以后走上职业岗位,为振兴实业尽其所能,对社会需要、个人发展可以起到双赢的效果。

(三)职业技能教育

在职业教育中,孙中山特别强调教育与生产劳动相结合的原则,坚持做到体脑并用,注重职业技能教育,培养学生的动手能力和创新能力,以期把科学知识转化为劳动生产力,推动实业发展。他指出:

> 学校之目的,于读书、识字、学问、智识之外,当注重于双手万能,力求实用。凡能助双手生产之机械,我当仿造,精益求精,务使我能自造,而不依靠于人。必期制造精良,实业发达,此亦学校所有事也。⑫

说得非常清楚,教学中不仅要让学生获得理性的认"知",还要使学生通过实验、观察、动手操作等直观、实践环节,获得感性知识。让学生手脑并用,于理性知识灌输之外,培养锻炼动手能力,"力求实用",以期把所学知识运用到生产实际中去,会操作、能设计,以期制造精良,促进实业之发达。孙中山坚持教育与生产劳动相结合的原则,用今天的职业教育理念来说,就是要培养职业中人,使之具有职业心态、职业形象、职业素质,掌握职业技能、职业工具,取得职业成果。

孙中山发展职业教育的思想,对规范和推动近代教育事业的发展,对培养国家和社会急需的各类人才,对鼓舞和激励国人求知的欲望、学习的精神,起到了重要作用;对当今我国教育事业的运行,特别是对规范职业教育的运行,使其健康发展仍具有重要的启发和指导作用。

五、开放教育思想

对外开放是孙中山国家建设思想的重要组成部分,也是孙中山教育思想的重要组成部分。辛亥革命以后,国家着手进行实业建设,急需各方面的专门人才。孙中山说:"至于人才问题之解决,则有二法焉:一为多开学堂,多派留学生到各国之科学专门校";"二为广罗各国之实业人才为我经营创造"。㊸为了中国的教育和经济的发展,他强调要十分重视留学生的选派和教育,也不能忽视从国外引进教育人才和专业人才。

(一)重视留学生的选派和教育

孙中山主张对外开放,重视向西方学习,在教育领域首先体现为注重留学教育。1912年2月,孙中山亲自发布指令给教育部,要求教育部统筹全局,安排好官费游学学生的选派、学费筹措等事宜,指出:"民国新建,奖励游学,而培养人才,实为当务之急。"㊹颇有急事快办的意味。

具体到对留学生的要求,集中在一点,就是要树立雄心大志。树立什么样的雄心大志呢?一是"专心致志于学业";一是"后来居上",超过外国。孙中山在东京向中国留学生发表演说时指出:国家"处此时代,急要精进学问","诸君在东京留学,应该立定一绝大志愿,研究学问","专心致志于学业"。㊺"外国的长处是科学,用了两三百年的工夫去研究发明,到了近五十年来,才算得十分进步"。"现在我们知道了跟上世界的潮流,去学习外国的长处,必可以学得比较外国还要好,所谓后来居上。"㊻鼓励有志青年出国留学,去学习外国先进的科学技术,以利自己发展,跟上世界潮流,以至超过外国。

(二)教育留学生要刻苦学习,报效国家,造福人类

孙中山注重对留学生的思想教育,要求留学生要刻苦用功,以承担起国家建设,乃至造福人类的重任。在东京与留日学生谈话时,孙中山语重心长地对留学生提出要求:

> "务望矢志求学,如从前学生愿牺牲性命,以做革命事业的一种坚忍心,百折不挠,将来必能求得优美专门学问,以福祖国"。"学成学问,为中华民国求幸福,非为一人求幸福,必须存牺牲自己个人之幸福,以求国家之幸福的心志,社会始可改良。"㊼

首先提出要求,期望留学生矢志求学,以坚忍之心,百折不挠,求得专门学问,进而从革命发展、社会进步、造福祖国人民的高度,对留学生进行教育,以明确他们的学习目的,提高他们的爱国情操和思想品德。孙中山在上海与即将赴法留学的学生谈话时,耐心细致地对他们提出要求:"刻苦用功、切切实实的去学","不要以能读死书求得一点知识为满足",学习国外"专门科目而外",还要"随时随地留心考察研究各国的人情、风俗习惯、社会状况,以及政治实情等等"。㊽既有学习方法的传授,又有社会知识的指导,还有观察方法的介绍,饱

含当年孙中山游学考察经历的丰富经验,谆谆教诲,拳拳之心,诚恳亲切,寄托着孙中山对留学生的殷切期望。

(三)引进外国优秀教育人才和专业人才

大胆地引进外国优秀教育人才、科技人才,这是发展教育,培养人才的重要渠道。选派留学生出国学习之外,孙中山还强调要广罗世界各国优秀教育人才和实业人才,请进来,以为我国教育事业和实业建设服务。[69]在谈到人才问题解决办法时,孙中山明确提出"广罗各国之实业人才为我经营创造"服务的观点。如何理解孙先生所说的"为我经营创造"呢?在他潜心构制的《建国方略》中作出了精辟的阐述,他说:

> 欢迎列国之雄厚资本,博大规模,宿学人才,精练技术,为我筹划,为我组织,为我经营,为我训练,则十年之内,我国之大事业必能林立于国中,我实业之人才,亦同时并起。十年之后,则外资可以偿还,人才可以陆续成就,则我可以独立经营矣。[70]

引进资金、人才,为我所用,或开发实业,或发展教育,或产学结合,经年之后,我们的经济发展了,我们的人才也得到锻炼培养了。这确实是非常英明的战略思想。

孙中山的开放教育思想的出发点是使中国教育摆脱落后状态,融入世界潮流,开拓中国教育的新局面。孙中山的思想和主张,在一定程度上也曾与当时中国教育发展的实际相吻合,发挥了现实指导作用。如前述教育部的指令、部署,经费的筹措,留学生的选派,孙中山面对留学生的演说等等,都体现出这一思想得到了贯彻和实施,取得的成果也是显见的。

上述孙中山有关发展教育,培养人才的论述,有许多真知灼见,有很强的针对性、应用性和现实指导价值,不仅对当时中国教育面貌的改观发挥了重要作用,而且为后来我国教育事业的发展提供了理论依据。对中国新式教育的发展,对外国人才的引进,对留学热潮的形成,对科技人才的涌现,等等,都发挥了巨大的推动和启示作用。孙中山堪称中国近代伟大的教育思想家。孙中山的伟大之处,就在于他的教育思想是从经济建设、社会发展、科技进步、人才培养、道德风尚弘扬等关系到整个国家命运、前途的重大命题中来思考和提出的。这就使孙中山的教育理念、教育主张产生了不同凡响的理论价值和社会效果,具有巨大的历史和现实的意义。我们应用历史唯物主义的观点,回顾中国近现代教育发展的历程,分析思考,高度评价孙中山教育思想的伟大历史功绩。

注释:

①陈澔注.礼记集说.第六卷.学记第十八.四书五经.中册.北京:中国书店,2007.198 页.
②郑观应.致伍秩庸先生书.郑观应集.下册.上海:上海人民出版社,1988.270 页.
③孙中山.致郑藻如书.孙中山全集.第一卷.北京:中华书局,1981.2 页.
④孙中山.上李鸿章书.孙中山全集.第一卷.北京:中华书局,1981.8~9 页.
⑤孙中山.在上海青年会的演说.孙中山全集.第五卷.北京:中华书局,1985.124~125 页.
⑥孙中山.香港兴中会章程.孙中山全集.第一卷.北京:中华书局,1981.22 页.

⑦孙中山.在广东女子师范第二校的演说.孙中山全集.第二卷.北京:中华书局,1982.358页.

⑧孙中山.令教育部通告各省优初级师范开学文.孙中山全集.第二卷.北京:中华书局,1982.253页.

⑨孙中山.在杭州五十一团体欢迎会的演说.孙中山全集.第二卷.北京:中华书局,1982.552页.

⑩秦孝仪.国父思想学说精义录.429页.转引自张汉静.孙中山的科学技术思想.北京:科学出版社,2005.151页.

⑪孙中山.地方自治实行法.孙中山全集.第五卷.北京:中华书局,1985.224页.

⑫孙中山.中国国民党第一次全国代表大会宣言.孙中山全集.第九卷.北京:中华书局,1986.124页.

⑬孙中山.中国国民党北伐宣言.孙中山全集.第十一卷.北京:中华书局,1986.77页.

⑭孙中山.学生要立志做大事并合乎中国国情——在广州岭南大学学生欢迎会的演说.孙文选集.下册.广州:广东人民出版社,2006.352页.

⑮孙中山.在广东省第五次教育大会上的演说.孙中山全集.第五卷.北京:中华书局.1985.557页.

⑯孙中山.学生要立志做大事并合乎中国国情——在广州岭南大学学生欢迎会的演说.孙义选集.下册.广州:广东人民出版社,2006.353~355页.

⑰孙中山.在广东第一女子师范学校校庆纪念会的演说.孙中山全集.第十卷.北京:中华书局.1986.19页.

⑱孙中山.在北京湖广会馆学界欢迎会的演说.孙中山全集.第二卷.北京:中华书局,1982.423页.

⑲孙中山.在广东省第五次教育大会闭幕式的演说.孙中山全集.第五卷.北京:中华书局.1985.562~566页.

⑳孙中山.在广州岭南学堂的演说.孙中山全集.第二卷.北京:中华书局,1982.359页.

㉑孙中山.人格救国与地方自治——在广州:欢迎中华基督教青年会第九次全国大会代表的演说.孙文选集.下册.广州,广东人民出版社,2006.288~289页.

㉒孙中山.人格救国与地方自治——在广州:欢迎中华基督教青年会第九次全国大会代表的演说.孙文选集.下册.广州,广东人民出版社,2006.293~284页.

㉓孙中山.人格救国与地方自治——在广州:欢迎中华基督教青年会第九次全国大会代表的演说.孙文选集.下册.广州,广东人民出版社,2006.292页.

㉔孙中山.在北京湖广会馆学界欢迎会的演说.孙中山全集.第二卷.北京:中华书局,1982.422~423页.

㉕孙中山.与李朴生等的谈话.孙中山集外集.上海:上海人民出版社,1992.248页.

㉖孙中山.与常万元的谈话.孙中山集外集.上海:上海人民出版社,1992.238~239页.

㉗孙中山.在岭南大学黄花岗纪念会的演说.孙中山全集.第十卷.北京:中华书局,1986.157页.

㉘孙中山.在上海南洋大学堂的讲话.孙中山集外集.上海:上海人民出版社,1992.48页.

㉙孙中山.地方自治实行法.孙中山全集.第五卷.北京:中华书局,1985.224页.

㉚孙中山.在桂林学界欢迎会的演说.孙中山全集.第六卷.北京:中华书局,1985.69~71页.

㉛孙中山.在桂林学界欢迎会的演说.孙中山全集.第六卷.北京:中华书局,1985.68~69页.

㉜孙中山.致郑藻如书.孙中山全集.第一卷.北京:中华书局,1981.2~3页.

㉝孙中山.在杭州五十一团体欢迎会的演说.孙中山全集.第二卷.北京:中华书局,1982.552页.

㉞孙中山.建国方略.孙中山全集.第六卷.北京:中华书局,1985.222页.

㉟孙中山.在桂林学界欢迎会的演说.孙中山全集.第六卷.北京:中华书局,1985.79页.

㊱孙中山.建国方略.孙中山全集.第六卷.北京:中华书局,1985.222页.

㊲孙中山.令教育部通告各省优初级师范开学文.孙中山全集.第二卷.北京:中华书局,1982.253页.

㊳孙中山.中国国民党宣言.孙中山全集.第七卷.北京:中华书局,1985.3页.

㊴孙中山.中国国民党第一次全国代表大会宣言.孙中山全集.第九卷.北京:中华书局,1986.124页.

㊵孙中山.在桂林学界欢迎会的演说.孙中山全集.第六卷.北京：中华书局,1985.74页.

㊶孙中山.在广东女子师范第二校的演说.孙中山全集.第二卷.北京：中华书局,1982.358页.

㊷孙中山.在上海中国社会党的演说.孙中山全集.第二卷.北京：中华书局,1982.523页.

㊸孙中山.中国国民党第一次全国代表大会宣言.孙中山全集.第九卷.北京：中华书局,1986.124页.

㊹孙中山.在桂林学界欢迎会的演说.孙中山全集.第六卷.北京：中华书局,1985.74页.

㊺孙中山.地方自治实行法.孙中山全集.第五卷.北京：中华书局,1985.223页.

㊻孙中山.在广东女子师范第二校的演说.孙中山全集.第二卷.北京：中华书局,1982.358页.

㊼孙中山.令教育部准佛教会立案文.孙中山全集.第二卷.北京：中华书局,1982.277页.

㊽孙中山.上李鸿章书.孙中山全集.第一卷.北京：中华书局,1981.9页.

㊾孙中山.在上海中国社会党的演说.孙中山全集.第二卷.北京：中华书局,1982.523页.

㊿孙中山.在桂林学界欢迎会的演说.孙中山全集.第六卷.北京：中华书局,1985.75页.

51孙中山.在桂林学界欢迎会的演说.孙中山全集.第六卷.北京：中华书局,1985.74页.

52孙中山.令教育部通告各省优初级师范开学文.孙中山全集.第二卷.北京：中华书局,1982.253~254页.

53孙中山.地方自治实行法.孙中山全集.第五卷.北京：中华书局,1985.223页.

54孙中山.致郑藻如书.孙中山全集.第一卷.北京：中华书局,1981.2页.

55孙中山.在松江清华女校欢迎会的演说.孙中山全集.第二卷.北京：中华书局,1982.562页.

56孙中山.命教育部核办女子蚕桑学校令.孙中山全集.第二卷.北京：中华书局,1982.117页.

57孙中山.公布《大学条例》令.孙中山全集.第十卷.北京：中华书局,1986.530页.

58孙中山.在桂林学界欢迎会的演说.孙中山全集.第六卷.北京：中华书局,1985.74~75页.

59孙中山.地方自治实行法.孙中山全集.第五卷.北京：中华书局,1985.223~224页.

60孙中山.地方自治实行法.孙中山全集.第五卷.北京：中华书局,1985.223页.

61孙中山.在上海中国社会党的演说.孙中山全集.第二卷.北京：中华书局,1982.523页.

62孙中山.地方自治实行法.孙中山全集.第五卷.北京：中华书局,1985.224页.

63孙中山.中国实业如何能发展.孙中山全集.第五卷.北京：中华书局,1985.134页.

64孙中山.命教育部核办甘霖呈请官费留学令.孙中山全集.第二卷.北京：中华书局,1982.126页.

65孙中山.在东京中国留学生欢迎会的演说.孙中山全集.第三卷.北京：中华书局,1984.23页.

66孙中山.三民主义.孙中山全集.第九卷.北京：中华书局,1986.351~252页.

67孙中山.在东京中国留学生欢迎会的演说.孙中山全集.第三卷.北京：中华书局,1984.23~24页.

68孙中山.与留法学生的谈话.孙中山全集.第五卷.北京：中华书局,1985.165~166页.

69孙中山.中国实业如何能发展.孙中山全集.第五卷.北京：中华书局,1985.134页.

70孙中山.建国方略.孙中山全集.第六卷.北京：中华书局,1985.228页.

第十一讲　孙中山的外交思想

内容提要

孙中山的外交思想是从旧民主主义到新民主主义历史转型期的、独具特色的中国近代革命外交思想。本讲主要内容涉及孙中山对外交工作的高度重视;孙中山外交思想的发展历程、主要内容及伟大意义。

孙中山对外交工作高度重视,本讲集录梳理了孙中山直言外交工作重要性的内容,引述了他确立的"革命的成功与否,外交的关系是很重大的"结论;阐述了他坚持不懈的外交活动。由早期对外交工作的思考与实践到后期民主革命外交思想的形成与实施,记录了孙中山外交活动的艰辛历程,沉淀着他逐渐形成的外交理论体系。他开始从事革命就十分重视对外关系,揭露清王朝外交的软弱无能,屡屡失败;对列强抱有幻想,用"温和的手段和方法"争取支持与援助。辛亥革命后,面对严峻的内政外交状况,他首先致力于谋求国家富强;进而提出反对外来干涉,反对列强的强硬主张。孙中山的外交思想以"振兴中华"为核心,其基本点为争取民族独立,维护国家主权,反对外来干涉,坚持睦邻友好,维护亚洲和世界和平。孙中山的外交思想是时代的产物,是中国从旧民主主义到新民主主义的历史转型期最先进、最具有现实指导价值的外交理论,对中国,对世界被压迫民族和国家,都具有明显的现实意义和深远的历史意义。

学习思路与目标

1.学习时要认真阅读教材有关内容,参阅课程多媒体资源。

2.了解孙中山对外交工作的高度重视,及实际的外交活动。

3.就教材所述内容,理清孙中山外交活动的艰辛历程,认知其早期"采取温和的手段和方法"与后期反对外来干涉,反对列强的强硬主张的区别。

4.参阅相关资料,熟悉教材内容,掌握孙中山以"振兴中华"为核心的外交思想:"强国外交"是孙中山外交活动的重要理念;实现国家富强是孙中山外交工作的最高原则;反对外来干涉,废除不平等条约,是孙中山外交工作的战略目标;坚持睦邻友好(包括对日、对苏俄关系),倡导亚洲和世界和平,是孙中山外交思想的重要支点。

5.联系中国对外关系实际,认真学习继承孙中山外交思想这一珍贵的历史遗产,发扬孙中山锲而不舍的外交努力和理论探索精神,更加努力地为"振兴中华"学习和工作。

思考与练习

1.讨论:

(1)谈谈孙中山外交思想的变化发展的历程。

(2)谈谈怎样弘扬孙中山外交思想中争取民族独立,实现国家富强的精神。

(3)结合自己的学习和工作实际,谈谈你对孙中山在外交活动中锲而不舍精神的认识。

2.写作:

通过学习,参阅相关资料,联系实际,谈谈你对孙中山外交思想中某一个观点的认识。

孙中山的外交思想是他全部思想理论的重要内容之一,孙中山的外交活动则是他全部革命实践活动的重要组成部分。孙中山从投身民主革命到为革命鞠躬尽瘁凡四十年,始终高度重视外交问题。孙中山的外交思想与其爱国主义、革命民主主义思想的发展演进是紧密相连同步前行的。在其革命思想与实践逐步适应社会历史发展潮流、适应中国革命实际,并不断取得新成果的同时,外交思想也趋向成熟,形成了从旧民主主义到新民主主义的历史转型期的、独具特色的中国近代革命外交的理论体系。孙中山的外交思想以振兴中华为核心,其基本点是争取民族独立,维护国家主权,坚持睦邻友好,维护亚洲和世界和平。孙中山的外交思想丰富了中国外交理论宝库,当时,在领导对外关系工作方面,已取得了显著的理论的和实践的成果,对其后中国外交领域的工作也具有明显的指导和启示价值。

一、孙中山对外交工作的高度重视

外交是指国家为实行对外政策,由国家元首、政府首脑、外交部、外交代表机构等进行的对外活动,是国家实现对外政策的重要手段。这里讲的是国家与国家之间的官方交往。而大量的对外活动实践表明,外交工作并不仅限于官方外交,还包括民间交往,或曰民间外交。民间外交是通过非官方途径开展的对外沟通与交往,它包括不以国家和政府名义实施的,某些政党、团体及有影响的个人的对外交往活动。

孙中山一生所进行的外交活动既有官方外交,也有民间外交,而且大量的是民间外交。

孙中山从投身民主革命到为革命鞠躬尽瘁,四十年间始终高度重视外交问题。

(一)直言外交工作的重要性

孙中山青少年时期,在檀香山、香港读书时,就注意观察了解所在国家或地区的国际关系、涉外活动,及殖民主义与受害国家、人民的矛盾;在澳门行医时,更深感殖民主义迫害之苦,此时他已对一些国家和地区的历史沿革、社会发展、国际关系感兴趣,并开始阅读相关书籍。

19 世纪末孙中山投身革命之始,即已开始了实际的外交活动,特别是在辛亥革命时期,及以后的十几年间,均多次直言外交工作的重要性。

1900 年 8 月中旬,孙中山在与日本友人谈话时,坦诚地告知了他关注日本的外交方针与政治情况,并对照思考中国的情势与做法。他说:"我一直在东京注意观察日本的外交方针和政治情况。……推断日本的外交方针","根据这种情况,目前打算去视察本国情势,并与本国同志种种磋商"。①

民国建立后,孙中山十分重视外交事务。1912 年 2 月 16 日,他亲自写信给唐绍仪,请唐绍仪任外交全权代表,处理对外之事,整理外交文书要件,确保大局安全。"清帝辞位,民国大定,而联合统一手续犹未完全,兹谨请先生北行",与各外国公使"交涉对外之事"。②孙中山辞去临时大总统后,专事经济发展和铁路建设问题。其时中国社会发展面临诸多困难。其一,中国新政府不被国际社会,特别是西方列强承认;其二,中国的经济发展和铁路建设面临着巨大困难。对此,孙中山明确提出他"对于现在外交问题之意见"。他说:"此事虽为国内之问题,其实则皆关于外交问题,今日欲解决此问题,非先解决外交问题不可。"在作出一定分析后,孙中山更进一步强调:"鄙人以为目前重大问题,莫如外交。"③

辛亥革命后的十几年间,孙中山更为注重对外交问题的思考,从剖析现实状况入手,提出自己的见解。他身体力行,一面不断地从历史的高度总结中国在外交方面失利的教训;一面又从现实的角度进行理论的阐释和实践的探索与指导。1923 年 2 月,孙中山在中华民国非常大总统任上,针对当时革命发展,国家统一问题,就美国独立获得成功而洪秀全革命不能成功的原因,进行分析:从前美国独立,革英国的命,获得成功,"一半固然由于本国武力的血战,但一半可说是由于法国外交力的帮助";洪秀全革命,由广西打到南京,以摧枯拉朽之势大败清军,并建都南京,而又以失败告终,其原因"大半是由于外交失败,没有外交力的帮助"。孙中山从古今中外历史的高度思考得出结论:

革命的成功与否,就古今中外的历史看起来,一靠武力,一靠外交力。外交力帮助武力,好像左手帮助右手一样。……所以革命的成功与否,外交的关系是很重大的。④

(二)坚持不懈的外交活动

外交活动是孙中山全部革命实践活动的重要组成部分。孙中山革命生涯数十年,有一多半的时间生活在国外。无论是早期四年的国外读书,1895年后流亡国外十六年以推翻清王朝为目标的革命活动,还是辛亥革命后在日本近三年的铲除封建军阀专制、废除不平等条约斗争的过程中,他或以革命团体、革命政党名义公布之章程、宣言的对外部分,或观察了解所在国的外交方针、政治经济状况,或与高端人士、友好人士、媒体记者交往沟通,都是在从事实际的外交活动。而在他当政的中华民国临时政府建立之初任临时大总统时期、在中华民国军政府任陆海军大元帅时期、在任中华民国非常大总统时期,或对外宣言,或与相关国家驻华使节、记者谈话,或与外国友好人士之间的函札、文电、交谈,等等,都是重要的外交活动。

武昌起义爆发前后的一段时间,孙中山滞留美洲、欧洲,从美国而英国而法国,充分利用外交手段,全力开展外交活动。1911年10月13日,孙中山获悉武昌起义的消息,立即抵达芝加哥,发布告知美国社会及各界侨胞,武昌光复,虏运告终,国人相庆,择日召开预祝中华民国成立大会等事项。10月下旬至11月中旬,在纽约和伦敦先后发表《通告各国书》和《告世界书》,向世界宣告中国建立共和国,"与各友邦共结厚谊,使世界享和平之幸福,而人类跻于太平之境域";告知"中国革命运动目前的状况";及中国革命的领导者们的情况。向国际社会宣告中国革命运动的伟大胜利,以壮声威,扩大中国革命在全世界的影响。

这一期间,孙中山不辞万里之遥,克服重重困难阻碍,希求国际同情,争取得到西方大国的经济援助,为革命活动筹集款项。他是把此行作为重大外交活动行之的。这一观念,可从孙中山此行途中写给有关人员的信函中得以证明,他多是这样告知自己的行踪和任务:月内"当再往东美,今冬或再往欧洲,以办外交要件";"有特别之外交问题,须往英京";"当往欧洲一行,以办重要之外交事件";"武昌举师以来,即由美旅欧,奔走于外交、财政二事";等等。对于孙中山遍访欧美列强各国,争取经济援助的深层含义和价值,此处姑且不论,单就对外交工作的摆位及义无反顾的践行,足见其对外交工作的高度重视。

1912年8月,孙中山在北京与国务总理陆征祥谈话,对于国际社会,特别是西方列强不承认中华民国问题,陆请示"巩固民国"之法。孙中山指出:"巩固民国,不外整顿内政及联络外交。……联络外交一项,最要之问题,即承认民国。此事关系过巨,甚废手续,非得一二国单独承认,难收效果。"孙中山直陈策略方法,陆征祥"请先生亲往日、美一行","先生慨然允诺"。⑤

上述种种活动,就外交层面来讲,无不体现着孙中山一以贯之地立志革命事业成功,争取国家民族独立,倾全力于外交事务,为巩固革命成果,推动社会发展,所作出的不懈努力。

二、孙中山早期外交思想的思考与实践

从投身民主革命伊始到辛亥革命胜利之初,孙中山一直把反对清王朝、推翻清王朝作为中国革命的主要对象,而未能提出明确的反对列强、打倒列强的主张。原因主要因为孙中山受西方资产阶级教育,推崇西方资本主义的物质文明和精神文明,笃信平等博爱观念,以至产生西方列强能同情中国革命的想法。当然,孙中山也清醒地看到帝国主义列强共同控

制和支配中国的局面。鉴于此,他一开始从事民主革命就十分重视对外关系问题,把外交问题的重点放在揭露清王朝外交上的软弱无能,屡屡失败;另一方面,又很重视与西方资本主义列强的外交关系,希望得到西方列强的支持与援助。

(一)揭露清王朝外交上的软弱无能

早年在国外求学时期,孙中山通过对所在国及相关国家的观察了解,逐渐产生了清晰明确的外交关系观念。在《上李鸿章书》之篇首,孙中山就以相当篇幅直陈其"游学外洋",不仅学得社会科学和自然科学知识,"而尤留心于其富国强兵之道,化民成俗之规",还针对当时国内政治、经济及对外关系形势,提出"我国家欲恢扩宏图,勤求远略,仿行西法以筹自强"的主张。[⑥]以"仿行西法"来解决好、处理好外交关系的观念十分明确。是年,上书李鸿章未果,孙中山愤而出走,立誓倾覆清王朝,联络中外华人、革命志士,创立革命团体和革命政党。从这些团体和政党的章程、宣言中可以看出孙中山对外交关系问题重视的程度。他指出:

"我中华受外国欺凌,已非一日。皆由内外隔绝,上下之情网通,国体抑损而不知,子民受制而无告。"[⑦]"堂堂华国,不齿于列邦;济济衣冠,被轻于异族。""强邻环列,虎视鹰瞵,久垂涎我中华五金之富,物产之繁。蚕食鲸吞,已效尤于踵接;瓜分豆剖,实堪虑于目前。"[⑧]

孙中山把中国置于国际社会来考察,对我中华民族遭受外国欺凌,内外隔绝,上下网通,国体抑损,子民受制,不齿于列邦,被轻于异族的状况,痛心疾首。

这一时期,面对中国的腐败落后,中国在国际社会的艰难处境和落后状况,立志于国家独立、民族复兴的孙中山以强烈的历史责任感,深刻地揭露了清朝政府在外交上的软弱无能和对帝国主义侵略的妥协退让,并开始深入地思考实际的外交问题。

孙中山伦敦蒙难后滞留英国期间,在给曾任英国驻华外交官翟理斯的信函中,就对清朝政府"目无友邦,显违公法",肆意践踏国际公法的暴虐无道行径予以申斥。1906年秋冬间,孙中山在《中国同盟会革命方略·对外宣言》中还写道:"自与万国交通以来,不知外交,屡招战祸,丧师辱国,于弃民割地之外,益以赔款。"[⑨]对中国封建统治当局无视国际关系,"不知外交",忽视外交,给国家民族带来的严重损失和影响问题,予以揭露和谴责。1908年他在槟榔屿对侨胞演说时,指出清朝政府在"外交方面的失败,更是令人发指眦裂。满廷以少数人入主中国,素抱闭关主义,亟亟于严禁国民出国与防止外人入境。乃自西力东侵以来,中国不得不卷入国际旋涡。满虏既不能独立自强,又没有外交上的准备,一遇对外交涉,便觉图穷匕见,失败自是意中事。故道光时有鸦片之役,咸丰时有英法联军之役,最近又有甲午之役,庚子之役……没有一次不失败;……列强不费一兵一弹,只要一纸公文的照会与要求,而满虏则柔顺恭谨,惟命是听,举国防要地的大好军港,拱手而让之外人"。对此,孙中山斥之为"外交上以莫大奇辱"的"卖国卖民,罪恶滔天"![⑩]1900年7、8月间,孙中山领衔,与兴中会骨干陈少白、郑士良等八人联名给时任香港总督的卜力呈送一封长信,陈述清朝政府"平素之积弊及现在之凶顽",列举种种罪状,在外交方面涉及"渎邦交""嫉外人"等问题,提出"改造中国,则内无反侧,外固邦交"。"睦邻遣使,国体攸关"。⑪不难看出,孙中山在早期的革命活动中,已开始把关涉外交关系的实际问题摆在了一个重要的位置。

孙中山在《中国同盟会革命方略·对外宣言》中,还写有"对于友邦各国益敦睦谊,以期维持世界之平和,增进人类之福祉"。把"维持世界之平和,增进人类之福祉"这一涉及历史潮流和革命方向的问题,把"对于友邦各国益敦睦谊"这一如何处理好国家关系问题,联系在一起,写在中国同盟会革命方略的对外宣言上,表明了当时中国革命派在对外关系方面的基本主张。这是孙中山第一次阐发他的对外关系理念,也是孙中山早期外交思想不容忽视的重要发展之点。

(二)依赖列强支持与援助的外交幻想

孙中山早期的"革命方略",甚至中华民国临时政府成立后的"对外宣言"所述的外交政策都未见明确的反帝文字,而多有承认旧有条约及其所载之责等种种表态。可见孙中山早期的外交观念中,尚未有明确的反对列强的意识,而是把能否获得列强的支持,看做事关成败的大事。至于外交活动的手段和方法,1900年,他在与横滨某君谈话时曾说:"我并不抱任何危险激烈的企图,而是考虑始终采取温和的手段和方法。"依赖列强的支持援助,对列强抱有一定的幻想,采取温和的手段和方法,乃是孙中山早期外交活动自定的原则。

在筹备国内反清武装起义过程中,在起义受挫而流亡日本、欧美及南洋诸国时,孙中山与列强的首领或知名人士多有接触,开展外交活动,目的就是争取得到列强对中国革命的同情和支持,最起码是希望其保持中立。当时,孙中山在国外,针对中国革命的形势及与列强的国际联系,发表的著述及给一些外交官和国际友人的信函中,发出呼吁,请求援助,明确提出"目前我们所需要的援助仅是英帝国以及其他列强善意的中立";⑫"我们必须普遍地向文明世界的人民特别是向美国人民呼吁",要求美国人民"在道义上与物质上给予同情和支持";⑬"法国是列强中唯一应该寻求其协助和支持的国家","我们谦卑地请求贵国政府慨然同意给予支持,提供达成目标所需的款项"⑭;在致日本友人菅原传的信函中,委托友人"代转求贵同志政府",并望"向伊候星君等力为言之",以求得借我以士官,供我以兵械,暗助一臂之力。⑮伊候星君,即伊藤博文,1900年10月19日,日本组成新内阁,伊藤博文出任总理大臣。孙中山急切地请友人向日本新任内阁总理大臣伊藤博文美言,请求帮助,显然,这是对日本政府及其高官寄予极大的希望的。

孙中山在谈到上述一系列外交活动的意图时,说这是"为了确保我们的成功,便利我们的运动,避免不必要的牺牲,防止列强各国的误解与干涉"。⑯帝国主义列强的本质是支持中国的反动统治者,破坏中国人民反帝反封建的革命斗争。把"防止列强各国的误解与干涉"与希求列强的同情、支持、援助,放在同一个起点上思考,要在帝国主义列强和中国人民这一对立的双方之间得以实现,是令人费解的。实践证明,孙中山对这一难以达到的大难题的结果,只能告以深深的遗憾。

武昌起义后,孙中山并未急于赶回中国统筹大局,而是游说美英法等国,希望取得外交和财政支持。孙中山说:"我开始扮演一个新角色,即政治基金的募集人。我为此到过美国各埠,并访问了欧洲所有的第一流银行家。"⑰希望立即或在最短期间内,给临时政府筹集五十万英镑贷款。孙中山辞去临时大总统,专事经济发展事宜,仍不懈努力于与列邦联络,筹集款项。1912 年 9 月上旬,他在北京回访四国银行财团时说:"深欲与列邦诸友携手以联中外之欢,并愿贵银行诸君有以扶助之。盖吾国现虽财政困难,不得不求助于列邦。"⑱

孙中山在十几年的海外联络中,谦卑而不厌其烦地游说恳求得到支持和援助,单说武昌起义前后,也有几个月的时间,遍访欧美列强各国,强烈的革命事业心和责任感,难能可贵,令人佩服,但锲而不舍、志在必得的内心深处,不可否认的是对列强的依赖和幻想。而帝国主义列强从来也没有真正援助过孙中山领导的中国革命。这是列强的本质使然。帝国主义列强的政府和首脑人物,及银行财团等方面的经济界代表人物,总是力图维护乃至扩大其在中国的既得利益,声称"严格采取中立,在目前情况下既不发行贷款,也不预付款额","无法予临时政府以财政援助"。⑲以此向孙中山施加压力,影响孙中山。这种压力和影响,让孙中山一步步认识了列强的本质,而他又未能丢掉幻想,认为只要不伤害列强,尊重他们的利益,就会换得他们的同情、支持和援助,但结果却始终未能如愿,这让孙中山"极感失望"。

事实上,孙中山对列强的看法,在处理与列强关系问题时是存在矛盾的,他对列强还存在着不满和有所警觉的一面。前述在檀香山求学时深感弱小民族被殖民主义欺压之苦,在澳门行医时深受殖民主义欺压之害,孙中山始终未能忘怀;而帝国主义列强对中国的侵略、干涉,霸占土地、索要赔款、掠夺资源的行径,孙中山更是铭记于心。孙中山在与胡汉民、廖仲恺谈话时,就曾强调指出:"戈登、白齐文之于太平天国,此等手段正多,胡可不虑。"⑳以帝国主义帮助清朝政府镇压太平天国起义的事例,从历史的高度,以往的教训,警醒革命党人,警惕帝国主义列强干涉中国内政,与封建势力相勾结镇压革命运动的故技重演。可见,当时孙中山对帝国主义列强或明或暗地与封建势力相勾结、支持封建势力的可能性,并未丧失警惕。

统观此时孙中山的外交活动与言论目标,既有温和软弱、幻想希冀,也有无奈与克制,更有忠告与警示。这正反映出孙中山对列强的认识与寻求列强的援助问题上的矛盾心理。

三、孙中山革命外交思想的形成与实施

辛亥革命以前,孙中山还没有明确提出反对列强的主张。辛亥革命以后,清王朝不复存在。经历了短暂的民主共和之后,革命成果落于袁世凯手中。从袁世凯到北洋军阀各派系,权力之争不断,又各以其列强为靠山,中国并没有实现真正的独立。这一内政外交的严峻状况,加重了孙中山的疑虑和警觉,促使他对中国革命和社会发展前途的深层思考。此时,孙中山外交思想发展的轨迹是,首先致力于谋求国家民族的独立富强,进而提出反对外来干涉,反对帝国主义列强的主张。

(一)追求民族独立和国家富强

孙中山早期外交思想的矛盾,在于存在依赖列强支持与援助的幻想,而这一观念实施又屡屡受挫,屡屡失望。严峻的局面,加重了孙中山的警觉。发展的需求,促使孙中山更加重

视对外交问题的思考与探索。消除对帝国主义列强的幻想,谋求民族、国家的独立与富强,是辛亥革命以后一段时间孙中山在外交问题上思考的重点。

1912年4月,孙中山《在上海南京路同盟会机关的演说》中,明确指出:"本会之民族主义,为对于外人维持吾国民之独立。"[21]当时辛亥革命成果已落于袁世凯手中。孙中山虽有警觉,约法三章,并亲与袁面谈多次,仍难左右局面。孙中山在回顾当年袁世凯把持北京政权时说:"当时北京政府不为非法军阀官僚所窃取,则必能代表民意,开诚相见,新约早成,邦交早复。"[22]军阀官僚把持政权,依附列强,卖国求荣,满足私欲,贻误国事,令人担忧。孙中山追求的是要使中华民国立于地球上为莫大强国而后快,他认为一个国家要能够自立于地球上,莫如富强。维护吾国民之独立,国家之富强,是孙中山革命的理想目标,也是他外交思想的基础。反复强调这一观点,反映了孙中山已开始消除对袁世凯的希望和对帝国主义的幻想。

民族之独立,国家之富强,是全国人民的意志和愿望,所谓"华人之志意,谓吾人必要独立者"。孙中山的革命追求与理想和国人的意志和愿望是一致的。这使孙中山充满信心,他深信中国必能恢复已失之疆土,并实现统一和富强,那时,中国将真正立于世界民族之林。"一旦统一兴盛,则中国将列于世界大国之林,不复受各国之欺侮与宰割。今时机已至,中国将能自立以抵御外来之侵略矣。"[23]他还激励国人同心协力,以求富强。"吾四万万同胞共同努力,使我中华民国数年后在地球上成一头等强国。且欧美有数百万人民之强国,我中国四万万同胞同心协力,何难称雄世界。"[24]

(二)反对外来干涉,废除不平等条约的不懈努力

从二次革命到护国战争,再到护法运动,特别是中国国民党第一次全国代表大会召开,重新解释三民主义、提出"三大政策",孙中山在革命实践活动和革命理论探索中,对国内外反动势力,特别是对西方列强的侵略野心有了更加清醒的认识。在谋求民族独立和国家富强思想的基础上,孙中山逐渐强化了反对列强干涉、废除不平等条约的主张和斗争。这一历史性的发展,标志孙中山的外交思想已趋于成熟。

1921年7月,孙中山在广州拟著《外交政策》一书,全书24节。孙中山说:"此书之思想及线路,一言以蔽之,求恢复我国家以前之一切丧失土地和主权和恢复人民自由平等而已。""文所著《外交政策》一册,乃《国家建设》全书之一也。"[25]《外交政策》拟以恢复国家以前丧失之土地和主权、恢复人民自由平等为指导思想编写,挽救中国外交失败、图谋国家独立的思想贯穿其中,当是一本全面反映孙中山外交思想的专著。《外交政策》与孙中山的其他主要著作一样,是他长期革命活动,特别是外交工作的理论主张和实践活动全面而概括的总结。

《外交政策》是孙中山外交思想趋于成熟的标志,是他外交思想的转折点。此书虽因孙中山入桂督师,公务冗繁,未能完成。但此后孙中山的外交活动,应是《外交政策》一书"思想和线路"的具体化。孙中山一反以往温和软弱的态度,摆脱矛盾心理,果决地抛弃了对帝国主义的幻想,将革命矛头直接指向了帝国主义,开始以独立的立场,强硬的态度,果敢的行

动,对西方列强进行面对面的斗争。这可从以下两个方面来看:一是在一系列涉外事件中,抗议以致打击帝国主义列强干涉中国内政的行径;一是为废除中外一切不平等条约,解除帝国主义在中国一切特权的不懈努力。

在涉外事件中,成效显著而又影响较大的是解决关余问题和镇压广州商团叛乱。1922年、1923年,孙中山以非常强硬的态度,进行了争取关余的斗争;1924年8月至10月间,镇压广州商团的叛乱,解除了革命政府的"心腹之患",巩固了广东革命根据地。两个问题的胜利解决,打击了帝国主义列强的反动嚣张气焰,增强了国人反对外来干涉的信心和勇气。两次事件是孙中山抗击外来干涉的重要实践,是孙中山反帝思想从观念到行动的新起点。

1924年1月,中国国民党第一次全国代表大会宣言中"国民党之政纲"确定的"对外政策"写道,取消"一切不平等条约,如外人租借地、领事裁判权、外人管理关税权以及外人在中国境内行使一切政治的权力"。㉖这是孙中山第一次以宣言的形式,正式发表废除一切不平等条约的主张。此后,孙中山有一次重大行动,即当年12月的离粤北上"共商国是"。这是他推行《中国国民党第一次全国代表大会宣言》的革命实践活动,从外交层面讲,是他外交思想成熟,并义无反顾地为之奋斗的精神与努力实践的体现。

孙中山自广州启程,经上海,日本长崎、神户返回天津,到达北京。行程中受到热烈欢迎,多次应邀发表演说。途经上海时,孙中山在莫利爱路宅第举办茶话会,招待各报馆、通讯社记者,发表长篇演说。他说:

我这次到北京去,讲到的对外问题,一定要主张废除中外一切不平等条约,收回海关、租界和领事裁判权。

我们这次解决中国问题,为求一劳永逸起见,便同时断绝这两个祸根,这两个祸根,一个是军阀,一个是帝国主义。这两个东西和我们人民的福利是永远不能并立的。军阀现在已经被我们打破了,所残留的只有帝国主义。要打破帝国主义便要全国一致,在国民会议中去解决。㉗

我们革命党要中国从此以后不再发生军阀,国民能够自由来解决国事,这个永久是和平统一,根本上便要在中国捣乱的帝国主义不能活动,便要消灭在中国的帝国主义。因为要消灭在中国捣乱的帝国主义,所以讲内政问题便牵涉到外交问题,要废除一切不平等条约。㉘

申明北上的目的任务,在于一定要"废除中外一切不平等条约","消灭在中国捣乱的帝国主义",并号召国人团结一致,运用法律手段,通过国民会议去解决。

1925年3月12日,伟大的爱国主义者、民族英雄孙中山在北京逝世。孙中山留下三份遗嘱,在《国事遗嘱》中,他写道:"余致力国民革命凡四十年,其目的在求中国之自由平等。……最近主张开国民会议及废除不平等条约,尤须于最短期间促其完成。"㉙一代伟人,在弥留之际,深情无限地再次申明他为之奋斗终生的革命目标,以急切的心情呼唤嘱托后人,把这一未竟的事业,尽速完成。

孙中山由早期对外交工作的思考与实践到后期近代革命外交思想的形成与实施,记录了他外交活动的艰辛历程,沉淀着他逐渐形成的外交理论体系。

四、孙中山外交思想的主要内容

孙中山在 1894 年即提出"振兴中华",文字见诸《檀香山兴中会章程》:"是会之设,专为振兴中华,维持国体。"㉚自此,孙中山坚定地开始了为"振兴中华"而奋斗的长期跋涉。"振兴中华"是孙中山革命情感、革命理念的基础,是他革命实践、革命思想的出发点,是他终生为之奋斗的革命目标,也是他外交思想的基础和根本。清朝末年以来,经历了洋务运动、戊戌变法、辛亥革命等经济、思想、政治革命的变革,特别是经历了"五四"运动这一重大变革,中国社会已融入世界发展的大潮。虽然清王朝不复存在,但控制国家政权的军阀政府,对内争权夺势,鱼肉人民,镇压革命,甚至复辟帝制;对外依附列强,卖国求荣,以封建之道对现代意识。中国的政治、经济依然停留在封建专制时代。何以"振兴中华"呢?孙中山就是从这一根本理念出发,思考、实施、形成了他的富有民族主义、爱国主义精神的、行之有效的近代革命外交思想。

(一)争取民族独立,实现国家富强

孙中山从"振兴中华"的目标出发,把争取民族独立,实现国家富强作为外交工作的最高原则。

这一外交工作的原则,是顺应国人的意志和愿望的。前述《檀香山兴中会章程》痛惜地指出:中华民族长期遭受外国欺凌,"辱国丧师,剪藩压境,堂堂华夏不齿于邻邦,文物冠裳被轻于异族","方今强邻环列,虎视鹰瞵","蚕食鲸吞,已效尤于踵接;瓜分豆剖,实堪虑于目前"。民族惨遭欺凌,国家积贫积弱,民众陷于水火,孙中山面对的严峻的社会局面,正是他联络中外华人,组织革命团体,呼吁有志之士,立志发奋为雄,"以申民志而扶国宗"的现实原因。㉛"申民志而扶国宗",拯斯民于水火,扶大厦之将倾,使中国日臻强盛,免奴隶于他族的主张,追求民族独立和国家富强,顺应民意,适应国情,符合时代潮流。

对于民族独立问题,孙中山在与香港《南清早报》记者英国人威路臣谈话时,作过如下描述。他说:

华人之志意,谓吾人必要独立者,更不愿在中国而归洋人统辖也。……上海租界,惟吾人不允,此乃当然之理也。譬如别国今居中国之地位,岂不亦如中国之所为乎?足下为英人,抑美人乎?若为英人,则必不欲有德人租界于伦敦也明甚。㉜

从华人摆脱洋人控制的角度,并辅以生动的举例,既阐明了自己的观点,又富于个性化,既作出有理有据的回答,又具有激励和鼓舞国人的效果,既有伟人严肃认真的风范,又不失自然风趣的外交家性情。

对于国家富强问题,孙中山在辞去临时大总统后,于南北考察时的演讲中,曾多次谈到:

同盟会之"民族主义,为对于外人维持吾国民之独立"。㉝"必使中华民国立于地球上为莫大之强国而后快。特今日中国既贫且弱,曷克臻此,故欲能自立于地球上,莫如富强。"㉞

维护民族独立,实现国家富强,既作为外交工作的原则,也可概括为"强国外交"的观点。"强国外交"是孙中山反复强调的一个问题。1912 年 8、9 月间,孙中山在北京与袁世凯进行了十几次谈话。"询袁总统现在财政、外交情形",商谈联络欧亚、联络美国、筹借款项、修筑铁路、"专练精兵"等涉及外交、经济发展、国家强盛方面的问题。孙中山明确提出要"外交立国",强调"速筹生财之道","为今日计,宜令外交部开通商埠,工商部广开矿产,农林部伐采森林,交通部推广路电,尤在财政部开源节流,综挈大纲,富强可期"。因为国家富强,"始能在地球上与各强国言国际之平等"。孙中山根据当时国内外的形势,提出了对内要增长经济实力、强大军事力量,使中国日臻强盛,在"地球上为莫大之强国";对外讲究"外交立国",注重国际联系,在地球上与各强国平等相处,"能得外人信用,而不丧失权利"。㉟孙中山是以民族的良知和强烈的历史责任感来与袁世凯晤谈的;是以其革命经历,对古今中外历史的了解及对现实中国家民族的遭遇与殖民主义者蛮横逞强的亲身体验来与袁世凯晤谈的。他深切地认知了落后要挨打,弱国无外交的道理。"弱国未有不遭强国侵凌之险者",帝国主义列强是"见中国地大物博,为商业上之大好市场,而武备缺乏,文弱不振,遂划分其土地,各占一势力范围",而称霸于中国的。㊱只有国家富强,"始能在地球上与各强国言国际之平等"。对于孙中山与袁世凯谈话的内容,从外交层面来解读,就是提出了"强国外交"的观点。

1923 年 8 月,孙中山在广州全国学生评议会上发表演说,就抵制日货运动,分析中日关系时,更为具体而深刻地阐明"强国外交"问题。他说:

外交纯恃内政,内政要是好,外交竟[简]直不成问题。诸君想想,乱国怎能有外交?比如二十一条,若我们革命成功,何难取消!……诸君的精神要全用在革命的进程上,早早想法自强。强了以后,怕外国人的不趋承恐后么?……革命成功,自控如志,外交自然不成问题。㊲

内政要是好,国家富强,外交自然得心应手,不成问题;反之,内政不好,国家贫穷,便无外交可言。国家富强,是孙中山竭力创建的国家发展局面,也是孙中山竭力追求的外交活动的背景和环境。"强国外交",无疑是一个带有决策性的重大问题。

谈到国家富强问题,孙中山特别强调只要国人团结一致,同心协力,以求富强,必能如愿。"如果大家同心协力,十年以内,中国可以为世界最强的国家"。㊳"吾四万万同胞共同努力,使我中华民国数年后在地球上成一头等强国。且欧美有数百万人民之强国,我中国四万万同胞同心协力,何难称雄世界"㊴;中国富强,一方面可与列强相抗衡;一方面则可对世界进步作出贡献。他说:"将来中国自能日臻强盛,与列强相抗衡于地球上"㊵;"中国果能日臻发达,则全世界之境况均可借以进步"㊶。在谈到经济发展,国家富强的时候,孙中山说:中国如果强盛起来,"要对于世界负一个大责任",要"立定扶倾济弱的志愿"。㊷孙中山并没有止于中国强大,在外交上与列强相抗衡,而是想到将来中国强盛的时候,要对世界负责,要济弱扶贫,蕴涵着以天下为己任的"天下为公"精神。在半封建半殖民地的中国,孙中山形成这样的外交理念,足见一位伟大的革命先行者的坚定信念和博大胸怀。

(二)维护国家主权,废除不平等条约

坚持独立自主地处理国内国际事务,反对外来干涉,废除不平等条约,把实现国家主权完整,确保国家主权、人民财产权益不受伤害,作为外交工作必须达到的战略目标。这是一个重要的理论和实践问题。

孙中山的革命进程,适逢中国从有独立主权的封建王国,遭受帝国主义列强的侵略、瓜分,到丧失主权,沦为了半封建半殖民地社会。一系列不平等条约,强加在中国人民身上,割地、赔款、驻军、辟租界、开商埠、修铁路等等,帝国主义列强享有种种特权,操纵当权的封建军阀,干涉中国内政,控制中国经济,掠夺中国财富,肆无忌惮,为所欲为,置中国人民于水深火热之中。正如孙中山所说:"现在中国已失去国际上的平等自由,已经不是一个完全独立的国家。"⑬在这一严峻的社会局面下,中华民族怎样才能振兴呢?首要的是要有维护国家主权的强烈意识,把失去的主权从帝国主义列强手中夺回来。对于这一点孙中山讲得特别清楚,他说:"解决中国问题,对内是打倒军阀,对外要打倒列强的干涉,完全由中国国民作主。"⑭对于帝国主义,孙中山在讲演时曾作过这样的阐释:

> 什么是帝国主义呢?就是用政治力量去侵略别国的主义,即中国所谓"勤远略"。这种侵略政策,现在名为帝国主义。⑮

帝国主义,就是用政治力量去侵略他国的、一国的或多国的政治集团,其政策是侵略,是占领与掠夺,是权力意识的膨胀与疯狂。

帝国主义是中国人民最恶毒、最强大的敌人,是中国达到民族独立的主要障碍。在《"九七"国耻纪念宣言》中,孙中山以强硬的态度、愤激的情绪,痛斥帝国主义者"倚仗着他们的国力","恃蛮逞强"的侵略罪行。指出帝国主义列强自从鸦片战争以来,强迫中国签订种种不平等条约,获取种种特权,已筑就经济上财政上侵略的基础。革命不能达到圆满的目的,中国人民不能掌握独立主权,就是"因为还有国外的障碍没有打破。这种国外的障碍,便是中国从前和外国所立的不平等条约"。孙中山对不平等条约作出了具体的分析说明:

> 不平等的条约究竟是一件什么东西呢?老实说,就是从前中国政府把我们国民押到了外国人所写一些卖身契。……中国现在是做十几国的殖民地,不是一个独立的国家。中国的地位比较殖民地还要低,是可以叫做"次殖民地"。……我们中国有这样大的领土,和这样众的民族,还不能成一个独立国家。推到这个原因,虽然是很多,最主要的就是受那些不平等条约的压迫。⑯

数十年来,中国与外国所结条约,皆陷于侵害中国主权及利益之厄境。此固由中国当局

愚弱所致,亦由列强怀抱实行帝国主义,实使之然。[47]

这些分析说明犹如再现了数十年来中华民族所遭受到的欺凌,国家主权被剥夺,社会形态发生了质的变化,从一个有着独立主权的国家,变成了一个处于"次殖民地"形态的社会。其原因就在于,帝国主义列强强加给中国人民头上的一系列不平等条约。

在当时的情况下,维护国家主权,把失去的主权夺回来,首要的任务就是废除一切不平等条约。1924 年 12 月 7 日,孙中山在天津发表《关于中国国民党最小纲领及提议召开国民会议之宣言》,果断而明确地宣布:"帝国主义列强加诸中国之不平等条约与协定,以及陷中国于经济奴仆地位之各种契约应即废除。"[48]这里所说的"最小纲领",实际是"近期政治纲领"。孙中山北上"共商国是",因身体不适而滞留天津,为准备提出最大纲领于国民会议而使之实现,特略述最小纲领于此。这里,孙中山把废除"帝国主义列强加诸中国之不平等条约",作为他此次北上所要解决的对外政治的主要问题。废除不平等条约,是孙中山外交思想的重要之点,是孙中山外交活动重要的理论和实践问题。

关于废除不平等条约问题,本书在前述孙中山外交思想的发展历程中提到,在其早期的外交活动中,确有过承认旧有条约,及其所载之责等的种种表态。但孙中山反对列强干涉、废除不平等条约的主张和斗争,是逐渐强化的。他晚年的外交策略,发生了重大变化。一改对帝国主义列强的依赖幻想,而采取永不妥协的斗争态度,这是对旧有的不平等条约来讲的。从另一个角度,孙中山在其所从事的国际交往中,又是从始至终,一贯坚持独立主权国家原则的。1904 年 10 月,在《中国问题的真解决——向美国人民呼吁》中,清醒地提出:"防止列强各国的误解与干涉"问题。1911 年在欧美各国寻求援助时,他警觉而悉心地思考,寻求援助的同时必须"力阻他国之干涉"。1921 年 9 月,在《关于华盛顿会议之对外宣言》中,他正气凛然,坚定不移地宣布:"本政府职权由法律所赋予,为中华民国正式政府,向来对外交涉均系秉诸公道,故周旋国际绝对不受何种约束。"[49]

特别要提到的是 1919 年巴黎和会召开期间,孙中山指示出席巴黎和会的中国代表王正廷:拒绝接受丧权辱国的条件,拒绝在巴黎和约上签字。第一次世界大战结束,同盟国以失败告终。1919 年 1 月,战胜国在巴黎举行和平会议。中国作为战胜国之一,派出以北京政府外交总长陆征祥为首的代表团,同时请孙中山主持的广州革命政府也派代表,孙中山派王正廷作为代表出席会议,孙中山的秘书曹霖生为代表团秘书长。和会进行期间,王正廷、曹霖生随时向孙中山请示。针对会议决定将战败国德国在中国山东的利益全部转移给日本所有,严重剥夺中国合法权益的问题,孙中山明确指示王正廷:这样丧权辱国的条件,中国无法接受,应强烈抗议。王正廷、曹霖生得到指示后,即说服顾维钧、施肇基等代表站到孙中山一边,并促使陆征祥再向和会主席、副主席提出强烈的抗议。中国代表团外交失利的消息,传到国内,爆发了五四运动。孙中山根据各界人民爱国运动的形势,再次指示王正廷、曹霖生,拒绝在巴黎和约上签字。经过艰苦努力,代表团最后决定拒绝丧权辱国的巴黎和约,维护了民族的尊严和国家的主权。[50]

从以上所举几次实际外交活动,可以清楚地看出孙中山为确保国家主权、人民权益不受伤害,防止外来干涉、丧权辱国条约再次出现所作出的不懈努力和巨大贡献。

(三)坚持睦邻友好,倡导亚洲团结

睦邻友好,亚洲团结是孙中山极为重视的一个问题,是他外交思想的一个重要观点。

早在 19 世纪末年,孙中山就提出:"今欲除虏兴治,罚罪救民,步法泰西,揖睦邻国"[51]的主张。他还提出:"对于友邦各国益敦睦谊,以期维持世界之平和,增进人类之福祉。"可见孙中山睦邻友好的主张是以兴国救民,增进人类福祉,维护世界和平为出发点的。而孙中山维护世界和平的观点,又首先表现为倡导亚洲邻国睦邻友好,促进共同发展,以抵抗西方列强,实现亚洲民族的大团结。

孙中山认为,苏俄、韩国、日本等国家,不仅是中国的邻国,也是中国的朋友。在谈到中韩关系时,孙中山认为中韩两国应永保善邻友好之邦。他指出:"若干年来,余对韩国问题始终异常重视","中韩两国同文同种,本系兄弟之邦,素有悠远的历史关系。辅车相倚,唇齿相依,不可须臾分离"。[52]关于中国与苏俄关系,孙中山认为苏俄地处欧亚两大洲的大片土地,是中国最大的邻邦,两国"关系最为密切",今后"定使两国邦交愈加亲睦,彼此互相提携,力排障碍,共跻大同"。[53]对于中日关系,孙中山强调中日两国是近邻,是"友国",对于两国关系应更为重视。

孙中山坚持睦邻友好,绝不仅仅限于近邻、同文同种、特殊感情等地域或文种一类的早已存在的观念,而是以抵御外强、共同进步、实现亚洲团结等现代外交思想观念为出发点的。孙中山讲中国与苏俄关系,强调的是:苏俄"以推翻强暴帝国主义,解除弱小民族压迫为使命;本大元帅夙持三民主义,亦为中国革命、世界革命而奋斗。……两国邦交愈加亲睦,彼此互相提携,力排障碍,共跻大同。岂惟两国之福,亦世界之幸也"。[54]1919 年朝鲜"三一运动"后,大韩民国临时政府在上海成立。1921 年,申圭植作为大韩民国临时政府的专使,来广州晋谒中华民国大总统孙中山,任务是请求广东政府给给予道义、政治、军事、经济上的援助。孙中山当即表示:"对于韩国复国运动,中国应有援助义务,……当以全力援助韩国复国运动也。"[55]

孙中山以宽阔的眼光,博大的胸怀,从世界历史和现实发展的高度,处理国际关系问题,不仅重视中国与上述国家的关系,对菲律宾、越南、印度及其他弱小的亚洲国家均给予极大的关注。在讲到中国受欧美的政治压迫,失去大片领土的时候,孙中山联想到了近百年来欧美列强侵略亚洲的历史。除了中国之外,印度、波斯、阿富汗、阿拉伯、土耳其都被西方列强占领,变成欧洲的殖民地,由欧洲任意宰割。比中国更早一点失去土地的还有缅甸、安南等国家,法国割去了安南,英国占据了缅甸。孙中山在揭露了西方列强侵略占领亚洲各国的罪恶行径之后,更表明了他对被侵略占领的亚洲各国人民的生存处境、反抗斗争给予真切地关注,并希望能走上联合斗争之路。他多次谈到帮助朝鲜、越南、印度的问题。他对波斯、土耳其、阿富汗、阿拉伯、印度等国的民族独立运动天天发达的形势,寄予很大的希望。而对菲律宾,孙中山在接见菲律宾劳动界代表时,有一段语重心长的谈话,他说:

美国对于斐岛之目的,与英人对印度,日人对高丽,荷人对爪哇之欲久占不去者相同。总之,能一日保留其殖民地,则将一日不许其独立。君等斐人,尤其劳动阶级必须努力工作,以图进步。目下美国武力强盛,斐人不能以力敌,只得以和平方法要求独立耳。⑯

这段语重心长的谈话,揭露了帝国主义列强侵略成性、长期奴役他国人民的本质;更重要的是写出了被压迫民族如何增强国力,以图进步,还有争取民族独立的斗争策略。这不仅仅是一般的关注,而是精心的思考与经验之谈,蕴涵着孙中山对被压迫民族悉心帮助的革命家风范。

孙中山还说:"此外更有流球、暹罗、蒲鲁尼、苏绿、爪哇、锡兰、尼伯尔、布丹等那些小国",都先后被列强占领。我们提出"扶持弱小民族"的主张,亚洲这些弱小民族"便很赞成,主张大家联络起来,成一个东方大国"。⑰国家不分大小,民族不分强弱,一律平等;先期富强起来的国家,要"扶持弱小民族";抵抗西方列强,促进共同发展。这是孙中山在坚持睦邻友好,谋求亚洲团结方面,所遵循的几个原则。这不仅对亚洲各国的友好交往提供了有力的帮助,也为世界被压迫国家和民族的友好交往,提供了可资遵循的原则。

(四)重视中日友好,发起亚洲大同盟

对日关系的思想,是孙中山整个外交思想的重要组成部分。

这个问题须从两方面理解。一是孙中山以中国革命和中国社会发展为基点的对日外交思想;再一是孙中山发起亚洲大同盟,阐述大亚洲主义的观点。

孙中山对日外交思想,表现为联日思想。从走日本维新之路,依靠日本的帮助和支援,到希求援助的幻想趋于破灭,最后丢掉幻想,确立反对日本帝国主义的思想,这一实践——认识——再实践——再认识的联日思想变化历程,是随着国内国际形势的变化发展而实现的。

孙中山最早的联日思想的缘由,在于中日两国地域相近,历史文化相通,仰慕日本明治维新的成功。中日两国关系历史源远流长,有数千年的亲密联系。他说:"日本这个强国与中国相毗邻,况且日本与中国同文同种,又是亲善亲邦",⑱"由于地理上、人种上之关系,中国如无日本之同情与支援,即将一事无成,此乃运命攸关,故余为如何取得日本之同情煞费苦心"。⑲孙中山仰慕日本明治维新的成功,设想中国走日本富强之路。他说:"日本本东方一弱国,幸得有维新之志士,始能发奋为雄,变弱而为强;吾党之士,亦欲步日本志士之后尘,而改造中国,予之主张与日本亲善者此也。"⑳他长期流亡海外,日本是他滞留时间最长的国家。他曾15次踏上日本国土,侨居时间达9年半。他说:"文以菲才,奔走国事,流离欧美,赴贵国者且十余次,贵国人士多进而教之。是贵国者,予之第二故乡,贵国人士更予之良师友也。"㉑孙中山与日本的交往频繁,并与日本朝野众多人士保持了友好的情谊,对日本有一种特殊的感情,以至亲切地称之为"第二故乡"。

早在兴中会成立之初,孙中山即多次过境日本,争取日本政府对中国革命的支持。此后,同盟会成立于日本,并在日本组建军校,筹备武装起义。在多次武装起义中,寻求日本的

军事援助,几乎成了孙中山与日本联系的重点。但事实是多次无果而终,甚至因日本某些人言而无信,贻误战机,以致成为孙中山发动武装起义一次次失败的原因之一。

辛亥革命后,孙中山对日本的认识逐步深入,希求援助的幻想趋于破灭,但仍把对日关系作为外交工作的重中之重。二次革命失败,孙中山再次流亡日本,他致函日本内阁首相兼外务大臣大隈重信,提出:"今日日本,宜助支那革新","日本与支那地势接近,利害密切,革命之求助以日本为先者,势也。……日本以同种同文之国,而又有革命时期之关系,则专恃以为助,又势也。日本既助支那,改良其政教,开发天然之富源,则两国上而政府,下而人民,相互亲善之关系,必非他国之所能同"。"而日本能助革命党,则大有利,所谓相需至殷相成至大者此也"。^②孙中山认为,中国革命无强国之助,希望是难以达到的,他望助甚切,从多方面考虑,只有联络日本政府,表明希求援助的急切心情,又晓之以对双方都有利的道理,以期有所转机。但袁世凯复辟帝制前后,日本把以灭亡中国为目的的"二十一条"强加于中国,对袁世凯扶植有加,对孙中山的态度发生了很大变化。段祺瑞执政,日本政府施以西原借款,并以武器装备相助。孙中山惊醒,深感东方大局的转移,已无望于现在的日本。孙中山的联日救国思想,被一件件事实所打破,他逐渐识破了日本政府的野心,认识了日本政府干涉中国内政,扶植反动势力,侵略中国的真面目。

第一次世界大战以后,孙中山抛弃了对日求援的幻想,确立了反对日本帝国主义的思想。孙中山公开谴责日本帝国主义的侵略行径。指出:日本"与列强缔结密约,要以承继德国在山东之权利。……此非出卖中国之行为而何?""是可忍孰不可忍?""中国人此回所以痛恨日本深入骨髓者,即在此等之行为也"。措辞之严厉,前所未有。孙中山还严正地表明:"此中国与日本之立国方针,根本上不能相同者也。"^③孙中山对日本的认识发生了质的变化。在此后的一系列外交活动中,便非常明确地把日本列入列强的行列。他指出:"中国若不推翻日本在中国的势力范围,日本必利赖中国之天产及人民,以遂其穷兵黩武之帝国主义。"^④他历数"帝国主义之英、美、法、日、意"干涉中国内政,压迫世界弱小民族的种种罪恶,呼吁世界弱小民族"形成反帝国主义联合战线"。^⑤

孙中山对日外交思想变化发展的轨迹可谓清晰,但也确有局限和不妥之处。孙中山的联日外交思想,在动机上除了前述地域相近,对明治维新的倾慕,走日本富强之路以外,还有一层是利益需求问题。孙中山把日本发展道路和国家实力看得过高,对其依赖过甚,加之长期在日本活动与日本朝野各方关系极为密切,以至对日本侵略本质认识模糊,对日本侵华野心有失警惕,而出现过急于求成、急功近利的现象。这突出表现在对日本侵占"满洲"的态度上。1911 年 7 月,在给日本东亚同文会成员宗方小太郎的信函中,表示过日本"经营满洲"为"将来两国之福"的意思。尽管孙中山比较谨慎,话说得并不直接,但意思还是明白的。这样的表态,会使日本人有机可乘,或说给日本人留下了钻空子的机会。以后,确实出现了在与日本人士谈话时,要面对这一问题的局面。日本人森恪就曾单刀直入,提出"以日本之力保全满洲","换取日本之特殊援助"。孙中山表示,如能借款则可以对这一问题加以讨论。他说:"为东洋之和平计,满洲无论如何亦须保留于东洋人手中。因此,当此次举事之初,余等即拟将满洲委任于日本,以此希求日本援助中国革命。"^⑥这次谈话是在处境困窘之时,财政穷乏,府库空虚,急需巨款支持浩大军费开支,筹备北伐时进行的,是无奈之举。但不惜以容许日本租占我国土为条件,要求日本援助的做法,仍是不妥的。孙中山对帝国主义列强,特别是对日本政府存有幻想、抱有期望的同时,又时有警觉。特别是后期,他对日本侵占满洲一事,明确提出要求日本撤退与归还的主张。孙中山尖锐地批评了日本政府仿效西方列强的行径,强烈要求日本"抛弃对华的西方模式的侵略政策,停止援助北京政府,从满洲撤退"。㊱在谈到关于收回日本在满洲的租借地时,孙中山表明:"将日本区别于其他列强来对待,不是他的想法,他想要的是所有强国都应该步俄国的后尘,归还中国的主权。"㊲

孙中山在对日关系问题上出现偏颇的原因,可作如下分析。在中日关系问题上,一方面,日本强调的是霸权地位,以占领别国土地为目标,孙中山希求的是合作与援助,他的愿望与日本的企图大相径庭。另一方面,孙中山是从地域和种族及对日本强大的仰慕出发确立的联日思想,现实基础并不稳固;特定的时代,激烈的国内国际变化,期望两国的合作与提携,并在短期内实现,不合时宜;过高地看重日本的地位和影响,过分地依赖日本的支持和帮助,极易在认识和行动上产生偏颇。只是到了后来,日本在华的种种劣迹给中国人民带来太多的不幸,"是可忍孰不可忍",中国人痛恨日本到了"深入骨髓"的地步。孙中山才彻底抛弃幻想,真正觉醒。

在对中国的态度上,日本政府与民间的差异很大。对此,孙中山深有体会,刻骨铭心。他在日本民间有许多志同道合的朋友,有倾其所有帮助孙中山的革命者、有为孙中山在日本活动提供多种方便者、有为弘扬孙中山精神在中国为其树碑立传者,……所以,在谈到"中日友好究竟是为了何种目的"时,孙中山眼光面对的是两国全体国民。他说:"我认为两国全体国民应当为了东洋民族,广而言之应为全世界被压迫之民族,携起手来争取国际的平等,离开这个目的而谈论两国的友好乃是错误的。"接着孙中山呼吁"日本国民"要正视"日本为列强之一的观念",否则"将无法产生对于真正的中日友好的思想"。㊳这应该是孙中山对日外交思想发展的正确方向。

发起亚洲大同盟,宣扬大亚洲主义是孙中山坚持睦邻友好,实现亚洲团结的一个重要支点。孙中山说:"发起亚洲大同盟以抵抗白种之侵略",目的任务讲得非常清楚。何谓大亚洲主义?孙中山说:"我们现在讲'大亚洲主义',……简言之,就是文化问题,就是东方文化和西方文化的比较和冲突问题。东方的文化是王道","这种文化的本质,是仁义道德。用这种仁义道德的文化,是感化人,不是压迫人。是要人怀德,不是要人畏威"。大亚洲主义以亚洲固有的文化为基础,以平等友善为原则。"我们的大亚洲主义","就是用我们固有的文化做基础。要讲道德、说仁义,仁义道德就是我们大亚洲主义的好基础"。㊴大亚洲主义精神,就是亚洲各国人民以真正的东方固有文化为基础的平等友善。大亚洲主义的努力和斗争目标是什么,要解决什么问题?孙中山作过更细致的阐释。他说:我们大亚洲主义,"就是为亚洲受痛苦的民族,要怎么样才可以抵抗欧洲强盛民族的问题。简而言之,就是要为被压迫的民族来打不平的问题",㊵就是"有效地防御西方的东渐"。

孙中山的大亚洲主义观点,特别强调中日两国的地位和相互合作、互为提携的重要性和必要性。他《在日本东亚同文会欢迎会上的演说》中提出:"保卫亚洲和平是亚洲人应尽的义务,尤其是中日两国必须相互合作。""日本为亚细亚最强之国,中国为东方最大之国,使此两国,能互为提携,则不独东方之和平,即世界之和平,亦容易维持,盖无可疑者。"后来他还强调:"要达到维护东亚大局的目的,必须中日两国国民联络一致,同心协力,合成一个力去做,才可以成功。"

孙中山对于大亚洲主义的发展和前景,充满信心。这种信心来自两个方面。

一是东方文化。"东方的文化是王道,西方的文化是霸道;讲王道是主张仁义道德,讲霸道是主张功利强权。讲仁义道德,是由正义公理来感化人,讲功利强权,是用洋枪大炮来压迫人","用我们固有的文化做基础"。"我们有了这种好基础,另外还要学欧洲的科学,振兴工业,改良武器"。②以东方文化为基础,加之学习新兴的科学技术,把主要精力用于振兴实业,强化武器装备,经济、军事实力不断加强。既有了经济发展的基础,又有了抵御外敌,民族独立的实力。一是团结发展。孙中山认为:"亚细亚民族,有占世界人口二分之一的八亿人民和富饶的土地,有我们以道德为基础发扬起来的优秀文化,如果再能谋求一个大团结,那么我们一定能有效地防御西方的东渐,能对付那以武力为基础的西洋文化。"③孙中山看得十分清楚,要完全收回欧洲人在亚洲窃取的权力,便要诉诸武力。说到武力,孙中山认为日本、土耳其,有了很完备的武力,波斯、阿富汗、阿拉伯各民族,都是善战的,中国向来爱和平,但是在生死关头也要奋斗,当然有很强的战斗力。他信心十足,认为如果亚洲民族全联合起来,团结成坚固的同盟,力量必强盛无疑。用我们固有的武力,去和欧洲人讲武,一定是有胜无败。孙中山反复说明、强调的是团结,是亚洲各民族倘能团结一致,建立亚洲大同盟,遵循大亚洲主义,亚洲的进步、亚洲的和平就在前面。

(五)维护世界和平,反对战争哲学

维护世界和平,反对战争哲学,是孙中山外交思想的又一重要内容。

中华民族酷爱和平的天性和美德,是孙中山维护世界和平,反对战争哲学外交思想的民族文化基础。孙中山在讲述他最重要的革命理论"三民主义"时,用较多的篇幅,以古今中外的大量事实论证了中华民族酷爱和平的天性和美德。他说:"中国人几千年酷爱和平,都是出于天性","爱和平就是中国人的一个大道德","这种特别好的道德,便是我们民族的精神。我们以后对于这种精神不但是要保存,并且要发扬光大"。孙中山在几十年的革命生涯中,始终秉持中华民族的历史和文化传统,坚持以对这一民族文化积淀的发扬光大为己任,希望这种爱好和平的精神能推向全世界。"更冀世界各国共进大同,永不至再有战事"。

孙中山始终坚持以民族文化积淀的发扬光大为己任,突出地表现在以他为领导人的政党、政府的纲领、宣言中,无一例外地表现出维护世界和平的外交策略。《中国同盟会革命方略·对外宣言》宣布:"对于友邦各国益敦睦谊,以期维持世界之平和。"就任临时大总统时发布宣言,表明:"与我友邦益增睦谊,持和平主义,将使中国见重于国际社会,且将使世界趋于大同。循序以进,不为侥获。对外方针,实在于是。"《国民党宣言》之党纲中,写有"维持世界平和,将以尊重外交之信义,维持均势之现状"的内容。辞去中华民国临时大总统的解职辞中,语重心长地告知天下:"促进世界的和平,即是中华民国前途之目的","希望世界之和

平,即是中华民国国民之天职"。在最重要的文件、最重要的时刻,始终强调这一最重要的问题,充分地显示了维护世界和平是孙中山外交思想的突出特点。

孙中山以酷爱和平的民族精神为天职,一贯反对战争哲学。第一次世界大战时期,孙中山对于帝国主义列强间专恃强权,危害和平的野蛮争斗,看得十分清楚,他坚决反对中国参战。当欧战最激烈的时候,有一位英国领事到广州大元帅府见孙中山,商量南方政府加入协约国,出兵到欧洲参战。孙中山说:"我以为你们专讲强权的行为,是很野蛮的,所以让你们去打,我们不参加。等到你们打厌了,将来或者有一日是真讲和平,到了那个时候,我们才参加到你们的一方面,共求世界的和平。""我们因为已经多进步了二千多年,脱离了讲打的野蛮习气,到了现在才是真和平。我希望中国永远保守和平的道德,所以不愿意加入这次大战。"㉔对于段祺瑞假窃名号,乘军政府未建立,擅向德、奥宣战一事,孙中山宣布:这是"违法之行为,军政府不能容忍"。

孙中山主张解决国际争端,应以外交手段为主,并且以用外交手段为先。所以,国际社会应建立良好的外交关系,要立约遣使,友好相处。他提出:"国家之间,立约遣使,誓以永好,即无约无使之国,亦以礼相处,不复相凌。"动辄以战争相威胁的霸权主义,是极具破坏性的,只能给国际社会和无辜人民带来灾难。他说:"凡国家之政策既定,必先用外交手段以求达其目的,外交手段既尽,始可及于战争。战争既毕,仍当复于外交之序,故国与国遇,用外交手段与用战争手段,均为行其政策所不可阙者。然用外交手段之时多,用战争手段之时少。用外交手段者通常之轨则,用战争手段者不得已而用之。"战争不可轻举,他说古人有言:"兵者国之大事,死生之道,存亡之理,不可不察也。"㉕

孙中山反对战争,但不怕战争。他说:"中国自有史以来,以和平为民族之特性","我们根据历史,可以确确实实的说,如果别人不欺负中国,中国决不欺负别人的"。㉖"共和政府之精神,决无帝国派之野心,决不扩展军备,但欲保其独立及领土完全而已。"㉗"吾中华民族和平守法,根于天性,非出于自卫之不得已,绝不可轻起战争。"㉘孙中山反对动辄用武力的强盗行径,又从不言放弃使用武力。对侵占别国土地的帝国主义列强,对奴役压迫无辜百姓的反动统治阶级,革命的人民要采取适当的方式进行针锋相对的斗争。这就有一个手段的问题。孙中山认为,"可用和平手段即用和平手段,必须用强力时即以强力临之"。㉙哪里有压迫哪里就有反抗。对于被压迫者来说,这是不得已而为之的。所以,面对欧洲列强对亚洲的侵略占领,孙中山明确地指出:"对于欧洲人,只用仁义去感化他们,要请在亚洲的欧洲人,都是和平的退回我们的权利,那就像与虎谋皮,一定是做不到点。我们要收回我们的权利,便要诉诸武力。"㉚孙中山反对战争,不发动战争,但又不怕战争,在特定的不得已的环境下,用武力去遏止战争,用革命的武力拯救人民于水火的主张,应是孙中山维护世界和平,反对战争哲学的外交思想的有机组成部分。

孙中山的外交思想不仅仅立足于中国,他还关注着亚洲其他民族乃至全世界被压迫民族的独立解放。他就国际社会与中国社会的历史和现状,提出:"中国如果强盛起来,我们不但要恢复民族地位,还要对于世界负一个大责任","立定扶倾济弱的志愿,将来到了强盛的时候,想到今日身受过了列强政治经济压迫的痛苦,将来弱小民族如果也受这种痛苦,我们便要把那些帝国主义来消灭,那才算是治国平天下"。他倡导国际平等,国家不分大小,民族不分强弱,都一律平等。他指出:"任何民族、任何阶级,对于真正的自由平等与独立之要求,都是一致的。"[61]他以国际主义的立场和情感,向世人宣布:"对外的责任,有要反抗帝国侵略主义,将世界受帝国主义所压迫的人民来联络一致,共同动作,互相扶助,将全世界受压迫的人民都来解放。"[62]1924年1月,他发表《关于建立反帝联合战线宣言》,呼吁世界弱小民族:"起!起!速起!形成反帝国主义联合战线。"

五、孙中山外交思想的重要意义

孙中山的近代革命外交思想,是中国从旧民主主义到新民主主义的历史转型期最先进的、最具有现实指导价值的外交理论。他在领导中国民主革命进程中形成的外交思想是时代的产物。这些理论不仅对中国,而且对世界被压迫民族和国家,都具有明显的现实意义和深远的历史意义。

(一)开启了争取民族独立、反对外来干涉,维护亚洲和世界和平的外交航向

孙中山的外交思想,是在世界资本主义进入帝国主义阶段,中国沦为半殖民地半封建社会,中华民族陷入生死存亡的严峻民族危机的时代背景下形成的;是在其革命思想与实践中逐步适应中国革命实际、适应浩浩荡荡向前发展的世界潮流,并不断取得新成果的进程中形成的,是时代的产物。孙中山从"振兴中华"的目标出发,提出了"强国外交"的主张,把争取民族独立,实现国家富强作为外交工作的最高原则。把坚持独立自主地处理国内国际事务,反对外来干涉,废除不平等条约,实现国家主权完整,确保国家主权、人民财产权益不受伤害,作为外交工作必须达到的战略目标。

孙中山的外交思想开启了中国争取民族独立、反对外来干涉,维护亚洲和世界和平的外交航向,不仅使当时中国的外交工作取得了显著的理论的和实践的成果,而且为后来中国制定外交战略提供了宝贵的经验和教训。

(二)对亚洲乃至世界革命产生了重要影响

孙中山的外交思想,是在世界资本主义进入帝国主义阶段,帝国主义列强瓜分世界,占领他国领土,奴役弱小民族和国家的特定历史时代产生的,具有鲜明的历史和时代特征。孙中山维护世界和平的观点,蕴涵着以天下为己任的国际主义精神。他把争取民族独立,实现国家富强作为外交工作的最高原则。但这一原则并没有止于中国强大,而是想到将来中国强盛的时候,要济弱扶贫,帮助弱小民族发展;他倡导睦邻友好,促进共同进步,以抵抗西方列强,是以实现亚洲民族的大团结为出发点的。孙中山在十月革命的影响下,在苏俄和中国共产党的帮助下,顺应时代发展的需要,把联合亚洲国家抵御欧美列强东侵的大亚洲主义思想发展为联合全世界被压迫民族、被压迫人民团结起来,形成反对帝国主义联合战线的理论,极大地鼓舞了世界各国人民的反帝爱国斗争。

孙中山的外交思想中,争取民族独立,反对外来干涉,维护亚洲和世界和平的理论,对亚洲乃至世界革命产生了重要影响,具有重要的外交意义、深远的历史意义和现实意义。

(三)锲而不舍的外交努力和理论探索精神,感召后代为"振兴中华"更加努力地学习和工作孙中山是我国民主革命的先行者,是 20 世纪中国革命的第一位伟人。他以毕生的精力,为中国人民的革命事业作出了杰出的贡献。孙中山从投身民主革命到为革命鞠躬尽瘁,凡四十年,一直没有停止实际的外交努力和理论探索。他一生中,用大部分时间和精力在国外从事革命外交活动,在国内也以相当多的精力指导和践行涉外事务。孙中山曾经打算写一本有关外交的专著——《外交政策》,虽然只是列出目录,说明编写思路,并未写就书稿,但他的外交思想是清晰可见的,而且道出了他外交思想的精髓,是他外交理论和外交实践活动的总结。若能面世,当是一部具有时代特征和中国特色的近代革命外交理论经典。在他领导的团体、政党、政府的纲领、宣言、文件,以及他的演说、谈话、信函中涉及外交领域的文字太多太多。孙中山堪称一位杰出的外交家,一位杰出的外交思想家,一位杰出的外交活动家。

孙中山自革命之始,即坚定地开始了为"振兴中华"而奋斗的长期跋涉。"振兴中华"是孙中山革命情感、革命理念的基础,是他革命实践、革命思想的出发点,是他终生为之奋斗的革命目标,也是他外交思想的基础和根本。怎样"振兴中华"? 孙中山就是从这一根本理念出发,形成了他富有民族主义、爱国主义精神的、行之有效的近代革命外交思想。孙中山富有民族主义、爱国主义、国际主义色彩的外交思想和举措,为改造中国建立了卓著功勋,在当时世界的外交领域也产生了重要影响。

孙中山的外交思想,给后人留下了十分宝贵的思想遗产。认真研究这一份遗产,对于了解孙中山在外交领域的历史功绩,继承并发扬孙中山在外交活动中锲而不舍的精神,更加努力地为"振兴中华"学习和工作,是大有裨益的。

注释:

①孙中山.与横滨某君的谈话.孙中山全集.第一卷.北京:中华书局,1981.198 页.

②孙中山.致唐绍仪函.孙中山集外集.上海:上海人民出版社,1992.345 页.

③孙中山.在北京迎宾馆答礼会的演说.孙中山全集.第二卷.北京:中华书局,1981.447~449 页.

④孙中山.在广州滇桂军欢迎宴会的演说.孙中山全集.第七卷.北京:中华书局,1985.121 页.

⑤孙中山.在北京与陆征祥的谈话.孙中山全集.第二卷.北京:中华书局,1981.411~412 页.

⑥孙中山.上李鸿章书.孙中山全集.第一卷.北京:中华书局,1981.8 页.

⑦孙中山.檀香山兴中会章程.孙中山全集.第一卷.北京:中华书局,1981.19 页.

⑧孙中山.香港兴中会章程.孙中山全集.第一卷.北京:中华书局,1981.21 页.

⑨孙中山.中国同盟会革命方略·对外宣言.孙中山全集.第一卷.北京:中华书局,1981.310~316 页.

⑩孙中山.在槟榔屿对侨胞的演说.孙中山集外集.上海:上海人民出版社,1992.46 页.

⑪孙中山.致港督书.孙中山全集.第一卷.北京:中华书局,1981.192 页.

⑫孙中山.中国的现在和未来——革新党呼吁英国保持善意的中立.孙中山全集.第一卷.北京:中华书局,1981.106 页.

⑬孙中山.中国问题的真解决——向美国人民呼吁.孙文选集.中册.广州:广东人民出版社,2006.148 页.

⑭孙中山.我们的计划与目标——在东京递交法国驻日公使阿尔芒的意见书.孙文选集.中册.广州：广东人民出版社,2006.123~124 页.

⑮孙中山.致菅原传函.孙中山全集.第一卷.北京：中华书局,1981.201 页.

⑯孙中山.中国问题的真解决——向美国人民呼吁.孙文选集.中册.广州：广东人民出版社,2006.142 页.

⑰孙中山.我的回忆——与伦敦《滨海杂志》记者的谈话.孙中山全集.第一卷.北京：中华书局,1981.554 页.

⑱孙中山.在北京回访四国银行团的谈话.孙中山全集.第二卷.北京：中华书局,1981.452 页.

⑲孙中山.与西蒙的谈话.孙中山全集.第一卷.北京：中华书局,1981.563~565 页.

⑳孙中山.与胡汉民廖仲恺的谈话.孙中山全集.第一卷.北京：中华书局,1981.569 页.

㉑孙中山.在上海南京路同盟会机关的演说.孙中山全集.第二卷.北京：中华书局,1981.339 页.

㉒孙中山.中国国民党对于中俄协定宣言.孙中山集外集.上海：上海人民出版社,1992.523 页.

㉓孙中山.中国铁路之计划与民生主义.孙中山全集.第二卷.北京：中华书局,1981.491 页.

㉔孙中山.在天津同盟会及广东同乡欢迎会上的演说.孙中山集外集.上海：上海人民出版社,1992.61 页.

㉕孙中山.拟著《外交政策》一书目录——复廖仲恺胡汉民函.孙文选集.下册.广州：广东人民出版社,2006.53~54 页.

㉖孙中山.中国国民党第一次全国代表大会宣言.孙中山全集.第九卷.北京：中华书局,1986.122 页.

㉗孙中山.国民会议为解决中国乱事之法——在上海招待新闻界茶话会的演说.孙文选集.下册.广州：广东人民出版社,2006.593~598 页.

㉘孙中山.在神户欢迎会的演说.孙中山全集.第十一卷.北京：中华书局,1986.380 页.

㉙孙中山.国事遗嘱.孙中山全集.第十一卷.北京：中华书局,1986.639~640 页.

㉚孙中山.檀香山兴中会章程.孙中山全集.第一卷.北京：中华书局,1981.19 页.

㉛孙中山.檀香山兴中会章程.孙中山全集.第一卷.北京：中华书局,1981.19 页.

㉜孙中山.在香港与《南清早报》记者威路臣的谈话.孙中山全集.第二卷.北京：中华书局,1981.389 页.

㉝孙中山.在上海南京路同盟会机关的演说.孙中山全集.第二卷.北京：中华书局,1981.339 页.

㉞孙中山.在北京全国铁路协会欢迎会的演说.孙中山全集.第二卷.北京：中华书局,1981.420 页.

㉟孙中山.孙中山集外集.上海：上海人民出版社,1992.178~189 页.

㊱孙中山.与菲律宾劳动界代表的谈话.孙中山全集.第十卷.北京：中华书局,1986.325 页.

㊲孙中山.在广州全国学生评议会的演说.孙中山全集.第八卷.北京：中华书局,2006.116~117 页.

㊳孙中山.在广州全国学生评议会的演说.孙中山全集.第八卷.北京：中华书局,2006.119 页.

㊴孙中山.在天津同盟会及广东同乡欢迎会上的演说.孙中山集外集.上海：上海人民出版社,1992.61 页.

㊵孙中山.在广州岭南学堂的演说.孙中山全集.第二卷.北京：中华书局,1981.362 页.

㊶孙中山.在北京与路透社记者的谈话.孙中山全集.第二卷.北京：中华书局,1981.453 页.

㊷孙中山.三民主义·民族主义·第六讲.孙中山全集.第九卷.北京：中华书局,1986.253 页.

㊸孙中山.在上海招待新闻记者的演说.孙中山全集.第十一卷.北京：中华书局,1986.336~338 页.

㊹孙中山.与长崎新闻记者的谈话.孙中山全集.第十一卷.北京：中华书局,1986.364 页.

㊺孙中山.三民主义·民族主义·第四讲.孙中山全集.第九卷.北京：中华书局,1986.253 页.

㊻孙中山.在神户各团体欢迎宴会的演说.孙中山全集.第十一卷.北京：中华书局,1986.411~412 页.

㊼孙中山.中国国民党对于中俄协定宣言.孙中山集外集.上海：上海人民出版社,1992.523 页.

㊽孙中山.关于中国国民党最小纲领及提议召开国民会议之宣言.孙文选集.下册.广州：广东人民出版社,2006.636 页.

㊾孙中山.关于华盛顿会议之对外宣言.孙文选集.下册.广州:广东人民出版社,2006.64页.

㊿据王正廷:巴黎和会上对列强说"不"的人.中国历代重要外交人物.北京:世界知识出版社,2007.395~396页.

○51孙中山.复翟理斯函.孙中山全集.第一卷.北京:中华书局,1981.47页.

○52孙中山.深切同情朝鲜复国运动——在广州与大韩民国临时政府专使申圭植的谈话.孙文选集.下册.广州:广东人民出版社,2006.71~72页.

○53孙中山.欢迎苏俄军舰致词.孙中山全集.第十一卷.北京:中华书局,1986.141页.

○54孙中山.欢迎苏俄军舰致词.孙中山全集.第十一卷.北京:中华书局,1986.141页.

○55孙中山.深切同情朝鲜复国运动——在广州与大韩民国临时政府专使申圭植的谈话.孙文选集.下册.广州:广东人民出版社,2006.71~72页.

○56孙中山.与菲律宾劳动界代表的谈话.孙中山全集.第十卷.北京:中华书局,1986.325页.

○57孙中山.三民主义·民族主义.孙中山全集.第九卷.北京:中华书局,1986.199~200页.

○58孙中山.在日本东亚同文会欢迎会上的演说.孙中山集外集.上海:上海人民出版社,1992.78~80页.

○59孙中山.与森恪的谈话.孙中山集外集.上海:上海人民出版社,1992.167页.

○60孙中山.答日本《朝日新闻》记者问.孙中山全集.第五卷.北京:中华书局,1985.72页.

○61孙中山.在东京东亚同文会欢迎会的演说.孙中山全集.第三卷.北京:中华书局,1984.15页.

○62孙中山.致大隈重信函.孙中山全集.第三卷.北京:中华书局,1984.84~86页.

○63孙中山.答日本《朝日新闻》记者问.孙中山全集.第五卷.北京:中华书局,1985.72~73页.

○64孙中山.与美国《华盛顿邮报》记者的谈话.孙中山全集.第六卷.北京:中华书局,1985.101页.

○65孙中山.关于建立反帝联合战线宣言.孙中山全集.第九卷.北京:中华书局,1985.23~24页.

○66孙中山.与森恪的谈话.孙中山集外集.上海:上海人民出版社,1992.167页.

○67孙中山.与鹤见祐辅的谈话.孙中山集外集补编.上海:上海人民出版社,1994.325页.

○68孙中山.与《告知报》记者代表的谈话.孙中山全集.第十一卷.北京:中华书局,1986.425页.

○69孙中山.与高木的谈话.孙中山全集.第十一卷.北京:中华书局,1986.392~393页.

○70孙中山.对神户商业会议所等团体的演说.孙中山全集.第十一卷.北京:中华书局,1986.405~407页.

○71孙中山.对神户商业会议所等团体的演说.孙中山全集.第十一卷.北京:中华书局,1986.405~407页.

○72孙中山.对神户商业会议所等团体的演说.孙中山全集.第十一卷.北京:中华书局,1986.405~407页.

○73孙中山.对神户商业会议所等团体的演说.孙中山集外集.上海:上海人民出版社,1992.117页.

○74孙中山.三民主义·民族主义.孙中山全集.第九卷.北京:中华书局,1986.228~229页.

○75孙中山.中国存亡问题.孙中山全集.第四卷.北京:中华书局,1985.40页.

○76孙中山."九七"国耻纪念宣言.孙中山集外集.上海:上海人民出版社,1992.531页.

○77孙中山.在欧洲的演说.孙中山全集.第一卷.北京:中华书局,1981.561页.

○78孙中山.对外宣言.孙中山全集.第二卷.北京:中华书局,1981.8页.

○79孙中山.中国问题的真解决.孙中山全集.第一卷.北京:中华书局,1981.252页.

○80孙中山.对神户商业会议所等团体的演说.孙中山全集.第十一卷.北京:中华书局,1986.408页.

○81孙中山.庆祝十月革命七周年纪念宣言.孙中山集外集.上海:上海人民出版社,1992.535页.

○82孙中山.对于中国国民党宣言旨趣之说明.孙中山全集.第九卷.北京:中华书局,1986.126页.

第十二讲　孙中山的军事思想

内容提要

武装起义、建立革命根据地与北伐战略：

1.武装起义是孙中山武装斗争的初始方式，选择"革命起点"是起义的基础。孙中山坚持两广起义的依据和"革命必须依敌我形势的变化来决定"原则。

2."建立起点、张威四方"的总战略与革命根据地思想的形成过程。"革命起点"与"革命根据地"的区别。

3.孙中山北伐战略形成的历史过程、思想渊源和实践状况。"分兵出击、突破中路"方针在历次北伐中具体实现。

创建革命军队的思想与实践：

1.建军道路的曲折：依靠会党、运动新军、联络军阀策略的得失及其历史状况。

2.建军思想的成熟："革命军"思想的形成与实践。

3.建军思想的要义：必须具有全军一致信仰追求的主义、坚持党的领导、建立政治工作制度、实行"武力与国民相结合"和"国民之武力"的两步战略。

军队和国防现代化思想：

1.军队与国防的根本意义："无国防即无国家"的理念和实现军队和国防现代化的系统思想。

2.实现国防现代化的构想：倾全国之人力物力投入国防事业；高度重视武器装备与军事技术的现代化，建立陆海空均衡的立体化国防。

3.抵抗外敌入侵的作战方针：实施内线防御，利用"主客异势"；实施战略机动，集中优势兵力；以弱敌强、长期抵抗的游击战。

4.国防经济与国防教育的发展谋划：强调国防与民生的一体化发展；大力发展国防教育事业；提高全民国防意识和国防素质，实现全民国防的理念。

 **学习思路与目标**

1.学习时要认真阅读教材有关内容,参阅课程多媒体资源。

2.理清武装起义、建立革命根据地与北伐等思想的内在联系。

3.结合相关史实,分析孙中山建军的曲折道路及其原因。

4.通过比较,把握孙中山与中国共产党建军思想和实践的联系及差异。

5.梳理孙中山关于军队和国防现代化思想,分析立体化国防的意义。

6.理解孙中山强调全民国防的现实依据和重大意义。

思考与练习

1.讨论:

　　(1)孙中山确立武装斗争道路的历史意义。

　　(2)从中国共产党武装斗争的成功看革命根据地的重要性。

　　(3)孙中山北伐思想的形成过程。

　　(4)孙中山建军思想的核心与精华的内容。

　　(5)孙中山国防思想的现代性有哪些具体体现。

2.写作:

　　自选题目,试论孙中山军事思想对中国共产党武装斗争的影响。

　　由于坚定不移地选择了武装推翻清王朝统治的革命道路,孙中山于1895年发动了广州起义。从此,这位29岁的青年医生便开始了持续30年之久的军事斗争生涯,形成了丰富的、具有中国民主革命特色的军事思想。其中,武装斗争、建立根据地、北伐、革命军队建设等思想与战略策略在当时就产生了重大的实际效应,而且对中国共产党的军事斗争实践也产生了正反两方面的深刻影响。此外,孙中山对军事与国防现代化的倡导与谋划,至今仍不乏独特的启示价值和指导意义,成为我国军事理论宝库中的珍贵遗产。就学习者的立场而论,要完整、系统性地把握孙中山先生的理论学说,其军事思想的研究当然是不可或缺的。

一、军事斗争的战略思想

军事斗争的战略思想是指从社会宏观立场确认敌我阵线与态势、战争目标与进程、作战策略与战术等总体性、指导性的方针与理论。

孙中山所领导的军事斗争大致可以分为辛亥革命前的武装起义时期，包括二次革命、护法战争在内的捍卫民国时期，平定陈炯明叛乱、北伐、东征的国民革命时期。在这历史环境、革命目标、敌我态势明显不同的三个时期内，孙中山勇于实践、善于学习，不断地调整军事斗争的策略和战略，最终走出了一条成功之路。坚持武装斗争、发动武装起义、创建革命根据地及北伐统一全国等战略思想，成为孙中山军事理论的主要成就。

(一)武装斗争的思想

孙中山是以革命先行者的姿态登上历史舞台的。毛泽东同志曾经指出：中国革命的"主要的斗争形式是战争，而主要的组织形式是军队。"①孙中山对武装斗争的选择使之成为了中国民主革命基本形式的奠基人。

早在青少年时期，孙中山便受到太平天国起义、夏威夷人民反抗美国吞并的斗争及西方民主革命运动的影响，孕育了"改良祖国，拯救同群"的宏大志向。1883 年至 1885 年间的中法战争更是激发了他的爱国热情，萌生了革命的意识。据其自述，1885 年 4 月，他曾利用旅行之便赴江苏海州考察，其动机是考虑将来从那里运送武器。②这应该是武装斗争思想的最早流露。1893 年冬季的广州"抗风轩议盟"时，孙中山又提出"驱逐鞑虏，恢复华夏"的宗旨。这个来自朱元璋反元起义的口号，清晰地显现出传统的民族主义特性与武装推翻清朝统治的政治倾向。由此也可推断：孙中山的革命与武装斗争的思想并不是上书李鸿章之后形成的，而是酝酿已久并且与改良思想长期并存的。非此便不能解释成立檀香山兴中会、香港兴中会及发动广州起义，这一连串的重大行动何以会接踵而来。对一个急切探寻救国救民捷径的青年来说，最终的确认与最初的选择不一致，是完全符合历史规律与思想逻辑的。孙中山本人则称：自兴中会建立后，他就认定和平的方法永远也不会达到目的，只有暴力革命才是唯一出路。于是才"专心致志于兴师一事"。及至广州起义发生，革命和武装斗争已经由思想转化为现实。孙中山的历史使命由此转变为如何展开武装斗争。中国资产阶级的改良主义集团因为戊戌变法的失败，特别是因为堕落成保皇党而被历史潮流所淘汰。在改良悲剧的对比下，孙中山武装革命路线的历史意义愈加鲜明。

从 1895 年的广州起义到 1925 年的第一次东征，回顾 30 年的革命历程不难发现，孙中山武装斗争的思想是非常坚定的。尽管他曾因为民国建立、袁世凯之死等局势改变而专心致力于实业建设，但这只是由于判断失误而发生的曲折，并不意味着孙中山对革命战争的放弃。一旦发现革命尚未成功、敌人依然存在，他就会更顽强地发动新的武装斗争。二次革命、护国运动、护法战争都可以证实这一结论。在长期的战争实践中，孙中山的武装斗争思想与时俱进地发展演变，趋于成熟。

(二)武装起义与建立"革命起点"

武装起义是孙中山武装斗争的初始方式,也是他军事战略形成的基石。关于建立"革命起点"的思想与实践尤其值得重视。

首先,"革命起点"即是策动武装起义的地区。孙中山认为,"不先择定一地,则无由定经略之策也"。这意味着起义地点决定着后续的行动。为此,他提出了选择的三个原则:"盖起点之地,不拘形势,总求急于聚人,利于接济,快于进取而矣。"[③]在他看来,便于迅速集结武装力量、接济武器装备并形成进取态势,这三者兼备的理想地点只能是广东。辛亥革命之前,除湖南的萍浏醴起义之外,孙中山亲自策动的武装起义都集中于广州、廉江、钦州(今属广西)与云南河口等沿海边境地区。他认为,"长江实划南北之界,君主专制之气在北,共和立宪之风在南";结论是从事革命斗争"不能不倚重于南方。"[④]广东不仅有着经济繁荣、交通海外的优势,而且民风强悍、会党遍地,有着反清斗争的革命传统。孙中山及其同志大都是广东同乡,对本省历史地理、人事风情的稔熟也增加了他们成功的自信。因此,孙中山总是坚持在两广一带发动起义。

然而,在清末革命起义中,唯有辛亥武昌之役取得成功,奠定了中华民国的根基。黄兴、宋教仁等人主张的长江流域起义路线也由此得以证实。孙中山却认为:"武昌之成功,乃成于意外",其原因"不在武汉之一着,而在各省之响应"。[⑤]他的两广战略也因此受到一些现代研究者的质疑。事实上,孙中山选择革命起点的思路非常实际、灵活。他曾经指出:

> 革命必须依敌我形势的变化来决定,如形势于我们有利,而于敌不利,则随处可以起义。至于选择革命基础,则北京、武汉、南京、广州四地,或为政治中心,或为经济中心,或为交通枢纽,各有特点,而皆为战略所必争。北京为中国的首都,如能攻占,那么,登高一呼,万方相应,是为上策。武汉绾毂南北,控制长江上下游,如能攻占,也可据以号召全国,不难次第扫荡逆氛。南京虎踞东南,形势所在,但必须上下游同时起义,才有成功希望。至于广州,则远在岭外,僻出边徼,只因其地的风气之先,人心倾向革命,攻占较易并且港澳密迩,于我更为有利。以上四处,各有千秋,只看哪里条件成熟,即可在哪里下手。不过从现在情况看来,仍以攻取广州,较易为利。[⑥]

这是一段非常值得思考的精彩议论。其核心思想是"革命必须依敌我形势的变化来决定"。知己知彼是军事决策的不二法门。孙中山对北京等城市战略地位的简要分析,概括了当时存在的南方、中部、中央三种起义战略;"以上四处,各有千秋,只看哪里条件成熟,即可在哪里下手"的结论,有力证明了孙中山力图从客观实际出发,灵活选择起义时机与地点的正确立场。仅凭武昌的成功而认定两广战略的失误是缺乏说服力的。再者,黄花岗起义后,孙中山长期滞留美国工作,仅凭报刊书信来把握国内局势的变化,因此形成认识上的隔膜,遗憾是难免的。

其次,起义之后的武装斗争该如何展开呢? 1897年孙中山总结广州起义失败的教训,提出过"建立起点、张威四方"的总战略。他说：

> 我辈须静观清政府之所为如何，暗结日、英两国为后劲，我同志之士相率潜入内地，收揽所在之英雄，先踞有一二省为根本，以为割据之势，而后张势威于四方，奠定大局也。⑦

今天看来，这个总战略还难免空泛之失，但也不乏深刻之处。孙中山的许多重要思想都可以溯源至此。例如，"收揽所在之英雄"，即召集当地会党、绿林。这一策略弊端很多，以致被革命党和孙中山本人所放弃。但对会党的失望也直接启发了瓦解新军的策略。1898年后，孙中山及其革命党人加大了对新军工作的力度。武昌起义不仅证实了新军的决定性作用，而且体现出了"一地发难、全国响应"的新战略。

又如，"先踞有一二省为根本，以为割据之势"的设想蕴涵了建立革命根据地的战略萌芽，在中国近现代革命史上产生了深远的影响。孙中山一直主张以两广为割据的根本。有了这一根本，"张势威于四方"的设想就会在斗争实践的推动下逐渐落到实处。孙中山于1897年提出的"侵三江踞两湖直捣幽燕"的战略构想，就可以视为日后北伐战略的萌芽。在起义集中爆发的1907年，孙中山多次提到以齐燕吴楚的北军、中军呼应西南、两广的构想，也可以视为对"张威四方"战略的一种探索。

即使是"暗结日、英两国为后劲"这样不切实际的幻想，仍可以显示孙中山广阔的政治视野与战略格局。在他看来，太平天国革命失败的重要原因之一就是"不懂外交"。更值得注意的是，对于武装割据的"起点"，孙中山曾有一个"星火燎原"的比喻。他说，"置一星之火于枯木之山"，"就能在政治上造成燎原之势。"作为一位伟大的革命战略家，"星火燎原说"彰显了孙中山对政治斗争与军事斗争之关系的深刻理解。立足于政治全局来审视战争与军事决策，这正是孙中山比同时代革命家更杰出的优势所在。

再次，在武装起义战略思想的指导下，孙中山很早就开始探索、形成自己的战术思想。这主要是指南非英布战争中布尔人使用的"游勇战术"，即游击战争的战略战术。孙中山依靠的武装力量是会党，而会党不是军队，只是武装的民众。他们忽聚忽散、神出鬼没，不拘战法而又有较强的独立作战能力。这些特点与孙先生极为赞赏的布尔人完全相似。为此，孙中山高度重视以弱敌强的游击战术，并进行过深入的研究。他创办的东京青山军事学校还将游击战术作为重要的教学内容。同盟会成立以后，孙中山主张多处起义的同时并举，目的是使敌人穷于应付、疲于奔命。直到护法战争时代，孙中山仍然强调用此种战术与北军对抗。其实，对当时的革命党来说，游击战的意义是有限的。没有巩固的革命根据地，得不到人民群众的支持，游击战也无法长久维持。同时，没有一支能够独立作战的正规军，仅靠游击战也不能根本改变敌我力量的态势。为了更真切地认识这一点，读者应该对比一下中国共产党的战争史。

此外，孙中山在武装斗争初期的战略思想也有严重的失误：片面认为清王朝已衰朽不堪，因此对敌我双方的力量对比产生了盲目的自信。他一贯重视太平天国的历史经验，在军事问题上受到的影响尤为明显。例如，他曾经从狭隘的民族主义立场出发，认为"汉人不起义则已,苟其起义,必非满人所能敌";"太平天国起自广西,东南诸省指顾而定";其所以失败,只是由于汉人的湘军、淮军与之自相残杀。这种显然是错误的结论助长了孙中山的军事冒险倾向与侥幸速胜心态,进而忽略了对武装斗争的长期性以及将起点发展为根据地等问题的考虑。

(三)北伐战略

如前所述,孙中山1897年的"侵三江踞两湖直捣幽燕"之说即可视为北伐思想的雏形。1904年,孙中山指示革命党人刘成禺撰写《太平天国战史》并亲自作序,明确表示了"革命用兵,太平军战法大可采用"的见解。太平天国发难两广、进军两湖、占据武昌、定都南京、经略长江、北望幽燕的历史,的确对孙中山产生过深刻的影响。但由于武昌的成功、大局的改变,南北议和已开辟了不战而胜的捷径,北伐的任务自然也就取消了。及至第二次护法时,北伐才再次成为战争进程的关键。

孙中山的北伐思想与建立革命根据地思想是紧密联系为一体的。他早年的"革命起点",只是发动武装起义的区域,还不是已建立政权组织、实施有效治理并可支撑战争负担的革命根据地。随着北伐实践的进展,根据地的前提意义与重要性也逐渐地凸显出来。

在两次护法战争中,曾经是革命起点的广东最有条件建立革命根据地。于是,北伐战略就围绕这一客观形势的轴心而萌生了。

第一次护法时,孙中山也曾想在上海附近寻找发动地点,可是没有成功。这就使孙中山更加坚定地选择广东作为战略立足点和军事出发点。但是,没有一支服从指挥的军队就不可能拥有一个巩固的根据地。在把持广东的西南军阀还没有公开反叛时,孙中山军政府大元帅的名义尚可勉强维持;一旦西南军阀反目,他就无法在广州立足了。"南与北如一丘之貉",这一惨痛的教训使建立革命军和革命根据地的必要性更显突出了。

1921年4月,孙中山第二次在广州建立革命政府,形成了南北政治对峙的局面。6月,北洋政府利用桂系陆荣廷进攻广东。3个多月之后,这场粤桂战争以陆荣廷集团的覆灭、两广的统一而告结束。孙中山"先灭桂贼而统一南方,然后乃能北向讨伐耳"的论断清楚地揭示了立足广东、统一南方与挥师北上等战略目标的内在联系。北伐构想就此更加明确。翌年5月的北伐因陈炯明叛乱而遭失败,再次从反面证实了军队和根据地问题的决定性意义。

如果将建立巩固的革命根据地设定为第一目标,那么,北伐的具体战略又是怎样的呢?早在1921年10月前后,孙中山就确定了联合滇、黔、川军阀,"合西南全力攻之"的战略。西南军阀慑于南方革命政府之声威,同时也出于乘机扩张之目的而纷纷出兵。由于北伐统一战线的建立、西南诸省军队的参战,孙中山因势利导,制定了"分兵出击,突破中路"的总方针:滇、黔、赣军出击赣南;北伐主力粤军出湖南攻击北洋主力(后改由江西北上);川军沿长江上游顺流而下,进攻宜昌;三路大军最终会师武汉。

此次北伐虽然因陈炯明叛乱而夭折,但"分兵出击、突破中路"的方针及具体进军路线都对1926年的北伐产生了深刻的影响。1927年,中国共产党发动的南昌起义,打响了武装反抗国民党统治的第一枪。其战略目标也是南下广东,重建革命根据地,再图北伐。接下来的广州起义更是沿袭了孙中山依托广东北伐的思路。在毛泽东秋收起义后创建井冈山根据地、开展工农武装斗争的战略中,也可以发现孙中山"先踞有一二省为根本,以为割据之势"思想的启示。从太平天国到孙中山再到中国共产党,中国近现代史上的革命战争都曾经出现过南方奠基、北伐统一的战略意图。这一事实也可以证明:孙中山创建广东根据地以北伐并非是搬演历史旧事,而是基于现实局势与客观条件的正确选择。锁链总是从最薄弱的环节断裂。统治阶级反动势力的相对薄弱,正是近代历次革命由南而北大趋势的根本依据。

二、创建革命军队的思想

在孙中山的军事斗争历史上,创建革命军队的思想与实践具有十分重要的意义。它从特定的角度展现了孙中山对旧民主主义革命道路的艰辛探索,揭示了其革命生涯历经迷茫坎坷、最终路转峰回的深层原因。苏俄建军路线的引导与中国共产党人的积极参与,使孙中山创建革命军队的夙愿得以实现。

(一)孙中山建军道路的曲折

孙中山是中国民主革命及其武装斗争事业的奠基者。这一历史伟业的成功必须以一支强大的革命军队为前提。尽管早已确认武装革命的基本路线,但是,对如何构建武装斗争的主体力量,孙中山却迟迟没有找到成功之路。依靠会党、运动新军、联络军阀都曾是带给他惨痛教训的选择。

1.孙中山的武装斗争始于联络、倚重会党起义

明末清初之际,中国出现了许多旨在"反清复明"的民间秘密团体,世人通称为"会";自兴中会等革命组织与之联络后,始称"会党"。会党的成分非常复杂,其中破产农民、手工业者、游兵散勇、绿林土匪等社会下层民众占据多数。他们对清朝统治与社会现实持强烈的反抗态度。清代中后期,会党的暴力反抗和武装起义更是史不绝书。孙中山认为,这些侠义豪爽、强悍勇猛又落后散漫、纪律松弛的民间团体是天然的同盟者:"内地之人,其闻革命排满之言而不以为怪者,只有会党中人耳。"⑧况且,会党的势力极大,"遍布于十八行省与及五洲各国,凡华人所到之地,莫不有之"。在当时,中国社会中唯一具有反政府倾向的民间组织就是这些会党,依靠会党发动起义是由国情所决定的唯一选择。

应该指出,孙中山对会党"发动易,成功难,既成则嚣捍难制,不成则徒兹骚扰"的消极方面并非没有清醒的认识。他亲自加入过天地会(即洪门),联络哥老会、三合会成立了兴汉会,并引进了"驱逐鞑虏,恢复中华、创建民国,平均地权"的革命纲领。这些足以表明他不得不倚重又力图改造会党的良苦用心。尽管非常重视海外华人社会的思想启蒙,但孙中山认为,传播革命思想、筹集革命经费是华侨、留学生之所长;国内战场厮杀还是要指望会党。

2.策动新军反正,发动新的武装力量

1908年河口起义失败之后,屡遭挫折的教训使孙中山接受了黄兴关于策动新军反正的建议,开始发动新的武装力量。

所谓"新军"是指清政府仿照西方模式创办的近代化陆军。在当时,这支武器装备优良、作战思想先进、后勤保障强大的新式军队,已经成为清王朝赖以维持残局的柱石。出于近代军队的特性,新军吸收了大批的军校生、留学生和其他知识青年,其中下级军官里也不乏革命党人。新军士兵大都是青年农民,他们对清王朝之腐败、旧军队之严酷及自身状况之卑微本来就心存愤懑,很容易接受革命宣传,调转枪口。孙中山及革命党人将武装力量的重心从会党转移到新军方面,完全是从实际出发、适应客观现实的。以武昌起义为例:经过革命党人的长期努力,湖北新军中革命组织网络已遍及各基层单位,加入者近5000人,约占全军人数的三分之一。在武昌起义及随后席卷全国的各省独立运动中,新军的主导作用是十分显著的。

策反新军还有一举两得的明显优势:在增强革命武装力量的同时,也极大地削弱了政府军的力量,至少在兵力数量上是如此的。联络会党显然不能产生这种效应。从近代历史和军事科学的立场观察,会党式的武装起义难以改变军事力量的对比;革命党占领南方数省、进军长江流域的战略雄图,也绝非是会党可以实现的。

民国建立之后,孙中山对政治局势发生严重的误判。他宣称民族主义、民权主义的目标俱已达到,革命的任务只剩下民生主义。于是,实业建设、议会政治成为革命党人的志向所在。以致南京临时政府所辖的军队很快被遣散。1913年7月的"二次革命",仅坚持一个多月就完全失败。在接下来的讨袁护国战争中,孙中山中华革命党的武装斗争水平,较之反清革命时代并没有什么新的提升。除了策动一些地方实力派的小规模起义,只有搞暗杀行刺了。袁世凯死后,孙中山又重蹈覆辙,将中华革命军全部遣散。其原因仍旧是对政局判断的失误。

3.联合军阀打军阀

以第一次护法战争为转折,孙中山的军事战略转变为联合军阀打军阀。这样的武装斗争自然不会有什么好的结果。认清楚南北军阀如一丘之貉,痛感到拥有自己军队的必要,这可能是他在第一次护法战争中最大的思想收获了。

其实,孙中山早就有过建立自己军队的尝试。1906年10月,孙中山与黄兴、章太炎等人拟定的《革命方略》,就涉及革命军的组建。1914年9月,他又为中华革命党制定了《革命方略》,其中就革命军的宣誓仪式、誓词、官制、编制、授勋、服装、军法等具体问题作了认真的设计、详细的规定,发布了许多相关的文件。

然而,单凭这些纸上谈兵是无法建立一支军队的。第一次护法时,得益于一次意外的机会,孙中山将二十个营的广东省警卫军收编为"援闽粤军"。他将这支"援闽粤军"视为国民党自己的军队,任命老革命党人陈炯明为总司令,并将邓铿、许崇智等军事人才调集到这支部队,甚至批准全体官兵集体加入了国民党。他还倾其全力培植这支军队,使之发展壮大,认定陈炯明能够成为黄兴、陈其美式的革命将才,一心指望这支部队成长为忠于革命事业的革命军。1922年5月,孙中山发动了志在统一的第一次北伐。6月,北伐军初战告捷,攻占了吉安,江西之敌已近崩溃。就在这个历史关头,陈炯明率部发动了叛乱,第二次护法战争因此宣告夭折,孙中山本人也险遭不测。孙中山将此役称为自己一生中最大的失败。"祸患生于肘腋,干戈起于肺腑"的惨痛话语恰好表明:没有将粤军改造为一支真正的革命军队是这次失败的根本原因。

如同改造会党一样,孙中山也十分重视对旧军队的改造。他深知:旧军人"不是为升官发财,就是为吃饭穿衣,丝毫没有救国救民的思想和革命的志气"⑨为此,他也曾尝试过许多改造策略。例如,1921年10月,建立第一次北伐的桂林大本营后,孙中山就曾经开展过整军活动。他亲自对团以上的军官进行"军人精神教育",大力灌输"以救国救民为目的,有救国救民之责任"的思想。同时,还成立了军官教导团,培训连排级干部。但是,改造旧军队不能凭借短期的思想教育而奏效,更不能由此建立一支革命的军队。

(二)孙中山建军思想的成熟

早在革命活动初期,孙中山的建军思想就已经萌芽。他建军实践的尝试可以溯源至1903年东京青山军校的开办。但是,建立军队与建立一支革命的军队,这是两个有着本质差异的目标。作为资产阶级民主革命的先行者,孙中山对这一差异的认识,因无法超越阶级与时代的局限而历经了20多年的摸索。本书第六讲曾指出十月革命、五四运动和中国共产党对三民主义转折的决定性影响。实际上,孙中山建军思想发生转变、走向成熟也得益于这些相同的历史原因。

1.孙中山对革命军队的正确认识

孙中山建军思想的成熟首先体现于对革命军队的正确认识。十月革命之后,孙中山对俄国革命进行了长期的跟踪观察和深入研究。俄国革命之所以一举成功、中国革命之所以屡遭失败,孙中山得出的教训是没有革命党、革命军。在此基础上,他重新审视了中国革命的历史,发展了自己的革命理论。"大凡建设一个新国家,革命军是万万不可少"⑩的结论,可以视为孙中山对革命军队作用的最终概括。

孙中山对军队的认识还不止于此。他深刻反省了脱离群众、搞单纯军事冒险的失误,从党的任务与党的改造的立场指出:吾党过去的奋斗"专用兵力,兵力胜利,吾党随之胜利;兵力失败,则吾党亦随之失败";"吾党改组惟一之目的,在乎不单独依靠兵力,要倚靠吾党本身的力量。所谓吾党本身的力量者,即人民之心力是也";"革命行动而欠缺人民心力,无异无源之水,无根之木"。⑪在此,孙中山十分坚定地将军队的作用安置在党和人民的基础之上。这也表明孙中山的革命思想发生了实质性的转变。促进这一转变的原因首先是俄国的经验——苏俄红军就是共产党在革命过程中组织缔造的。另一个重要启示来自五四运动。在五四运动中,孙中山看到了人民的巨大力量,开始从"党人"的革命转向了国民的革命。那些曾经被忽视的工农群众成为了他心目中的革命动力。国共合作建立之后,孙中山更加明确地指出:"工人为本党之基础,本党之奋斗乃为发展实业而奋斗,为工人利益而奋斗";"农民是我们中国人民之中的最大多数,如果农民不参加革命,就是我们革命没有基础"。⑫唯有认识到这一步,才能发现革命军的社会基础究竟在哪里。

不能忽略的是,孙中山建军思想的转变也受到了朱执信的积极影响。作为孙中山最钦佩、最倚重的亲密战友,朱执信在建立革命武装的实践与理论探索中有着巨大的贡献。他特地翻译了列宁颁布的《劳动军法规》,提出以苏俄的劳动军为楷模的主张;要在"改造社会"、

"打破经济阶级"的条件下,建立一支"有民主的、有希望的"部队;要改"寓兵于匪"为"寓兵于工",使革命军"一面做防卫主义的武力,一面又是共同经济建设的先锋"。朱执信的这些见解在孙中山建军思想中留下了深刻的印迹。

孙中山建军思想的成熟更清晰地体现在他的革命实践之中。1921 年 8 月,在给苏俄外交人民委员契切林的复信中,孙中山明确表示了对苏维埃与军队组织工作的关注。同年 11 月,共产国际代表马林向孙中山提出了两条重要建议:建立能联合各革命阶级尤其是工农大众的政党;创建真正的革命军队,首先要开办军官学校。1923 年 8 月,孙中山派出了以蒋介石为团长、包括沈定一、张太雷等共产党人在内的孙逸仙博士代表团赴苏俄考察军务。回国后,蒋介石在其《游俄报告书》中提出:"为求国家强盛,必先统一中国,要统一中国,必先消灭军阀,要消灭军阀,必先建立军队,要建立军队,必先创办军校。"蒋介石的看法实际上代表了孙中山及国共两党高层的共识。经过紧张的筹备工作之后,中国国民党陆军军官学校即著名的黄埔军校于 1924 年 6 月正式开学, 孙中山亲自担任了军校的总理。黄埔建校的历史意义在于,它标志着中国近现代历史上第一支革命军队的诞生。孙中山创建革命军的思想探索和实践由此进入了一个新的阶段。

2.孙中山建军思想的主要内容

在黄埔军校的建设过程中,孙中山创建革命军的思想学说得到了较全面的贯彻与体现。

首先,革命的军队必须具有全军一致信仰、追求的主义。

孙中山所谓的"主义"既是指进步的社会理想和学说,又特指他的三民主义。他曾以有无主义来区分军队与政治团体的根本性质,指出:"南方有主义,北方无主义,南方为公,北方为私故也。"[13]有主义的军队是为民族、国家而打仗的正义之师,没有主义的军队只能是被金钱、权势所驱使的暴力工具。因此,孙中山视主义为根本:"如果我们的兵士都知道革命主义,便变成了革命军。"在黄埔军校的训词中,他高度概括了革命军队的政治理想、组织宗旨、行为准则与核心价值:

> 三民主义,吾党所宗,以建民国,以进大同。咨尔多士,为民前锋,夙夜匪懈,主义是从。矢勤矢勇,必信必忠,一心一德,贯彻始终。

在孙中山看来,三民主义不仅是国民党的政治理想,也是建立民国进而实现大同的思想指南;革命军队成为国民革命先锋的历史责任、革命军人的品质作风和力量源泉,都基于对三民主义的忠诚。这样,革命军和革命党就奉行着同一宗旨,追求着同一理想,实践着同一使命。这种特殊的党、军关系理念在中国历史上产生了重大影响。孙中山组建的军队所以要名之为"党军",正是为了强调这种建军思想。后来,黄埔训词所以成为国民党的党歌、中华民国的国歌,也正是基于它对三民主义与党、国关系的明确规定。

其次,要坚持党的领导、建立政治工作制度,保证革命军队对主义的忠诚。

主义的实质首先是一种政治信仰。接受了这种信仰,才会躬行践履、为之奋斗。但是,主义不能单纯倚靠宣传家的努力灌输给每个军人。对此,孙中山有着深切的体会、沉痛的教训。所以,他完全接受了苏俄军队"以党治军"的原则、党的领导体制和政治工作制度,依靠制度层面的规范力量来保障主义深入人心、军心。

在黄埔建校之初,孙中山就仿照苏俄设立了党代表制度和政治机关。军校党代表拥有与校长职权并行的领导权,负责指导、监督校内各项工作。校长的命令和学校的各种文件,必须由党代表的副署才能生效。党代表还有权制止军事长官的命令。党代表的权能在于保证党的主义、方针和政策得到贯彻执行,防止革命军队蜕变成个人独裁专制的工具,根绝封建军阀的再现。此外,军校还设立了特别党部,全校师生均为当然的国民党员,皆应履行党员的责任和义务。

政治工作的实质是一种制度化的思想教育、政治建设体系。要在军队中确立主义,要将"以党治军"的原则落到实处,从根本上说,还要依靠政治机关和思想政治工作体制。周恩来领导的黄埔军校政治部在军队思想工作和政治建设方面作出了开拓性的贡献。除开设"社会发展史"、"三民主义"、"社会主义"、"苏联研究"等政治课程之外,军校政治部还通过讨论会、演讲会、报刊、学生社团等多种活动方式提高学生的政治素质,培养学生的爱国思想和革命精神;形成了"军政并重"的黄埔教育特色。

党的领导与政治工作既是黄埔军校的最大特点,也是它同一切旧式军队的根本区别所在。1924年10月,黄埔军校教导队宣告成立。这支以黄埔毕业生为主体的部队沿用、完善了军校一系列的制度创设和经验积累,成为中国历史上第一支新型的革命军队。

再次,实行"武力与国民相结合"和"国民之武力"的两步战略。

创建一支足以胜任中国民主革命任务的革命军队,必须要解决关于中国社会结构与矛盾、革命性质与战略、革命的主体与对象、革命的进程与前途等一系列重大的理论课题,确立一条切合中国国情的革命路线。通俗地说,革命的首要问题就是要搞清楚"谁来革谁的命"。对这个问题的把握当然会制约革命军队的建设。如前所论,到了国共合作的时代,孙中山领导的革命已将发展为新民主主义革命。他已经将帝国主义、封建主义确认为革命的对象,将工人农民确认为革命的基本力量。这种根本性的转变使孙中山对革命军队的性质与社会基础有了更深刻的理解,提出了中国革命必须"第一步使武力与国民相结合,第二步使武力为国民之武力;国民革命,必于此时乃能告厥成功"的战略思想。[14]

"武力与国民相结合",既强调了革命军队在国民革命中的先锋作用,也包括了武装工农群众的策略。孙中山晚年十分重视发动工农群众,壮大革命力量。他号召工人、农民成立革命团体,组织工团军、农团军。在东征、北伐和平定广州商团叛乱的战斗中,这些武装的工农组织发挥了重要的作用。"武力与国民相结合"的战略已经在一定程度上得到了实现。

"使武力为国民之武力"的第二步,无疑是更为艰巨复杂的历史进程。被称为"国民之武力"的革命军队不仅要以工农民众为主体,而且需要一个成熟的无产阶级革命政党来领导。这是由中国革命性质所决定、与个人意志无关的历史必然。作为一个资产阶级民主革命家,孙中山"使武力为国民之武力"的思想,固然反映出他对战争的本质认识不断深化,体现了他依靠人民进行革命战争的思想。但他在政治上又受自身阶级的局限,最终又难以真正地实现这第二步的目标。尽管没能完成这一历史使命,但孙中山的建军理念为中国共产党留下了一笔宝贵的思想遗产。他借鉴的苏俄红军的党代表制度、政治工作制度和武力与民众关系的思想,都在中国工农红军的革命实践中得到继承、丰富和发展。

三、孙中山的国防现代化思想

孙中山所以被誉为"先行者",不仅在于推翻君主制度、开创共和政体的历史贡献,也在于他把握时代潮流、全面倡导筹划中国社会的现代转型。建设现代化的军队与国防事业以夺取革命胜利、维护祖国的安全,成为孙中山军事思想中最能体现的"先行者"特色组成部分。

(一)国防与军队的根本意义

孙中山是中华民国的缔造者,却没有得到过实际的国家领导权。但在长期的革命战争中,他将国防事业视为自己未来的历史责任,对国防与军队的作用、职能和意义形成了许多深刻的见解。

首先,孙中山从挽救中华民族的生死存亡、维护民族独立和国家主权的立场,深刻揭示了国防事业的根本意义。孙中山生活于帝国主义加紧侵略中国的年代。面对西方列强的威胁和压迫,腐朽的清王朝无力挽救日益废弛的国防,甚至提出"量中华之物力,结与国之欢心"的投降主义国策。孙中山很早就意识到国防的重要,常说没有国防就没有国家。他用十分朴素的语言揭示了一个极深刻的道理:

> 人类要能够生存,就必须有两件最大的事:第一件是保,第二件是养。保和养两件大事,是人类天天要做的。保就是自卫,无论是个人或团体或国家,要有自卫的能力,才能够生存;养就是觅食,便是人类维持生存的两件大事。⑮

孙中山认为,"中国从前因为不知道要亡国,所以国家便亡,如果预先知道或者不至于亡"。要亡国是因为列强将"优胜劣败,弱肉强食,殆视为天理之当然",也是"因为我们的海陆军和各险要地方没有预备国防,外国随时可以冲入"。"如果预先知道"就不会放弃建设国防这个"人类生存的第一件大事"。在这里,"保"之所以被置于"养"之前,就是针对中国国防废弛、无力自保的可悲现实,突出强调"无国防即无国家"的道理。

总之,作为一个革命家,孙中山终身都在发动、领导夺取政权的革命战争,同时也始终在谋划包括国防建设在内的国家发展远景。

其次,突破"中体西用"思想的束缚,建立一支现代化的军队。军队是现实战争的基础,也是未来国防力量的核心。1840年以来,中国在战争中屡次惨败,深刻地反映了封建农业国家同已经实现完成工业化的列强在军事、政治、经济各方面的巨大落差。在西方,战争形式、军事装备及军事理论早已发生了巨变。而腐朽的清王朝还在顽固坚持"祖宗成法",至多是奉行"中体西用"而已。连当时最具世界意识的李鸿章都说:"中国文武制度,事事远出西人之上,独火器不能及。"在这种理念的支配下,清政府从西方引进的只是武器装备和训练技术,对其军事理论和国防体制则没有过多兴趣。北洋水师和北洋新军的历史命运即可证明晚清军事变革的实质。

孙中山是第一位颠覆"中体西用"的建军理念,系统提出现代化建军思想的资产阶级军事家。早在青年时代,他就强烈渴望中国能建立一支西方式的军队。在革命战争中,他从理论与实践两方面进行了艰辛的探索和努力。民国建立之初,尽管就任临时大总统的时间不满百日,但孙中山提出了"划分军区,统一军制,裁汰冗兵,兴业教育,扩充兵工厂"等整顿军政一系列政策,颁布了陆军编制表以核定部队建制及兵力配备,采取"一长制"、军衔制以精练各级指挥机关等许多相关措施。

孙中山始终将建立一支"以对外为主义的国防军"作为国防力量的根本。他借鉴西方国家的做法,倡导实行"二年一退伍"的"征兵制",以便"有十年工夫,即可得常备兵五百万。"后来,在1918年的《建国大纲》和1921年的《国防计划》中⑯,孙中山又将"改募兵为征兵"确认为基本国策,主张实行预备役以保障国防后备力量的现代军队制度。

此外,前论关于革命军的问题也是孙中山建军思想的重要内容。

(二)实现国防现代化的宏大构想

孙中山关于军队与国防现代化的思想,内容极为丰富。1921年7月8日,他在给廖仲恺的信中,曾披露了《国防计划》一书的写作提纲。这部大作虽然没有完成,但从它总计63条的提纲中,依然可以窥见一幅威武壮观的国防蓝图。其中,发展经济扩充军备,用最先进的科学技术武装军队,全面建设陆海空立体化国防等战略构想,集中体现出孙中山的现代意识和国防理念。

首先,孙中山高度重视全面建设现代化国防事业的根本方针。他心目中的国防应该是倾全国之人力物力而投入的事业。尽管只列出了十年的发展目标,但《国防计划》出发点却是"制定永远国防政策"。它包括了工业、农业、矿业、商业、交通等全部国民经济领域的国防计划,也涉及政治、军事、外交、法律、科技、教育、人口、城乡等各社会领域。在"移民于东三省、新疆、西藏、内外蒙古各边疆省计划"的第18条、"举行全国国防总集员令之大演习计划和全国空、海、陆军队国防攻守战术之大操演"的第35条等条目中,可以清晰地看到孙中山建设现代化国防的指导理念。第46条"训练国防基本军事人才三千万计划,训练国防物质工程技术人才一千万计划",将两类人才总数预定为4000万。对当时只有4亿人口的中国来说,真可谓是"全民国防"了。在这样一幅蓝图中,读者不难体会到孙中山对国防建设前景的苦心经营和宏伟构想。

其次,孙中山历来重视武器装备和军事科技的先进性,主张大力发展陆海空均衡的立体化国防。他曾指出:"今日中国欲富强,非厉行扩张新军备建设不可。……故中国欲勤修军备然后可保障国家独立,民族生存也。"⑰《国防计划》中就有"向列强定制各项海、陆、空新式武器,如潜水艇、航空机、坦克炮车、军用飞艇、汽球等,以为充实我国之精锐兵器和仿制兵器之需";"我国之海军建舰计划,航空建机计划,陆军各种新式枪炮,战车及科学兵器、机械兵器建造计划"及"训练不败之海、陆、空军军队大计划"等条目。很明显,孙中山对汇聚现代军事科技精华的海陆空军非常重视,希望引进最先进的军事装备改造中国军队。值得注意的是,从"兵器之改良计划""派遣青年军校学生留学欧美各国""购买各国军用书籍、军用品、军事科学仪器""聘请列强军事专家人员来华教练""奖励国民关于国防物质科学发明之方略"等内容可知,引进只是解决燃眉之急的措施,培养军事科技人才、发展自己的军事工业也已在他的规划之内。"新兵器之标准""扩张汉阳兵工厂,如德国克鲁伯炮厂之计划"等条目也透露出这方面的信息。

基于近代中国有海无防、屡遭海上入侵的教训,孙中山把海军的现代化放在突出的位置。他洞察世界发展大势,向国人宣传国之盛衰在于"海权"的观念,并高瞻远瞩地指出:

惟今后之太平洋问题,即实关于我中华民族之生存,中华国家之命运者也。盖太平洋之重心,即中国也。争太平洋之海权,即争中国之门户耳。谁握此门户,则有此堂食,有此宝藏也。人方以我为战争,我岂能对之不知不闻乎? ⑱

为此,他强调要"兴船政以扩海军,使民国海军与列强齐驱并驾,在世界称为一等强国",主张从舰械购造、人才培养、军港建设三个方面加强海军建设。

孙中山先生也是中国空军事业的最早倡导者和奠基者。早在1910年,他就开始考虑建造飞机、培养飞行员的计划。1915年、1916年,他曾派人在美国、日本建立空军学校。1916年初,中华革命党航空学校全体人员(包括日籍教员)奉孙中山先生之命,进驻山东的潍县,以中华革命军东北军华侨义勇团飞机队的名义,执行作战任务。以后,孙中山又筹建了若干空军团队。他为筹建空军所作出的种种努力,虽然成效有限,但奠基的意义还是不容忽视的。这些实践当然得益于他对"飞行机为近代军用之最大利器"有着难得的超前认识。他认为,"自航空机参加战斗序列后,在国际主权之划分言之,往昔战争之领土、领水,今有领空之划分";"保卫国家领空权即是捍卫国家神圣主权";"欲因应现代国防上的需要,非扩充空军力量不为功"。⑲为此,他力主发展空军和飞行事业,并在实践中取得了一些成效。"航空救国"成为他留给后人的一个著名口号。

(三)抵抗外敌入侵的作战方针

倾举国之力建立现代化国防体系,目的自然是保卫国家的独立与安全。作为一个尚未摆脱帝国主义半殖民化统治的国家,中国的国防战略更是要立足于抗击入侵之敌。对此,孙中山进行过深入的探索,得出了许多精辟的结论。

其一,实施内线防御,利用"主客异势"的作战方针。中国自古以来热爱和平,也是一个积弱积贫的大国。孙中山先生从这一历史传统和现实国情出发,提出了内线防御的战略方针。他指出"惟吾意中国无侵略志,因吾人志尚和平,吾人之所以要水陆大军者,只为自保,而非攻人"。⑳这就意味着中国不会像西方列强那样远渡重洋去侵略别国。所以,中国的军队与国防战略是以防御为基点的。而在自己的国境内反击入侵之敌,就存在一个"主客异势"

的问题,即内线作战与外线作战的差异。中国要发挥内线作战的优势,主要依靠陆军赢得反侵略战争。为此,根据我国"陆界绵长"、国力衰弱的特点,孙中山提出了"二线防卫论"和"五大军区设防"的战略构想,即"在边境设国防第一线","距国界稍远内地设国防第二线",并分设"东北、蒙古、西北、康藏、西南"五个军区。同时,他还主张向这些地区移民,使军人安置、开发边疆与巩固国防等多项目标重合互动,为内线作战的方针构筑坚实的基础。

其二,实施战略机动,集中优势兵力的作战方针。中国幅员辽阔且交通落后,几乎四面受敌而又势单力薄。孙中山指出:"现在以国防不固,俄在北满及蒙古进行,日本在南满洲进行,英国在西藏进行……然用兵之处则一兵而无之。"[21]无法迅速调集各地驻军实施战略机动,就不能造成某一局部的兵力优势,进而就无法把握现代战争的战略主动。突破这一国防瓶颈的办法只有改善交通状况。孙中山所以长期为铁路建设而奔走呼号,其深层目的还应包括提升军队的战略机动能力以适应国防需要。他曾经举例分析过"欲谋强国,亦必自扩充铁路始也"的道理:

> 譬如中国有二百万兵,分布二十余省,平均不过十万耳,人以三十万兵,可以战胜有余。盖人以三十万敌十万,非敌二百万也,其制胜可断然矣……今若铁路交通,不过百万兵已足,盖运输便利,不过数日便到,分之虽少,合之则多。以百万兵敌三十万,加以主客异势,蔑不胜矣。[22]

在这里,孙中山认定的取胜之道十分明确,就是机动能力造成的兵力优势和本土作战造成的主客异势。

此外,孙中山领导的军事力量在历次战争中始终处于弱势。因此他非常重视以弱敌强、长期抵抗的游击战。如前所述,孙中山曾经就游击战进行过深入的研究,并在反清起义与民国后的历次战争中都力主实行游击作战,强调"此战术颇适用于中国,若与北方(指北洋军阀)交战,尤为相宜"。这一思想同样适用于中国的国防战略和反侵略战争。依靠游击战与强敌周旋,凭借巨大的后备力量坚持长期抗战,中国的抗日战争实践已经验证这一战略方针的正确性。

(四)国防经济与国防教育的发展谋划

在现代战争与国防建设中,经济实力、科技水平的状况具有关乎成败的决定性意义。清末民初的时代,中国主权沦丧、经济落后、人民愚昧,社会已衰朽到了极限。正是在这两方面的背景下,孙中山对国防经济与国防教育的大力倡导和苦心谋划更显示出难能可贵的历史视野。

孙中山国防经济思想的最显著特点是强调国防与民生的一体化发展。军备水平的提升需要先进科技和巨额资金的支撑,现代战争更需要消耗大量的物质和资源;没有强大的经济体系就无法建设强大的现代国防。理解这些道理似乎并不困难。但是,孙中山谋划国防建设时所面临的社会现实却是相当困难的。用他本人的话说,中国是一个"次殖民地"的农业国家;人民只有"大贫"和"小贫"的差别;根本没有现代国防建设所必需的工业基础。这迫使他不得不将国防与经济民生统筹兼顾起来:

> 练兵既多,需费甚巨……须极力振兴实业,讲求民生主义,使我五大族人民,共浚富源,家给人足,庶民有赖,而租税有所自出,国家岁入见增加,则练兵之费,既有所取,教育之费,亦有所资。㉓

孙中山兼顾国防与经济的思想在《实业计划》中已经具体化。尽管没有明确地论证国防意义,但《实业计划》的出发点显然是基于国防需要的。例如,铁路分区建设、六大铁路路线的设计与前论"五大军区设防"和凭借铁路提升机动能力、集中优势兵力的作战方针,两种规划完全吻合。东、南、北三大海港的设想也非常适应与巩固海防、保卫海权的需要。其他的疏通河道水系,开发矿源,移民实边、军港要塞建设、兵工场扩建等也无不以国防安全为着眼点。如果与《国防计划》的第9到第14条相比照,《实业计划》兼顾国防与经济民生的特点则更显清晰。前者的国防工业、国防农业、国防矿业、国防交通等,在后者具体化为铁道、水道、矿业、港口及粮食工业的发展计划。由此也可以得出结论:所谓"国防经济"实质上就是两者统筹兼顾、互为表里的经济体系。《实业计划》的系统性、整体性凸显了孙中山国防经济思想的卓越成就。

值得指出的是,孙中山当年的国防经济思路在新中国的发展实践中仍不失其指导意义。天津新港、三峡水利枢纽、青藏铁路等就是突出的例证。

发展国防教育同样是现代化国防的基础事业。孙中山对教育事业的高度重视本书在第十讲已有专章介绍。其国防教育思想的最大特点是从国情现实和国防使命出发,将学习西方最先进的军事科学技术和军事理论置于首要位置;既考虑长远规划,又力求实际效益。在《国防计划》中,他列出了"军事教育之改革和训练计划""军人精神教育与物质教育之比较"等条目;"购买各国军用书籍、军用品、军用科学仪器、军用交通器具、军用大小机器等,以为整理国防建设之需""派遣青年军校学生留学欧美各国,学习各军事专门学校及国防科学物质工程专门学校之意见书""聘请列强军事专家人员来华教练我国海、陆、空军事学生,及教练国防物质技术之意见计划书"等则显示了更具体的思路。

孙中山对军事理论的重视也体现出其国防教育思想的系统性、深刻性。从近代战争的特点出发,孙中山强调学习西方的"战学",也就是建立在现代军事技术基础之上的作战理论:

> 近代科学大明,武器进步,治军之复杂,迥非前代所可以比拟。昔有不读兵书,而可以为名将者,今则非深造乎学问,不足以临阵图敌矣,此战学之所以不可不讲也。㉔

军事装备与技术的发展必然带来战略战术、作战指挥以致军种兵种等全面的变革。仅注重武器装备的引进、不学习现代军事理论,就不能真正实现军队和国防的现代化。

孙中山国防教育思想还有一个突出特点:对民众进行国防教育。孙中山早年轻视民众力量的偏见后来发生了转变。他认为,国防的基本力量在全体国民。必须大力加强国防教育,提高全体国民的国防意识和国防素质,使每个人自觉地为国防事业作出努力。《国防计划》中的"指导国民研究军事学问之研究"、"奖励国民关于国防物质科学发明之方略"以及训练 4000 万国防人才的计划就体现了这种全民国防的理念。

孙中山先生军事思想极为丰富。除了上论内容,还有关于军人教育思想、后勤保障思想以及包括战争起源与性质、战争与政治、经济之关系在内的战争观等等。学习了解孙中山军事思想的目的也不限于对其内容本身的了解,另一个目的就在于完整地、系统地认识他的思想学说体系。

注释:

①毛泽东.战争和战略问题.毛泽东选集.第二卷.北京:人民出版社,1964.508 页.

②③孙中山.与宫崎寅藏等笔谈.孙中山全集.第一卷.北京:中华书局,1981.184 页.

④孙中山.答广州某报记者问.孙中山全集.第四卷.北京:中华书局,1981.125 页.

⑤孙中山.建国方略.孙中山全集.第六卷.北京:中华书局,1985.243~244 页.

⑥程潜.辛亥革命前后回忆片断.辛亥革命回忆录.第一册.北京:文史资料出版,1981.70 页.

⑦孙中山.与宫崎寅藏等笔谈.孙中山全集.第一卷.北京:中华书局,1981.182 页.

⑧孙中山.建国方略.孙中山全集.第六卷.北京:中华书局,1985.233 页.

⑨⑩孙中山.在陆军军官学校开学典礼的演说.孙中山选集.北京:人民出版社,1981.923 页.

⑪孙中山.在广州大本营对国民党员的演说.孙中山全集.第八卷.北京:中华书局,2006.430 页.

⑫孙中山.在广州农民运动讲习所第一届毕业礼的演说.孙中山全集.第十卷.北京:中华书局,1985.555 页.

⑬孙中山.辞大元帅职通电.孙中山全集.第四卷.北京:中华书局,1981.471 页.

⑭孙中山.北上宣言.孙中山全集.第十一卷.北京:中华书局,1986.296 页.

⑮孙中山.三民主义·民权主义.孙中山选集.北京:人民出版社,1981.693 页.

⑯孙中山.致廖仲恺函.孙中山全集.第五卷.北京:中华书局,1985.570 页.

⑰孙中山.在山西军界欢迎会的演说.孙中山全集.第二卷.北京:中华书局,1982.475 页.

⑱肖强.国父与空军.台北:华太印刷有限公司.1983.第 39 页。

⑲孙中山.太平洋问题序.孙中山选集.下册.北京:人民出版社,1981.852 页.

⑳孙中山.在香港与《南清早报》记者威路臣的谈话.孙中山全集.第二卷.北京:中华书局,1982.389 页.

㉑孙中山.在北京报界欢迎会的演说.孙中山全集.第二卷.北京:中华书局,1982.433 页.

㉒孙中山.在北京全国铁路协会欢迎会的演说.孙中山全集.第二卷.北京:中华书局,1982.421 页.

㉓孙中山.在北京袁世凯欢宴席上的答词.孙中山全集.第二卷.北京:中华书局,1982.419 页.

㉔孙中山.《战学入门》序.孙中山全集.第三卷.北京:中华书局,1984.96 页.

第十三讲　孙中山的廉政思想

内容提要

孙中山致力于国民革命 40 年,其思想宝库内容丰富,廉政思想是其重要组成部分。孙中山廉政思想分为三个部分,第一部分论述了他廉政思想的根源。孙中山继承先贤克己廉政的优良传统,树立振兴中华的伟大目标,坚定革命信念,胸怀天下为公,维护国家统一。第二部分论述了孙中山廉政思想的主要内容,一方面,构建清明廉洁的国民政府是孙中山一生的理想追求;另一方面,孙中山严格要求自己,既是克己奉公的楷模,又是人民公仆和天下为公的精神实践者。第三部分论述了孙中山的廉政思想在当今社会的普遍价值休现,深深影响着人们今天的生活。

学习思路与目标

本讲重点讲述孙中山廉政思想产生的根源、主要内容及其现实意义。在学习中,请同学们着重理解以下内容:

1.孙中山廉政思想的产生受到哪些因素影响?

2.在孙中山建立的中华民国临时政府中,哪些方面体现了孙中山的廉政思想,试举例说明。

3.孙中山高尚的伟人风范和廉洁自律的品格,为他赢得了世界范围的敬仰和尊重。请你调查,你所在的城市中是否存在孙中山革命足迹的烙印。

思考与练习

1.讨论:

(1)试举例说明孙中山廉政思想产生的根源。

(2)为什么说天下为公的精神是孙中山廉政思想产生的基础?

（3）孙中山的廉政思想在今天有何现实意义。

2.写作：

结合孙中山的廉政思想及其实践，写一篇学习体会。

孙中山面对腐败的专制王朝、以及东西方列强对中华民族的侵略，最早提出了推翻清王朝，建立共和国的目标，实现中华民族的完全独立、实行民主制度、解决民生问题。1925 年 3 月 12 日孙中山在北京逝世后，海内外各界人士举行了各种仪式的追悼活动。孙中山的影响在当时就已经超越了中国国界。今天只要是炎黄子孙，不管居住在世界什么地方，也不管其政治信仰如何，对孙中山都充满了崇敬之情。孙中山的廉政思想已经成为中华民族文化宝库中的重要组成部分，对今天建设有中国特色的社会主义事业，具有重要的现实意义。

一、孙中山廉政思想产生的根源

（一）中华民族的廉政传统

中华民族历来有以天下为己任的情怀和廉政爱民的传统。对此，历代前贤均有阐述。

孟子曰："居天下之广居。立天下之正位。行天下之大道。得志与民由之。不得志独行其道。富贵不能淫。贫贱不能移。威武不能屈。"[①]

范仲淹在《岳阳楼记》中有言："予尝求古仁人之心，或异二者之为。何哉不以物喜，不以己悲。居庙堂之高，则忧其民；处江湖之远，则忧其君。是进亦忧，退亦忧。然则何时而乐耶？其必曰'先天下之忧而忧，后天下之乐而乐欤。'"[②]

明代儒家代表人物之一的薛瑄云：

人之子孙，富贵贫贱莫不各有一定之命。世之人不明诸此，往往于仕宦中昧冒礼法，取不义之财，欲为子孙计。殊不知子孙诚有富贵之命，今虽无立锥之地以遗之，他日之富贵将自至；使其无富贵之命，虽积金如山，亦将荡然不能保矣，况不义而入者，又有悖出之祸乎！[③]

孙中山正是继承了中华民族先贤关于浩然正气、以国家为重、为生民立命、为政清廉、君子爱财取之有道的法则，并结合当时中国的国情，践行了这种理念。如我们从《三民主义》中看到孙中山读中国哲学书的深切体会：

中国有一段最有系统的政治哲学,在外国的大政治家还没有见到,还没有说到那样清楚的,就是《大学》中所说的"格物、致知、诚意、正心、修身、齐家、治国、平天下"那一段的话。把一个人从内发扬到外,由一个人的内部做起,推到平天下止。像这样精微开展的理论,无论外国什么政治哲学家都没有见到,都没有说出,这就是我们政治哲学的知识中独有的宝贝,是应该要保存的。④

孙中山是以中国传统文化为基础,来鼓励人们做人要朝着格物、致知、诚意、正心、修身、齐家、治国、平天下的目标努力,并力求做到。他主张理论联系实际,用革命的理论指导革命事业。如果全体国民都养成一种良好的修养,树立全心全意为国家服务、为人民服务的观念,必然会形成良好的社会风气,政府官员必然会有清正廉洁的作风。另外,孙中山在这里告诫人们要发奋图强,内外兼治,争取中华民族的完全独立。

(二)孙中山关于铲除腐败、振兴中华的号召,是其现实动因和远大目标

孙中山所处的那个时代,中国已沦为半封建、半殖民地社会的深渊,清政府政治制度腐败、经济落后,民族灾难日益深重。孙中山目睹中华民族有被列强瓜分的危险,遂决定抛弃"医人生涯",进行"医国事业"。他幻想着通过在西方引进科学技术方面卓有成就的洋务派首领、直隶总督兼北洋通商事务大臣的李鸿章,能使清政府实行自上而下的社会改革。于是,在1894年6月的一天,孙中山偕陆皓东由上海乘船来到天津,上书李鸿章书,但未获接见。在津期间孙中山又看到了清政府官员的腐败性。对此孙中山于1897年3月1日在《双周论坛》上发表的《中国的现在和未来》中记:"李(鸿章)曾经累积了怎样大量的财富是远近皆知的。……正在中日战争开始以前,我在天津,有很好的机会看到他发财致富的方法之一,就是各级文武官员从整个国家各部分成群而来请求任命,但是就在他们的呈文到达李鸿章以前,他们必须支付大量的贿赂给李的随员。"又如当时"天津铁路局是受人民重视的,并且运输量很大,可是它破产了。因为他在任意胡行的官吏掌握之下,行政人员也争着去拿钱贪污,其结果自然是铁路破产。"⑤其时,天津铁路局又是李鸿章掌管的。孙中山通过发生在李鸿章身边的事情,联系到自己救国主张遭到拒绝,进一步看清了清政府的专制腐败与反动,决心用武装革命推翻清王朝。正如广东省社会科学院孙中山研究所所长王杰所言:"孙中山改良中国政治的心路,以上李鸿章书为界碑,此前,他是希望政府自上而下地改革政治。此后,即决心以推倒清朝政府,建立民主政体,以改良政治。前期采行缓进的办法,后期转用急进的手段。"⑥因此,上李鸿章书的结果是:孙中山偕陆皓东离开天津转道上海赴檀香山,在1894年11月24日创立了革命团体——兴中会。孙中山在《檀香山兴中会章程》中指出:"中国积弱,非一日矣!上则因循苟且,粉饰虚张;下则蒙昧无知,鲜能远虑。近之辱国丧师,剪藩压境,堂堂华夏不齿于邻邦,文物冠裳被轻于异族。有志之士,能无抚膺!夫以四百兆苍生之众,数万里土地之饶,固可发奋为雄,无敌于天下。乃以庸奴误国,荼毒苍生,一蹶不兴,如斯之极。方今强邻环列,虎视鹰瞵,久垂涎于中华五金之富,物产之饶,蚕食鲸吞,已效尤于接踵;瓜分豆剖,实堪虑于目前。有心人不禁大声疾呼,亟拯斯民于水火,切扶大厦之将倾。"⑦更明确提出了"振兴中华"⑧的口号。

孙中山在《檀香山兴中会盟书》中提出了"驱除鞑虏,恢复中华,创立合众政府"⑨的政治主张。第一次向中国人民提出了推翻专制腐败的清王朝,振兴中华民族的优良传统,建立廉洁清正的民主共和国的纲领。标志着孙中山由改良主义者向民主主义者的转变。从而敲响了清王朝的丧钟。孙中山的这种革命精神,既是其廉政思想产生的根源之一,也是激励今人实现中华民族伟大复兴的中国梦的动力之一。

(三)孙中山对革命事业的坚定信念,是其廉政思想产生的内在因素

孙中山从事国民革命40年。他为了革命事业而百折不挠,愈挫愈奋的革命精神,是取得革命成功的重要因素,也是其廉政思想产生的根源之一。对此,孙中山曾说:"毕生学力,尽萃于斯,精诚无间,百折不回,满清之威力所不能屈,穷途之困苦所不能挠。吾志所向,一往无前,愈挫愈奋,再接再厉,用能鼓动风潮,造成时势。卒赖全国人心之倾向,仁人志士之赞襄,乃得推覆专制,创建共和。"⑩

对于孙中山的革命经历,孙中山的秘书黄昌谷,于1925年1月8日在北京琉璃厂蒲圻会馆对蒲圻旅京同学会同人演讲中作了最好的注解:

> 孙先生革命,在前清不怕满洲政府的专制淫威,在民国不怕袁世凯、吴佩孚的武力。他总是用一支孤军,一直奋斗到现在。这种革命志气,真算是威武不能屈了。因为孙先生有这样好的奋斗精神,所以他每次革命,对于他的主义,有时便有一部分成功。所以一般的民众都是很崇拜的,譬如中华民国开国之始,十七省的代表,便一致选举孙先生为大总统。这个大总统,不但是中国历史上的头一个大总统,也是东亚历史的头一个大总统。……若是以通常的人,处了这种地位,一定是再没有进步的,一定是很满足的。但是孙先生处这种地位,他的进步,丝毫没有一点止境。每日工作,不是著书立说,就是计划怎样兴办全国的实业,不是监督腐败的军阀官僚,就是筹划军事,怎样打破那些军阀官僚,为国家求一个长治久安之计。⑪

从孙中山的一生来看,其雄毅勇敢如拿破仑,苦口老身以阐明其道终身如一日,则如孔子,而慈悲为怀救度众生之心,则又如释迦牟尼。因此,孙中山从事国民革命40年,历经无数次的艰难险阻而不变初衷,出入于程度不齐,脾胃各异之群众而涵盖一切。

孙中山的一生及其政治主张,充分体现了他百折不挠的革命精神。正如鲁迅评价说:"中山先生的一生历史具在,站出世间来就是革命,失败了还是革命,中华民国成立之后,也没有满足过,没有安逸过,仍然继续着进向近于完全的革命工作。直到临终之际,他说道:'革命尚未成功,同志仍须努力!'……他是一个全体,永远的革命者。无论所做的那一件,全都是革命。无论后人如何吹求他,冷落他,他终于全都是革命。"⑫孙中山的这种革命精神,是留给今人的宝贵财富。

(四)孙中山天下为公的精神,是其廉政思想产生的精神基础

孙中山天下为公的精神是其廉政思想产生的基础。任何一种精神,如果没有个人品格和人格魅力的保障,也无法弘扬光大和普遍被人们所接受。而个人品格的升华和魅力的产生,又和个人的远大志向和崇高理想密不可分。孙中山正是以这个方面的强大影响,使得其精神普遍被人们所接受。

孙中山经常所书的《礼记·礼运》的内容,构成了孙中山对未来社会的美好憧憬:

大道之行也,天下为公,选贤与能,讲信修睦。故人不独亲其亲,不独子其子,使老有所终,壮有所用,幼有所长,矜寡孤独废疾者,皆有所养,男有分、女有归,货恶其弃于地也,不必藏于己,力恶其不出于身也,不必为己。是谋闭而不兴盗窃,乱贼而不作,故外户而不闭,是谓大同。[13]

古人描绘的这幅和谐社会的画卷,是孙中山理想中的大同社会。在今天看来,孙中山所提倡的大同学说,正是我们建设和谐社会的主要内容之一。孙中山还曾多次手书"天下为公"条幅,赠人以为座右铭。"天下为公"的思想,给当时广大人民以极大振奋,同时也成为革命党人不懈的追求目标和远大崇高的理想。对此,1913年2月23日,孙中山《在东京中国留学生欢迎会的演说》中指出:"近日社会学说,虽大昌明,而国家界限尚严。国与国之间,不能无争。道德家必愿世界大同,永无争战之一日。我辈亦须存此心理,感受此学说。将来世界上总有和平之望,总有大同之一日,此吾人无穷之希望,最伟大之理想。"[14]任何社会都需要引导人们前进的理想。因此,孙中山关于天下为公、世界大同的思想,也是激励今人实现中国梦的动力之一。

(五)孙中山祖国统一的政治主张,是其廉政思想产生的巨大动力

结合中国历史经验与世界发展的大势,于1916年9月25日,孙中山在浙江海宁观潮后,返回上海题写了:"世界潮流,浩浩荡荡。顺之则昌,逆之则亡。"[15]孙中山关于中国统一的政治主张,就是顺乎中华民族历史发展的潮流。在孙中山的革命一生中,先后于1900年9月、1913年8月、1918年6月,四次莅临台湾,从事革命活动,并委派同志在台湾分别建立了兴中会分会、同盟会分会,宣传革命思想,开展革命活动,播撒了革命的种子,唤起台湾人民的民族意识,鼓吹爱国精神,给台湾同胞以极大鼓舞。孙中山去世之后,台湾人民冲破日本帝国主义政府的重重阻挠,举行了追悼孙中山大会,表达了台湾人民心向祖国、继承孙中山革命遗志的决心和行动。它昭告世人,台湾是中国领土不可分割的一部分,台湾人民是中华民族大家庭中的重要成员。

孙中山历来反对分裂祖国的行径,强调中国是一个不可分割的整体,国家统一是历史发展和人民意向的主流。他于1924年11月24日《在神户与日本新闻记者的谈话》中曾阐述了国家统一和民族独立、民主富强的关系,指出:"'统一'是中国全体国民的希望。能够统

一,全国人民便享福;不能统一,便要受害。"⑯如旧中国四分五裂、军阀混战,外敌入侵的悲剧,不就是明证吗?另外,孙中山的"和平、奋斗、救中国"的遗言,是其思想内容之一。1925年3月14日,梁启超到北京铁狮子胡同行辕吊祭孙中山,问及孙中山病逝时情形,汪精卫说,孙中山先生自11日夜半以后,已不能为有贯的发言,惟断断续续,以英语或粤语及普通话,呼:"和平、奋斗、救中国"而已。梁启超极为感叹地说:"此数语实抵中山先生一部之著作,足予全国人民一极深之印象"。⑰这句话是孙中山革命一生经验的总结,代表了孙中山晚年的主要思想。前述在日本神户与新闻记者谈话几个月之后,孙中山在弥留之际,呼喊此"和平、奋斗、救中国"的话语,这是孙中山的遗言,是他一生奋斗不息的思想体现,同样包涵着对台湾的关注,对祖国统一的呼唤,也是他期望建立强大国家、廉洁政府的思想体现。

二、孙中山廉政思想的主要内容

(一)孙中山构建廉洁政府的理论与实践

孙中山是中国历史上第一位宣誓就职的国家元首。民为邦本,本固邦宁。以人为本的观念已经深入孙中山的灵魂之中。1912年1月1日晚上10点,孙中山在南京就中华民国临时大总统职,把自己摆在公仆的地位,发表了《临时大总统誓词》:

倾覆满洲专制政府,巩固中华民国,图谋民生幸福,此国民之公意,文实遵之,以忠于国,为众服务。至专制政府既倒,国内无变乱,民国卓立于世界,为列邦公认,斯时文当解临时大总统之职。谨以此誓于国民。⑱

孙中山深受西方资产阶级民主思想的影响,希望通过三民主义、五权宪法作为建立中华民国的指导的原则,构建民主、廉洁的国民政府。孙中山在1924年1月23日颁布的《国民政府建国大纲》中规定:

一 国民政府本革命之三民主义、五权宪法,以建设中华民国。
二 建设之首要在民生。故对于全国人民之食衣住行四大需要,政府当与人民协力,共谋农业之发展,以足民食;共谋织造之发展,以裕民衣;建筑大计画之各式屋舍,以乐民居;修治道路、运河,以利民行。
三 其次为民权。故对于人民之政治知识能力,政府当训导之,以行使其选举权,行使其罢官权,行使其创制权,行使其复决权。
四 其三为民族。故对于国内之弱小民族,政府当扶植之,使之能自决自治。对于国外之侵略强权,政府当抵御之;并同时修改各国条约,以恢复我国际平等、国家独立。
…………⑲

孙中山的建国目标和实施方案,就是要建立一个属于人民当家作主的国家和清正廉洁的政府。

在长期的革命实践和探索中,孙中山了解了世界许多国家的发展状况,也充分分析了中国的国情。他采取了推翻专制政府、废除不平等条约、建立独立的民主共和国等革命行动,设想和实施了"科学救国""教育救国""实业救国""实业计划""对外开放"等一系列富国强民的策略计划。在推行这些强国理念的同时,孙中山反复强调了"建设之首要在民生","国家之本,在于人民",[20]而人民的安居乐业则在于一个好的国家,"好的政府"。在《三民主义·民权主义》的演讲中,讲到中国人几千年对于政府的态度时,孙中山说:

中国人无论在那个时代,总希望有那样的政府,替人民来谋幸福。

孙中山还就好政府的建设问题,同西方发达国家的状况进行了比较研究,他指出:

我们中国人口,有了四万万,是世界上人口最多的国家;领土宽阔,物产丰富,……如果用这种天然的资格,再加以人为的工夫,建设一个很完全,很有力的政府,发生极大力量运动全国,中国便可以和美国马上并驾齐驱。[21]

从历史和现实的角度,对中国发展的趋势进行了比较研究,找出的是建设一个"最完全、最良善的""纯良政府",为人民谋幸福的政府,使之达到并超过发达国家,成为世界最富强国家的理论的和实践的依据。孙中山就任临时大总统之后,就着力制定了一系列关于南京临时政府社会改革的法律、法令、规章制度,强化廉洁政府建设,规范官员思想行为。如《中华民国临时约法》《南京府官制》,保护人民生命财产令、禁止买卖人口令、禁止刑讯令、内务部慎重铨选人才令,以及整顿军纪文、约束士兵文等等,同时咨请督促国务院官制、文官考试、法官考试等制度的尽快制定和颁布实施。

在此,我们不仅看到了孙中山关于建设廉洁政府的理性追求和坚定信念,也可从中得到反腐倡廉,关注人生,创建和谐社会,建设有中国特色的社会主义现代化强国的启示和鼓舞。

(二)孙中山廉洁自律的风范与品格

孙中山既是清正廉洁、克己奉公的楷模,又是人民公仆和天下为公的精神实践者。虽然孙中山没有给子女留下物质财富,却给炎黄子孙留下了丰富、宝贵、值得珍藏的遗产——革命精神,不朽功业,崇高的人格。这是鼓舞人们实现中华民族伟大复兴的精神力量之一。

1.孙中山是公而忘私和公仆精神的实践者

孙中山就任中华民国临时大总统后,非常重视对新政权的建设,在制订实施新制度新政策、树立新风尚上,处处以身作则,严格要求自己。孙中山一生精力都投入到救中国的事业当中。他一生个人无积蓄、不治家产。1916年10月,孙中山住在上海环龙路63号,朱执信、廖仲恺，以及两位卫士马伯麟、马湘也住此处，月租65元。11月，四位旅居加拿大的华侨集资购赠孙中山上海莫利爱路29号（今黄埔区香山路7号）的一栋住宅，经华侨恳切的劝说，孙中山才来此居住。为了革命事业，他曾两度将它抵押借款，以后仍由华侨再集资为他赎回来。

孙中山生活简朴，不贪慕奢华。上海永安公司总经理郭彪送给孙中山一件貂皮大衣，被他婉言谢绝。对此，马湘在《跟随孙中山先生十余年的回忆》一文中记述：

上海永安公司大部分都是澳洲华侨股本，经理郭彪时常来拜会先生。有一次郭彪叫人送一件上好的毛皮大衣来，……中山先生对他说："永安公司生意十分好，获利甚巨，希望能够将赚得的资金拿来办工厂、办实业，并希望你们也能号召各地华侨拿出更多的资本，回国开办工厂、农场和兴办各种实业。你送给我的皮大衣，我不应收领。如果是永安公司送的，永安公司是股份生意，也不可拿股东的钱来送礼。如果是你送的，更不应该。你把这大衣卖给外国人，可以获得厚利。我的衣服足够御寒，更不需穿这样华贵的大衣。我对你的诚意十分感谢。"②

孙中山的公仆精神，体现他对待普通老百姓的接待工作中。对此，当时负责护卫孙中山工作的，时任沪军都督府卫队长兼侦探长的郭汉章在《南京临时大总统府三月见闻录》中记述：

中山先生在大总统任期内，每天接见宾客很多。我记得有一天，有一位姓萧的盐商，年纪在八十岁以上，特地从扬州专程到南京来想瞻仰一下大总统的丰采。……我便进去向中山先生报告。中山先生说："好，你请他进来，我很愿意接见他。"我当即把这位萧老扶将进来，领他到了中山先生面前，对他说："这就是大总统。"中山先生含笑起立，正准备和他握手，他已放下手杖，跪下去对着大总统恭恭敬敬地行起从前见专制君主的三跪九叩首的旧礼节来。中山先生连忙拉他起来，请他坐下，亲切地和他谈话，最后告诉他："总统在职一天，就是国民的公仆，是为全国人民服务的。"萧老问道："总统若是离职后呢？"中山先生说："总统离职以后，又回到人民的队伍里去，和老百姓一样。"萧老告辞，中山先生送到办公室门口，吩咐我派人叫部车子拉进总统府来送他回到旅馆里去。这时，这位萧老高兴极了，笑着说："今天我总算见到民主了。"③

孙中山未曾在翠亨村购过一点家业，他家乡的住宅是其兄孙眉出资所建。孙中山公而忘私的生活，体现在他的《家事遗嘱》中，其全文是："余因尽瘁国事，不治家产。其所遗之书籍、衣物、住宅等，一切均付吾妻宋庆龄，以为纪念。余之儿女已长成，能自立，望各自爱，以继余志"。③余则可称地无一垅，钱无一分，身无长物，不名一文。

2.孙中山任人唯贤，不任人唯亲

孙中山选拔官员任人唯贤，不任人唯亲。在孙中山的革命事业中，胞兄孙眉曾经在财力上给予大力支持。他把在檀香山的资产变卖,充作孙中山活动经费,为革命事业做出过贡献。孙中山就任中华民国临时大总统后,广东有人拟推举孙眉为广东都督。对此,孙中山坚决不同意,并于 1912 年 2 月 21 日致电孙眉,劝其勿任都督:"粤中有人议举兄为都督,弟以为政治非兄所熟习。兄质直过人,一入政界,将有相欺以其方者。未登舞台,则众人属望,稍有失策,怨亦随生。为大局计,兄宜专就所长,专任一事,如安置民军、办理实业之类,而不必当此大任。且闻有欲用强力胁迫他人以举兄者,以此造因,必无良果,尤不可不避也。"㉓孙眉听从孙中山的劝说,主动放弃了广东省都督的候选人资格。因此,孙中山清正廉洁、克己奉公的行为,不但为当时官员树立了楷模,也是今天官员学习的榜样。

3.孙中山俭朴充实的日常生活

孙中山一生的革命事业,是为了使中华民族走向独立、民主、富强的道路。他对自己的生活要求严格,衣食住行的日常生活简单朴素。许多追随孙中山革命的同志,对此都有生动而具体的回忆。

孙中山的夫人宋庆龄于 1966 年 11 月 13 日发表在《人民日报》的《孙中山——坚定不移、百折不挠的革命家》一文中回忆了孙中山的简朴生活:"1924 年,孙中山在广州讲三民主义,讲演的地点是广东大学。每次都有十多个干部陪他从大元帅府出发到珠江对岸,再乘三辆汽车前往。孙中山打听了一下,知道汽车来回四五里路要花十五元钱。以后他就不坐车,同干部们一起步行而去。"

辛亥革命老人何香凝在《对中山先生的片段回忆》一文中记述:

我追随中山先生二十多年,向来没有听见他谈过做寿的事,那时他的诞辰到底是哪一天,我都不知道的。只是在 1924 年的深秋,中山先生的乡亲——一位老太太远道来看他,提起了"明天就是你的生日",我们大家才知道中山先生的诞辰,原来是 11 月 12 日那天。那一年中山先生六十岁了,我们大家都想为中山先生贺寿,庆祝一番。但是中山先生没有答应,他认为为他个人这样铺张贺寿,是不应该的。结果只是由仲凯等几个比较熟悉的同志在他公馆叫厨子办了两桌简单的酒菜,做为寿筵算了。㉕

1917 年至 1925 年曾任孙中山的侍从副官、孙中山逝世后担任南京中山陵园拱卫处长的马湘在《跟随孙中山先生十余年的回忆》一文中记述:

先生的生活非常俭朴。他家里平日有好几个人用膳,但每天菜金不超过二元。有一次唐绍仪来访,畅谈之下不觉已至中午。先生留他午饭,吩咐我去趣乐居买了一只卤水肥鸡来待客。唐绍仪很快就把鸡吃完,还以为尚有其他肴馔。中山先生见他还在等待上菜,便说:"简慢得很,没有什么好的菜款待。"又问我说,"马湘,还有什么菜?"我答道:"厨房里只有咸鱼。"先生便命拿上来。唐绍仪一边用咸鱼下饭,一边说:"我大吃惯了。一只肥烧鹅,我一餐可以食完,因此家里虽只有几个人,每餐菜钱便要十元啊!"有一次,伍廷芳、伍梯云和唐绍仪几个人一起来,先生留他们吃晚饭。伍廷芳说:"我每日喜食花生、甘薯、鸡蛋和一些鲜鱼,不惯

食肉,还是让我回家吃饭吧!"先生也不加以强留。㉒

辛亥革命人物肖仲祁在《回忆孙中山先生》一文中记述:

中山先生平生生活清俭。在日京时,常常步行,到陶梦蛟寓楼久坐,虽设小点,并未染指,两国桥酒家谈宴时,酒不沾唇。广州总统府本系士敏土旧厂,门径敞坏,不加修葺。宁乡陈家鼐告我云:"总理安于卑陋。生怕劳费,其上海香山路七号两层楼的洋房,亦朴素不华。府中客厅设座多处,每处仅白开水一壶,不设烟具茗具。所着衣服,与客居东京时差不多,仅保持整洁两字"。㉓

同盟会会员耿毅在《在追随中山先生的年代里》一文中记述:

中山先生自奉非常俭朴,平常总穿一身中山装,也不讲究吃;请人吃饭往往不过是四菜一汤的家常便饭。他一生都没有什么积蓄。但是,他待革命同志很慷慨。1915年袁世凯称帝后,我和中山先生都在上海,有一次我到先生家去,先生从床下拉出一只箱子,打开箱盖,里面还有一些钱,他对我说:"鹤生,这些你都拿去吧!"胡汉民在旁边急着说:"你把这些都给了鹤生,自己怎么办呢?"我也知道先生的经济一样困难,不愿意要,先生说:"你们别管我,我总有办法。"于是推来推去,不得解决。后来,陈英士先生恰恰为我们借到了一笔钱,才算结束了这场相持不下的推让。㉙

同盟会会员、华侨领袖陈嘉庚在《追忆孙先生》一文中记述:

我还清楚地记得当时孙先生为革命而在海外奔走的时候,始终不曾坐过头等舱。孙先生总是坐二等船舱,一则节省费用,二则可以不必像坐头等舱的绅士们那样吃得华贵,穿得笔挺,可以较为随便一些。中山先生在新加坡的时候,从来没有听说他到外面去玩的事情,他总是那么实实在在的样子。的确,中山先生的为人很值得后人效法。㉚

同盟会会员梁钟汉在《为国忘私的孙中山先生》一文中记述:

我所知道的孙中山在吃的方面也是很简朴的,他做非常大总统时,我是总统府的咨议兼国民党党部的事务主任,当时总统府负责官员吃大菜时,一般都是三元以上一餐,而孙先生所吃的,只花四角钱左右一顿。在服装方面也很注意节约,孙先生不喜欢中国过去的长袍马褂,有人建议他穿西服,他回答说:"不成,不成,穿西服就得用外国的衣料,那样就要花我们本国的钱,使我们的黄金白银外流。"后来他就把当时流行的一种学生服的式样,加上一个小翻领子,口袋改为四个,就成了今天大家所看到的中山服。㉛

同盟会会员刘文典在《孙中山先生回忆片断》一文中记述：

我亲炙中山先生是 1913 年在东京的时候。……中山先生住在一座破旧的小楼上，经过走廊，一上楼去就是中山先生的房间。房里一张陈破的短榻，一张木板桌子，三张破椅子。中山先生穿着一件棉布的和服（日本衣服），坐在短榻上，有一位广东口音的厨师正在拿午餐给他用。我留心看看这位做过大总统的人吃些什么？出乎我意料之外的是只有两片面包，一盘炸虾，总共不过值两三角钱，比我们当学生的在小馆子里吃的西餐还简单。我看他生活的俭朴才知道他人格的伟大，崇敬之意，油然而生，默默地坐在一边。他用完午餐，开口问我话了，那一种慈祥恺悌的样子，真令我终身难忘。[32]

从上述内容可以充分看出，孙中山在日常生活中的廉洁清正，俭朴务实。他时时考虑的是革命事业，处处可为他人学习的楷模。孙中山廉洁自律的伟人风范和人格魅力从平常的生活中体现得淋漓尽致。

4.孙中山终身学习和与时俱进的理念，是其廉政思想的精神支柱

孙中山终身学习和与时俱进的理念，是其廉政思想的精神支柱。中国有句老话，叫作活到老、学到老、改造到老。在这方面，孙中山终身学习的精神，为今人树立了光辉的榜样。对此，我们从十一卷本的《孙中山全集》和《孙中山集外集》《孙中山集外集补编》，以及《孙中山先生墨迹》《孙中山书信手迹选》中，可以清楚地看到孙中山的确是一位中西学贯通、古今知识皆备的大学者。

再就是孙中山的“盖出学堂之后，乃为求学之始也”[33]这句话，已经成为箴言。这就是说，社会是一所永远也毕不了业的大学。人的一生就是学习的一生。因为只有不断学习，才能与时俱进跟上时代的步伐。他是这样说的，也是这样做的。

关于孙中山的读书生活，宋庆龄于 1966 年 11 月 13 日发表在《人民日报》的《孙中山——坚定不移、百折不挠的革命家》一文中有清晰的回忆：“我自己记得，他只要有一点空，就在书房里把大地图铺在地上，手里拿着深色铅笔和橡皮，在上面标绘出铁路、河流、海港等等。他订阅了一种英国出版的航运年鉴，知道很多关于船只吨位、吃水等这一类的事情。有一次他乘巡洋舰视察海宁时，告诉大副，航道水浅，把船靠外行驶。但这位大副自以为他更熟悉情况，结果船搁浅了。”

在北京的宋庆龄故居二楼的大书房里，靠北面的墙有整整一面墙的通体大书柜，满满的古今中外的图书杂志。书柜旁边有一个特制的取书的带滑轮的一丈多高的大梯子。想必其中有不少是孙中山遗留给宋庆龄的书。上海的孙中山故居纪念馆，二楼的书房有许多书橱装满了书。据介绍，仅在 1918 年到 1924 年这段时间内，孙中山就留下了 1923 种共计5230 册图书。内容涉及政治、经济、哲学、理论、文学、教育、宗教、科技等 12 大类。除中文外，还有英、法、日、德、俄、希腊、朝鲜、拉丁等 17 种文字的图书。其中很多书出版于 19 世纪末和 20 世纪初。1922 年 6 月 16 日，陈炯明公然反叛，炮轰广州观音山的总统府，致使孙中山的实业计划手稿和很多孙中山收藏的中外典籍被毁于战火。对此，孙中山在《三民主义》一

书的序言中曾说:"《民族主义》一册已经脱稿,《民权主义》《民生主义》二册亦草就大部。其他各册,于思想之线索、研究之门径亦大略规划就绪,俟有余暇,便可执笔直书,无待思索。方拟全书告竣,乃出而问世。不期十一年六月十六日(引者按:1922 年 6 月 16 日)陈炯明叛变,炮击观音山,竟将数年心血所成之各种草稿,并备参考之西籍数百种,悉被毁去,殊可痛恨。"[34]

孙中山所说的被毁之"西籍数百种,"都是价值很高的经典书籍,因为孙中山所购之书,都是经过精心挑选的,对他的革命理论和革命实践具有很大帮助的名著。对书稿、书籍被毁一事,孙中山倍感遗憾和痛心。对此也可见出孙中山爱书之甚。

关于孙中山的读书生活,孙中山的秘书黄昌谷也有清晰、具体的回忆:

有一次孙先生为革命的事,走到日本,有一个很有名的日本人便问孙先生:我们每次看见先生,谈不到三句话,先生就要讲革命,究竟先生于革命之外,还有没有别的什么嗜好呢?孙先生答道:我一生的嗜好,除了革命之外,只有好读书。我一天不读书,便不能够生活。所以孙先生一生的生活,无论是在做事,或者是休息,每天除了饮食做事以外,总是手不释卷。不徒是从前在旅行之中,没有带什么物件,总带得有几本关于革命一方面的最新出版物,时常仔细研究,就是在火线上督战,也是携带许多书籍杂志。军事上的工作一经停止,便要把书本拿到手来,从容不迫,一行一字的读下去。因为孙先生读了很多书,所以他的各种学问,便是异常的丰富。所以他才能够立定坚忍不拔的革命志气,才有非常的道德人格。孙先生一生革命,便专研究革命的政治哲理及创造政治哲理上的惊天动地的大事业。由于他读书明理之中,得到了为人做事的秘诀。这就是劝人立志要做大事,不可做大官。这种立志做大事不做大官,就是孙先生一生成就的秘诀。[35]

1916 年 8 月 17 日,孙中山在《在杭州督军署宴会上的演说》中指出:"凡职业无论大小,官阶无论高卑,若不能立志,虽做皇帝、做总统,亦无事可做;若能立志,则虽做一小官,做一工人,亦足以成大事。"[36]为推翻清朝专制政府,建立中华民国,孙中山让位于袁世凯的史实,就说明了这个问题。这个问题正好应了孙中山所说的:"文于国事,只知有役务,不知有权位,故于进退之际,行其当然,不假勉强。"[37]由此可见,孙中山始终以公仆的身份严格要求自己,以平民总统的身份出现在世界舞台之上,全心全意地为争取中国的独立、自由、民主、富强而努力奋斗。

读书明理,得到了做人做事的秘诀。劝人立志做大事,不求做大官,这就是孙中山一生成就的秘诀,也可以说是他一生中成就的行为规范。

三、孙中山廉政思想在当今的社会价值

这里所展示的各项内容,对于弘扬中山精神,宣传中山思想,强化孙中山的救国理念和廉政建设,进行革命传统教育,具有普遍的社会价值,将深深地影响着人们的精神世界和生活追求。

(一)今天出版的有关孙中山的艺术品,是孙中山廉政思想的体现

已经出版的有关孙中山的艺术品,体现了孙中山廉政思想在今天社会的价值存在。如现在出版发行的孙中山的专题画册,书画、篆刻书籍,以艺术的形式,高度浓缩与概括了孙中山的思想,体现了孙中山爱国、革命和不断进步的一生。如《孙中山画传》《孙中山与北京》《孙中山与澳门》《浩气长存》、台湾 1996 年出版的《国父革命画史》等画册,以及纪念孙中山篆刻集等,以大量的图片资料,再现了孙中山的丰功伟绩,突现了孙中山的革命主张、理论和思想。

关于纪念孙中山的邮票、信封、明信片,也是孙中山思想的精华体现。孙中山纪念馆印制的中山陵建陵 70 周年纪念信封,即印有人们瞻仰中山陵的全景照片。民革广东孙中山书画院在纪念改革开放 30 周年书画展览时,出版了一套纪念信封,印有孙中山六个时期的铜像和手迹。第一枚是孙中山听太平天国老人讲洪秀全的故事,附的文字是"民国建设,发轫于斯"。第二枚是孙中山在澳门和广州行医时期,配的文字是"世界大同,人类进化"。第三枚是孙中山当选大总统时,配的文字是"天下为公"。第四枚是孙中山与宋庆龄的合影,配的文字是"博爱"。第五枚是孙中山端坐在沙发上的思考状态,配的文字是"世界潮流,浩浩荡荡;顺之则昌,逆之则亡。"第六枚是晚年的孙中山,配的文字是"革命尚未成功,同志仍须努力"。

有关孙中山的塑像、铜像、瓷盘像、各种钱币、纪念币等,各地出版的纪念孙中山诞辰或逝世的邮折,孙中山纪念馆的门票,等等,不但展现出孙中山爱国、革命和不断进步的精神,而且传达着人们对革命先行者的无限深情和景仰。另外,有关孙中山的电影、大型文献纪录片等,现在已成为对人们进行爱国主义教育的生动教材。

(二)以孙中山名字命名的道路、学校等,已经成为爱国主义教育的场所

孙中山为革命到处奔波,许多地方留下了他的足迹。现在,中国各地许多城市都有纪念孙中山的"中山路"、中山公园、孙中山纪念馆等,具有重要的历史和文化价值,已经成为爱国主义教育的场所。

关于有多少中山路的问题,据《中国有条中山路》专题片的摄制组人员说:在中国,以孙中山的名字命名的中山路遍及大小城市,最北边有黑龙江哈尔滨、最南边有海南琼山。从1929 年南京有了第一条中山路以来,截至 2008 年,全国竟有中山路超过 187 条。是中国以人名命名"重名"最多的道路。

除了中山路外,纪念孙中山的道路还有一些其他名称,如逸仙路、孙文路等,比如上海、深圳都有逸仙路,澳门则有一条孙逸仙博士大马路。据不完全统计,全国类似的纪念孙中山的道路共有 326 条。

以孙中山名字命名的公园,根据各种资料统计,已达 43 座。2006 年,美国檀香山落成了该地首个以孙中山名字命名的公园。加拿大温哥华也有一座中山公园。

全国各地以中山命名的学校也为数不少。如中山大学、中山市的中山学院;天津的中山中学、中山小学、中山金融职业学校,以及全国和海外华人居住区以中山二字命名的学校等,虽然没有统计,但估计不下百所。

(三)有关孙中山的纪念馆等,已经成为今人学习的丰碑

在中国各地建立的各种孙中山的纪念场地,今天已经成为人们向孙中山学习的一座丰碑。中国于1989年1月26日在南极建立的中山站,寓意颇深。海内外各种有关孙中山的纪念馆、纪念堂、纪念碑、纪念林、纪念塔、纪念亭、纪念铜像、基金会、研究会、研究所等等,初步统计有70多处。这些都是对人们进行革命传统和爱国主义教育的基地。

今天的南京中山陵、孙中山纪念馆,广州、中山、北京、南京、上海、武汉等地的孙中山纪念馆已经是对人们进行爱国主义教育的重要基地。

另外,天安门广场的人民英雄纪念碑碑座的一面浮雕,生动再现了辛亥革命的历史;每年的"五一"劳动节和"十一"国庆节,天安门广场都要放置孙中山的巨幅画像;每年孙中山的诞辰和逝世纪念日,国家都要举办祭奠活动。我们国家将孙中山逝世的日期3月12日,定为植树节,是对孙中山的深切缅怀。

通过本讲内容,使我们清楚地认识到,孙中山的廉政思想及其实践活动,已经成为激励中国人民为建设有中国特色的社会主义事业,实现中华民族伟大复兴的中国梦的力量源泉之一。

注释:

①孟子集注卷六·滕文公章句下.四书五经上.北京:中国书店,2007.44页.
②范仲淹.岳阳楼记.中国历代文学作品选(下册).上海:上海古籍出版社,1981.76页.
③薛瑄全集(下册).太原:山西人民出版社,1990.1023页.
④孙中山.三民主义·民族主义.孙中山全集.第九卷.北京:中华书局,1986.247页.
⑤孙中山.中国的现在和未来.孙中山全集.第一卷.北京:中华书局,1981.99~100页.
⑥王杰.民主为体·以创立共和国为中心取向——论辛亥革命前孙中山的政治文化心路样态.孙中山与近代社会.广州:广东人民出版社,1996.59页
⑦⑧孙中山.檀香山兴中会章程.孙中山全集.第一卷.北京:中华书局,1981.19~20页.
⑨孙中山.檀香山兴中会盟书.孙中山全集.第一卷.北京:中华书局,1981.20页.
⑩孙中山.建国方略·建国方略之一序.孙中山全集.第六卷.北京:中华书局,1985.157页.
⑪黄昌谷.孙先生之生活.上海:民国日报,1925年1月29日.
⑫鲁迅.中山先生逝世后一周年.集外集拾遗.北京:人民文学出版社,1977.105~106页.
⑬孙中山手书真迹.北京:中央文献出版社,2006.214页.
⑭孙中山.在东京中国留学生欢迎会的演说.孙中山全集.第三卷.北京:中华书局,1984.25页.
⑮孙中山(像册).北京:九州出版社,2006.228页.
⑯孙中山.在神户与日本新闻记者的谈话.孙中山全集.第十一卷.北京:中华书局,1986.373页.

⑰中山饰终典礼之昨闻.天津:大公报,1925 年 3 月 15 日.

⑱孙中山.临时大总统誓词.孙中山全集.第二卷,北京:中华书局,1982.1 页.

⑲孙中山.国民政府建国大纲.孙中山全集.第九卷.北京:中华书局,1986.126~127 页.

⑳孙中山.临时大总统宣言书.孙中山全集.第二卷. 北京:中华书局,1982.1 页.

㉑孙中山.三民主义.孙中山全集.第九卷.北京:中华书局,1986.322~347 页.

㉒马湘.跟随孙中山先生十余年的回忆.孙中山生平事业追忆录.北京:人民出版社,1986.122 页.

㉓郭汉章.南京临时大总统府三月见闻录.辛亥革命回忆录.第六集.北京:文史资料出版社,1981.294 页.

㉔孙中山.家事遗嘱.孙中山全集.第十一卷. 北京:中华书局,1986.640 页.

㉕孙中山.致孙眉电.孙中山全集.第六卷.北京:中华书局,1982.114 页.

㉖何香凝.对中山先生的片段回忆.孙中山生平事业追忆录.北京:人民出版社,1986.46 页.

㉗马湘.跟随孙中山先生十余年的回忆.孙中山生平事业追忆录.北京:人民出版社,1986.120~121 页.

㉘肖仲祁.回忆孙中山先生.孙中山生平事业追忆录.北京:人民出版社,1986.54 页.

㉙耿毅.在追随中山先生的年代里.孙中山生平事业追忆录. 北京:人民出版社,1986.57~58 页.

㉚陈嘉庚.追忆孙先生.孙中山生平事业追忆录.北京:人民出版社,1986.67 页.

㉛梁钟汉.为国忘私的孙中山先生.孙中山生平事业追忆录.北京:人民出版社,1986.99~100 页.

㉜刘文典.孙中山先生回忆片段.孙中山生平事业追忆录.北京:人民出版社,1986.109~110 页.

㉝孙中山.致孙科函.孙中山全集.第四卷.北京:中华书局,1985.489 页.

㉞孙中山.三民主义·民族主义自序.孙中山全集.第九卷.北京:中华书局,1986.183 页.

㉟黄昌谷.孙先生之生活.上海:民国日报,1925 年 1 月 29 日.

㊱孙中山.在杭州督军署宴会上的演说.孙中山全集.第三卷.北京:中华书局,1982.342 页.

㊲孙中山.复章太炎函.孙中山全集.第二卷.北京:中华书局,1982.121 页.

孙中山生平大事记

1866 年 11 月 12 日晨 4 时,孙中山出生于广东省香山县(今中山市)翠亨村,祖籍东莞县,父孙达成,母杨氏,族名"德明",幼名"帝象",稍长取名"文",号日新,因在日本进行革命活动化名"中山樵",后以"中山"名世。孙中山出生时,家中有兄长孙眉、姐姐孙妙茜。孙中山幼年家寒,参与劳作,全家居简陋泥砖屋一间,以番薯为食,勉强果腹。

1871 年 9 月,妹妹秋绮出生。是年,孙眉随同乡赴檀香山(现美国夏威夷)谋生。几年后到茂宜岛垦荒,后开设了商店和牧场,资产日渐富厚。

1872 年,先生 6 岁开始参与劳作,引发改变境遇的思索。

1875 年 1 月,清同治皇帝病逝,爱新觉罗·载湉继位,改元光绪,两宫皇太后垂帘听政。是年,入村塾读书,习《三字经》《千字文》《幼学故事琼林》及四书五经选读等等。

1878 年,先生 12 岁,因反对赌博,遭赌徒毒打。是年,结束村塾学业。

1879 年 5 月,随母赴檀香山。9 月,入火奴鲁鲁意奥兰尼学校就读,习英文、西方政治及《圣经》等。课余学习国学,阅读华盛顿、林肯的书籍,成绩甚好。

1882 年 7 月,以第二名的优异成绩毕业于意奥兰尼学校。秋,入美国人开办的火奴鲁鲁奥阿厚书院。

1883 年 7 月,因欲受洗礼入基督教,孙眉怒,令其回国。秋,与陆皓东毁坏北极殿神像,迫于乡人压力,离家赴港。11–12 月,在香港拔萃书室读书。

1884 年 4 月,转入香港中央书院就读。5 月,回乡与同县卢慕贞女士结婚。8 月,中法战争爆发。11 月,应孙眉之召,再赴檀香山。

1885 年 4 月,回国。8 月,往香港中央书院复学。

1886 年秋,中央书院毕业后入广州博济医院附属南华医学堂就读。

1887 年 3 月,葡萄牙强迫清政府订立《里斯本议定书》,清政府承认葡萄牙占领澳门。9 月,转学香港西医书院就读。冬,父孙达成病重,先生与孙眉回乡侍奉。

1888 年 3 月,父孙达成病故。孙眉与先生冰释前嫌,重归于好。

1890 年,上书退职居乡的同乡官员郑藻如,就兴农、禁烟、教育等提出建议。同陈少白、尤列、杨鹤龄等交往甚密,鼓吹反清言论,被称为"四大寇"。

1891 年 10 月 20 日,长子孙科出生。

1892 年 7 月,毕业于香港西医书院。秋,赴澳门镜湖医院行医。12 月,在澳门开设中西药局。是年,在翠亨村试验炸药。

1893 年 9-10 月,《镜海丛报》刊登先生行医广告,声名日盛。是年,因受澳门医生排挤,转至广州继续行医。

1894 年 1-2 月,于翠亨村起草上李鸿章书。春,与陆皓东赴上海。6 月,抵天津,未获李鸿章接见。7 月 25 日,中日甲午战争爆发。秋,再赴檀香山。11 月 24 日,组建第一个资产阶级革命团体"兴中会",起草章程并通过,以"驱除鞑虏,恢复中国,创立合众政府"为宗旨。

1895 年 1 月下旬,由檀香山返回香港,策划武装起义。2 月,成立香港兴中会,以"乾亨行"为掩护。4 月 17 日,清政府与日本签订《马关条约》。10 月,广州起义计划泄露,陆皓东、朱贵全、丘四等人被捕牺牲。先生断发改装,赴香港避难。11 月,先生离港赴日,组建兴中会分会。后赴檀香山。是年,长女金琰出生。

1896 年 4 月,在檀香山偶遇康德黎夫妇。6-8 月,由旧金山至纽约,9 月,赴英国。10 月 11 日,被清公使馆翻译邓廷铿挟持诱捕至使馆拘禁,"伦敦蒙难"。10 月 23 日获释。12 月,多次赴大英博物馆研读,并撰写《伦敦被难记》。11 月,次女金琬出生。

1897年1月,《伦敦被难记》英文版出版。3月,在伦敦《双周论坛》上发表《中国的现在和未来》。7月,离开英国,赴加拿大。

1898年6月11日,清光绪皇帝颁布"明定国是"诏书,"百日维新"开始。9月,戊戌变法失败,康有为、梁启超逃亡日本。

1899年2月,在犬养毅住所与梁启超会晤。7月,康有为在加拿大维多利亚建立保皇会。10月,兴中会、哥老会及三合会首领在香港成立兴汉会,推举先生为总会长。

1990年1月,在日本组织国民同盟会。兴中会机关报《中国报》发刊。6月,乘船赴香港,谋划起义。10月8日,发动惠州起义,大败清军。22日,因粮食、枪械失继,起义军被迫解散。10月28日,史坚如在广州谋划刺杀两广总督德寿事败,被捕就义。11月,先生离开台湾,赴日本。

1902年2—3月,与章太炎、秦力山等讨论土地问题,初步形成革命程序论。12月,离开日本,抵达越南西贡,发动华侨,建立革命组织。

1903年1月25日至28日,洪全福、谢瓒泰等人发动广州起义失败。9月,先生离开日本,赴檀香山。10月,抵达檀香山,与保皇派展开斗争。

1904年1月,在檀香山致公堂加入洪门。组织中华革命军。发表《驳保皇报书》。5月,在旧金山发动华侨,多次举行演说,进行募捐,刊行《革命军》,改组《大同日报》。

1905年1月,赴欧洲布鲁塞尔、柏林、巴黎等地,在留学生中建立革命组织。6月,赴日本。8月20日,中国同盟会成立大会在东京召开,被推举为总理。会议通过了"驱除鞑虏,恢复中华,创立民国,平均地权"的纲领和章程,选举领导机构。11月26日,《民报》发刊,将同盟会宗旨概括为"民族""民权""民生",第一次公开提出三大主义。

1906年秋冬,与黄兴、章太炎在东京编制《革命方略》。12月2日,在东京出席《民报》周年纪念大会,作《三民主义与中国民族前途》讲演,到会约5000余人。12月4日,萍浏醴起义爆发。

1907年5月22日,潮州黄冈起义爆发。6月2日,邓子瑜等人发动惠州七女湖起义。7月6日,光复会徐锡麟安庆起义,击毙安徽巡抚恩铭。起义失败,徐锡麟遇害。13日,秋瑾在绍兴大通学堂起义,失败后被捕就义。9月,发动钦州、廉州、防城起义。12月,黄明堂在广西镇南关起义。

1908 年 4 月,黄明堂在云南河口起义。9 月,先生发表一系列文章,与保皇派进行论战。10 月,奔走于南洋筹款。11 月 14 日,光绪皇帝去世。翌日,慈禧太后去世。溥仪即位,改元宣统。

1909 年 5 月,从南洋赴欧洲。9—10 月,陶成章、章太炎诬称先生"谎骗营私""蒙蔽同志",发动第二次倒孙风潮。10 月 30 日,由英国启程赴美。

1910 年 1 月 12 日,广州新军起义,失败后,倪映典牺牲。7 月,经由日本回香港,探望病重的杨太夫人。11 日抵达新加坡,赴南洋筹款。19 日,杨太夫人病逝,享年 83 岁。12 月,离开南洋赴欧洲筹款。

1911 年 1—2 月,赴美国、加拿大等地筹款。4 月 27 日,发动广州起义,起义失败,收殓 72 具烈士遗体葬于黄花岗。8 月下旬,湖北文学社、共进会在武昌举行联席会议,谋划起义。10 月 10 日,武昌起义爆发。11 日,先生从美国丹佛报纸上得知起义消息。18 日,民国议和全权代表伍廷芳,与清内阁总理大臣袁世凯代表唐绍仪,在上海举行第一次议和会议。12 月 25 日,先生抵达上海,受到热烈欢迎。29 日,被南京 17 省代表会议推举为中华民国临时大总统。改用阳历,用中华民国纪元。

1912 年 1 月 1 日,在南京宣誓就任中华民国临时大总统。3 日,通过国务员名单,中华民国临时政府成立。2 月 12 日,清帝溥仪退位。13 日,南北议和协议达成,先生向参议院辞职,推举袁世凯继任。3 月 10 日,袁世凯在北京就任临时大总统。11 日,公布《中华民国临时约法》。4 月 1 日,先生正式辞去中华民国临时大总统职务。随后,到湖北、广东等地考察、演讲。8 月 24 日,抵达北京。至 9 月,多次与袁世凯会谈。25 日,出席国民党成立大会,被推举为理事长。9 月 9 日,被袁世凯授予"策划全国铁路全权",督办铁路事宜。而后南下视察。

1913 年 2 月 11 日,自上海赴日考察。3 月 20 日,宋教仁在上海遇刺。先生获悉后,归国。4 月 26 日,与黄兴联名通电,呼吁各方对宋案要"严究主名"。7 月 12 日,李烈钧在湖口起兵,二次革命爆发。9 月,重庆讨袁军失败,二次革命结束。10 月,袁世凯下令通缉先生及黄兴、陈其美、李烈钧等二次革命主要领导人。

1914 年 5 月,袁世凯公布《中华民国约法》。先生发布《讨袁檄文》和《讨袁告示》。7 月 8 日,中华革命党在东京召开成立大会,先生就任总理一职。

1915 年 2 月 11 日,孙眉病逝。5 月 9 日,袁世凯政府承认日本提出的"二十一条"。9 月 1 日,卢夫人抵达东京,与先生商谈离婚事宜。10 月 25 日,在东京与宋庆龄结婚。12 月 12

日,袁世凯接受"推戴",改共和为帝制。25日,蔡锷在云南起兵,讨伐袁世凯。

1916年3月22日,袁世凯被迫取消帝制。5月9日,发表第二次讨袁宣言。6月6日,袁世凯去世。10月31日,黄兴病逝,先生沉痛哀悼。

1917年7月1日,张勋在北京拥戴溥仪复辟帝制。先生发表《讨逆宣言》。8月25日,非常国会在广州开幕。9月1日,先生被推举为中华民国军政府大元帅。10月6日,护法战争爆发。11月7日,俄国十月社会主义革命爆发。

1918年5月4日,发表通电,向非常国会辞去大元帅职务,痛斥南北军阀如一丘之貉。6月26日,回到上海寓所。30日,完成《孙文学说》序。

1919年2月20日,南北和平会议在上海开幕。5月4日,五四运动爆发。13日,南北议和破裂。28日,在上海发表《护法宣言》。10月10日,改组中华革命党为中国国民党,公布规约,"以巩固共和,实行三民主义为宗旨"。

1920年3月1日,发表《地方自治开始实行法》。4月至5月,致电孙科、李烈钧、谭延闿、许崇智等人,布置讨伐桂系军阀。7月,发布南北和谈通电。8月5日,在上海欢迎美国议员团会上发表演说,指出解决中国问题的关键,就是废除"二十一条"。11月20日前后,会见共产国际使者维金斯基。25日,同伍廷芳、唐绍仪、宋庆龄一起离开上海前往广州。

1921年1月1日,在广州军政府发表演说,主张建立中华民国正式政府。4月7日,在广州非常国会上被选举为非常大总统。5月5日,就职并发表就职宣言。8月28日,复函苏俄外交人民委员齐契林,陈述中国国情及通商问题。10月8日,向国会提出北伐案。12月4日,抵达桂林,设立北伐大本营。23日,在桂林会见共产国际代表马林。

1922年2月3日,以大元帅名义发布动员令,命令各军分路出师北伐。5月6日,赴韶关督师北伐。6月16日,陈炯明叛变,炮击广州总统府和粤秀楼。先生脱险后,17日,登永丰舰,炮击叛军。19日,电令李烈钧、许崇智等北伐将领回师广东平陈炯明叛乱。8月9日,北伐军回师失利,返回上海。25日,会见越飞代表马林。8月底,与李大钊会晤。

1923年1月1日,发表中国国民党宣言,以三民主义、五权宪法为建国纲领。26日,与越飞联名发表《孙文越飞宣言》。发表《和平统一宣言》,希望各派军阀裁兵。3月2日,海陆军大元帅大本营在广州成立。10月6日,鲍罗廷抵达上海,18日被聘请为国民党组织教练员。11日,改组国民党本部。24日,委派廖仲恺、邓泽如召集国民党特别会议讨论改组问题。12月24日,发表关于海关关余问题宣言。

1924 年 1 月 13 日,在广东高等师范学校演讲民族主义。20 日,主持中国国民党第一次全国代表大会开幕式,致开幕词。31 日,发表《中国国民党第一次全国代表大会宣言》。2 月 16 日,召见国民党员冯自由等人,严厉申斥违反党章、破坏国共两党合作的言行。2 月 24 日,主持国民党追悼列宁大会。5 月 2 日,任命蒋介石为陆军军官学校校长兼粤军总司令部参谋长。6 月 16 日,出席黄埔军校成立典礼,发表演说并致训词。7 月 7 日,国民党中央执行委员会发布党务宣言,重申对党员要求和容纳共产党人的原则。9 月 13 日,在韶关大本营通电各方亲自督师北伐。18 日,发布《中国国民党北伐宣言》。10 月 12 日,广州商团叛乱。15 日,击溃广州商团军,平息叛乱。23 日,冯玉祥发动北京政变。11 月 10 日,应冯玉祥之邀,北上共商国是,发表《北上宣言》。13 日,登永丰舰启程北上。12 月 4 日,抵达天津,受到各界热烈欢迎,晚间肝病复发。31 日,扶病入京,发表《入京宣言》。

1925 年 1 月 26 日,病情加重,进入协和医院手术治疗。27 日确诊为肝癌。2 月 18 日,出院移居铁狮子胡同。24 日,先生病危,与汪精卫等谈话,口授《国事遗嘱》《家事遗嘱》。英文口授《致苏俄遗书》。3 月 11 日,签署《国事遗嘱》《家事遗嘱》和《致苏俄遗书》。12 日,上午 9 时 30 分病逝于北京铁狮子胡同行辕。遗体安置在北京碧云寺。

1929 年 6 月 1 日,在南京中山陵举行奉安大典,正式安葬。

附　录：

参 考 文 献

[1]林家有.孙中山与辛亥革命史研究的新审视.广州：广东教育出版社,2007.

[2]陈锡祺.陈锡祺自选集.广州：广东人民出版社.2007.

[3]侯杰主编.孙中山与中华民族崛起国际学术研讨会论文集.天津：天津人民出版社.2006.

[4]汪中孝、王杰主编.跨世纪的解读与审视——孙中山研究论文选辑(1996—2006).天津：天津古籍出版社,2006.

[5]李本义.孙中山对外方略.北京：中国社会科学出版社,2006.

[6]黄彦编.孙文选集.上.中.下.广州：广东人民出版社,2006.

[7]张汉静.孙中山的科学技术思想.北京：科学出版社,2005.

[8]王业兴.孙中山与中国近代化.北京：人民出版社,2005.

[9]民革宁波市委会.孙中山言论选编.香港：中国文化出版社.2004.

[10]尚明轩主编.孙中山的历程(增订本).北京：解放军文艺出版社,2004.

[11]胡绳.从鸦片战争到五四运动(简本).北京：人民出版社,2004.

[12]方敏."五四"后三十年民主思想研究.北京：商务印书馆,2004.

[13]朱育和等.辛亥革命史.北京：人民出版社,2004.

[14]陈锡祺主编.孙中山年谱长编(上、下册).北京：中华书局,2003.

[15]孙穗芳.国父孙中山先生纪念集.澳门：华人国际新闻出版集团,2003.

[16]陈冠任.宋庆龄大传.北京：团结出版社,2003.

[17]晨光.孙中山与宋庆龄.北京：团结出版社,2003.

[18]杨天石.从帝制走向共和——辛亥前后史事发微.北京：社会科学文献出版社,2002.

[19]沈渭滨.孙中山与辛亥革命.上海：上海人民出版社,2001.

[20]陈廷一.孙中山大传.北京：团结出版社,2001.

[21]茅家琦等.孙中山评传.南京：南京大学出版社,2001.

[22]徐万民主编.孙中山研究论集——纪念辛亥革命九十周年.北京：北京图书馆出版社,2001.

[23]郝平.孙中山与美国.北京：北京大学出版社,2000.

[24]孙中山研究学会孟庆鹏编.孙中山文集(上、下册).北京：团结出版社,1997.

[25]岭南文库编辑委员会等.孙中山文萃(上、下册).广州：广东人民出版社,1996.

[26]赵佳楹.中国近代外交史.太原：山西高校联合出版社,1994.

[27]刘健清等.中国近代政治思想史.天津：南开大学出版社,1993.

[28]陈旭麓.郝盛潮主编.王耿雄等编.孙中山集外集.上海：上海人民出版社,1992.

[29]广东省孙中山研究会主编.孙中山研究(第二辑).广州：广东人民出版社,1989.

[30]王桧林等.中国现代史(上册).北京：高等教育出版社,1988.

[31]刘家泉.宋庆龄传.北京：中国文联出版公司出版.1988.

[32]金冲及主编.孙中山研究论文集.成都：四川人民出版社,1986.

[33]广东省孙中山研究会主编.孙中山研究(第一辑).广州：广东人民出版社,1986.

[34]尚明轩等.孙中山生平事业追忆录.北京:人民出版社,1986.

[35]中山大学历史系孙中山研究室、广东省社会科学院历史研究所、中国社会科学院近代史研究所中华民国研究室合编.孙中山全集(一至十一卷).北京:中华书局,1981—1986.

[36]中国近代史编写组.中国近代史(第三次修订本).北京:中华书局,1983.

[37]尚明轩.孙中山传.北京:北京出版社,1981.

[38]史扶林〔美〕.孙中山与中国革命的起源.北京:中国社会科学出版社,1981.

[39]孙中山选集.北京:人民出版社,1981.

[40]孙中山选集(上、下).北京:人民出版社,1956.

[41]胡汉民编.总理全集(第一至四集).上海:上海民智书局,1930.

[42]朱蓉蓉、顾宝惠.孙中山国民外交活动述评.学术交流.2007年第5期.

[43]谭一青.孙中山的军事战略及其对早期共产党人的影响.军事历史研究.2002年第3期.

[44]王松.中国现代军事思想的伟大开端——论孙中山军事现代化思想.军事历史.2001年第5期.

[45]宋力.曾祥健.朱喜来.孙中山军事思想研究综述.南京社会科学.1996年第10期.

[46]张劲.孙中山早期军事策略初探.军事历史研究.1996年第2期.

[47]尚明轩主编.孙中山全集(一至十六卷).北京:人民出版社,2015.

后 记

在纪念孙中山先生诞辰 140 周年之际,天津广播电视大学为开放教育本、专科各专业公共选修课"孙中山思想概论"编写此书。

作为远程开放教育的教材和终身教育的公共学习资源,本书可以使学生和广大读者了解孙中山的革命生涯、历史功绩和伟大人格,熟悉其理论学说、博大思想,加深对中国近代史与民主革命史的认识与理解,藉此激励爱国主义情感,树立为中华民族的伟大复兴而奋斗的理想信念。

编者具体分工如下:

王燕珺第一、二、三讲;

刘卫国第四、五、六、七讲;

胡钢第八、九、十讲;

谢刚孙中山年谱简编;

尉迟文珠资料采编。

刘卫国教授修改部分书稿,胡钢教授编定全书。

本书承蒙全国人大常委会副委员长何鲁丽、全国政协副主席周铁农、天津市政协副主席陆锡蕾的厚爱,在百忙之中分别为本书题词和作序,我们深感荣幸,并致以深深的敬意和谢意。

中共中央党史研究室研究员姚金果、天津社会科学院出版社总编辑周俊旗、南开大学历史学院副教授邓丽兰、天津市新闻出版局前局长李树人、天津市孙中山研究会秘书长葛培林审阅全书,并提出了修改指导意见。作者也学习和借鉴了史学界相关专家的著述。

天津广播电视大学冯雪飞校长策划和指导了本书的选题立项和编写出版。天津市委教卫工委统战处薛留增处长、天津人民出版社刘晓津社长、社长助理刘锦泉、天津电大科研处姚军处长对本书出版给予很大帮助,并提出了宝贵意见。天津市图书馆、天津人民出版社资料室、天津电大图书馆为本书提供了相关资料。

我们向上述专家学者以及所有支持和帮助这项工作的同志一并表示由衷的感谢。

限于时间与水平,书中不足之处实所难免,敬希读者批评指正。

《孙中山思想概论》编写组

2006 年 11 月

再 版 后 记

　　本书初版本曾在天津广播电视大学开放教育本、专科各专业教学中使用,并向社会发行,累计 2.1 万册。读者普遍反映这是一本既注重系统性、科学性,又方便适用,利于自学阅读的教材。

　　本书也曾送中国社会科学院近代史研究所、广东省社会科学院孙中山研究所、广东省中山县孙中山故居纪念馆、中山大学孙中山研究所、上海孙中山故居纪念馆、上海宋庆龄故居纪念馆、天津市孙中山研究会的有关专家审阅。专家普遍肯定了这本书的创新价值及其传播中山思想、弘扬中山精神的积极意义,同时对本书的增补修订和"孙中山思想概论"课程教学中其他资源的建设提出了许多有益的建议。

　　根据专家意见,我们录制了由尚明轩、黄彦、林家有、朱玖琳、葛培林、胡钢等先生主讲的电视课。

　　本书增补第十一讲《孙中山的外交思想》、第十二讲《孙中山的军事思想》分别由胡钢、刘卫国撰稿;原有各部分的修订工作仍由原执笔人负责,并在每一讲起始都增加了指导自学的文字;胡钢最后编定再版全书。

　　此次增补和修订中,我们参阅了有关专家学者的研究成果,有的已在"参考文献"中列出。对已经列出或未能注明者,我们谨致深深的敬意和谢意。

《孙中山思想概论》编写组
2009 年 3 月

三版后记

　　《孙中山思想概论》为天津广播电视大学本、专科学生提供了教材,也为关注相关社会科学知识的读者提供了一个阅读文本,已发行了4.3万多册,在弘扬中山精神、传承中山思想和伟大人格方面取得了良好的社会效益。

　　为纪念孙中山先生诞辰150周年,本书经修订再版。中国社会科学院近代史研究所研究员、九十五岁高龄的孙中山思想研究资深专家尚明轩先生在百忙之中,欣然慨允为本书题词并撰写了"三版序言"。

　　回顾本书从组织编写到出版发行的10年历程,我们要特别感谢原全国人大常委会何鲁丽、周铁农副委员长、原天津市政协邢元敏主席、陆锡蕾副主席的亲切关怀,特别感谢当年孙中山先生的孙女孙穗芳女士的积极倡导和原天津市委教卫工委统战处处长薛留增的鼎力支持,也衷心感谢北京、天津、广东、南京、上海等地孙中山研究方面的有关领导、专家和天津广播电视大学、天津人民出版社的指导帮助。我们对所有为本书出版作出奉献的单位、领导、专家和人士谨致诚挚的敬意。

　　天津广播电视大学原校长冯雪飞、天津广播电视大学胡钢教授、王燕珺副教授组织本书再版工作。新版的审阅、修改、编定事宜均由执行主编王燕珺承担。天津市孙中山研究会秘书长葛培林先生撰写了"孙中山的廉政思想"一讲,为本书扩展了研究空间,增添了新的知识和思想容量。天津人民出版社副社长刘锦泉、教育编辑室主任吴锻霞对本书再版给予了大力的支持。

　　还应该说明的是:本书原副主编刘卫国教授英年早逝,未能参与这次修订出版工作,是令人惋惜遗憾的;本书另一位编者谢刚,因工作调动,不再参与本书再版工作。新版"孙中山生平大事记"的编写,由王燕珺承担。

　　我们衷心希望本书新版在宣传弘扬孙中山先生思想和精神,促进中华民族伟大复兴的进程中发挥更加积极的作用,同时也敬希各位读者提出宝贵意见。

《孙中山思想概论》编写组

2016年4月